Völkerrecht und Außenpolitik

Herausgegeben von
Prof. Dr. Oliver Dörr
Prof. Dr. Jörn Axel Kämmerer
Prof. Dr. Markus Krajewski

Band 90

Jonas Finke

(Un-)bedingte Gleichheit nichtstaatlicher Gewaltakteure im Völkerrecht

Nomos

Die Deutsche Nationalbibliothek verzeichnet diese Publikation in
der Deutschen Nationalbibliografie; detaillierte bibliografische
Daten sind im Internet über http://dnb.d-nb.de abrufbar.

Zugl.: Halle-Wittenberg, Martin-Luther-Univ., Diss., 2018

ISBN 978-3-8487-6203-3 (Print)
ISBN 978-3-7489-0287-4 (ePDF)

1. Auflage 2020

Vorwort

Die vorliegende Dissertation wurde am 19.12.2018 an der Juristischen und Wirtschaftswissenschaftlichen Fakultät der Martin-Luther-Universität Halle-Wittenberg öffentlich verteidigt. Die Arbeit ist auf dem Stand von Juli 2017. Vereinzelt konnte jüngere Literatur berücksichtigt werden.

Für den Abschluss der Arbeit gilt meinem Doktorvater Professor Dr. Christian Tietje, LL.M. (Michigan), besonderer Dank. Er hat nicht nur die Entstehung dieser Arbeit wohlwollend und geduldig begleitet, sondern mir bereits während der Studienzeit an seinem Lehrstuhl eine vertraute akademische Umgebung geboten.

Gedankt sei außerdem Herrn Professor Dr. Dirk Hanschel für die Erstellung des Zweitgutachtens und der Landesgraduiertenförderung des Landes Sachsen-Anhalt für die finanzielle Förderung der Arbeit.

Danken möchte ich zudem meinen Eltern, Barbara und Dr. Michael Finke, sowie meinen Brüdern Kristen und Dr. Jasper Finke für den starken familiären Rückhalt, Jasper darüber hinaus für wichtige inhaltliche Anregungen.

Der größte Dank gilt meiner Ehefrau Friederike Finke, ohne deren Unterstützung und Zuspruch ich die Dissertation nicht vollendet hätte. Ihr widme ich die Arbeit daher aus tiefstem Herzen.

Stade, im Januar 2020
Jonas Finke

5

Inhaltsverzeichnis

Abkürzungsverzeichnis

a. A.	anderer Ansicht
AJIL	American Journal of International Law
Alt.	Alternative
Am. U. L. Rev.	American University Law Review
ANC	African National Congress
ANF	Al-Nusra-Front
Anm. d. Verf.	Anmerkung des Verfassers
AQMI	Al Qaida au Maghreb Islamique
ASR	Articles on State Responsibility
AVR	Archiv des Völkerrechts
AWZ	Ausschließliche Wirtschaftszone
B. C. Int'l & Comp. L. Rev.	Boston College International and Comparative Law Review
BDGV	Berichte der Deutschen Gesellschaft für Völkerrecht
BGBl.	Bundesgesetzblatt
BYIL	British Yearbook of International Law
Cardozo J. Int'l & Comp. L.	Cardozo Journal of International and Comparative Law
Chi. J. Int'l L.	Chicago Journal of International Law
Chinese J. Int'l L.	Chinese Journal of International Law
Colum. J. Transnat'l L.	Columbia Journal of Transnational Law
Conn. J. Int'l L.	Connecticut Journal of International Law
Cornell Int'l L. J.	Cornell International Law Journal
CTC	Counter-Terrorism Committee
CTED	Counter-Terrorism Committee Executive Directorate
CUDH	Centre Universitaire de Droit International Humanitaire
DePaul Bus. L. J.	DePaul Business Law Journal
DFG	Deutsche Forschungsgemeinschaft

d.h.	das heißt
DPH	direct participation in hostilities
DRC	Democratic Republic of Congo
dt.	deutsch
ECOMOG	Monitoring Group of the Economic Community of West African States
ECOWAS	Economic Community of West African States
EIC	East India Company
EJIL	European Journal of International Law
engl.	englisch
EO	Executive Outcome
EPIL	Encyclopedia of Public International Law
ETA	Euskadi to Askatasuna
EuGRZ	Europäische Grundrechte-Zeitschrift
FARC	Fuerzas Armadas Revolucionarias de Colombia
FDN	Fuerza Democrática Nicaragüense
Fletcher F. World Aff.	The Fletcher Forum of World Affairs
Fordham Int'l L. J.	Fordham International Law Journal
FPR	Front Patriotique du Rwanda
FS	Festschrift
FÜ	International Convention for the Suppression of the Financing of Terrorism
FYIL	Finnish Yearbook of International Law
GA	Genfer Abkommen
Geo. L. J.	The Georgetown Law Journal
Geo. Wash. L. Rev.	The George Washington Law Review
Go. Arch.	Goltdammer's Archiv für Strafrecht
GoJIL	Goettingen Journal of International Law
GYIL	German Yearbook of International Law
Harv. Int'l L. J.	Harvard International Law Journal
Herv. d. Verf.	Hervorhebung des Verfassers

Herv. i. O.	Hervorhebung im Original
HRLR	Human Rights Law Review
Hrsg.	Herausgeber
HSÜ	Genfer Übereinkommen über die Hohe See v. 29.4.1958
HuV-I	Humanitäres Völkerrecht – Informationsschriften/Journal of International Law of Peace and Armed Conflict
IBK	Internationaler bewaffneter Konflikt
ICAO	International Civil Aviation Organization
ICC	Internationale Handelskammer
ICJ	International Court of Justice
ICRC	International Committee of the Red Cross
ICTY	International Criminal Tribunal for the former Yugoslavia
IED	Improvised Explosive Device
IGH	Internationaler Gerichtshof
IKRK	Internationales Komitee des Roten Kreuzes
ILC	International Law Commission
ILCD	Draft Articles on Responsibility of States for Internationally Wrongful Acts by the International Law Commission
ILM	International Legal Materials
ILSA J. Int'l & Comp. L.	ILSA Journal of International & Comparative Law
IMB	International Maritime Bureau
IMO	International Maritime Organization
Ind. J. Global Leg. Stud.	Indiana Journal of Global Legal Studies
INPFL	Independent National Patriotic Front of Liberia
Int'l & Comp. L. Q.	International and Comparative Law Quarterly
Int'l Law.	The International Lawyer
IPG	Internationale Politik und Gesellschaft
IPI	International Peace Institute
IRRC	International Review of the Red Cross
IS	Islamischer Staat
ISIL	Islamic State in Iraq and the Levante
ISIS	Islamischer Staat in Irak und Syrien
IStGH	Internationaler Strafgerichtshof

IStGHS	Statut des Internationalen Strafgerichtshofs
ital.	italienisch
IUSCT	Iran – United States Claims Tribunal
i. V. m.	in Verbindung mit
J. Conflict & Sec. L.	Journal of Conflict and Security Law
JEM	Justice and Equality Movement
JICJ	Journal of International Criminal Justice
JIJIS	Journal of the Institute of Justice & International Studies
JIML	Journal of International Maritime Law
J. Transnat'l L. & Pol'y	Journal of Transnational Law and Policy
KAS	Konrad Adenauer Stiftung
LAS	League of Arab States
Law and Contemp. Probs.	Law and Contemporary Problems
Lewis & Clark L. Rev.	Lewis and Clark Law Review
LJIL	Leiden Journal of International Law
LRA	Lord's Resistance Army
LURD	Liberians United for Reconciliation and Democracy
Max Planck UNYB	Max Planck Yearbook of United Nations Law
Melb. J. Int'l L.	Melbourne Journal of International Law
Mich. J. Int'l L.	Michigan Journal of International Law
MODEL	Movement for Democracy in Liberia
MPEPIL	Max Planck Encyclopedia of Public International Law
MPLA	Movimento Popular de Libertação de Angola
m. w. N.	mit weiteren Nachweisen
Naval L. Rev.	Naval Law Review
NIBK	Nichtinternationaler bewaffneter Konflikt
NILR	Netherlands International Law Review
NJIL	Nordic Journal of International Law

NPFL	National Patriotic Front of Liberia
NYIL	Netherlands Yearbook of International Law
NZWehrR	Neue Zeitschrift für Wehrrecht
OAS	Organization of American States
ODIL	Ocean Development & International Law
Ohio N. U. L. Rev.	Ohio Northern University Law Review
OIC	Organization of the Islamic Conference
PDK	Partei des Demokratischen Kamputschea
Phillip. L. J.	Phillipine Law Journal
PKK	Partiya Karkaren Kurdistan (Kurdische Arbeiterpartei)
PLF	Palestine Liberation Front
PLO	Palestine Liberation Organization
PMSCs	Private Military and Security Companies
Pol. Q. Int'l Aff.	Polish Quarterly of International Affairs
PSU	Private(s) Sicherheitsunternehmen
RdC	Recueil des Cours
Regent J. Int'l L.	Regent Journal of International Law
Rev. belge de droit int'l	Revue belge de droit international
Rev. québécoise de droit int'l	Revue québécoise de droit international
R.G.D.I.P.	Revue Générale de Droit International Public
RUF	Revolutionary United Front
S + F	Sicherheit und Frieden
SFB	Sonderforschungsbereich
Sing. J. Int'l & Comp. L.	Singapore Journal of International and Comparative Law
SIPRI	Stockholm International Peace Research Institute
SLM/A	Sudan Liberation Movement/Army
SPLM/A	Sudan People's Liberation Movement/Army
SPM	Somali Patriotic Movement
SRÜ	Seerechtsübereinkommen der Vereinten Nationen v. 10.12.1982

Stan. J. Int'l L.	Stanford Journal of International Law
SUA	Convention for the Suppression of Unlawful Acts Against the Safety of Maritime Navigation v. 13.3.1988
SWAPO	South West Africa People's Organization
SWP	Stiftung Wissenschaft und Politik
SZIER	Schweizerische Zeitschrift für internationales und europäisches Recht
Tex. Int'l L. J.	Texas International Law Journal
Tex. L. Rev.	Texas Law Review
TFG	Transitional Federal Government of Somalia
Transnat'l L. & Pol'y	Journal of Transnational Law and Policy
Transnat'l & Cont. Probs.	Transnational and Contemporary Problems
Tul. M. L. J.	Tulane Maritime Law Journal
u. ä.	und ähnliches
UDA	Ulster Defence Association
UIG	Union Islamischer Gerichte
UN	United Nations
UNAVEM	United Nations Angola Verification Mission
UNITA	União Nacional para a Independência Total de Angola
UNRIAA	United Nations Reports of International Arbitral Awards
UNSW Law Journal	University of New South Wales Law Journal
UNTS	United Nations Treaty Series
USC	United Somali Congress
u. U.	unter Umständen
v.	versus
v.	vom/von
Va. J. Int'l L.	Virginia Journal of International Law
Vand. J. Transnat'l L.	Vanderbilt Journal of Transnational Law
Verf.	Verfasser
vgl.	vergleiche
VOC	Verenigde Oostindische Compagnie

Wash. U. L. Q.	Washington University Law Quarterly
Wis. Int'l L. J.	Wisconsin International Law Journal
WMU J. Mar. Aff.	World Maritime University Journal of Maritime Affairs
WTO	Welthandelsorganisation
WVK	Wiener Übereinkommen über das Recht der Verträge vom 23. Mai 1969
Yale J. Int'l L.	Yale Journal of International Law
Yale J. L. & Hum.	Yale Journal of Law & the Humanities
Yale L. J.	Yale Law Journal
YILC	Yearbook of the International Law Commission
ZaöRV	Zeitschrift für ausländisches öffentliches Recht und Völkerrecht
Ziff.	Ziffer
ZP I	Zusatzprotokoll zu den Genfer Abkommen vom 12.8.1949 über den Schutz der Opfer internationaler bewaffneter Konflikte (Protokoll I) vom 8.6./12.12.1977
ZP II	Zusatzprotokoll zu den Genfer Abkommen vom 12.8.1949 über den Schutz der Opfer nicht internationaler bewaffneter Konflikte (Protokoll II) vom 8.6./12.12.1977
ZRP	Zeitschrift für Rechtspolitik

A. Einführung

Gewalt begleitet die Menschheitsgeschichte seit jeher. Ihre Erscheinungsform, ihre Legalität und ihre Legitimität sind hingegen einem steten Wandel unterlegen. Zwar haben terroristische Anschläge, separatistische Aufstände und durch Rebellengruppen initiierte Bürgerkriege schon immer die Stabilität einzelner Staaten erschüttert. Dennoch galt für viele Beobachter der internationalen Beziehungen bis vor wenigen Jahren zwischenstaatliche Gewaltanwendung als die prägende Erscheinungsform von Gewalt.[1] Als Errungenschaft einer langen Entwicklung schien das staatliche Gewaltmonopol so fest etabliert, dass sowohl auf nationaler als auch auf internationaler Ebene Gewalt größeren Ausmaßes nur von Staaten ausgeübt werden kann.

Dieser Eindruck hat sich längst als trügerisch erwiesen. Grenzüberschreitend operierende Terroristen haben ihre Fähigkeit zu schweren Anschlägen, seit jüngster Zeit sogar zu großangelegten militärischen Operationen, mehrfach unter Beweis gestellt, nichtstaatliche Gewaltgruppen verhindern vielerorts dauerhaft die Stabilisierung staatlicher Strukturen und auf See ist in der öffentlichen Wahrnehmung erneut der Pirat der maßgebliche Gewaltakteur. Dazu gesellen sich seit einigen Jahren gewerbsmäßig organisierte Unternehmen, zu deren Portfolio Gewaltausübung als Dienstleistung zählt. Die Aktivitäten dieser Akteure werfen jeweils verschiedene Fragen auf, die sich keineswegs auf die völkerrechtliche Ebene beschränken. Allein zum Terrorismus existiert eine kaum überschaubare Bandbreite geschichts-, sozial-, und politikwissenschaftlicher Forschungsergebnisse. Da die Forschung die jeweiligen Akteure oft klar voneinander abgrenzt, erscheint es konsequent, dass sich viele Publikationen auf einen Akteur konzentrieren. Sie setzen sich beispielsweise isoliert damit auseinander, wie der Sicherheitsrat der Vereinten Nationen Terrorismus behandelt[2] oder in welcher Weise das humanitäre Völkerrecht das Verhalten von Angestellten

---

1 *J. E. Thomson*, Mercenaries, Pirates, and Sovereigns, S. 4 ff.; *H. Münkler*, Die Neuen Kriege, S. 24. Ob diese Wahrnehmung berechtigt war, kann bezweifelt werden, vgl. *D. Langewiesche*, in: Lappenküper/Marcowitz (Hrsg.), Macht und Recht, Völkerrecht in den internationalen Beziehungen, 317 (318 ff.).

2 *J. Föh*, Die Bekämpfung des internationalen Terrorismus nach dem 11. September 2001, passim.

Privater Sicherheitsunternehmen regelt.[3] Da sie in ihrer Analyse nach den verschiedenen Erscheinungsformen nichtstaatlicher Gewalt unterscheiden, kann ihr Ansatz als *differenzierend* bezeichnet werden. Demgegenüber gibt es aber auch Untersuchungen, die diese Akteure unter der Bezeichnung nichtstaatliche Gewaltakteure zusammenfassen und sie mittels dieses *indifferenten* Ansatzes als homogenes Phänomen behandeln.[4] Den Begriff der Indifferenz versteht die vorliegende Arbeit dabei also nicht etwa als Gleichgültigkeit gegenüber nichtstaatlicher Gewalt. Ein indifferenter Ansatz zeichnet sich vielmehr dadurch aus, dass er alle Formen nichtstaatlicher Gewalt unterschiedslos gleichbehandelt.

Als Beispiel für die beiden Ansätze lässt sich im Völkerrecht die wissenschaftliche Auseinandersetzung mit der Frage nennen, ob Staaten sich bei Angriffen durch nichtstaatliche Gewaltakteure auf das Selbstverteidigungsrecht berufen können, das Art. 51 UN-Charta ihnen verbrieft. Einige Autoren beschränken sich hier auf die differenzierende Analyse, ob ein Selbstverteidigungsrecht gegen terroristische Angriffe besteht.[5] Andere fragen danach, ob gegen nichtstaatliche Akteure generell die Berufung auf Art. 51 UN-Charta zulässig ist.[6] Freilich lässt sich nicht immer eine klare Grenze zwischen den Ansätzen ziehen. Einige Untersuchungen etwa legen zunächst die generellen Voraussetzungen für das Selbstverteidigungsrecht gegen nichtstaatliche Akteure dar, um anschließend militärische Reaktionen gegen terroristische Anschläge darunter zu subsumieren.[7]

Weitere Beispiele finden sich im humanitären Völkerrecht, wobei indifferente Ansätze hier generell nach dessen Geltung für nichtstaatliche Ak-

---

3 C. *Schaller*, Private Sicherheits- und Militärfirmen in bewaffneten Konflikten, passim.

4 G. *Wettberg*, The International Legality of Self-Defense Against Non-State Actors, passim.

5 T. M. *Franck*, in: AJIL 95 (2001), 839 ff.; J. *Delbrück*, in: GYIL 44 (2001), 9 ff.; C. J. *Tams*, in: EJIL 20 (2009), 359 ff.; C. *Schaller*, in: Die Friedens-Warte 86 (2011), 111 (116 ff.); C. *Wandscher*, Internationaler Terrorismus und Selbstverteidigungsrecht, passim.

6 N. *Lubell*, Extraterritorial Use of Force Against Non-State Actors, S. 25 ff.; G. *Wettberg*, The International Legality of Self-Defense Against Non-State Actors, passim; R. v. *Steenberghe*, in: LJIL 23 (2010), 183 ff.; T. *Reinold*, in: AJIL 105 (2011), 244; I. M. *Löw*, Gewaltverbot und Selbstverteidigungsrecht nach dem 11. September, passim; T. *Schweisfurth*, Völkerrecht, 9. Kapitel, Rn. 310 ff.; A. *Zimmermann*, in: Max Planck UNYB 11 (2007), 99 (106).

7 So etwa die Vorgehensweise bei D. *Brown*, in: Cardozo J. Int'l & Comp. L. 11 (2003), 1 (11).

teure fragen,[8] differenzierende Ansätze sich hingegen etwa darauf konzentrieren, die Einordnung von Angestellten Privater Sicherheitsunternehmen in dieses Normengefüge zu klären.[9] Auch bei der Zurechnung nichtstaatlichen Verhaltens zu einem Staat verfolgen einige Autoren einen differenzierenden, andere einen indifferenten Ansatz.[10]

Weder die isolierte Betrachtung eines Akteurs noch die unterschiedslose Behandlung aller nichtstaatlichen Gewaltformen sind jedoch für sich geeignet, Erkenntnisse zu den Fragen zu gewinnen, die Anlass der vorliegenden Arbeit sind: In welchen Fällen differenziert das Völkerrecht, in welchen Fällen verfolgt es einen indifferenten Ansatz? Was sind die Gründe für die Annahme einer Gleichheit nichtstaatlicher Gewaltakteure in einigen Bereichen des Völkerrechts und für die Ungleichbehandlung in anderen? Kommt es dabei zu Widersprüchen? Gibt es bei der völkerrechtlichen Behandlung nichtstaatlicher Gewalt einen grundlegenden Ansatz, der Widersprüche vermeidet?

Dabei geht die Arbeit davon aus, dass der Ansatz einer völkerrechtlichen Norm immer dann differenzierend ist, wenn für die Anwendbarkeit der Norm entscheidend ist, ob ein spezifischer nichtstaatlicher Gewaltakteur handelt. Differenzierend ist beispielsweise der Ansatz mehrerer völkerrechtlicher Abkommen, die einzelne Erscheinungsformen nichtstaatlicher Gewalt kriminalisieren. So handelt es sich beim Verbot der Piraterie in Art. 101 des Seerechtsübereinkommens der Vereinten Nationen (SRÜ)[11] ebenso um einen differenzierenden Ansatz wie beim Verbot des Söldnertums in der Konvention gegen die Anwerbung, den Einsatz, die Finanzierung und die Ausbildung von Söldnern.[12]

Da gemäß Art. 38 IGH-Statut neben diesen abstrakt-generellen Normen völkerrechtlicher Verträge auch das Völkergewohnheitsrecht maßgebliche Rechtsquelle im Völkerrecht ist, untersucht die Arbeit ebenfalls, ob die für das Entstehen von Völkergewohnheitsrecht maßgeblichen Staatenerklärungen einen differenzierenden oder indifferenten Charakter haben. Zu-

---

8 *A.-M. La Rosa/C. Wuerzner*, in: IRRC 90 (2008), 327 ff.; *N. Lubell*, Extraterritorial Use of Force Against Non-State Actors, S. 85.
9 *M. N. Schmitt*, in: Chi. J. Int'l L. 5 (2005), 511 ff.; *L. Cameron*, in: IRRC 88 (2006), 573 ff.; *C. Schaller*, Private Sicherheits- und Militärfirmen in bewaffneten Konflikten, passim.
10 Differenzierende Ansätze verfolgen etwa *T. Becker*, Terrorism and the State, passim.; *C. Hoppe*, in: EJIL 19 (2008), 989 ff.; indifferente Ansätze finden sich bei *D. Jinks*, in: Chi. J. Int'l L. 4 (2003), 83 ff.; *K. Mohan*, in: JIJIS 8 (2008), 211 ff.
11 Siehe dazu unten D. II.
12 Siehe dazu unten D. V.

dem erstreckt sich die Untersuchung auch auf Sicherheitsresolutionen, die hier – obwohl keine klassische Völkerrechtsquelle – nicht außer Acht gelassen werden sollen, weil gerade die Auseinandersetzung mit staatlicher wie nichtstaatlicher Gewaltanwendung zur Kerntätigkeit des Sicherheitrats gehört. Ebenfalls keine klassische Völkerrechtsquelle sind Entscheidungen internationaler Gerichte. Dessen ungeachtet haben aber insbesondere die Urteile des IGH großen Einfluss auf die Auslegung und Fortentwicklung des Vertrags- und Völkergewohnheitsrechts und werden daher ebenfalls auf indifferente bzw. differenzierende Tendenzen untersucht.

Grundsätzlich gelten für diese Erklärungen, Resolutionen und Urteile dieselben Parameter wie bei einer völkerrechtlichen Norm, d.h. differenzierend sind sie immer dann, wenn sie sich ausdrücklich auf die Erscheinungsform des nichtstaatlichen Akteurs beziehen.

Differenzierend ist danach etwa eine Staatenerklärung, die sich mit einer bestimmten nichtstaatlichen Gruppe in ihrer Eigenschaft als terroristische Organisation befasst. Erforderlich ist dabei, dass gerade der terroristische Charakter die Erklärung veranlasst hat. Sie darf also terroristische Gewalt nicht lediglich als Beispiel für nichtstaatliche Gewalt behandeln.

Indifferent ist generell eine völkerrechtliche Rechtsquelle, wenn sie nicht nach den verschiedenen Erscheinungsformen nichtstaatlicher Gewalt differenziert. Eine Sicherheitsratsresolution oder ein Urteil des Internationalen Gerichtshofs ist bespielsweise dann indifferent, wenn sie oder es sich auf einen bestimmten nichtstaatlichen Akteur bezieht, ohne ihn einer Kategorie nichtstaatlicher Gewalt zuzuordnen. Wenn der Sicherheitsrat eine Forderung an eine afrikanische Rebellengruppe adressiert, ohne sie ausdrücklich als Rebellengruppe zu kategorisieren, bleibt der Ansatz indifferent.

Zwangsläufig einen indifferenten Ansatz verfolgten ursprünglich diejenigen Normen, die ausschließlich für zwischenstaatliche Rechtsverhältnisse konzipiert worden waren, da sie nichtstaatliche Akteure lediglich als Reflex negativ erfassten. Illustrativ sei das Gewaltverbot der UN-Charta angeführt, das sich seinem Wortlaut nach lediglich an die Mitgliedstaaten der Vereinten Nationen richtet. Damit schließt es unausgesprochen aus, dass sich auch nichtstaatliche Akteure darauf berufen können. Hier korrespondiert die souveräne Gleichheit der Staaten quasi mit einer Gleichheit nichtstaatlicher Gewaltakteure – bei denen freilich das Merkmal der Souveränität entfällt. Bei diesen Normen ist daher zu analysieren, inwieweit sie ihren Anwendungsbereich auch auf nichtstaatliche Gewaltakteure erweitert haben und ob es sich hierbei um eine indifferente oder differenzierende Erweiterung handelt.

Die Normen des humanitären Völkerrechts berücksichtigen dagegen seit jeher das Gewaltpotenzial nichtstaatlicher Akteure, jedenfalls bei der Regelung nichtinternationaler bewaffneter Konflikte.[13] Hier ist daher herauszuarbeiten, ob bereits die gegenwärtige Erfassung nichtstaatlicher Gewalt differenzierende Ansätze kennt oder ob die Rechtsfortbildung differenzierende Tendenzen aufweist.

Die genannten Beispiele für differenzierende und indifferente Ansätze reflektieren zugleich die Schwerpunkte der vorliegenden Arbeit, weil die genannten Normen jenen Rechtsgebieten entstammen, die für die völkerrechtliche Regelung von Gewaltanwendung maßgeblich sind. Daher konzentriert sich die Arbeit auf das Friedenssicherungsrecht der Vereinten Nationen und das humanitäre Völkerrecht. Dabei beschränkt sich die Arbeit auf jene völkerrechtlichen Regelungen, die die militärische Auseinandersetzung mit nichtstaatlichen Gewaltakteuren regeln sowie auf sonstige repressive Maßnahmen. Unter repressive Maßnahmen fällt auch die Strafverfolgung, so dass ebenfalls analysiert wird, ob sich auch bei der Kriminalisierung nichtstaatlicher Gewalt auf internationaler Ebene wesentliche Leitlinien erkennen lassen. Schließlich analysiert sie das Recht der Staatenverantwortlichkeit danach, ob für einzelne Gewaltakteure spezielle Zurechnungskriterien existieren.

Nicht detailliert untersucht werden dagegen präventive völkerrechtliche Instrumente bei der Zurückdrängung nichtstaatlicher Gewalt. Ebenfalls verzichtet die Arbeit auf die Analyse, inwiefern das internationale Recht der Menschenrechte den völkerrechtlichen Umgang mit nichtstaatlichen Gewaltakteuren bestimmt. Diese Analyse stieße auf eine Vielzahl von Problemkreisen, deren sachgerechte Bearbeitung einer gesonderten Untersuchung bedarf.[14]

Die Untersuchung will sich nicht darauf beschränken, die für nichtstaatliche Gewalt maßgeblichen Rechtsquellen dieser Rechtsgebiete auf ihren differenzierenden bzw. indifferenten Charakter zu untersuchen. Sie will darüber hinaus die jeweiligen Ansätze auf ihre Berechtigung hin untersuchen, weil sie von der Grundannahme ausgeht, dass die völkerrechtliche Behandlung nichtstaatlicher Gewalt *kohärent* sein muss.

---

13 Siehe dazu unten E. I. 2.
14 Dies betrifft etwa die schwierige Abgrenzung des internationalen Rechts der Menschenrechte vom humanitären Völkerrecht ebenso wie die umstrittene Frage, inwiefern nichtstaatliche Gewaltakteure selbst menschenrechtlichen Verpflichtungen unterworfen sind.

Um dieses Programm zu bewältigen, konkretisiert der dieser Einleitung folgende Abschnitt (B.) den Untersuchungsgegenstand. Dazu fragt er zunächst danach, was unter Gewalt in diesem Kontext zu verstehen ist, um im Anschluss die der Arbeit zu Grunde liegende Abgrenzung staatlicher von nichtstaatlicher Gewalt vorzustellen. Daran schließt sich eine soziologische Kategorisierung nichtstaatlicher Gewaltakteure an, bevor der Begriff der Kohärenz erläutert wird, der der Arbeit als Werkzeug zur Bewertung differenzierender und indifferenter Ansätze dient.

Der anschließende Abschnitt (C.) widmet sich einem kurzen historischen Abriss der Wechselwirkung staatlicher und nichtstaatlicher Gewalt. Damit will die Arbeit das historische Verständnis dafür wecken, wie territoriale Herrschaftsverbände in der Vergangenheit mit nichtstaatlicher Gewalt umgegangen sind.

Im Anschluss wird geklärt, welche nichtstaatlichen Akteure das Völkerrecht kennt und wie es sie definiert (D.).

Im Hauptteil der Arbeit (E.) wird dann die rechtliche Erfassung nichtstaatlicher Gewalt in jenen Bereichen des Völkerrechts analysiert, die sich maßgeblich mit Gewaltanwendung auseinandersetzen. Dazu untersucht die Arbeit, ob das humanitäre Völkerrecht, das Friedenssicherungsrecht der Vereinten Nationen und das Internationale Strafrecht hinsichtlich der Behandlung nichtstaatlicher Gewaltakteure jeweils einen differenzierenden oder indifferenten Ansatz verfolgen. Da zudem die Frage, ob und unter welchen Voraussetzungen nichtstaatliches Verhalten einem Staat zuzurechnen ist, gerade auch im Bereich der Gewaltanwendung interessiert, wird auch das Recht der Staatenverantwortlichkeit nach indifferenten oder differenzierenden Tendenzen analysiert. Zu jedem Rechtsgebiet werden die Erkenntnisse zur Frage der Indifferenz bzw. Differenzierung in einem oder mehreren Zwischenfazits zusammengefasst und es wird jeweils analysiert, ob der als indifferent bzw. differenzierend erkannte Ansatz kohärent ist.

Im abschließenden Abschnitt (F.) fasst die Arbeit die ausgearbeiteten Ergebnisse zusammen und analysiert, ob sich aus einem Vergleich der Ansätze aller untersuchten Rechtsgebiete ein grundlegender Ansatz für eine kohärente Behandlung nichtstaatlicher Gewalt ergibt.

B. Gegenstand und Analysewerkzeug

I. Untersuchungsgegenstand

Untersuchungsgegenstand ist mit der nichtstaatlichen Gewaltanwendung ein rechtlich nicht klar gefasster Begriff.

In Abgrenzung zur völkerrechtlichen Fundamentalnorm zu internationaler Gewaltanwendung, dem Gewaltverbot, legt die Arbeit im Folgenden dar, dass unter *Gewalt* eines nichtstaatlichen Gewaltakteurs jede physische Kraftentfaltung zu verstehen ist, die bei anderen Personen physische Zwänge auslöst. Um die unklaren Konturen des Begriffs der Nichtstaatlichkeit zu schärfen, definiert sie anschließend Staatlichkeit und sucht nach geeigneten Abgrenzungskriterien von *staatlicher* zu *nichtstaatlicher* Gewaltanwendung.

1. Der Gewaltbegriff

Die Regelung und Hegung von Gewalt ist seit jeher Gegenstand internationaler Übereinkünfte. Die traditionelle Bedeutung von Gewalt als Triebfeder für internationale Kooperation und Kodifikation zeigt sich bereits darin, dass die ersten bekannten Verträge zwischen verschiedenen Herrschaftsverbänden Nichtangriffsvereinbarungen waren.[15] In den folgenden Jahrhunderten gehörte die Frage nach der Rechtmäßigkeit von Gewaltanwendung zum Kontrapunkt völkerrechtlicher Verträge und Abhandlungen. Folglich kennt auch das heutige internationale System diverse Rechtsquellen, die sich mit der Zulässigkeit und den Folgen von Gewaltanwendung beschäftigen.

Für die Regelung der zwischenstaatlichen Gewaltanwendung verkörpert die UN-Charta das maßgebliche Rechtsregime. Das Gewaltverbot in Art. 2 Abs. 4 der UN-Charta als Grundprinzip der völkerrechtlichen Gewaltanwendung besagt:

---

15 Vgl. den Vertrag zwischen den sumerischen Stadtstaaten Lagasch und Umma, *K.-H. Ziegler*, Völkerrechtsgeschichte, § 2 II 1. *J. Delbrück*, in: EJIL 18 (2007), 97 (103), bezeichnet Friedensverträge daher als „archetype of legal interaction between states".

„All Members shall refrain in their international relations from the threat or use of force against the territorial integrity or political independence of any state, or in any other manner inconsistent with the Purposes of the United Nations."

Dem Wortlaut nach richtet sich das Gewaltverbot in Art. 2 Abs. 4 also ausschließlich an UN-Mitglieder, die gemäß Art. 3 und 4 UN-Charta nur Staaten sein können. Diese Ausrichtung auf zwischenstaatliche Auseinandersetzungen bedingt, dass der Gewaltbegriff des Gewaltverbots nicht unverändert auf nichtstaatliche Gewalt übertragen werden kann. Nach dem zwischenstaatlichen Verständnis der UN-Charta, auf die als Gründungsvertrag einer internationalen Organisation gemäß Art. 5 des Wiener Übereinkommens über das Recht der Verträge (WVK) die Auslegungsregeln der WVK anzuwenden sind, bedeutet Gewalt nämlich immer militärische Gewaltanwendung mittels Waffen zwischen Staaten. Dies folgt insbesondere aus der nach Art. 31 Abs. 1 WVK gebotenen systematischen Auslegung: Art. 44 UN-Charta spricht von Gewaltanwendung im Zusammenhang mit der Stellung von Streitkräften durch Mitgliedstaaten. Gewalt ist hier damit die Gewalt durch Streitkräfte, also bewaffnete Gewalt. Verstärkt wird dieser systematische Befund durch die Art. 45 und 46 UN-Charta, die in engem Zusammenhang mit Art. 44 zu lesen sind, da sie konkretisieren, wie der Beschluss der Gewaltanwendung nach Art. 44 umzusetzen ist. Hier wird von „military measures" (Art. 45), respektive „armed force" (Art. 46) gesprochen. Gewalt im Sinne der UN-Charta setzt damit immer den Einsatz von Waffen voraus. Nichtstaatliche Gewalt ist zwar ebenfalls überwiegend mit Waffeneinsatz verbunden. Gegenstand der Arbeit sind indes auch Handlungen nichtstaatlicher Akteure, die zwar mit körperlicher Kraftentfaltung physische Zwänge auslösen, ohne hierfür jedoch in jedem Fall Waffen einsetzen zu müssen. Dazu zählen etwa Flugzeugentführungen oder die Geiselnahme diplomatischer Personen, die im Kapitel zur Kriminalisierung einzelner terroristischer Verhaltensweisen thematisiert werden.[16] Gewalt setzt nach dem hier vertretenen Verständnis in Abgrenzung zum Gewaltbegriff der UN-Charta somit nicht den Einsatz von Waffen voraus.

Demgegenüber soll in Einklang mit dem Gewaltbegriff der UN-Charta hinreichende Bedingung von Gewaltanwendung bleiben, dass körperliche Kraftentfaltung physisch wirkt. In Abkehr von diesem Verständnis vertreten einige Autoren in der Soziologie einen weiten Gewaltbegriff. Aus

---

16 Vgl. unten E. IV. 1.

ihrem Kreis ist der norwegische Friedensforscher *Johan Galtung* hervorzuheben. Ihm zufolge liegt Gewalt dann vor,

> „[...] wenn Menschen so beeinflußt werden, daß ihre aktuelle somati-
> sche und geistige Verwirklichung geringer ist als ihre potentielle Ver-
> wirklichung."[17]

Unter diesen Gewaltbegriff lassen sich in der Tat nahezu alle nichtkörperli-
chen Zwänge subsumieren. Gegen dieses Verständnis erheben Kritiker den
Vorwurf, lediglich gesellschaftspolitisch motiviert zu sein.[18] Zudem wird
eingewandt, dass es dem Gewaltbegriff jegliche Konturen nehme.[19] Der
Begriff sei vielmehr auf einen Kern zu reduzieren, der sich auf Gewalt als
körperliche Verletzung zu beschränken habe.[20] Für diese Ansicht spricht,
dass es tatsächlich keinen Grund gibt, den Begriff der Gewalt über körperliche Verletzungen hinweg zu erstrecken. Für *Galtung* selbst ist das weite
Verständnis von Gewalt eine Konsequenz des sich ausschließenden Be-
griffspaares Frieden und Gewalt. Da er Frieden als vollständige Negation
von Gewalt begreift, erweitert er den Gewaltbegriff, um unter Frieden
mehr als lediglich die Abwesenheit von Gewalt zu verstehen.[21] Sein Friedensverständnis steht somit in Einklang mit der anerkannten völkerrechtlichen Auffassung von Frieden – dem sog. positiven Friedensbegriff.[22]
Schwer nachvollziehbar ist aber die Prämisse *Galtungs*, dass Frieden nur
durch Gewalt erschüttert werden kann. Er blendet damit andere den Frieden bedrohende Umstände aus, die begrifflich besser als Zwänge (politischer oder wirtschaftlicher Natur) oder Notlagen (z. B. Naturkatastrophen)

---

17 *J. Galtung*, Strukturelle Gewalt, S. 9.
18 *J. Isensee*, Grundrecht auf Sicherheit, S. 19, Fn. 39; *T. v. Trotha*, in: Trotha (Hrsg.),
    Soziologie der Gewalt, 9 (14): „[...] ist der erwähnte Galtungsche Gewaltbegriff
    zur gesellschaftspolitischen Fanfare geworden."
19 *H. Popitz*, Phänomene der Macht, S. 48: „Wir wollen den Begriff der Gewalt nicht
    dehnen und zerren, wie es üblich geworden ist."; *T. v. Trotha*, in: Trotha (Hrsg.),
    Soziologie der Gewalt, 9 (14); *E. Eppler*, Vom Gewaltmonopol zum Gewaltmarkt,
    S. 10; *T. Lindenberger/A. Lüdtke*, in: *Lindenberger/Lüdtke* (Hrsg.), Physische Gewalt,
    7 (20). *J. Galtung*, Strukturelle Gewalt, S. 9 selbst gibt zu: „Diese Aussage mag
    mehr Probleme aufwerfen als lösen."
20 *H. Popitz*, Phänomene der Macht, S. 48: „Gewalt meint eine Machtaktion, die zur
    absichtlichen körperlichen Verletzung anderer führt [...]."; zustimmend *T. v. Tro-
    tha*, in: Trotha (Hrsg.), Soziologie der Gewalt, 9 (14); *T. Lindenberger/A. Lüdtke*,
    in: *Lindenberger/Lüdtke* (Hrsg.), Physische Gewalt, 7 (7).
21 *J. Galtung*, Strukturelle Gewalt, S. 9.
22 Dazu siehe *M. Bothe*, in: Vitzthum/Proelß (Hrsg.), Völkerrecht, 8. Abschnitt,
    Rn. 44.

zu erfassen sind. *Galtung* subsumiert Zwänge und Notlagen offensichtlich stets unter den Gewaltbegriff. Ob diese Gleichsetzung von Zwang mit Gewalt aus soziologischer Perspektive vertretbar ist, braucht die Arbeit nicht weiter zu erörtern. Aus rechtlicher Sicht kann sie jedenfalls nicht überzeugen, da das Recht – auch das Völkerrecht – klar zwischen Zwang und Gewalt unterscheidet.[23]

Demzufolge versteht die Arbeit unter Gewalt jede körperliche Kraftentfaltung, die bei anderen Personen physisch wirkt.[24]

2. Der Staatsbegriff

Die Frage, was einen Staat ausmacht, ist im Völkerrecht grundsätzlich geklärt. Gewohnheitsrechtlich hat sich die Drei-Elemente-Lehre durchgesetzt, die auch in Art. 1 der Montevideo-Konvention niedergelegt ist.[25] Danach zeichnet sich ein Staat durch eine ständige Bevölkerung, ein definiertes Staatsgebiet, eine Regierung sowie die Fähigkeit aus, in Beziehung mit anderen Staaten zu treten.

Mit Blick auf nichtstaatliche Gewaltanwendung hat diese Frage in jüngerer Zeit Bedeutung erlangt, weil mit dem Islamischen Staat (IS) ein Gewaltakteur die internationale Bühne betreten hat, der sowohl herkömmliche terroristische Gewaltakte nichtstaatlicher Art wie die Anschläge von Paris und Brüssel im Jahr 2015 durchführt als auch – als erste Terrorgrup-

---

23 So wird in der UN-Charta Gewalt vom Gewaltverbot des Art. 2 Abs. 4 erfasst, sonstige Zwänge hingegen vom Interventionsverbot des Art. 2 Abs. 7, vgl. *T. Stein/C. v. Buttlar*, Völkerrecht, Rn. 642, 775.

24 Nicht Gegenstand der Arbeit ist damit das schädigende Potenzial von computernetzwerkgesteuerten Angriffen. Obwohl dieses Potenzial seit langem bekannt ist, bleibt unklar, inwiefern diese Angriffe als Gewalt zu qualifizieren sind. Denkbar ist etwa, nur jene Netzwerkattacken als Gewalt zu betrachten, die erhebliche, nach außen tretende physische Schäden verursachen, nicht lediglich Schäden an anderen Computernetzwerken, *A. v. Arnauld*, Völkerrecht, Rn. 1033, zur Diskussion im humanitären Völkerrecht *J. Dornbusch*, Das Kampfführungsrecht im internationalen Cyberkrieg, S. 60 ff.; *R. Liivoja/K. Leins/T. McCormack*, in: Liivoja/McCormack (Hrsg.), Routledge Handbook of the Law of Armed Conflict, 603 (606 ff.). Ohne die Bedeutung dieser Debatte schmälern zu wollen, enthält sich die Arbeit angesichts der Komplexität und der Sonderrolle dieses Themas hier eines Beitrags. Die Frage, ob der Urheber derartiger Netzwerkaktivität staatlich oder nichtstaatlich ist, dürfte sich jedenfalls nicht darauf auswirken, ob es sich um Gewalt handelt.

25 Convention on Rights and Duties of States vom 26. Dezember 1933, LNTS 165 (1936), 25.

pe überhaupt – Staatlichkeit für sich beansprucht. In Anbetracht des anfänglichen militärischen Erfolges des IS wie auch seiner Fähigkeit, ab dem Jahr 2014 über mehrere Jahre hinweg ein zusammenhängendes Gebiet in Syrien und Irak zu kontrollieren, diskutieren Politik- und Rechtswissenschaftler, ob der IS nicht nur dem Namen nach zumindest vorübergehend ein Staat war.[26] Schließlich herrschte der Islamische Staat innerhalb eines Gebietes, das er seit der Ausrufung des Kalifats im April 2014 in seinem Kernland um die syrische Stadt Rakka erfolgreich kontrollierte, über eine dauerhaft dort wohnende Bevölkerung. Tatsächlich übernahm er in dem von ihm kontrollierten Gebiet neben der militärischen Kontrolle klassische staatliche Aufgaben. Er erhob Steuern und Zölle, übte die Gerichtsbarkeit aus, schmückte sich mit staatlichen Insignien wie Fahne und Hymne, unterhielt Exekutivorgane und etablierte ein eigenes Passwesen.[27] Darüber hinaus übernahm er Aufgaben staatlicher Daseinsvorsorge wie die Müllentsorgung oder die medizinische Versorgung der örtlichen Bevölkerung.[28] Politikwissenschaftler weisen zudem darauf hin, dass der IS über eine Regierung verfüge und in der Lage gewesen sei, Beziehungen zu anderen Staaten aufzubauen, auch wenn er diese Fähigkeit nicht nutzte.[29] Keine andere Terrorgruppe außer dem IS hat es bisher erreicht, auf einem zusammenhängenden Territorium staatliche Funktionen auszuüben und damit erste Züge von Staatlichkeit anzunehmen. Diesen Gedankenspielen setzen Rechtswissenschaftler zu Recht entgegen, dass Staatlichkeit schon immer an Legitimität geknüpft gewesen sei, die dem IS fehle.[30] Gegen eine Staatlichkeit des IS spricht weiterhin, dass er sein Gebiet bisher ausschließlich im Rahmen kriegerischer Auseinandersetzungen auf dem Gebiet zwei-

---

26 *Y. Shany/A. Cohen/T. Mimram*, ISIS: Is the Islamic State Really a State? The Israel Democracy Institute vom 14.09.2014, erhältlich im Internet: <https://en.idi.org.il/articles/5219> (zuletzt besucht am 31. Juli 2017).

27 *S. Rosiny*, „Des Kalifen neue Kleider": Der Islamische Staat in Irak und Syrien, in: GIGA Focus Nahost Nr. 6, 2014, erhältlich im Internet: <http://www.giga-hambu rg.de/de/system/files/publications/gf_nahost_1406.pdf> (zuletzt besucht am 31. Juli 2017).

28 *C. Günther/T. Kaden*, in: S + F 34 (2016), 134 (137).

29 *A. Belanger-McMurdo*, A Fight for Statehood? ISIS and Its Quest for Political Domination, E-International Relations Students vom 05.10.2015, erhältlich im Internet: <http://www.e-ir.info/2015/10/05/a-fight-for-statehood-isis-and-its-quest-for-p olitical-domination/> (zuletzt besucht am 31. Juli 2017).

30 *M. Koskenniemi*, in: DIE ZEIT, Nr. 48/2015, 26; *Y. Shany/A. Cohen/T. Mimram*, ISIS: Is the Islamic State Really a State? The Israel Democracy Institute vom 14.09.2014, erhältlich im Internet: <https://en.idi.org.il/articles/5219> (zuletzt besucht am 31. Juli 2017).

er existierender Staaten ausgedehnt und gehalten hat. Für eine Terrorgruppe stellt dies zwar ein Novum dar, findet jedoch historische Vorbilder bei anderen nichtstaatlichen Gewaltakteuren wie der bereits 1992 selbst ausgerufenen Republika Srpska auf dem Gebiet des zerfallenen Jugoslawiens. Auch wenn die Republika Srpska heute eine in vielen Bereichen eigenständige Entität des Bundesstaates Bosnien-Herzegowina ist, war in dem kriegerischen Umfeld ihrer Ausrufung keine Rede davon, dass es sich um einen Staat handeln könnte. Auch wenn das Maß der Organisation des IS und die Struktur seiner Kontrolle über die von ihm beherrschten Gebiete erstaunen, so ist ungeachtet seiner Legitimität für die Frage nach Staatlichkeit kein Raum, so lange er sich im gewalttätigten Bürgerkriegsraum bestehender Staaten bewegt.

3. Abgrenzung von nichtstaatlicher zu staatlicher Gewalt

In einer Zeit der derzeit noch immer enger werdenden Verflechtung wirtschaftlicher, politischer und gesellschaftlicher Beziehungen verschwimmen die Sphären nichtstaatlicher und staatlicher Handlungsweisen zunehmend. Dementsprechend bereitet die Abgrenzung von nichtstaatlicher zu staatlicher Gewaltanwendung Schwierigkeiten.

a) Abgrenzung nach dem Recht der Staatenverantwortlichkeit

Nach dem traditionellen völkerrechtlichen Verständnis richtet sich die Abgrenzung von nichtstaatlicher zu staatlicher Gewaltanwendung danach, ob der Staat für privates Verhalten verantwortlich ist. Diese Bestimmung orientiert sich am Recht der Staatenverantwortlichkeit, dessen Grundsätze sich in den Artikeln der International Law Commission zur Staatenverantwortlichkeit (Articles on the Responsibility of States for Internationally Wrongful Acts – ASR) niedergeschlagen haben. Obwohl die International Law Commission (ILC) seit 1956 im Auftrag der Generalversammlung an der Kodifizierung des Rechts der Staatenverantwortlichkeit arbeitete, konnten die Kodifizierungsbemühungen erst unter dem Berichterstatter *James Crawford* 2001 zum Abschluss gebracht werden.[31] Zwar wurden die

---

31 Zur Geschichte der Kodifizierung der Draft Articles vgl. *J. Crawford*, The International Law Commission's Articles on State Responsibility, S. 1 ff.; *D. Bodansky/J. R. Crook*, in: AJIL 96 (2002), 773 (776 ff.); *T. Becker*, Terrorism and the State,

Artikel nicht als multilaterales Abkommen ausgestaltet, sondern lediglich von der Generalversammlung als nach Art. 13 UN-Charta unverbindliche Resolution angenommen.[32] Dennoch werden die Artikel weitgehend als Wiedergabe des geltenden Völkergewohnheitsrechts anerkannt.[33] Dementsprechend kommt ihnen bei allen Auslegungsfragen, die die Verantwortlichkeit der Staaten betreffen, hohe Autorität zu.

Die Artikel konnten indes nicht alle strittigen Fragen im Zusammenhang mit der Staatenverantwortlichkeit klären. Dies gilt auch für die Bestimmung der Kriterien, nach denen das Verhalten nichtstaatlicher Akteure einem Staat zuzurechnen ist. Unbestritten ist lediglich, dass im Falle der Zurechnung aus dem privaten Verhalten ein staatliches wird.[34] Obwohl somit die Abgrenzung nach dem Recht der Staatenverantwortlichkeit in Übereinstimmung mit der normativen Unterscheidung von nichtstaatlichem und privatem Verhalten stehen würde,[35] eignet sich dieser Ansatz nur bedingt für die Zwecke der vorliegenden Untersuchung. Die Bestimmung nichtstaatlicher Gewalt hinge dann von der umstrittenen Festlegung der Zurechnungskriterien ab. Deshalb soll nicht entscheidend sein, ob das in Frage stehende Gewalthandeln durch Zurechnung seinen privaten Charakter verliert, sondern ob es unabhängig von der Zurechnung nichtstaatliche oder staatliche Züge aufweist.

S. 38 ff. Bis 1990 ausführlich *S. Rosenne*, in: Rosenne (Hrsg.), The International Law Commission's Draft Articles on State Responsibility, 1 ff.

32 Vgl. GA Res. 56/83 vom 12.12.2001.

33 Vgl. nur *A. Cassese*, International Law, S. 244; *K. Weigelt/F. Märker*, in: Jäger/Kümmel (Hrsg.), Private Military and Security Companies, 377 (388); *N. Boldt*, in: GYIL 47 (2004), 502 (524); *K. S. Ziegler*, Fluchtverursachung als völkerrechtliches Delikt, S. 83 f.; diesen Befund speziell für die Zurechnungskriterien bestätigend *A. Epiney/A. Egbuna-Joss*, in: SZIER 17 (2007), 215 (220). Kritisch insbesondere mit Blick auf die staatliche Verantwortlichkeit für terroristisches Handeln *T. Becker*, Terrorism and the State, S. 261 ff. Grundsätzlich skeptisch *J. Kranz*, in: AVR 48 (2010), 281 (284); *W. Czapliński*, in: AVR 41 (2003), 62 (82).

34 So auch die in Art. 2 ASR angeordnete Rechtsfolge.

35 Aus diesem Grund entscheidet sich *A. O. Kees*, Privatisierung von Staatsaufgaben, S. 32 f. für die Zurechnungskriterien als Maßstab für die Abgrenzung; ebenfalls anhand der Zurechnungskriterien der ASR grenzen *N. Lubell*, Extraterritorial Use of Force Against Non-State Actors, S. 14 f. und *N. Melzer*, Targeted Killing in International Law, S. 71 nichtstaatliche von staatlicher Gewalt ab.

b) Abgrenzung anhand der Organisationsform

Für die Frage, ob ein Handeln staatliche oder nichtstaatliche Züge aufweist, bietet sich die Abgrenzung nach der Organisationsform des handelnden Gewaltakteurs an. Handelt er als staatliches Organ, übt er staatliche Gewalt aus. Handelt er außerhalb der Staatsorganisation, gilt er als nichtstaatlicher Gewaltakteur. Für die völkerrechtliche Bestimmung des Staatsorgans bietet sich wiederum ein Rückgriff auf das Recht der Staatenverantwortlichkeit an, das in Art. 4 Abs. 2 ASR das Staatsorgan folgendermaßen definiert:

> "An organ includes any person or entity which has that status in accordance with the internal law of the State."

Mit dem Verweis auf das innerstaatliche Recht trägt die Definition dem Umstand Rechnung, dass Staaten regelmäßig klare Zuordnungen bezüglich ihres Organbestands treffen. Wie das Wort „includes" verdeutlicht, bietet das nationale Recht aber lediglich einen – wenn auch gewichtigen – Anhaltspunkt für die Bestimmung des Staatsorgans. Als Staatsorgan versteht die Kommentierung der ASR nämlich auch jene Einheiten, die nach innerstaatlichem Recht nominell nicht Staatsorgane sind, funktionell – *de facto* – hingegen in die Staatsorganisation eingegliedert sind.[36] Die funktionelle Bestimmung der Organeigenschaft erfordert jedoch stets eine mitunter schwierige Einzelfallentscheidung.

Zweifelsfreie Zuordnungen sind lediglich möglich, wenn sich die Organeigenschaft durch einen rechtlichen Integrationsakt manifestiert. Folglich behandelt die vorliegende Untersuchung nur diejenigen Gewaltakte als nichtstaatlich, deren Urheber nicht *de iure* in die staatliche Organisation eingebunden sind.[37]

Da auf internationaler Ebene vor allem die Streitkräfte diejenigen Organe sind, die Gewalt ausüben, ist von besonderem Interesse, wer *de iure* den staatlichen Streitkräften zuzuordnen ist. Wer zu den Streitkräften zählt, legen Normen des humanitären Völkerrechts fest. Laut Art. 43 des Zusatzprotokolls zu den Genfer Abkommen über den Schutz der Opfer interna-

---

36 *J. Crawford*, The International Law Commission's Articles on State Responsibility, S. 98.

37 Anders *C. Dau*, Die völkerrechtliche Zulässigkeit von Selbstverteidigung gegen nichtstaatliche Akteure, S. 28, die einen Akteur dann als nichtstaatlich einstuft, wenn er weder *de iure* noch *de facto* in die Staatsorganisation eingebunden ist.

tionaler bewaffneter Konflikte (ZP I)[38] bestehen die Streitkräfte einer am Konflikt beteiligten Partei „aus der Gesamtheit der organisierten bewaffneten Verbände, Gruppen und Einheiten, die einer Führung unterstehen, welche dieser Partei für das Verhalten ihrer Untergebenen verantwortlich ist; [...]." Entsprechend der in Art. 1 Abs. 3 ZP I zum Ausdruck kommenden Zielsetzung des ZP I ergänzt Art. 43 ZP I frühere Definitionen der Streitkräfte in der Haager Landkriegsordnung und in den Genfer Konventionen, allerdings ohne sie im Sinne der Regel *lex posterior derogat legi priori* zu ersetzen.[39] Mithin sind nach wie vor auch die Bestimmungen des Art. 4 A Abs. 1 und 2 des III. Genfer Abkommens über die Behandlung der Kriegsgefangenen[40] anwendbar, die ebenfalls Anhaltspunkte darüber geben, welche Personengruppen zu den Streitkräften gehören, obwohl sie explizit lediglich festlegen, wer im Falle der Gefangennahme Anspruch auf die Behandlung als Kriegsgefangener hat.[41] Wenn die Abkommen von einer „am Konflikt beteiligten Partei" (Art. 43 Abs. 1 ZP I; Art. 4 A Abs. 1 und 2 GA III) sprechen, können dies gemäß Art. 1 Abs. 4 ZP I zwar auch Völker sein, die in Ausübung ihres Selbstbestimmungsrechts gegen Kolonialherrschaft, fremde Besetzung und rassistische Regimes kämpfen.[42] Für die hier vorzunehmende Abgrenzung von nichtstaatlichen und staatlichen Gewaltakteuren sind zunächst jedoch nur die Streitkräfte der Staaten als „am Konflikt beteiligte Parteien" relevant.

aa) Art. 4 A Abs. 1 GA III

Art. 4 A Abs. 1 1. Alt. GA III erkennt den Mitgliedern „von Streitkräften einer am Konflikt beteiligten Partei [...]"[43] im Falle ihrer Festnahme den Kriegsgefangenenstatus zu. Ob ein Akteur Mitglied der regulären Streit-

---

38 Zusatzprotokoll zu den Genfer Abkommen vom 12.8.1949 über den Schutz der Opfer internationaler bewaffneter Konflikte (Protokoll I) vom 8.6./12.12.1977, BGBl. 1990 II, 1551.

39 *J. de Preux*, in: Sandoz/Swinarski/Zimmermann (Hrsg.), Commentary on the Additional Protocols, Protocol I – Article 43, Rn. 1676.

40 III. Genfer Abkommen über die Behandlung der Kriegsgefangenen vom 12.8.1949, BGBl. 1954 II, 838; UNTS 75, 135.

41 *K. Ipsen*: in Fleck (Hrsg.), Handbook of International Humanitarian Law, Nr. 304.2; *Jo. Finke*, Private Sicherheitsunternehmen im bewaffneten Konflikt, S. 12.

42 Dazu unten D. IV.

43 Im gemäß Art. 133 GA III authentischen französischen Wortlaut „membres des forces armées d'une Partie au conflit, [...]."

kräfte ist, bestimmt jeder Staat, indem er ihn entsprechend seinen nationalen Vorschriften durch einen formalen (*de iure*) Eingliederungsakt den Streitkräften zuordnet.[44] Durch eine solche formale Eingliederung können gemäß Art. 4 A Abs. 1 2. Alt. GA III ebenfalls Milizen und Freiwilligenkorps Angehörige der regulären Streitkräfte werden.

bb) Art. 4 A Abs. 2 GA III

Neben diesen Fällen eindeutiger Zuordnung zu den staatlichen Streitkräften nennt Art. 4 A Abs. 2 GA III als Akteure, die Anspruch auf die Behandlung als Kriegsgefangene haben

> „Mitglieder anderer Milizen und Freiwilligenkorps, einschließlich solcher von organisierten Widerstandsbewegungen, die zu einer am Konflikt beteiligten Partei gehören [...]"[45].

Um die hier angesprochene Zugehörigkeit herzustellen, bedarf es keiner förmlichen Eingliederung *de iure*, ausreichend ist eine *de facto*-Beziehung.[46] Aus diesem Grund sind Gruppen, die von dieser Vorschrift erfasst sind, als nichtstaatlich im Sinne der vorliegenden Arbeit anzusehen.

Zum staatlichen Organbestand zählen folglich nur solche Teile der Streitkräfte, die durch einen förmlichen Hoheitsakt eingegliedert worden sind. Demzufolge orientiert sich die vorliegende Arbeit bei der Trennung nichtstaatlicher von staatlichen Gewaltakteuren an einer Linie, die nicht entlang der einheitlichen Streitkräftedefinition des Art. 43 Abs. 1 ZP I verläuft, sondern entlang der Differenzierung von regulären und irregulären Streitkräften, wie sie in den Regelungen der Art. 4 A Abs. 1 1. Alt. GA III und Art. 4 A Abs. 2 GA III zum Ausdruck kommt.

---

44 *R. Buß*, Kombattantenstatus, S. 200 f.; *L. Cameron*, in: IRRC 88 (2006) 573 (583); *M. N. Schmitt*, in: Chi. J. Int'l L. 5 (2005), 511 (524).

45 Im gemäß Art. 133 GA III authentischen französischen Wortlaut „membres des autres milices et les membres des autres corps de volontaires, y compris ceux des mouvements de résistance organisés, appartenant à une Partie au conflit [...]."

46 *J. de Preux*, in: Pictet (Hrsg.), Convention III, Commentaire, Article 4, 64 („liaison de fait"); *M. N. Schmitt*, in: Chi. J. Int'l L. 5 (2005), 511 (527); *N. Boldt*, in: GYIL 47 (2004), 502 (514); *R. Buß*, Kombattantenstatus, S. 208 ff.

4. Abgrenzung von nichtstaatlicher zu privater und privatisierter Gewalt

In der Rechtswissenschaft werden zur Charakterisierung nichtstaatlicher Gewaltakteure die Attribute „privat"[47], „privatisiert"[48] und „nichtstaatlich"[49] verwendet, ohne dass Übereinstimmung hinsichtlich der jeweiligen Bedeutung herrscht.

Obgleich meist alle Gewaltakteure außerhalb des Staates wahllos mit einem dieser Attribute versehen werden,[50] gibt es auch Bemühungen um eine genaue Abgrenzung.[51] Privatisierte Gewalt soll nach einer Ansicht nur diejenige Gewalt von Privaten sein, die bewusst das staatliche Gewaltmonopol herausfordert.[52] Dadurch wird sie zu einem Unterfall der privaten Gewalt. Demgegenüber versteht ein anderer rechtswissenschaftlicher Ansatz unter privatisiertem Verhalten im Völkerrecht „nur eine planvolle, rechtlich geregelte Aufgabenübertragung aus ökonomischen und ähnlichen Gründen, nicht die Gewaltausübung durch unkontrollierbare nichtstaatliche Kräfte schlechthin"[53].

Die vorliegende Arbeit hat sich für die Verwendung des Adjektivs „nichtstaatlich" entschieden, um die außerhalb der Staatsorganisation stehenden Gewaltakteure zu bezeichnen. Um nicht zu suggerieren, dass auch für diese Arbeit die Abgrenzung nach den Zurechnungskriterien entscheidend ist, vermeidet sie bewusst den Begriff „privat", der im Recht der Staatenverantwortlichkeit diejenigen Akte bezeichnet, die einem Staat nicht zuzurechnen sind. Auf den Begriff der „privatisierten" Gewalt verzichtet sie vollständig, da für eine Vielzahl nichtstaatlicher Gewaltakteure nicht einfach festzustellen ist, ob sie „unkontrollierbare nichtstaatliche Kräfte schlechthin" sind.

---

47 Z. B. *B. Fassbender*, in: EuGRZ 31 (2004), 241 (250 f.).
48 Z. B. *T. Bruha/M. Bortfeld*, in: Vereinte Nationen 5/2001, 161 (161).
49 Z. B. *M. Krajewski*, in: AVR 40 (2002), 183 ff; *M. C. Wood*, in: Blokker/Schrijver (Hrsg.), Security Council and the Use of Force, 75 (87).
50 So verwendet *H. Wulf*, Internationalisierung und Privatisierung, S. 11 den Begriff der Privatisierung, um jede Gewalt zu erfassen, die nicht von Staaten ausgeht.
51 Insbesondere *A. O. Kees*, Privatisierung im Völkerrecht, S. 25 ff.
52 *E. Eppler*, Vom Gewaltmonopol zum Gewaltmarkt, S. 12 ff.
53 *A. O. Kees*, Privatisierung im Völkerrecht, S. 30.

5. De facto-Regimes

Einen Sonderfall im Kreise nichtstaatlicher Gewaltakteure stellen *de facto*-Regimes dar. *De facto*-Regimes sind nichtstaatliche Gruppen, die über einen Teil des Staatsgebietes eine stabilisierte Kontrolle ausüben.[54] Ursprünglich fielen unter diese Rechtskategorie Gebiete, denen aufgrund fehlender Anerkennung die Staatlichkeit versagt wurde.[55] Die Gründe für die Nichtanerkennung waren in der Regel politischer oder wirtschaftlicher Natur. Damit diese außerrechtlichen Beweggründe nicht dazu führten, dass *de facto*-Regimes, die ansonsten alle Merkmale von Staatlichkeit aufwiesen, durch die Maschen des zwischenstaatlich geprägten Völkerrechts fielen, entwickelte die Völkerrechtsdoktrin die Konstruktion des *de facto*-Regimes, um die wesentlichen völkerrechtlichen Grundsätze wie das Gewalt- und Interventionsverbot auf diese anwenden zu können.[56]

Durch das vermehrte Auftreten zerfallender Staatsstrukturen ist jedoch ein weiterer Grund für die Entstehung von *de facto*-Regimes hinzugekommen. Sobald eine Gruppe auf dem Gebiet des zerfallenen Staates Teile des Territoriums über längere Zeit effektiv kontrolliert und befriedet, liegt es nahe, von einem *de facto*-Regime zu sprechen. Beispielhaft lässt sich dies am Fall von Somaliland ablesen, das 1991 vom Somali National Movement im Nordwesten Somalias als unabhängiger Staat proklamiert wurde.[57] Wegen der konstanten Weigerung der internationalen Gemeinschaft, Somaliland trotz staatsähnlicher Strukturen als Staat anzuerkennen, wird hier von einem stabilisierten *de facto*-Regime ausgegangen.[58]

Da ein *de facto*-Regime sich dadurch auszeichnet, dass es über längere Zeit staatsähnliche Strukturen entwickeln und aufrechterhalten kann, erscheint es verfehlt, hier von nichtstaatlichen Akteuren zu sprechen.[59] Viel-

---

54 *H. Schröder*, failed und failing States, S. 58; *I. Brownlie*, Public International Law, S. 380; *T. Bruha*, AVR 40 (2002), 383 (397).

55 Ein klassischer Fall eines *de facto*-Regimes ist Taiwan, vgl. *M. Bothe*, in: Vitzthum/Proelß (Hrsg.), Völkerrecht, 8. Abschnitt, Rn. 14. Aus neuerer Zeit ist das Taliban-Regime zu nennen, das bis 2001 über fast ganz Afghanistan eine stabilisierte Herrschaft ausübte, *M. Schoiswohl*, Obligations of Non-Recognized *De Facto* Regimes, S. 4 ff.

56 Vgl. *J. A. Frowein*, Das de facto-Regime im Völkerrecht, passim.

57 *M. Schoiswohl*, Obligations of Non-Recognized *De Facto* Regimes, S. 116 ff.

58 Vgl. *M. Schoiswohl*, Obligations of Non-Recognized *De Facto* Regimes, S. 125 ff.; *T. Ruys*, in: Stan. J. Int'l L. 43 (2007), 265 (288).

59 Anders dagegen *E. Eckert*, Die Rolle nichtstaatlicher Akteure in der Auslegung des Begriffs der Friedensbedrohung, S. 17, die *de facto*-Regimes ohne Einschränkungen als nichtstaatliche Akteure einordnet.

mehr wandeln sich nichtstaatliche Gruppen, die in der Lage sind, ein *de facto*-Regime zu errichten, zu quasi-staatlichen Akteuren. Welchen Grad an Staatlichkeit die Annahme eines *de facto*-Regimes voraussetzt, wie lange die staatsähnlichen Strukturen bestehen müssen, lässt sich freilich kaum genau bezeichnen. Die Schwelle sollte aber nicht zu niedrig angesetzt werden, denn erst wenn eine Gruppe über einen längeren Zeitraum bewiesen hat, dass sie das von ihr kontrollierte sowie von anderen Staaten und *de facto*-Regimen klar abgrenzbare Gebiet langfristig befrieden und effektiv regieren kann, ist es vertretbar, ihr die völkerrechtlichen Rechte und Pflichten eines Staates zuzugestehen. Aus rechtlicher Perspektive handelte es sich daher beim Islamischen Staat (IS) zu keinem Zeitpunkt um einen Staat oder um ein *de facto*-Regime.[60] Zwar ist bereits ausgeführt worden, dass es dem IS seit seiner schlagartigen Machtausdehnung im Juni 2014 gelang, ein zusammenhängendes Territorium im syrisch-irakischen Grenzgebiet zu halten und zu kontrollieren. Im Gegensatz zu *de facto*-Regimen schaffte es der IS jedoch nicht, seine Herrschaft zu stabilisieren. Auch wenn der IS die Gegend um seine Hochburg Rakka in Syrien seit dem Jahr 2014 beständig kontrollierte, handelte es sich doch keineswegs um eine gesicherte Kontrolle über ein klar abgrenzbares Gebiet.[61] Weiterhin fehlt es an einer wenigstens weitgehenden Befriedung des kontrollierten Gebiets.

6. Fazit

Unter nichtstaatlicher Gewalt versteht die vorliegende Arbeit daher körperliche Zwänge verursachende physische Kraftentfaltung durch Akteure, die nicht durch einen Rechtsakt formal (*de iure*) in die Organisation eines Staates eingebunden sind.

7. Heutige Erscheinungsformen nichtstaatlicher Gewalt im internationalen System

Im heutigen internationalen System lässt sich eine Vielzahl dieser nichtstaatlichen Gewaltakteure identifizieren. Der folgende Abschnitt bietet

---

60 Ebenso *A. v. Arnauld*, Völkerrecht, Rn. 1119, der allerdings für den IS den Begriff des *Quasi-de-facto*-Regimes entwickelt hat. Anders aus politikwissenschaftlicher Perspektive *C. Günther/T. Kaden*, in: S + F 34 (2016), 134 (137).
61 *C. Günther/T. Kaden*, in: S + F 34 (2016), 134 (137).

einen Überblick über die verschiedenen Akteure in ihrer heutigen Erscheinung. Da rechtliche Kategorien nichtstaatlicher Gewalt keineswegs mit ihrer tatsächlichen Vielschichtigkeit übereinstimmen, ist die folgende Kategorisierung soziologischer Natur. Sie orientiert sich an einer vom deutschen Konfliktforscher *Ulrich Schneckener* vorgenommenen Einteilung.[62] Trotz ihrer soziologischen Prägung basiert die Kategorisierung von *Schneckener* auf nahezu derselben Definition eines nichtstaatlichen Gewaltakteurs wie die vorliegende rechtliche Untersuchung und ist damit für einen beschreibenden Überblick über die Erscheinungsformen nichtstaatlicher Gewalt besonders gut geeignet. *Schneckener* versteht unter einem nichtstaatlichen Gewaltakteur nämlich eine Gruppe, die fähig und bereit ist, zur Verfolgung ihrer Ziele Gewalt auszuüben und die nicht in staatliche Einheiten eingegliedert ist.[63]

Vorweggenommen sei, dass die verschiedenen Kategorien nichtstaatlicher Gewalt nicht undurchlässig nebeneinanderstehen.[64] Zwischen ihnen sind die Grenzen oft vielmehr fließend, so dass eine Abgrenzung schwerfallen kann. Im Übrigen ist es möglich, dass ein Akteur mehreren Kategorien unterfällt oder je nach seiner Handlungsweise seinen Charakter ändert.[65]

a) Terroristen

Obwohl terroristische Anschläge die Weltöffentlichkeit bereits lange vor den Anschlägen auf das World Trade Center in New York vom 11. September 2001 beschäftigten, bereitet eine präzise Beschreibung des Phänomens Terrorismus bis heute Schwierigkeiten. Dies gilt nicht nur für die ju-

---

62 *U. Schneckener*, Spoilers or Governance Actors?, S. 8 ff.; *ders.*, in: Bryden/Caparini (Hrsg.), Private Actors and Security Governance, 23 (25 ff.). Auch *C. Schaller*, Humanitäres Völkerrecht und nichtstaatliche Gewaltakteure, S. 8 und *M. Noortmann*, in: Heintze/Ipsen (Hrsg.), Heutige bewaffnete Konflikte als Herausforderungen an das humanitäre Völkerrecht, 187 (194) orientieren sich an dieser Kategorisierung. Anders ist die Einteilung etwa bei *S. Mair*, in: IPG 2/2003, 11 ff., der lediglich Terroristen, Warlords, Rebellen und Kriminelle unterscheidet.

63 *U. Schneckener*, in: Bryden/Caparini (Hrsg.), Private Actors and Security Governance, 23 (25).

64 Diesen Umstand betont auch *K. Mulaj*, in: Mulaj (Hrsg.), Violent Non-State Actors in World Politics, 1 (4) sowie *U. Schneckener*, Spoilers or Governance Actors?, S. 17 selbst.

65 Hierzu *U. Schneckener*, Spoilers or Governance Actors, S. 17.

ristische Definition,[66] sondern auch für eine soziologische Annäherung.[67] Verbreitet ist etwa das Verständnis von Terrorismus als unterschiedslose Anwendung von Gewalt, um politische Ziele zu erreichen.[68] Auch wenn diese Definition recht knapp ausfällt, enthält sie jene zwei Kernelemente, die nahezu alle anderen Definitionen ebenfalls umfassen – *objektiv* die Anwendung von Gewalt und *subjektiv* die Verfolgung einer besonderen Zielsetzung. Wer Urheber dieser Gewalt sein muss und wer Opfer, ist jedoch ebenso umstritten wie die genauen Zielsetzungen.

Wie schwierig ein Konsens zu finden ist, illustriert der Versuch mehrerer Universitäten in den 1980er Jahren, sich aus 100 existierenden Definitionsansätzen auf eine einheitliche Definition zu einigen.[69] Das Ergebnis, dem schließlich 81% der Wissenschaftler umfänglich oder teilweise zustimmen konnten, lässt nahezu jede Zielsetzung ausreichen und verlangt als spezifische Voraussetzung nur, dass die Gewaltanwendung nicht primär auf die Opfer abzielt, sondern eine besondere Botschaft transportieren soll:

"Terrorism is an anxiety-inspiring method of repeated violent action, employed by (semi-) clandestine individual, group, or state actors, for idiosyncratic, criminal, or political reasons, whereby – in contrast to assassination – the direct targets of violence are not the main targets. The immediate human victims of violence are generally chosen randomly (targets of opportunity) or selectively (representative or symbolic targets) from a target population, and serve as message generators. Threat and violence-based communication processes between terrorist (organization), (imperiled) victims, and main targets are used to manipulate the main target (audience(s)), turning it into a target of terror, a target of demands, or a target of attention, depending on whether intimidation, coercion, or propaganda is primarily sought."[70]

Dieses primäre Verständnis von Terrorismus als Kommunikationsstrategie spiegelt sich im Begriff selbst wider, da er sich etymologisch auf das lateinische *terror* (Furcht, Schrecken) zurückführen lässt. Selbst dieses Verständ-

---

66 Siehe unten D. I.
67 Vgl. *C. Daase*, in: Die Friedens-Warte 76 (2001), 55 (57 ff.); *L. Napoleoni*, Terrorism and the Economy, S. xv.
68 So etwa *J. Pimlott*, in: international encyclopedia of terrorism, S. 9; *K. Wolny*, Die völkerrechtliche Kriminalisierung von modernen Akten des internationalen Terrorismus, S. 28.
69 Hierzu *A. P. Schmidt*, in: international encyclopedia of terrorism, S. 17.
70 Zitiert nach *A. P. Schmidt*, in: international encyclopedia of terrorism, S. 17.

nis ist indes nicht unbestritten, da sich daneben Stimmen finden, die Terrorismus auch als militärische Strategie der unterlegenen Konfliktpartei begreifen.[71]

Nicht zu bestreiten ist allein der Befund, dass jede Bezeichnung einer Handlung als terroristisch bezweckt, ihren Urheber zu delegitimieren.[72] Eng verknüpft mit diesem Verständnis von Terrorismus als Unwerturteil ist die schwierige Abgrenzung vom Terroristen zum Partisanen bzw. Befreiungskämpfer. Billigt man letzterem zu, für eine gerechte Sache zu kämpfen, spricht man ersterem jegliche Legitimität ab. Die Einordnung ist also in hohem Maße von der eigenen Anschauung geprägt.[73] Niedergeschlagen hat sich dieses Dilemma im oft zitierten Ausspruch „One man's terrorist is another man's freedom fighter."[74] Bis heute prägt dieses Dilemma die Debatte um die adäquate Verhinderung und Behandlung von Terrorismus, wie es sich brennglasartig im Nahostkonflikt zeigt, wo Attentate der Palästinenser von den einen als legitime Akte gelten, um das Selbstbestimmungsrecht der Völker gegen den „Staatsterror" Israels durchzusetzen,[75] während andere darin eine verabscheuungswürdige Terrorkampagne gegen das israelische Volk sehen.[76]

---

71 Vgl. dazu *C. Daase*, in: Die Friedens-Warte 76 (2001), 55 (62 ff.).

72 *D. Duez*, in: Bannelier/Christakis/Corten/Delcourt (Hrsg.), Droit International Face au Terrorisme, 105 (105 f.); *H. J. Giessmann*, in: S + F 31 (2003), 59 (59); *R. Higgins*, in: Higgins/Flory (Hrsg.), Terrorism and International Law, 13 (16 f.); *G. Levitt*, in: Ohio N. U. L. Rev. 13 (1986), 97 (109 f.).

73 Insofern hat *J. J. Lambert*, Terrorism and Hostages in International Law, S. 13, nicht ganz Unrecht, wenn er schreibt: „[...] the labelling of a particular act as terroristic tells less about that act than it does about the labeller's political perspective [...]."

74 *E. Rosand*, in: AJIL 97 (2003), 333 (334); *G. Martin*, Understanding Terrorism, S. 47; *P. Waldmann*, Terrorismus, S. 233; *F. Bouchet-Saulnier*, The Practical Guide to Humanitarian Law, S. 440; *J. A. Frowein*, in: ZaöRV 62 (2002), 879 (881); *J.-M. Sorel*, in: EJIL 14 (2003), 365 (367); *G. Guillaume*, in: Int'l & Comp. L. Q. 53 (2004), 537 (539); *H. Duffy*, The 'War on Terror', S. 18; *U. Schneckener*, Transnationaler Terrorismus, S. 31; *H. Neuhold*, in: Mahncke/Monar (Hrsg.), International Terrorism, 23 (24); *P. Neusüß*, Legislative Maßnahmen des UN-Sicherheitsrates, S. 6; *R. P. Barnidge*, Non-State Actors and Terrorism, S. 41; *C. Walter*, in: Walter u. a. (Hrsg.), Terrorism as a Challenge for National and International Law, 23 (33).

75 Vgl. etwa die Aussagen des syrischen und des iranischen Vertreters bei der Sitzung des UN-Sicherheitsrates im Zuge des Libanonkonfliktes vom 21. Juli 2006, S/PV.5493, S. 12 ff. bzw. S. 30 f.

76 Vgl. etwa die Aussagen des finnischen Vertreters im Namen der EU bei der Sitzung des UN-Sicherheitsrates im Zuge des Libanonkonfliktes vom 21. Juli 2006, S/PV.5493, S. 16 f.

Neben der Problematik, ob jemand ein Terrorist oder Freiheitskämpfer ist, offenbart sich hier die ungeklärte Frage, ob Terrorismus nur von nicht-staatlichen Akteuren ausgehen kann oder auch Maßnahmen von Staaten als terroristisch zu bezeichnen sind.[77] Die Verwendung des Begriffes „freedom fighter" offenbart zudem, dass viele terroristische Vereinigungen konkrete Ziele wie Autonomie oder Unabhängigkeit verfolgen, deren Verwirklichung durch die Bekämpfung eines einzelnen Staates möglich erscheint. Insofern lassen sich nach wie vor terroristische Gruppen ausmachen, deren Wirkungs- und Adressatenkreis national begrenzt bleibt.[78] Neben territorialen Beweggründen können religiöse oder weltanschauliche Überzeugungen terroristische Akte motivieren. Oftmals ist jedoch eine klare Identifizierung des Hauptmotivs schwierig und es lässt sich allenfalls ein Motivbündel ausmachen. Beispielsweise verfolgte die Rote Armee Fraktion in Deutschland neben der weltanschaulich geprägten Bekämpfung des politischen Systems der Bundesrepublik auch die Durchsetzung territorialer Forderungen der Palästinenser im Nahen Osten.[79]

Die zeitgenössische Auffassung von Terrorismus war lange Zeit stark von den Gewaltakten des überwiegend religiös motivierten Terrornetzwerkes al-Qaida beeinflusst, dessen Bedeutung im Angesicht des Erstarkens des IS allerdings abgenommen hat. Die charakteristischen Strukturen al-Qaidas werden in der transnationalen Ausrichtung seiner Operationsgebiete, Ziele, Arbeitsweisen und Rekrutierungsorte gesehen.[80] Diese transnationale Ausrichtung identifizieren Autoren als besonderes Merkmal zeitgenössischer terroristischer Aktivitäten.[81] Wenngleich zweifelhaft erscheint, ob diese Identifikation aus historischer Perspektive berechtigt ist, trifft jeden-

---

77 Für die Einbeziehung der Handlungen von Staatsorganen in den Terrorismusbegriff *G. P. Fletcher*, in: JICJ 4 (2006), 894 (906); *K. Wolny*, Die völkerrechtliche Kriminalisierung von modernen Akten des internationalen Terrorismus, S. 59; *J. Föh*, Die Bekämpfung des internationalen Terrorismus nach dem 11. September 2001, S. 425; *S. Oeter*, in: Die Friedens-Warte 76 (2001), 11 (26); gegen diese Einbeziehung *G. Schneider*, Die ‚terroristische' Handlung im Völkervertragsrecht, S. 404. Diese Frage spaltet nicht nur das Völkerrecht, sondern ist auch innerhalb der Sozial- und Politikwissenschaften umstritten, vgl. *P. Waldmann*, Terrorismus, S. 12; *C. Daase*, in: Die Friedens-Warte 76 (2001), 55 (60); *U. Schneckener*, Transnationaler Terrorismus, S. 21.

78 So etwa die Aktivitäten des NSU in Deutschland.

79 *W. Winkler*, Die Geschichte der RAF, S. 147 f.

80 *U. Schneckener*, Transnationaler Terrorismus, S. 18.

81 *J. Sampaio*, in: Hamilton (Hrsg.), Terrorism and International Relations, 1 (1); *K. Wolny*, Die völkerrechtliche Kriminalisierung von modernen Akten des internationalen Terrorismus, S. 32 ff.

falls für die jüngere Vergangenheit zu, dass viele Attentate tatsächlich einen grenzüberschreitenden Bezug aufwiesen, da die Täter weder dem betroffenen Staat entstammten, noch sich die verfolgten Ziele territorial auf den betroffenen Staat begrenzen ließen. Exemplarisch sind die Anschläge von al-Qaida auf das World Trade Center im Jahr 2001 und die Anschläge auf den Londoner Personennahverkehr im Jahr 2005. Diese Anschläge dienten grenzüberschreitenden Projekten wie der Beendigung der westlichen militärischen Präsenz im Mittleren Osten und der westlichen Unterstützung repressiver arabischer Regime[82] oder abstrakten Zielen wie der Bekämpfung westlicher Dominanz und Dekadenz.[83] In organisatorischer Hinsicht operieren „Zellen" des Netzwerkes grenzüberschreitend in verschiedenen Ländern. Ihre Mitglieder werden oft überall auf der Welt rekrutiert. Diese Beispiele sollten jedoch nicht zu der Annahme verleiten, jeder Anschlag islamistischer Terroristen sei Ausdruck einer internationalen Ausrichtung.

Ursprünglich ein Ableger von al-Qaida ist der IS – ein Zusammenschluss sunnitischer Salafisten, der zunächst im Irak Anschläge gegen US-amerikanisches Militär und gegen die schiitische Bevölkerungsgruppe ausführte.[84] Im Zuge des Aufstandes gegen den syrischen Machthaber Assad verlagerte er sein Operationsgebiet nach Syrien, wo er sich aktiv am syrischen Bürgerkrieg beteiligte. Eine für eine Terrororganisation gänzlich neue Dimension erhielt das Vorgehen dieser Gruppe im Juni 2014, als sie von Syrien aus innerhalb weniger Tage in den Irak einmarschierte und mehrere irakische Städte einnahm. Auswirkungen über die Grenzen von Syrien und Irak hinaus hatte der IS zunächst durch die erfolgreiche Rekrutierung ausländischer Kämpfer (foreign terrorist fighters[85]), bevor er auch in Europa verstärkt Anschläge verübte. Organisation und Vorgehensweise ähneln dabei der bekannten transnationalen Ausrichtung von al-Qaida.

---

82 *M.-M. O. Mohamedou*, in: Mulaj (Hrsg.), Violent Non-State Actors in World Politics, 207 (216).

83 Diese Motivation spricht hingegen *P. Bergen*, Heiliger Krieg Inc., S. 274 jedenfalls Osama bin Laden ab. Al-Qaida selbst hat in einer Botschaft vom 29. Mai 2007 dieses Ziel als Kampf gegen „interference in the religion, society, politics, and governance of the Muslims world" umrissen, zitiert nach *M.-M. O. Mohamedou*, in: Mulaj (Hrsg.), Violent Non-State Actors in World Politics, 207 (216).

84 *S. Rosiny*, „Des Kalifen neue Kleider": Der Islamische Staat in Irak und Syrien, in: GIGA Focus Nahost Nr. 6, 2014, erhältlich im Internet: <http://www.giga-hambu rg.de/de/system/files/publications/gf_nahost_1406.pdf> (zuletzt besucht am 31. Juli 2017).

85 Dazu unten E. II. 2. b).

Ebenso wie bei den Anschlägen von New York und London wurden die Anschläge von Paris (November 2015) und Brüssel (März 2016) von Mitgliedern lokaler „Zellen" verübt, die sich zwar dem IS angeschlossen hatten, letztlich aber autonom agierten.[86]

Damit ist der IS die erste Terrororganisation, die sowohl Anschläge im befriedeten Umfeld westlicher Staaten als auch klassische militärische Operationen in einem begrenzten regionalen Rahmen ausführt. Freilich entfällt bei diesem regional begrenzten, offenen Kampf des IS um die Erhaltung und Ausweitung seines selbsternannten „Kalifats" jene Eigenschaft, die eine terroristische Gruppe charakterisiert, nämlich die Anwendung von Gewalt als Kommunikationsstrategie, während sie bei der Ausführung von Anschlägen in Europa und anderen befriedeten Regionen erhalten bleibt.

In Anbetracht der wissenschaftlichen und medialen Fokussierung auf al-Qaida und den IS sollte im Übrigen nicht übersehen werden, dass nicht alle religiös motivierten Terrorgruppierungen eine „Zelle" von al-Qaida oder Teil des IS sind.[87] Trotz des gemeinsamen religiösen Fundaments und mitunter enger Verbindungen verfolgen etwa die Hamas im Nahen Osten oder tschetschenische Rebellen andere Ziele als al-Qaida und der IS.[88] Ihnen geht es um die Erreichung territorial eingrenzbarer Ziele wie der Errichtung eines Palästinenserstaates unter Negierung des Existenzrechts Israels oder die Loslösung vom russischen Staat. Andere jihadistisch inspirierte Terrorgruppen wie die somalische al-Shabaab verfolgen oder verfolgten neben ihrer gewalttätigen religiösen Agenda konkrete nationale Ziele wie die Befreiung des eigenen Landes von der Fremdherrschaft eines anderen Staates.[89]

---

86 *A. Faiola/S. Mekhennet*, Tracing the path of four terrorists sent to Europe by the Islamic State,
in: Washington Post v. 22. April 2016, erhältlich im Internet: <https://www.washingtonpost.com/world/national-security/how-europes-migrant-crisis-became-an-opportunity-for-isis/2016/04/21/ec8a7231-062d-4185-bb27-cc7295d35415_story.html?hpid=hp_no-name_isismigrant-1140am_2%3Ahomepage%2Fstory&utm_term=.60e6e314077f> (zuletzt besucht am 31. Juli 2017).

87 Vgl. *P. Waldmann*, Terrorismus, S. 237 f.

88 *M. Ranstorp*, in: Hamilton (Hrsg.), Terrorism and International Relations, 17 (17).

89 Zu al-Shabaab vgl. *K. Menkhaus*, in: Mulaj (Hrsg.), Violent Non-State Actors in World Politics, 343 (363 ff.).

b) Rebellen (bzw. Guerillagruppen, Partisanen oder franc-tireurs)

Rebellen – von *Schneckener* als „Archetyp" des nichtstaatlichen Gewaltakteurs bezeichnet[90] – kämpfen für die Erreichung eines bestimmten politischen Ziels, das in der Regel im Umsturz einer Regierung oder einer Fremdherrschaft besteht, um ein Volk oder eine Gemeinschaft zu befreien. In ihrem Selbstverständnis als legitim kämpfende militärische Einheiten treten sie äußerlich oftmals mit den Insignien staatlicher Streitkräfte auf, tragen also Uniformen, Embleme, unterwerfen sich einer hierarchischen Kommandostruktur und handeln mit einer klaren militärischen Agenda. Dennoch verfügen sie oft nicht über die notwendigen militärischen Ressourcen, um staatlichen Streitkräften offen gegenüber zu treten und verlegen sich daher auf verdeckte Guerillataktiken in hierfür geeigneten Gebieten. Historische Beispiele sind die gegen deutsche Besatzung kämpfenden Résistance- und Partisanengruppen im Zweiten Weltkrieg und die gegen Kolonialherrschaft rebellierenden Befreiungsbewegungen. Zeitgenössische Erscheinungsformen sind etwa die UNITA in Angola und die FARC in Kolumbien.[91] Am Beispiel der kolumbianischen FARC zeigt sich erneut die bereits diskutierte schwierige Abgrenzung von Terroristen zu Freiheitskämpfern bzw. Guerillas. *Schneckener*, der wie andere geisteswissenschaftliche Friedensforscher davon ausgeht, dass Terrorismus keine militärische, sondern eine Kommunikationsstrategie verkörpert,[92] bezeichnet diese Gruppe als Guerilla. Kolumbien – als Staat, der von den Gewalthandlungen der FARC betroffen war – stufte sie vor dem Waffenstillstand im Jahr 2016 ebenso wie die USA und die EU als terroristische Vereinigung ein.[93]

c) Milizen

Milizen sind in der Regel ebenfalls mit den Insignien staatlicher Armeen ausgestattet, kämpfen aber im Gegensatz zu Rebellen nicht gegen staatliche Strukturen an. Stattdessen engagieren sie sich im staatlichen Auftrag oder Interesse im Kampf gegen Kriminelle und Rebellen, sie unterdrücken

---

90 *U. Schneckener*, Spoilers or Governance Actors?, S. 9.
91 Zu weiteren Beispielen vgl. *U. Schneckener*, Spoilers or Governance Actors?, S. 9; *ders.*, Transnationaler Terrorismus, S. 32.
92 *U. Schneckener*, Transnationaler Terrorismus, S. 22 f.; *C. Daase*, in: Die Friedens-Warte 76 (2001), 55 (63 f.); *P. Waldmann*, Terrorismus, S. 19 f.; *K. Mulaj*, in: Mulaj (Hrsg.), Violent Non-State Actors in World Politics, 1 (4 f.).
93 Nachweise bei *T. Reinold*, in: AJIL 105 (2011), 244 (273).

Minderheiten und schüchtern Oppositionelle ein. In Arbeitsteilung mit der Regierung übernehmen sie dabei oft ruchlose Aufgaben wie gezielte Entführungen, Tötungen und Massaker bis hin zu ethnischen Säuberungen. Milizen sind aber auch bereit, sich gegen staatliche Stellen zu wenden, wenn ihre eigenen wirtschaftlichen oder politischen Besitzstände auf dem Spiel stehen. Ebenso agieren sie gegen den Staat, wenn sie sich lediglich den Interessen eines Teils der Gesellschaft verpflichtet fühlen oder glauben, die Bevölkerung gegen korrupte und willkürliche Machthaber verteidigen zu müssen. Beispiele sind die Ulster Defence Association (UDA) in Nordirland oder die Janjaweed-Milizen[94] in Darfur (West-Sudan).[95]

d) Klanchefs („Big Men")

Klanchefs oder „Big Men" sind Anführer lokal verwurzelter Gruppen, die ihre Autorität traditionell aus Alter, Abstammung oder Erfahrung ableiten. Kraft dieser auf Traditionen fußenden Autorität werden sie von ihren Stämmen oder ihrem Klan als legitime Herrscher wahrgenommen, die zumeist über ein abgegrenztes Territorium Kontrolle ausüben. Neben der politischen haben sie regelmäßig auch die militärische Führerschaft inne und befehligen bewaffnete Einheiten ihres Klans oder Stammes. Weit verbreitet sind diese Strukturen in stammesgeprägten Gebieten wie der Subsahara Afrikas, z. B. in Somalia und Mali, oder auch dem Jemen, Pakistan und Afghanistan.

e) Warlords

Warlords („Kriegsunternehmer") sind ebenfalls lokale Machthaber, die ihre Herrschaft aber nicht durch traditionelle und gefestigte Klan- oder Stammesstrukturen legitimieren können. Vielmehr erlangen sie ihre Machtposition, indem sie die schwachen staatlichen Strukturen während oder nach kämpferischen Auseinandersetzungen ausnutzen, um sich die Kontrolle über ein bestimmtes Gebiet zu sichern. Zur Festigung und Perpetuierung seiner Herrschaft unterhält ein Warlord eigene bewaffnete Ein-

---

94 Vgl. zur Rolle der Janjaweed-Milizen in der Krise von Darfur und zu ihrer Behandlung durch den Sicherheitsrat unten E. II. 2. a) kk).
95 Für weitere Beispiele vgl. *U. Schneckener*, Transnationaler Terrorismus, S. 33.

heiten, die ihm nicht aufgrund ideologischer oder ethischer Bande ergeben sind, sondern aufgrund der persönlichen Loyalität und der Bezahlung.
Die hierfür erforderlichen Geldmittel wirbt der Warlord ein, indem er die
Schwäche oder gar Abwesenheit staatlicher Strukturen nutzt, um die natürlichen Ressourcen auszubeuten und die Bevölkerung anhand von Steuern oder Erpressung tributpflichtig zu machen. In Anbetracht dieser Möglichkeiten erheblicher persönlicher Bereicherung hat er meist kein Interesse an einer Stärkung staatlicher Strukturen und erhält die ihm günstige
Konfliktsituation aufrecht. Ist er dennoch zu einem Neuaufbau des Staatswesens bereit oder hierzu gezwungen, kann er wegen seiner bereits erlangten Machtposition seine Stellung auch im neuen Staat oftmals sichern.

Bekannte Warlordfiguren waren Laurent-Désiré Kabila im Kongo und
Abdul Rashid Dostum in Afghanistan.

f) Marodeure

Wie die Warlords profitieren auch Marodeure vom Zusammenbruch des
Staatswesens im Zuge oder nach dem Ende bewaffneter Konflikte. Marodeure sind desertierte oder entlassene Soldaten, die die Zivilbevölkerung
zur persönlichen Bereicherung und Genugtuung ausrauben und misshan-
deln. Sie handeln in locker zusammenhängenden Gruppen auf eigene Initiative, werden aber gelegentlich auch von anderen Gruppen zur Erledi-
gung brutaler Aufgaben engagiert.[96]

g) Kriminelle

Vorherrschendes Motiv krimineller Organisationen auf internationaler
Ebene ist die persönliche Bereicherung. Diverse Mittel stehen ihnen hierfür zur Verfügung, unter denen der Drogen-, Waffen-, Organ- und Men-
schenhandel hervorstechen. Weitere notorische Vergehen sind etwa Geld-
wäsche, Raub und Schmuggel. Gewalt wenden sie höchstens gegen einzelne staatliche Vertreter von Politik oder Justiz an, soweit diese dem Erreichen ihrer Ziele im Wege stehen. Ansonsten vermeiden sie aber eine offene gewalttätige Konfrontation mit dem Staat und verlegen sich darauf,
staatliche Institutionen zu infiltrieren. Dennoch kommt es mitunter zu
kriegsähnlichen Auseinandersetzungen zwischen kriminellen Organisatio-

---

96 *U. Schneckener*, Spoilers or Governance Actors?, S. 14.

nen untereinander oder mit der Polizei.[97] Diese lassen sich aber überwiegend auf groß angelegte Säuberungsaktionen der staatlichen Stellen zurückführen, nicht auf die Initiative der kriminellen Gruppen. In der Regel weisen kriminelle Organisationen eine klare Hierarchie auf, an deren Spitze ein oder mehrere Entscheidungsträger stehen. Viele etablierte kriminelle Gruppen wie die Cosa Nostra, Ndrangheta oder Camorra Italiens können mittlerweile auf eine lange unheilvolle Schaffensperiode zurückblicken. Berüchtigt sind weiterhin Gruppen wie das Netzwerk von A. Q. Khan in Pakistan, die Waffengeschäfte des Russen Victor Bout oder die verschiedenen Gruppen, die in die Drogenkriege in Mexiko verwickelt sind.

h) Piraten

Nachdem Piraterie lange mit einem vergangenen Zeitalter assoziiert wurde, das lediglich in romantisierenden Seeräubererzählungen fortlebt, erschüttern Piraten seit Ende des Kalten Krieges erneut die Weltmeere.[98] Wie viele ihrer historischen Vorläufer, entern moderne Piraten Schiffe, um sich persönlich an der Ladung zu bereichern. Darüber hinaus dienen die Attacken auf Schiffe heutzutage aber auch dem Ziel, durch Besetzung des Schiffes und Geiselnahme der Besatzung die Reedereien oder Staaten zu Lösegeldzahlungen zu erpressen. Denselben Zweck verfolgen Piraten mit Überfällen auf private Yachten und Kreuzfahrtschiffe,[99] während andere Gruppen Schiffe unter ihre Kontrolle bringen, um politische Forderungen durchzusetzen.[100] Zudem gibt es Warnungen, dass Terroristen Schiffe in

---

97 Vgl. etwa die umfangreichen Aktionen der brasilianischen Polizei und Armee gegen kriminelle Strukturen in den Favelas Rio de Janeiros im November 2010, Presseberichte erhältlich im Internet: <http://www.guardian.co.uk/world/2010/nov/26/brazil-police-rio-de-janeiro> (zuletzt besucht am 31. Juli 2017); <http://www.spiegel.de/panorama/justiz/0,1518,731284,00.html> (zuletzt besucht am 31. Juli 2017).

98 Vgl. *K. H. Govern/ J. I. Wim*, in: Homeland Security Rev. 2 (2008), 131 (132), die den Überfall auf den Öltanker *Nagasaki Spirit* am 19. September 1992 als Geburtstunde der modernen Piraterie ansehen und einen Überblick über die Anzahl von Attacken durch Piraten für den Zeitraum von 1997–2007 vorlegen, a.a.O., 131 (134).

99 Vgl. den Fall des Kreuzfahrtschiffes *Seabourne Spirit* von 2005, dazu *M. Bahar*, in: Vand. J. Transnat'l L. 40 (2007), 1 (5).

100 Vgl. den Fall der *Achille Lauro*, dazu unten D. II. 2.

ihre Gewalt bringen könnten, um sie als Werkzeug für terroristische Handlungen zu missbrauchen.[101]

Verlässliche Zahlen, die das Ausmaß der piraterischen Aktivitäten in den letzten Jahren ermessen lassen, existieren nicht, da die Reedereien viele Überfälle nicht melden. Einen umfassenden Überblick liefern die Berichte des International Maritime Bureaus (IMB) – einer speziellen Abteilung der Internationalen Handelskammer (ICC) –, das wiederum ein eigenes Piracy Reporting Centre unterhält.[102] Diese non-profit Organisation der ICC nimmt Berichte über piraterische Aktivitäten entgegen. Dem IMB zufolge waren im Jahr 2012 noch 297 Fälle von Piraterie aufgetreten.[103] Bis zum Jahr 2016 sank diese Zahl auf 191.[104] Auffällig ist dabei insbesondere der Rückgang der versuchten und erfolgreichen Überfälle durch somalische Piraten.[105] Gingen im Jahr 2012 noch 75 Fälle auf deren Konto, handelten es sich 2016 nur noch um zwei Fälle.[106] Die meisten Fälle von Piraterie ereigneten sich 2016 vor den Küsten Nigerias und Indonesiens.[107]

Die Art der verwendeten Waffen und die Brutalität des Vorgehens variiert nach geographischer Lage. Während in einigen Gegenden wie Indonesien viele Piraten nach wie vor lediglich mit Messern ausgestattet sind,[108] verwendeten die somalischen Piraten zum Höhepunkt ihrer Aktivität

---

101 *M. Bahar*, in: Vand. J. Transnat'l L. 40 (2007), 1 (5); *T. Garmon*, in: Tul. M. L. J. 27 (2002), 257 (258); *N. Dahlvang*, in: Regent J. Internat'l L. 4 (2006), 17 (18 f.); *J. M. Witt*, in: Förster/Jansen/Kronenbitter (Hrsg.), Rückkehr der Condottieri, 77 (89).

102 Den Bericht kann man über die Website des IMB anfordern, <https://icc-ccs.org/ piracy-reporting-centre> (zuletzt besucht am 31. Juli 2017).

103 ICC International Maritime Bureau, Piracy and Armed Robbery Against Ships, 2012 Annual Report, S. 5 f., Table 1: Locations of actual and attempted attacks, January – December 2012.

104 ICC International Maritime Bureau, Piracy and Armed Robbery Against Ships, 2016 Annual Report, S. 5, Table 1: Locations of actual and attempted attacks, January – December 2012 -2016.

105 Hierzu auch *C. Schofield/K.-D. Ali*, in: Warner/Kaye (Hrsg.), Routledge Handbook of Maritime Regulation and Enforcement, 277 (278 f.).

106 ICC International Maritime Bureau, Piracy and Armed Robbery Against Ships, 2016 Annual Report, S. 5, Table 1: Locations of actual and attempted attacks, January – December 2012 -2016.

107 ICC International Maritime Bureau, Piracy and Armed Robbery Against Ships, 2016 Annual Report, S. 6, Chart A: The following five locations recorded 63% attacks from a total of 191 reported attacks for the period.

108 ICC International Maritime Bureau, Piracy and Armed Robbery Against Ships, 2016 Annual Report, S. 10, Table 10: Types of arms used by geographical location, January – December 2016.

überwiegend Schusswaffen.[109] Teilweise verfügten sie sogar über Granatwerfer oder andere schwerere Waffen.[110] Im Verhältnis zur Entwicklung der Fallzahlen von Piraterie sind die Fälle von Gewaltanwendung gegen Crew-Mitglieder bei den Überfällen überdurchschnittlich zurückgegangen.[111] Besonders anfällig für erfolgreiche Überfälle von Piraten sind ankernde Schiffe,[112] bei fahrenden Schiffen ist die Quote erfolgreicher Überfälle dagegen deutlich geringer.[113] Neben der Gefahr für Leib und Leben der Besatzungen, stellen Angriffe durch Piraten eine erhebliche wirtschaftliche Gefahr dar. Dies gilt einerseits für den Wert der Waren, die von Piraten gestohlen oder vernichtet werden, sowie für die Kosten, die Reedereien für die Befreiung der Geiseln und die verzögerten Lieferungen zahlen müssen. Außerdem meiden einige Reedereien mittlerweile notorisch gefährliche Schiffspassagen, wofür sie erheblich längere Reiserouten, verlängerte Lieferzeiten und erhöhte Energiepreise in Kauf nehmen.[114]

i) Söldner/Private Sicherheitsunternehmen (PSU

Söldner sind Kämpfer, die ihre militärischen Dienste für eine begrenzte Zeit anderen als ihren nationalen Herrschern oder militärischen Führern zur Verfügung stellen. Maßgeblich sind sie durch finanzielle Anreize moti-

---

109 ICC International Maritime Bureau, Piracy and Armed Robbery Against Ships, 2012 Annual Report, S. 12, Table 10: Types of arms used by geographical locations, January – December 2012.

110 ICC International Maritime Bureau, Piracy and Armed Robbery Against Ships, 2012 Annual Report, S. 22.

111 ICC International Maritime Bureau, Piracy and Armed Robbery Against Ships, 2016 Annual Report, S. 9, Table 8: Types of violence to crew, January – December 2012–2016.

112 Im Jahr 2016 waren bei ankernden Schiffen 104 von 114 Angriffen erfolgreich, ICC International Maritime Bureau, Piracy and Armed Robbery Against Ships, 2016 Annual Report, S. 8, Table 4: Status of ships during actual attacks, January – December 2016 sowie S. 9, Table 5: Status of ships during attempted attacks, January – December 2016.

113 Bei fahrenden Schiffen waren 30 von 52 Angriffen erfolgreich, ICC International Maritime Bureau, Piracy and Armed Robbery Against Ships, 2016 Annual Report, S. 8, Table 4: Status of ships during actual attacks, January – December 2016 sowie S. 9, Table 5: Status of ships during attempted attacks, January – December 2016.

114 Vgl. einen Bericht der Deutschen Welle, erhältlich im Internet: <http://www.dw.de/hohe-kosten-für-reeder-durch-piraterie/a-16810922> (zuletzt besucht am 31. Juli 2017).

viert. Nachdem das Phänomen der Privaten Sicherheitsunternehmen die Söldneranwerbung in den Hintergrund des öffentlichen Interesses gedrängt hatte, ist ihr unverändert bestehendes Konflikpotenzial im Zuge der Revolution in Libyen Anfang 2011 offensichtlich geworden.[115]

Charakteristisch für Private Sicherheitsunternehmen ist, dass sie in herkömmlichen gewerblichen Unternehmensstrukturen des Privatrechts organisiert sind, um ihren Kunden die Übernahme von Sicherheits- und Militäraufgaben anzubieten. Von Söldnern unterscheiden sie sich demnach vor allem dadurch, dass sie wie gewöhnliche Unternehmen auftreten und organisiert sind. Personell setzen sie sich oftmals aus ehemaligen Soldaten zusammen, die im Zuge der Reduzierung der nationalen Streitkräfte nach dem Ende des Kalten Krieges entlassen worden waren.[116] Insbesondere auf den Führungsebenen der Unternehmen finden sich zahlreiche ehemalige Offiziere.[117] Da die Nachfrage nach militärischen Dienstleistungen stetig zugenommen hat, haben PSU jedoch das Reservoir an gut geschulten Soldaten mittlerweile annähernd abgeschöpft. Um weiteres Personal zu akquirieren, werben die Unternehmen daher in zahlreichen Entwicklungs- und Schwellenländern um potenzielle Angestellte.[118]

Ebenso heterogen wie ihr Personal stellt sich der Kundenstamm von PSU dar. Neben den Verteidigungs- und Außenministerien entwickelter Staaten befinden sich unter den Vertragspartnern von PSU lokale Kriegsherren, Nichtregierungsorganisationen, Transnationale Unternehmen und Internationale Organisationen.[119] Rechte und Pflichten von Auftraggebern und -nehmern richten sich einzig nach dem jeweiligen Vertrag.[120] Eine strenge Hierarchie mit hoheitlichen Weisungsbefugnissen, wie sie für her-

---

115 Vgl. *A. Perras*, Gaddafis schreckliche Helfer, in: Süddeutsche Zeitung vom 25. Februar 2011, erhältlich im Internet: <http://www.sueddeutsche.de/politik/s oeldner-in-libyen-gaddafis-schreckliche-helfer-1.1064594> (zuletzt besucht am 31. Juli 2017).

116 *C. Seiberth*, Private Military and Security Companies in International Law, S. 39 f.; *K. M. Ballard*, in: Jäger/Kümmel (Hrsg.), Private Military and Security Companies, 37 (43); *N. Stinnett*, in: B. C. Int'l & Comp. L. Rev. 28 (2005), 211 (211).

117 *G. Pfeiffer*, Privatisierung des Krieges?, S. 55.

118 *F. Hutsch*, Exportschlager Tod, S. 73 f.

119 Hierzu bereits *Jo. Finke*, in: Hofbauer/Wagner (Hrsg.), Kriegsbrauch und berufliches Selbstverständnis des Soldaten, 45 (49); *C. Schaller*, Private Sicherheits- und Militärfirmen in bewaffneten Konflikten, S. 5.

120 *A. O. Kees*, Privatisierung im Völkerrecht, S. 57.

kömmliche Streitkräfte charakteristisch ist, existiert im Verhältnis von PSU zu Auftraggebern daher nicht.[121]

Das Spektrum ihres Angebots reicht von logistischer Unterstützung regulärer staatlicher Streitkräfte über die Ausbildung und das Training bewaffneter Einheiten bis zu Personen- und Objektschutz.[122] In einigen Fällen übernehmen sie sogar die Ausführung von klassischen Kampfeinsätzen.[123] Zur Kategorisierung dieses Tätigkeitsfeldes werden mehrere Ansätze verfolgt. Mehrfach rezipiert worden ist der Vorschlag, die Unternehmen entsprechend ihrer Distanz zum Kampfgeschehen einzuteilen.[124] Danach lassen sich PSU drei Kategorien zuordnen: Military Provider Firms, die aktiv am Kampfgeschehen teilnehmen, Military Consultant Firms, die Beratung und Training anbieten und Military Support Firms, die unterstützende Aufgaben wie Versorgungs- und Wartungsarbeiten sowie Kommunikationsdienste übernehmen.

Der Realität in Krisengebieten wird dieser Ansatz aber nicht gerecht. Insbesondere wenn die Frontlinien nicht klar verlaufen, können auch Versorgungseinheiten in Kämpfe verwickelt werden.[125] Demgegenüber können wichtige strategische Operationen, die – wie der Einsatz ferngesteuerter Kampfmittel – einen unmittelbaren Beitrag zu den Kämpfen liefern, aus großer Distanz zu den Kampfgebieten ausgeführt werden. Im Übrigen gibt es eine Reihe von Unternehmen, deren Angebotspalette so weit gefächert ist, dass sie sich nicht einer Kategorie zuordnen lassen.[126]

Ein anderer Ansatz knüpft deswegen zur Klassifizierung nicht an die Distanz der Unternehmen zum Kampfgeschehen an, sondern an die Tätigkeiten, die in den Verträgen vorgesehen sind.[127] Der Vorteil dieser Herangehensweise besteht darin, dass sie einen umfassenden Überblick über die

---

121 *H. Carney*, in: Geo. Wash. L. Rev. 74 (2006), 317 (326 f.).
122 Zum Aufgabenspektrum siehe *K. Molle*, Private Militär- und Sicherheitsunternehmen im Völkerrecht, S. 50 ff.; *C. Seiberth*, Private Military and Security Companies in International Law, S. 37 ff. Hierzu bereits *Jo. Finke*, Private Sicherheitsunternehmen im bewaffneten Konflikt, S. 8 ff.
123 Prominentestes Beispiel ist hierfür das Unternehmen *Executive Outcome*, das in Sierra Leone zur selbstständigen Übernahme von Kampfhandlungen engagiert wurde, vgl. *K. Molle*, Private Militär- und Sicherheitsunternehmen im Völkerrecht, S. 48 f.; *D. Avant*, Market of Force, S. 86 ff.
124 Vgl. die u. a. von *L. Cameron*, in: IRRC 88 (2006), 573 (576) aufgegriffene Typisierung des amerikanischen Politologen *Peter W. Singer*, Corporate Warriors, S. 88 ff.
125 *L. Cameron*, in: IRRC 88 (2006), 573 (589).
126 *D. Avant*, Market of Force, S. 17.
127 *D. Avant*, Market of Force, S. 17.

Tätigkeiten von PSU verschafft. Zugleich trifft sie auf dieselben Bedenken wie der erstgenannte Ansatz, da Vertragsinhalte nur bedingt die Gegebenheiten in Konfliktherden widerspiegeln. Oft werden Unternehmen für Personen- oder Objektschutz engagiert, der entsprechend den Vertragsbestimmungen nur defensiven Charakter haben soll. In Kampfgebieten läuft freilich die Verteidigung von militärisch oder strategisch bedeutsamen Objekten häufig auf Gefechte hinaus, in denen sich nicht mehr zwischen defensiver und offensiver Gewaltanwendung unterscheiden lässt. Außerdem haben viele Unternehmen in der Vergangenheit eigenmächtig ihren vertraglich umrissenen Aufgabenbereich erweitert.[128]

Letztendlich vermag daher kein Ansatz ein Klassifizierungssystem anzubieten, das der Vielfältigkeit der Unternehmen hinsichtlich ihrer Aufgaben und Einsatzgebiete Rechnung trägt.[129] Aus der Perspektive der vorliegenden völkerrechtlichen Untersuchung ist dieser Mangel an einem umfassenden Schema unerheblich. Entscheidend ist allein, ob und wie diese Unternehmen in völkerrechtlich relevanter Weise Gewalt ausüben. Da Gewaltausübung hier die unmittelbare Zufügung körperlichen Leides bedeuten soll, stellt neben den Unternehmen selbst jeder Angestellte eines PSU, der andere verletzt, einen für diese Untersuchung relevanten Akteur nichtstaatlicher Gewalt dar. Darunter können Angestellte nahezu aller PSU fallen, die in Krisengebieten eingesetzt werden, unabhängig davon, ob sie zur aktiven Teilnahme an Feindseligkeiten engagiert wurden oder lediglich Versorgungsaufgaben übernehmen, bei denen sie sich verteidigen müssen. Unerheblich ist daher auch eine scharfe Abgrenzung der geläufigen Begriffe für das Phänomen der Erbringung militärischer oder Sicherheitsdienstleistungen. Neben den verbreiteten englischen Bezeichnungen Private Military Companies (PMC)[130] und Private Security Companies (PSC)[131] nebst ihren Abwandlungen[132], finden sich Verbindungen der beiden Be-

---

128 *C. Holmqvist*, Private Security Companies, S. 25 f.

129 *Jo. Finke*, Private Sicherheitsunternehmen im bewaffneten Konflikt, S. 9; *C. Holmqvist*, Private Security Companies, S. 5; *E.-C. Gillard*, in: IRRC 88 (2006), 525 (529).

130 Vgl. z. B. *S. Gul*, Lewis & Clark L. R. 10 (2006), 287 ff.; *N. Boldt*, in: GYIL 47 (2004), 502 ff.; *L. Cameron*, in: IRRC 88 (2006), 573 (574 ff.).

131 *M. N. Schmitt*, in: Chi. J. Int'l L. 5 (2005), 511 (513 ff.); *C. Holmqvist*, Private Security Companies, S. 6; *D. Avant*, Market of Force, S. 1 ff.

132 Gebräuchlich ist etwa auch die Bezeichnung Private Military Firms (PMF), vgl. *N. Stinnett*, in: B. C. Int'l & Comp L. Rev. 28 (2005), 211 ff.; *P. Singer*, Corporate Warriors, S. 8 ff.; *K. Fricchione*, in: Wis. Int'l L. J. 23 (2005), 731 ff.

griffe.[133] Dabei wird mitunter Wert auf eine Differenzierung zwischen PMCs und PSCs gelegt, derzufolge PMCs sich dadurch auszeichnen, dass sie aktive militärische Einsätze anböten, während PSCs lediglich unterstützende Dienste wahrnähmen.[134] In Anbetracht der aufgezeigten Schwierigkeiten bei der Kategorisierung sollte allerdings auf diese Differenzierung verzichtet werden.

Die terminologische Kakophonie veranschaulicht, dass sich bisher kein Begriff durchsetzen konnte. Dementsprechend begibt sich die vorliegende Untersuchung nicht in Widerspruch zu einer allgemein anerkannten Begrifflichkeit, wenn sie für alle Spielarten militärischer Dienstleister den Begriff Private Sicherheitsunternehmen verwendet.[135] Er hat den Vorteil, dass er die gesamte Palette der angebotenen Dienste umfasst.[136]

j) Fazit

Die Arbeit will aufgrund ihres rechtlichen Ansatzes nicht versuchen, die Gemeinsamkeiten und Unterschiede der Akteure soziologisch zu bewerten.[137] Festzuhalten ist aber, dass nichtstaatliche Akteure nicht willkürlich voneinander abgegrenzt werden. Ihre Klassifizierung hängt vielmehr von verschiedenen Faktoren ab, die *Schneckener* in vier Kategorien einteilt.[138] Drei Kategorien betreffen dabei primär die Zielsetzung der Gruppen: erstens die Frage, ob die Gruppe eine Veränderung des status quo anstrebt, zweitens, ob sie aus politischen oder finanziellen Gründen agiert und drittens, ob sie mit ihrer Gewaltanwendung den Gegner physisch oder psychisch schwächen will.[139] Ein weiteres Unterscheidungsmerkmal ist, ob eine Gruppe in der Lage ist, über ein gewisses Gebiet territoriale Kontrolle

---

133 Beispielsweise verwenden einige Autoren den Begriff „Private Military or Security Companies", vgl. *C. Seiberth*, Private Military and Security Companies in International Law, S. 50 ff.; *K. Molle*, Private Militär- und Sicherheitsunternehmen im Völkerrecht, S. 63; *C. Hoppe*, in: EJIL 19 (2008), 989 ff.; *E. L. Gaston*, in: Harv. Int'l L. J. 49 (2008), 221 (222 ff.).

134 Vgl. etwa *A. Köhler*, Private Sicherheits- und Militärunternehmen im bewaffneten Konflikt, S. 23 f.; *A. Epiney/A. Egbuna-Joss*, in: SZIER 17 (2007), 215 (218).

135 *Jo. Finke*, Private Sicherheitsunternehmen im bewaffneten Konflikt, S. 6 ff.

136 So auch *D. Avant*, Market of Force, S. 2, Fn. 3.

137 Hierzu *U. Schneckener*, Spoilers or Governance Actors?, S. 14 ff.

138 *U. Schneckener*, Spoilers or Governance Actors?, S. 15 ff.

139 Ähnlich *A. J. K. Bailes/D. Nord*, in: Mulaj (Hrsg.), Violent Non-State Actors in World Politics, 441 (446) und *B. Berti*, in: Risse/Börzel/Draude (Hrsg.), Governance and Limited Statehood, 272 (273) die ebenfalls die Motivation und

auszuüben. Ungeachtet der Frage, ob diese Kategorisierung in jeder Hinsicht zu einer sinnvollen Abgrenzung führt, offenbart sie jedenfalls, dass die besondere Zielsetzung einer Gruppe ein entscheidendes Abgrenzungsmerkmal ist.

Aus rechtlicher Perspektive lässt sich ein weiteres Abgrenzungsmerkmal ausmachen, das auf das Verhältnis der Gruppen zum Staat abzielt. Zu unterscheiden sind jene Gruppen, die durch völkerrechtliche Verträge und die Staatenpraxis einer Ächtung unterworfen sind (Piraten, Terroristen, Kriminelle) und solche, die entweder offene Unterstützung oder stillschweigende Tolerierung erfahren (Private Sicherheitsunternehmen, Milizen). Andere lassen sich weniger eindeutig diesen Kategorien zuordnen – Rebellengruppen, Warlords und Klanchefs sind weder per se staatsfeindlich eingestellt noch lassen sie sich durch Staaten vereinnahmen. Sie gestalten ihr Verhältnis zu Staaten vielmehr in erster Linie danach aus, ob es ihnen aus wirtschaftlichen, politischen und militärischen Gründen nützt oder nicht. Dementsprechend variiert auch die staatliche Einstellung ihnen gegenüber. Wie später zu zeigen sein wird, spielt diese staatliche Bewertung der jeweiligen Akteure als legitim oder illegitim eine wichtige Rolle bei der völkerrechtlichen Behandlung.

II. Kohärenz als Analysewerkzeug

Nachdem der Untersuchungsgegenstand skizziert worden ist, soll kurz das Analysewerkzeug zur Bewertung differenzierender und indifferenter Ansätze vorgestellt werden: der Begriff der Kohärenz.[140] Im Einklang mit seiner gewöhnlichen Wortbedeutung wird er in der Rechtswissenschaft verwendet, um die Stimmigkeit oder Widerspruchsfreiheit von einzelnen Normen oder Normkomplexen zu analysieren.[141] Ein System auf Widersprüche zu untersuchen ist dementsprechend nur dann sinnvoll, wenn es möglichst widerspruchsfrei, also einheitlich, sein soll.

---

die Haltung zum *status quo* als maßgebliche subjektive Abgrenzungskriterien identifizieren.

140 Der folgende Abschnitt zur Kohärenz findet sich bereits in leicht abgewandelter Form bei *Jo. Finke*, in: Bäumler/Daase/Schliemann/Steiger (Hrsg.), Akteure in Krieg und Frieden, 47 (49 ff.).

141 Vgl. *B. Ehle*, Kohärenz der Rechtsquellen im Europäischen Kollisionsrecht, S. 75.

1. Einheit der Völkerrechtsordnung

Ausgangspunkt für die Frage nach der Einheit der Völkerrechtsordnung ist es, das Völkerrecht überhaupt als Rechtsordnung zu akzeptieren.[142] Die Akzeptanz eines Normengeflechtes als Rechtsordnung gebietet jedem in dieser Rechtsordnung eingebundenen Normgeber, Anwender und wissenschaftlichen Beobachter, bei seinem Handeln die *Einheit* der Rechtsordnung als Leitmotiv zu beachten:[143] Ein Leitmotiv, das im Völkerrecht wegen seines immanent politischen Charakters, seiner starken Abhängigkeit von den Vorstellungen seiner Subjekte und seines Mangels an effektiven Durchsetzungsmechanismen als eine utopische Handlungsdirektive anmutet, die dem interessengeleiteten Handeln der Staaten zu widersprechen scheint. Rechtstheoretisch ist das Streben nach Einheit hingegen eine der Rechtsidee selbst innewohnende fundamentale Forderung.[144] Bezogen auf das Völkerrecht findet diese Forderung ihre Begründung wiederum in den tatsächlichen globalen Verflechtungen wirtschaftlicher, politischer, militärischer und sozialer Art. Eine zusammenwachsende Weltgemeinschaft bedarf einer möglichst einheitlichen rechtlichen Ordnung, selbst wenn es dieser an effektiven Durchsetzungsmechanismen mangelt.

Das Postulat der Einheit der Rechtsordnung soll nicht suggerieren, dass das Völkerrecht in absehbarer Zeit eine den nationalen Rechtsordnungen ähnliche Regelungsdichte und Einheitlichkeit erreichen kann. Inhalt dieser Forderung ist hingegen, dass der gegenwärtige Normenbestand mit dem Ziel angewandt und ausgelegt wird, seine Einheitlichkeit zu sichern.

Als eine besondere Bedrohung für die Einheit der Völkerrechtsordnung identifizieren einige Beobachter das Auseinanderdriften fundamentaler Wertvorstellungen in den verschiedenen Rechtskreisen.[145] Auf diesen Aspekt der Einheit der Völkerrechtsordnung will die Arbeit jedoch nicht ihr Augenmerk legen. Bezüglich der vergleichenden Analyse nichtstaatlicher Gewaltakteure in den verschiedenen Rechtsgebieten soll die Einheit der

---

142 Zum Verständnis des Völkerrechts als Rechtsordnung siehe *H. Mosler*, in: ZaöRV 36 (1976), 6 ff.

143 In diesem Sinne auch *A. Peters*, in: ZaöRV 67 (2007), 721 (754); *S. Oeter*, in: Zimmermann/Hofmann (Hrsg.), Unity and Diversity, 419 (419).

144 *J. Renzikowski*, in: GA 1992, 159 (171).

145 Vgl. *W. G. Vitzthum*, in: Dicke u. a. (Hrsg.), Weltinnenrecht, 849 ff.; *ders.*, in: Vitzthum/Proelß (Hrsg.) Völkerrecht, 1. Abschnitt, Rn. 80 ff.

Rechtsordnung vielmehr als Gegenstück zur Fragmentierung[146] der Rechtsordnung verstanden werden.[147] Als Ausprägungen der Fragmentierung des Völkerrechts werden diverse rechtliche Bereiche ausgemacht. Erhöhte Aufmerksamkeit gilt etwa der Proliferation internationaler Rechtsprechung, die bisweilen in sich widersprechenden Urteilen mündet.[148] Daneben drückt sich die Fragmentierung des Völkerrechts in der Ausbildung neuer Rechtsregime aus, deren innere Abgeschlossenheit mit dem Schlagwort der „self-contained regimes" umschrieben wird.[149] Erscheinungsformen dieser self-contained regimes sollen beispielsweise das Recht der Welthandelsorganisation (WTO), das internationale Umweltrecht oder das internationale Recht der Menschenrechte sein. Charakteristisch für nahezu jede Analyse, die sich mit den Auswirkungen der divergierenden Anwendung allgemeiner völkerrechtlicher Grundsätze durch die verschiedenen Rechtsregimes befasst, ist die Sorge um die Vereinbarkeit spezieller Rechtsregimes mit dem allgemeinen Völkerrecht.[150] Konflikte zwischen den Rechtsregimen werden anhand der anerkannten Kritieren zur Lösung

---

146 Dem Begriff Fragmentierung wird häufig eine negative Konnotation beigemessen, vgl. *V. Gowlland-Debbas*, in: Zimmermann/Hofmann (Hrsg.), Unity and Diversity, 285 (285). Alternativ wird der vermeintlich neutralere Begriff *diversity* gebraucht, vgl. *R. Hofmann*, in: Zimmermann/Hofmann (Hrsg.), Unity and Diversity in International Law, 491 (491).

147 Zu einzelnen Aspekten der Fragmentierung der Völkerrechtsordnung siehe *M. Koskenniemi/P. Leino*, in: LJIL 15 (2002), 553 ff.; *M. Koskenniemi*, Fragmentation of International Law: Difficulties Arising from the Diversification and Expansion of International Law, Report of the Study Group of the International Law Commission, A/CN.4/L.682.

148 Vgl. *Ja. Finke*, Parallelität internationaler Streitbeilegungsmechanismen, passim; *M. Koskenniemi/P. Leino*, in: LJIL 15 (2002), 553 ff.; zugleich kritisch zum Begriff der Proliferation *B. Rudolf*, in: Zimmermann/Hofmann (Hrsg.), Unity and Diversity, 389 ff.

149 IGH, United States Diplomatic and Consular Staff in Tehran (United States of America v. Iran), Judgment of 24 May 1980, ICJ Reports 2003, S. 3 ff, Ziff. 40; *B. Simma*, in: NYIL 15 (1985), 111 (113 ff.).

150 Vgl. etwa *M. Koskenniemi*, Fragmentation of International Law: Difficulties Arising from the Diversification and Expansion of International Law, Report of the Study Group of the International Law Commission, A/CN.4/L.682; *Conclusions of the work of the Study Group on the Fragmentation of International Law: Difficulties arising from the Diversification and Expansion of International Law*, in: Yearbook of the International Law Commission 2006, Vol. II, Part Two, S. 4. Zur Vereinbarkeit der Zurechnungsregeln spezieller Rechtsregime mit denen des allgemeinen Völkerrechts, siehe *C. J. Tams*, in: Zimmermann/Hofmann (Hrsg.), Unity and Diversity in International Law, 437 ff.

von Normkonflikten beizulegen versucht,[151] gegenläufige Tendenzen entweder wegen der unterschiedlichen Sachverhalte als gerechtfertigt angesehen oder kritisch beurteilt.[152]

Fragmentierung wird also allgemein als problematisches Phänomen angesehen, dessen Folgen Lösungen erfordern, die die Einheit des Völkerrechts wahren. Obwohl hier das grundsätzliche Problem der Fragmentierung nur angerissen werden kann, ist als entscheidende Erkenntnis festzuhalten, dass es in der gesamten Diskussion um die Fragmentierung der Völkerrechtsordnung in erster Linie um die Lösung von Widersprüchen zwischen den einzelnen Rechtsregimen oder einzelnen Rechtsnormen und deren Übereinstimmung mit dem allgemeinen Völkerrecht geht. In seiner Funktion als Leitmotiv wird die Einheit des Völkerrechts daher deutlich gestärkt.

Das Postulat nach der Einheit der Rechtsordnung beinhaltet also nicht die Vorstellung des Völkerrechts als lückenloses Normensystem. Es beinhaltet aber die Vorstellung, dass die einzelnen Teilgebiete und Normen des Völkerrechts vielfältige Verbindungen zueinander haben, die möglichst wenige Widersprüche aufweisen sollten. Wegen dieses Strebens nach Widerspruchfreiheit ist der Forderung nach Einheit der Rechtsordnung die Forderung nach der Kohärenz der Rechtsordnung inhärent.

2. Konsistenz und positiver Zusammenhang

Kohärenz wird hier zunächst als Freiheit von logischen Widersprüchen innerhalb der Normen des Völkerrechts verstanden und rezipiert daher

---

151 Niedergelegt sind diese Kriterien zum Teil in den Art. 31–33 WVK. In Art. 30 WVK findet sich explizit die Regel *lex posterior derogat legi priori*. Die Regel *lex superior derogat legi inferiori* wird für das Verhältnis zwischen der UN-Charta und sonstigen völkerrechtlichen Bestimmungen von Art. 103 UN-Charta festgeschrieben und für das Verhältnis zwischen *ius cogens* und sonstigem Recht von Art. 53 WVK. Andere Kriterien zur Konfliktlösung sind gewohnheitsrechtlich anerkannt, wie etwa *lex specialis derogat legi generali*, vgl. *Conclusions of the work of the Study Group on the Fragmentation of International Law: Difficulties arising from the Diversification and Expansion of International Law*, in: Yearbook of the International Law Commission 2006, Vol. II, Part Two, S. 4.

152 Vgl. zum Verhältnis von humanitärem Völkerrecht und dem internationalen Recht der Menschenrechte *N. Quénivet*, in: Arnold/Quénivet (Hrsg.), International Humanitarian Law and Human Rights Law, 1 ff.; *J. Kellenberger*, Humanitäres Völkerrecht, S. 285 ff.

einen Gedanken, den die Rechtstheorie als Konsistenz bezeichnet.[153] Sie enthält jedoch noch weitere Elemente,[154] da ein logischer Widerspruch im strengen Sinne nur vorliegt, wenn der Inhalt einer Norm dem einer anderen Norm entgegen gesetzt ist.[155] Kohärenz soll deswegen nach einem anzutreffenden Verständnis nur vorliegen, wenn eine Normenmenge umfassend bzw. vollständig ist, also jeden denkbaren Satz und dessen Negation enthält.[156] Von dieser Forderung sollte jede völkerrechtliche Analyse abrücken, weil trotz der unterschiedlichen Ansichten über den Grad seines fragmentarischen Charakters zumindest Einigkeit darüber herrscht, dass das Völkerrecht keine lückenlose Rechtsordnung darstellt.[157]

Kohärenz setzt nach philosophischen und rechtstheoretischen Ansätzen außerdem voraus, dass ein positiver Zusammenhang zwischen den Elementen einer Normmenge besteht.[158] Diesem Kriterium mangelt es hingegen an einer präzisen Deutung.[159] Gelegentlich wird es rein formal verstanden, indem lediglich formale Maßstäbe angelegt werden, die danach fragen, wie viele Verknüpfungen zwischen einzelnen Normen bestehen.[160]

Nach dem vorliegenden Verständnis hat der positive Zusammenhang einen substantiellen Gehalt, der danach zu bemessen ist, ob eine rechtliche Behandlung frei von Wertungswidersprüchen ist. Kohärent ist eine rechtliche Behandlung also nur, wenn sie auf einem widerspruchsfreien Wertegerüst aufbaut.[161] Ein Wertungswiderspruch ist dabei eine sachlich unbe-

---

153 Vgl. für die Rechtstheorie *R. Alexy*, in: Behrends/Dießelhorst/Dreier (Hrsg.), Rechtsdogmatik und praktische Vernunft, 95 (96); *S. Bracker*, Kohärenz und juristische Interpretation, S. 167; *N. MacCormick*, in: Krawietz/Schelsky/Winkler/ Schramm (Hrsg.), Theorie der Normen, 37 (38).

154 Darüber besteht weitgehend Einigkeit, vgl. *K. Günther*, in: Rechtstheorie 20 (1989), 163 (163); *P.-T. Stoll*, in: Zimmermann/Hofmann (Hrsg.), Unity and Diversity, 485 (486); aus völkerrechtlicher Sicht *B. v. Ginkel*, Practice of the United Nations in Combating Terrorism, S. 81.

155 *J. Renzikowski*, in: GA 1992, 159 (159 f.) nennt den streng logischen Widerspruch daher „Normwiderspruch".

156 *S. Bracker*, Kohärenz und juristische Interpretation, S. 171.

157 *A. Peters*, in: ZaöRV 67 (2007), 721 (749).

158 Nachweise bei *S. Bracker*, Kohärenz und juristische Interpretation, S. 168 f.

159 Vgl. die Übersicht bei *S. Bracker*, Kohärenz und juristische Interpretation, S. 168.

160 Vgl. *R. Alexy*, in: Behrends/Dießelhorst/Dreier (Hrsg.), Rechtsdogmatik und praktische Vernunft, 95 (100 ff.).

161 So auch *J. M. Balkin*, in: Yale L. J. 103 (1993), 105 (116); *T. M. Franck*, The power of legitimacy among nations, S. 144: „[...] consistency requires that 'likes be treated alike' while coherence requires that distinctions in the treatment of 'likes' be *justifiable in principled terms*."

gründete Verschiedenbehandlung gleichartiger Sachverhalte.[162] Seine Rechtfertigung findet dieser Ansatz in der Überzeugung, dass sich das Völkerrecht in Anbetracht des Mangels an positivierten Verfassungsgrundsätzen an ethisch fundierten Maßstäben orientieren sollte.[163]

Wenn die vorliegende Arbeit daher die Kohärenz der völkerrechtlichen Behandlung nichtstaatlicher Gewaltakteure untersucht, analysiert sie zum einen, ob die Behandlung konsistent ist, sich also Normen oder Urteile in ihrer Aussage widersprechen. Zum anderen will sie feststellen, ob sich in der Behandlung nichtstaatlicher Gewaltakteure grundlegende Wertungswidersprüche auftun. Als Wertungswiderspruch, also als sachlich unbegründete Verschiedenbehandlung, wertet es die Arbeit, wenn differenzierende Ansätze mit dem Zweck einer bestimmten Norm wie dem Selbstverteidigungsrecht oder eines bestimmten Normenkomplexes wie dem humanitären Völkerrecht nicht vereinbar sind. Außerdem fehlt es an einem sachlichen Grund, wenn die Differenzierung nicht mit der sachgerechten Behandlung durch eine andere Norm oder einen anderen Normkomplex vereinbar ist.

Damit knüpft die Frage nach der kohärenten rechtlichen Behandlung nichtstaatlicher Gewaltakteure zwar an objektive Kriterien an. Dennoch ist nicht zu leugnen, dass sich in jeder Aussage darüber, ob ein differenzierender Ansatz mit dem Zweck einer bestimmten Norm vereinbar ist oder sich bei einem Vergleich der Behandlung verschiedener Akteure Wertungswidersprüche auftun, zwangsläufig die persönlichen Auffassungen des Autors widerspiegeln.[164]

---

162 *J. Renzikowski*, in: GA 1992, 159 (170).

163 *A. Peters*, in: ZaöRV 67 (2007), 721 (754).

164 *M. Koskenniemi*, Fragmentation of International Law: Difficulties Arising from the Diversification and Expansion of International Law, Report of the Study Group of the International Law Commission, A/CN.4/L.682, Ziff. 20: „[...] 'fragmentation' and 'coherence' are not aspects of the world but lie in the eye of the beholder."

C. Historische Entwicklung von nichtstaatlicher und staatlicher Gewaltanwendung

Der folgende Abschnitt gibt einen historischen Überblick über staatliche und nichtstaatliche Gewaltanwendung, wobei die Analyse hinter dem universellen Anspruch einer völkerrechtlichen Untersuchung allerdings insofern zurücksteht, als der Staat als das heute völkerrechtlich prägende Gemeinwesen europäischen Ursprungs ist.[165] Dementsprechend handelt es sich auch bei der Entwicklung staatlicher in Wechselwirkung mit nichtstaatlicher Gewaltausübung in weiten Teilen um europäische Geschichte.

I. Herausbildung des staatlichen Gewaltmonopols

Nichtstaatliche Gewalt kann in rechtlicher Hinsicht nur von staatlicher abgegrenzt werden, wenn überhaupt staatliche Strukturen vorhanden sind. Obwohl der Westfälische Friede von 1648 verbreitet als Geburtstunde des klassischen Staates angesehen wird,[166] stellt er letztlich nur den Abschluss eines langen Staatsbildungsprozesses dar, der wesentlich früher einsetzte. Somit gab es bereits vor 1648 territoriale Herrschaftgebilde, die staatliche oder staatsähnliche Züge aufwiesen und deren Herrscher über Gewaltmittel verfügten, die sich von privaten Gewaltmitteln abgrenzen lassen.[167]

Die Berechtigung zur Ausübung dieser Gewaltmittel leitete sich bei diesen Herrschaftsgebilden aus der Legitimität ihrer Herrscher ab, die mit unterschiedlichen Begründungsansätzen allgemein anerkannt war. Oft griff die Begründung auf religiöse Argumentationsstränge zurück, denen zufolge der Monarch als „Herrscher von Gottes Gnaden" die göttliche Herr-

---

165 *J. Strayer*, Medieval Origins of the Modern State, S. 12; *W. Reinhard*, Geschichte der Staatsgewalt, S. 15 ff.

166 Vgl. etwa *U. K. Preuß*, Krieg, Verbrechen, Blasphemie, S. 19.

167 *K.-H. Ziegler*, Völkerrechtsgeschichte, § 1 I 2; *W. Reinhard*, Geschichte der Staatsgewalt, S. 16 schreibt daher: „Der Historiker tut schon deswegen gut daran, statt des zeitlos abstrakten Staates die jeweilige Staatsgewalt mit ihren historisch konkreten Personen und Institutionen in den Mittelpunkt zu stellen, denn dort fanden die Machtbildungsprozesse statt, deren institutionalisierte Endstufe ‚Staat' heißt."

schaft auf Erden durchsetzt.[168] Andere verknüpften diese religiösen Vorstellungen mit naturrechtlichen Ansätzen,[169] politischen Notwendigkei-
ten[170] oder Überlegungen zu einem Herrschaftsvertrag zwischen Monarch
und Beherrschten.[171] Den letztgenannten Überlegungen zum Herrschaftsvertrag wohnte zwar die Überzeugung inne, dass die monarchische Herrschaft nicht grenzen- und zeitlos sei. Die grundsätzliche Legitimität des
Monarchen, die *potestas*, begegnete hingegen keinen Zweifeln. Nur wenige
lehnten den Schluss ab, dass aus der legitimen Herrschaft des Monarchen
dessen Recht zur Gewaltausübung folge.[172] Vorherrschend war vielmehr
die Vorstellung, dass jedem Herrscher das freie Recht der Kriegsführung
zustehe.

Die Mittel zur freien Kriegsführung standen den Herrschern hingegen
nur begrenzt zur Verfügung. Ihre Macht war auf lokaler Ebene durch
Adelsherrschaft geschwächt,[173] der Rückgriff auf militärische Lehensdiens-
te daher schwierig. Als unzuverlässig und schlecht ausgebildet erwiesen
sich außerdem die althergebrachten Aufstellungen aller waffenfähigen
Männer – die Milizen.[174] Weder in England noch im Italien zu Zeiten Machiavellis fruchteten Versuche, diese Milizen mit den wesentlichen militärischen Aufgaben zu betrauen.[175]

1. condottieri

Als Alternative bot sich der Rückgriff auf nichtstaatliche Gewaltakteure in
der Form von Söldnerheeren an, deren Engagement die Monarchen unabhängig von der Rekrutierung eigener Untertanen machte. Da die schwa-

---

168 So argumentierten insbesondere viele Reformatoren, darunter Martin Luther in
   seinem Werk „Von weltlicher Obrigkeit, wie weit man ihr Gehorsam schuldig
   sei", Nachweis bei *W. Reinhard*, Geschichte der Staatsgewalt, S. 110.
169 In diesem Sinne Philipp Melanchthon, Nachweis bei *W. Reinhard*, Geschichte
   der Staatsgewalt, S. 110.
170 Zu diesem Diskurs Machiavellis vgl. *W. Reinhard*, Geschichte der Staatsgewalt,
   S. 107 f.
171 *W. Reinhard*, Geschichte der Staatsgewalt, S. 111 nennt hier die spanischen
   Scholastiker Francisco de Vitoria, Fernando Vázquez de Menchaca, Juan de Ma-
   riana und Francisco Suárez.
172 Als einen dieser wenigen Skeptiker führt *W. Reinhard*, Geschichte der Staatsgewalt, S. 106, Erasmus von Rotterdam an.
173 *W. Reinhard*, Geschichte der Staatsgewalt, S. 196.
174 *W. Reinhard*, Geschichte der Staatsgewalt, S. 346.
175 *W. Reinhard*, Geschichte der Staatsgewalt, S. 346.

chen Herrschaftsstrukturen es den Monarchen in der Regel unmöglich machten, selbst Soldaten anzuwerben, übernahmen freie Unternehmen die Organisation der Söldnerheere.[176] Weite Verbreitung fanden diese als Vorgänger der heutigen PSU bezeichneten[177] Söldnerunternehmen in Italien, wo ihre Anführer als *condottieri* (von *condotta* (ital.) – Vertrag) bezeichnet wurden. Die *condotta* begründete ein Vertragsverhältnis zwischen Fürsten oder Republiken als Auftraggebern und den Söldnerführern als Auftragnehmern und regelte detailliert Art und Umfang des jeweiligen Auftrages.[178] Ausschlaggebend für die Ausbreitung der *condottieri* in den prosperierenden italienischen Kleinstaaten der Renaissance war die Abhängigkeit der Wirtschaft von der Mitwirkung ihrer Bürger,[179] deren Verpflichtung zur Ableistung militärischer Dienste den ökonomischen Fortschritt gefährdet hätte. Außerdem war mit dem wirtschaftlichen Erfolg der Aufbau eines funktionierenden Bankenwesens verknüpft, das die Übertragung militärischer Aufgaben auf externe Anbieter finanzieren konnte.[180] Schließlich misstrauten viele italienische Fürsten ihren eigenen Untertanen, denen sie die gewaltsame Durchsetzung ihrer Ziele daher nicht anvertrauen wollten.[181] Stattdessen engagierten sie die politisch vermeintlich neutralen Söldner.

Militärischer und wirtschaftlicher Erfolg, gesellschaftliche Stellung und politischer Einfluss der *condottieri* wechselten zu Zeiten ihres Wirkens vom Ende des 13. bis Anfang des 16. Jahrhunderts je nach ihrem Anführer. Gleich blieben indes ihre Strategie und Kampfweise. Maßgebende Waffengattung war stets der gepanzerte Lanzenträger,[182] flankiert von anderen Einheiten wie Bogenschützen oder Kavallerie. Der maßgebliche Vorteil der Lanzenträger war ihr guter Schutz, der zu verhältnismäßig geringen Verlusten im Kampf beitrug,[183] ebenso wie die im Vergleich zu berittenen Kämpfern niedrigen Unterhaltskosten. Diese Faktoren ermöglichten dem *condottiero*, stets eine ausreichende Zahl an Kämpfern bereit zu halten, oh-

---

176 *W. Reinhard*, Geschichte der Staatsgewalt, S. 346.
177 So z. B. *J. C. Zarate*, in: Stan. J. Int'l L. 34 (1998), 75 (91); *G. F. Schuppert*, Von Ko-Produktion von Staatlichkeit zur Co-Performance of Governance, S. 13.
178 *H. Lang*, in: Förster/Jansen/Kronenbitter (Hrsg.), Rückkehr der Condottieri, 91 (94); *H./M. Münkler*, Lexikon der Renaissance, S. 61.
179 *G. Trease*, Die Condottieri, S. 11 f.
180 *H./M. Münkler*, Lexikon der Renaissance, S. 61; *G. Trease*, Die Condottieri, S. 14.
181 *R. Baumann*, in: Förster/Jansen/Kronenbitter (Hrsg.), Rückkehr der Condottieri, 111 (112); *G. Trease*, Die Condottieri, S. 12 ff.
182 *H. Münkler*, Wandel des Krieges, S. 42; *G. Trease*, Die Condottieri, S. 240.
183 *G. Trease*, Die Condottieri, S. 88.

ne ständig um neue Leute werben zu müssen. Das Bestreben nach einer geringen Verlustquote spiegelt auch die institutionalisierte Praxis wider, nach den Gefechten mit der Gegenseite über die wechselseitige Freilassung der Gefangenen gegen Lösegeld zu verhandeln.[184]

Die Bewertung des Wirkens der *condottieri* fällt uneinheitlich aus. Geprägt von der negativen Einstellung Machiavellis, der als Zeitzeuge das System der *condottieri* verurteilte,[185] betonen Kritiker, dass die *condottieri* den Zielen ihrer Auftraggeber oftmals entgegen gewirkt hätten.[186] Nur nach Gewinn strebend hätten sie zu selten die direkte militärische Konfrontation gesucht, damit die Entscheidung vermieden und so den Konflikt und damit den Auftrag bewusst in die Länge gezogen.[187] Demselben Zweck sei die Praxis der Lösegeldzahlungen zuzuordnen, die den *condottieri* immer wieder die benötigten Kämpfer zur Fortführung des Konflikts zugeführt habe.[188] Wesentlich positiver fällt hingegen die Deutung aus, die *condottieri* hätten mit ihrer defensiven Strategie und dem geregelten Gefangenenaustausch eine wesentlich humanere Kriegsführung praktiziert als ihre Auftraggeber es selbst getan hätten.[189]

Einmütig negativ ist der historische Befund, dass die Truppen der *condottieri* zu Plünderungen und Ausbeutung der heimischen Bevölkerung übergingen, wenn der Lohn ausblieb oder längere Zeit keine Aufträge zu erfüllen waren.[190]

---

184 *H./M. Münkler*, Lexikon der Renaissance, S. 63.

185 Im Zusammenhang mit der Debatte um PSU wird folgender Ausspruch Machiavellis zitiert: "The mercenaries and auxiliaries are useless and dangerous, and if anyone supports his state by the arms of mercenaries, he will never stand firm or sure, as they are disunited, ambitious, without discipline, faithless, bold amongst friends, cowardly amongst enemies, they have no fear of God, and keep no faith with men [...]", *E. B. Smith*, in: Parameters 32 (2002), 104 (104).

186 *H. Münkler*, Wandel des Krieges, S. 46.

187 *H. Münkler*, in: IRRC 85 (2003), 7 (13).

188 *H./M. Münkler*, Lexikon der Renaissance, S. 63.

189 *J. C. Zarate*, in: Stan. J. Int'l L. 34 (1998), 75 (84); *G. Trease*, Die Condottieri, S. 241. Ähnlich auch *S. Giesen*, Private Military Companies im Völkerrecht, S. 30.

190 *C. Tilly*, Coercion, Captital, and European States, S. 83; *G. Trease*, Die Condottieri, S. 20; *W. Reinhard*, Geschichte der Staatsgewalt, S. 348; *M. v. Creveld*, Rise and Decline of the State, S. 159; *H. Münkler*, in: IRRC 85 (2003), 7 (14).

2. Verstaatlichung der Kriegsführung

Das Ende der *condottieri* in Italien bedingten technische Innovationen auf militärischem Gebiet. Verbesserte Artillerietechnik führte zu effektiverer Schlagkraft der Kanonen, auf die Städte und Burgen durch ausgeklügelte Festungsanlagen reagierten.[191] Die Überwindung dieser Festungen erforderte eine längere Belagerung,[192] die für die *condottieri* kein lukratives Geschäft darstellte.[193] Außerdem bedingte die gestiegene Bedeutung von Artillerie den vermehrten Bau von Kanonen, deren Kosten die finanziellen Möglichkeiten eines nichtstaatlichen Gewaltakteurs überstiegen. Zudem trieb der Bedarf an qualifiziertem Personal, das in der Lage war, die schweren Waffen zu bedienen und instandzuhalten, die Kosten weiter in die Höhe.[194] Zur laufenden Deckung dieser Kosten waren schließlich nur noch Gemeinschaften fähig, die sich durch das Steueraufkommen ihrer Bürger finanzierten.[195] Der Ertrag aus der Erfüllung einer *condotta* reichte dagegen nicht mehr aus.

Ein weiterer Grund für den Niedergang der *condottieri* waren die gestiegenen taktischen Anforderungen im Konflikt. Dem Artilleriebeschuss waren die dicht gestaffelten Lanzenträger als herkömmliche Waffengattung der *condottieri* nicht mehr gewachsen.[196] Um die Konsequenzen eines Kanonentreffers zu schmälern, mussten die Fußtruppen aus ihrer kompakten Form in die Länge gezogen werden. Zugleich stieg auf dem Schlachtfeld die Bedeutung einer optimalen Verzahnung der drei Waffengattungen Infanterie, Artillerie und Kavallerie.[197] Eine erfolgreiche Koordinierung der Manöver war daher auf ausgebildete Soldaten angewiesen, deren Schulung und Disziplinierung längere Zeit beanspruchte.[198] Anstelle die Kriegsführung den *condottieri* mit ihren *ad hoc* angeworbenen, undisziplinierten Lanzenträgern anzuvertrauen, kasernierten die Herrscher ihre Soldaten deswegen zunehmend unter der Leitung eigener Offiziere ein, um die taktische

---

191 *W. Reinhard*, Geschichte der Staatsgewalt, S. 348 f.
192 *H. Münkler*, Wandel des Krieges, S. 38.
193 *G. Trease*, Die Condottieri, S. 240.
194 *H. Münkler*, Wandel des Krieges, S. 40.
195 *C. Tilly*, Coercion, Capital, and European States, S. 83 ff.; *H. Münkler*, Wandel des Krieges, S. 41; *C. Daase*, in: Calließ (Hrsg.), Zivile Konfliktbearbeitung im Schatten des Terrors, 17 (21).
196 *W. Reinhard*, Geschichte der Staatsgewalt, S. 344.
197 *M. v. Creveld*, Rise and Decline of the State, S. 159; *H. Münkler*, Wandel des Krieges, S. 43.
198 *W. Reinhard*, Geschichte der Staatsgewalt, S. 355.

Disziplin sicherzustellen.[199] So setzten sich allmählich die Territorialstaaten als maßgebliche Kriegsakteure durch. Sie verstaatlichten die Gewaltmittel und verdrängten andere Akteure aus den Konflikten.

Unterbrochen wurde dieser Prozess der Verstaatlichung von Kriegsführung in Mitteleuropa durch den Dreißigjährigen Krieg. Die zahlreichen verwickelten Konfliktparteien mit ihren divergierenden politischen und religiösen Interessen zeigten sich lange Zeit unfähig, einen stabilen Frieden zu schließen. Von der instabilen Lage und der Schwächung der herrschaftlichen Kriegsverbände profitierten Heerführer wie Wallenstein, die sich am Krieg bereicherten und seinen Verlauf zum sozialen Aufstieg nutzten.[200] Im Unterschied zu den meisten italienischen *condottieri* war ihre Beziehung zu den Auftraggebern von einem Treueverhältnis geprägt, so dass sie nicht vollkommen autonom agierten.[201] Da sie aber wie die *condottieri* vom Krieg lebten, hatten sie entsprechend wenig Interesse an seiner Beendigung und erschwerten den Friedensprozess, der schließlich erst im Westfälischen Frieden von 1648 seinen Abschluss fand. Diese negativen Erfahrungen bewogen die Herrscher im Nachklang des Friedens von Münster und Osnabrück das Militär vollends zu verstaatlichen, um unberechenbare, eigenständige nichtstaatliche Akteure aus Konflikten zu verbannen.[202]

Diese Verstaatlichung bedeutete freilich noch nicht die Zusammensetzung der Heere aus ausschließlich eigenen Staatsangehörigen, wie sie die späteren nationalstaatlichen Armeen des 19. Jahrhunderts prägte. Vielmehr griffen Herrscher weiterhin auf Söldner zurück, die aber in die klare Hierarchie der eigenen Armeen integriert wurden und nicht mehr in eigenen unabhängigen Einheiten agierten.[203] Erst mit der erstmals von Napoleon praktizierten Verschmelzung von Armee und Nation, die mit der endgültigen Ausbildung des europäischen Nationalstaats Ende des 19. Jahrhunderts zum Abschluss kam, verschwanden fremde Staatsangehörige weitgehend aus den Armeen.[204]

---

199 *H. Münkler*, Wandel des Krieges, S. 44.
200 *H. Münkler*, Wandel des Krieges, S. 49.
201 *R. Baumann*, in: Förster/Jansen/Kronenbitter (Hrsg.), Rückkehr der Condottieri, 111 (117); *H./M. Münkler*, Lexikon der Renaissance, S. 67.
202 *S. McFate*, in: Berndtsson/Kinsey (Hrsg.), The Routledge Research Companion to Security Outsourcing, 65 (67); *L. Höbelt*, in: Förster/Jansen/Kronenbitter (Hrsg.), Rückkehr der Condottieri, 127 (139).
203 *J. E. Thomson*, Mercenaries, Pirates, and Sovereigns, S. 28 ff.
204 Zu einigen Ausnahmen vgl. *T. Thomas/G. Wiechmann*, in: Förster/Jansen/Kronenbitter (Hrsg.), Rückkehr der Condottieri, 265 (265 ff.).

Nicht überall war der Aufbau eines funktionierenden Staatswesens, das über ein eigenenes stehendes Heer verfügt, so erfolgreich wie in Europa. Einige Länder Südamerikas, die überwiegend im Laufe des 19. Jahrhunderts ihre Unabhängigkeit erlangten, und eine Vielzahl afrikanischer Staaten vermochten aufgrund unterschiedlicher Faktoren kaum mehr als rudimentäre Ansätze von Staatlichkeit aufzubauen. Hier konkurrieren die Regierungen deswegen seit jeher mit nichtstaatlichen Gewaltakteuren verschiedener Provenienz.

II. Söldner und PSU im 20. und 21. Jahrhundert

Mitte des 20. Jahrhunderts erlebten Söldner eine Renaissance, als fremde Staatsangehörige in die kolonialen Befreiungskämpfe Afrikas eingriffen. Dabei handelte es sich jedoch nicht um einen organisierten Einsatz fremder Kräfte, sondern eher um ein Amalgam von Kriegsabenteurern („Kongo-Müller"), ausländischen Geheimdiensten und fremden Truppen.[205] In dieser unübersichtlichen Gemengelage kämpften die Söldner nicht als gewerbsmäßige Gewaltdienstleister, sondern auf wechselnden Seiten in wechselnden Zusammensetzungen.

Gewerblich organisierte Gewaltakteure partizipierten dagegen erst nach dem Zusammenbruch der Weltordnung des Kalten Krieges wieder in wachsendem Ausmaß an bewaffneten Konflikten.[206] Als die permanente Bedrohungslage zweier sich gegenüberstehender Blöcke wegfiel, reduzierten viele Staaten ihre Streitkräfte erheblich und setzten ein großes Kontingent gut ausgebildeter Soldaten frei.[207] Mit dem Ende der Bipolarität schwand zugleich das strategische Interesse der Großmächte USA und Sowjetunion, Regimes in Regionen politischer Instabilität und geschwächter Staatlichkeit zu stützen, die auf militärische Unterstützung angewiesen waren.[208] Die so gerissene Lücke in der Nachfrage nach militärischer Hilfe

---

205 Vgl. für den Kongo *T. Thomas/G. Wiechmann*, in: Förster/Jansen/Kronenbitter (Hrsg.), Rückkehr der Condottieri, 265 (267 ff.).

206 Zum Aufstieg Privater Sicherheitsunternehmen nach 1990 vgl. *G. Pfeiffer*, Privatisierung des Krieges, S. 86 ff.

207 *K. M. Ballard*, in: Jäger/Kümmel (Hrsg.), Private Military and Security Companies, 37 (44); *Jo. Finke*, Private Sicherheitsunternehmen im bewaffneten Konflikt, S. 7.

208 *R. Mandel*, Armies without States, S. 55; *S. Mair*, in: Kurtenbach/Lock (Hrsg.), Kriege als (Über)Lebenswelten, 260 (263).

füllten Private Sicherheitsunternehmen,[209] die wiederum aus dem Gros entlassener Soldaten bestanden.[210] So kam es vor allem in Afrika zur Kooperation von PSU mit Regimen, die sich von Aufständischen herausgefordert sahen. Weitreichende Unterstützung sicherte sich etwa 1995–1996 die Regierung Sierra Leones bei der Bekämpfung der Rebellengruppe Revolutionary United Front (RUF), deren Niederschlagung maßgeblich vom PSU Executive Outcomes (EO) koordiniert und durchgeführt wurde.[211]

Außerdem zwang die veränderte weltweite Sicherheitslage, die nunmehr von kleinen Konflikten statt zwischenstaatlichen Bedrohungsszenarien geprägt wurde, die staatlichen Militärs zu einer Flexibilisierung der Streitkräfte.[212] Im Zuge dessen setzten einige Staaten auf die Übertragung militärischer Aufgaben an private Anbieter[213] – ein Weg, den insbesondere die USA beschritten.[214] Ob der Zunft der militärischen Dienstleister die Zukunft gehört, ist hingegen offen. Zwar ist es keineswegs ausgeschlossen, dass der Trend zur Privatisierung der staatlichen Armeen anhält. Diesen Trend zur historischen Zwangsläufigkeit zu erklären,[215] erscheint hingegen in Anbetracht der zu beobachtenden Zurückhaltung vieler Staaten, militärische Aufgaben privaten Anbietern zu übertragen,[216] als verfehlt.

III. Kaperschifffahrt

Eine weitere Form der Zusammenarbeit von Herrschern mit nichtstaatlichen Gewaltakteuren bestand in der Kaperschifffahrt (engl. *privateering*). Kaperschiffe waren private Schiffe, denen anerkannte Herrscher einen Kaperbrief ausstellten, in dem sie die Kapitäne zur Ausübung bestimmter

---

209 *J. Cockayne*, in: IRRC 88 (2006), 459 (477).

210 *A. H. de Wolf*, in: Ind. J. Global Leg. Stud. 13 (2006), 315 (318 f.).

211 Vgl. *A. Schneiker*, in: Förster/Jansen/Kronenbitter (Hrsg.), Rückkehr der Condottieri, 283 (286 ff.).

212 *D. Avant*, in: Orbis 50 (2006), 327 (329).

213 *P. Singer*, Corporate Warriors, S. 66 ff.; *E. L. Gaston*, in: Harv. Int'l L. J. 49 (2008), 221 (224).

214 Siehe *D. Avant*, Market of Force, S. 113 ff.

215 So *M. v. Creveld*, Transformation of War, S. 207.

216 Vgl. etwa für Deutschland *B. Anders*, in: Berndtsson/Kinsey (Hrsg.), The Routledge Research Companion to Security Outsourcing, 52 ff.; für die Niederlande *D. Gielink/M. Buitenhius/R. Moelker*, in: Jäger/Kümmel (Hrsg.), Private Military and Security Companies, 149 (153 ff.).

kriegerischer Handlungen auf See ermächtigten.[217] Falls die Besatzungen dabei Schiffe oder deren Ladungen erbeuteten, wurden diese mit dem beauftragenden Staat geteilt (sog. *Prise*).[218]

Erste Nachweise für diese Einbindung privater Schiffe in die hoheitliche Seekriegstaktik finden sich für England im 13. Jahrhundert.[219] Ihren Höhepunkt erreichte die englische Kaperschifffahrt mit Sir Walter Raleigh und Francis Drake während der Herrschaft Elisabeth I. im 16. Jahrhundert, deren Aktivitäten wesentlich zum Aufstieg Englands zur führenden Seenation unter Ausschaltung der spanischen Flotte beitrugen.[220] Weitere Beispiele für das System der Kaperei waren der Rückgriff Frankreichs auf private Schiffe im Krieg der Großen Allianz (1689–1697)[221] sowie die Verwicklung von Kaperern im Spanischen Erbfolgekrieg (1701–1713) und im Siebenjährigen Krieg (1756–1763).[222] Art und Umfang der Zusammenarbeit zwischen Staat und Kaperern variierte. Während England die Kaperer lediglich als Handlanger und Unterstützer seiner Marine ansah, ersetzten sie für Frankreich die komplette Marine.[223] Der *condotta* vergleichbar, autorisierte der Kaperbrief die privaten Schiffe in der Regel nur in Kriegszeiten zu gewaltsamen Handlungen gegen andere Schiffe. Wie die *condottieri* zu Lande, setzten die Kaperer zu Wasser jedoch auch im Frieden die Angriffe fort, um ihren Lebensunterhalt zu bestreiten.[224] Außerdem überfielen sie oft unterschiedslos feindliche und neutrale Schiffe, worunter die

---

217 *J. M. Goodwin*, in: Vand. J. Transnat'l L. 39 (2006), 973 (981); *C. Tilly*, Coercion, Capital, and European States, S. 81 f.; *J. E. Thomson*, Mercenaries, Pirates, and Sovereigns, S. 22.

218 Vgl. *J. M. Witt*, in: Förster/Jansen/Kronenbitter (Hrsg.), Rückkehr der Condottieri, 77 (77).

219 *J. E. Thomson*, Mercenaries, Pirates, and Sovereigns, S. 22.

220 *E. B. Smith*, in: Parameters 32 (2002), 104 (106); *J. M. Witt*, in: Förster/Jansen/Kronenbitter (Hrsg.), Rückkehr der Condottieri, 77 (80); *J. E. Thomson*, Mercenaries, Pirates, and Sovereigns, S. 23.

221 *J. M. Witt*, in: Förster/Jansen/Kronenbitter (Hrsg.), Rückkehr der Condottieri, 77 (82).

222 *J. E. Thomson*, Mercenaries, Pirates, and Sovereigns, S. 24 f.

223 *J. E. Thomson*, Mercenaries, Pirates, and Sovereigns, S. 24.

224 *J. M. Goodwin*, in: Vand. J. Transnat'l L. 39 (2006), 973 (979 f.). Ein berühmtes Beispiel verkörpert Klaus Störtebeker, der zunächst im Dienst der Mecklenburger Herzöge auf Kaperfahrt gegen die Dänen ging, um nach dem Friedensschluss mit Dänemark seine Karriere als berüchtigter Pirat fortzusetzen, vgl. *J. M. Witt*, in: Förster/Jansen/Kronenbitter (Hrsg.), Rückkehr der Condottieri, 77 (78 f.).

Handelsschifffahrt bisweilen massiv litt.[225] Im Gegensatz zu den *condottieri* wandten sie sich aber weder zu Kriegs- noch zu Friedenszeiten gegen die beauftragenden Staaten und forderten somit nicht das staatliche Gewaltmonopol heraus.[226] Aus diesem Grund billigten viele Herrscher diese Überschreitung der im Kaperbrief enthaltenen Autorisierung, wenn sie weiterhin den eigenen Interessen diente.[227] Lediglich die Furcht vor ernsten diplomatischen Folgen bemüßigte die Herrscher, gegen unautorisierte Kaperer vorzugehen.[228]

Ein grundlegender Wandel in der Haltung zu Kaperern setzte erst ein, als sich unautorisierte Kaperschifffahrt dauerhaft zu organisierter Piraterie entwickelte. Diese Entwicklung vollzog sich im Mittelmeer des 17. Jahrhunderts, wo sich das christliche Malta und die Barbareskenstaaten Nordafrikas in einem dauerhaften Konflikt befanden.[229] Beide Parteien griffen auf private Schiffe zurück, die wegen eines fehlenden förmlichen Friedens auf permanenter Kaperfahrt waren. Wer ihnen dazu die notwendige Autorisierung erteilte, war aufgrund der komplizierten Herrschaftsverhältnisse im Mittelmeerraum schwer auszumachen. Malta stand formell unter der Oberhoheit des Papstes oder des französischen Königs, die Barbareskenstaaten Nordafrikas waren dem Osmanischen Reich eingegliedert. Zudem setzten sich Kapitäne und Besatzungen der Schiffe aus vielen verschiedenen Nationalitäten zusammen. Für andere Staaten war es dementsprechend schwierig zu erkennen, ob die Schiffe mit dem Kaperbrief eines legitimen Herrschers ausgestattet waren. Außerdem übertraten die privaten Schiffe oft ihren verbrieften Auftrag und attackierten andere als die nominell feindlichen Schiffe. Diese Faktoren ließen die Kaperer des Mittelmeeres für Drittstaaten als organisierte Piraten erscheinen, die unter dem Deckmantel eines Kaperbriefes ausschließlich eigene Interessen verfolgten. Es wuchs daher das Bedürfnis, die Kaperschifffahrt auf dem Mittelmeer zu

---

225 *J. M. Witt*, in: Förster/Jansen/Kronenbitter (Hrsg.), Rückkehr der Condottieri, 77 (83 f.).

226 *J. M. Witt*, in: Förster/Jansen/Kronenbitter (Hrsg.), Rückkehr der Condottieri, 77 (81).

227 So reagierte Elisabeth I. etwa auf Überfälle auf spanische Schiffe zu Friedenszeiten durch englische Kaperer, indem sie die Kaperer adelte statt zu bestrafen, vgl. *J. M. Goodwin*, in: Vand. J. Transnat'l L. 39 (2006), 973 (979 f.); *J. E. Thomson*, Mercenaries, Pirates, and Sovereigns, S. 47.

228 Vgl. den Fall von Sir Walter Raleigh, dessen Attacken auf spanische Schiffe in der Karibik derartige Ausmaße annahmen, dass England ihn zum Tode verurteilte, *J. E. Thomson*, Mercenaries, Pirates, and Sovereigns, S. 23.

229 Ausführlich hierzu *J. E. Thomson*, Mercenaries, Pirates, and Sovereigns, S. 44 ff.

beenden; ein Ziel, das erst die Franzosen mit der Besetzung Algiers, die zugleich den Grundstein des französischen Kolonialreichs in Nordafrika legte, erreichten.[230] Außerhalb des Mittelmeeres setzten die Staaten die Praxis der Kaperschifffahrt freilich fort. Zur entscheidenden Kraft, die letztlich die universelle Unterdrückung der Kaperschifffahrt durchsetzte, entwickelte sich das Britische Königreich.[231] Seine schlagkräftige Marine war im 19. Jahrhundert nicht mehr auf die Unterstützung durch private Schiffe angewiesen. Zugleich spürten die Handelsschiffe der größten Seemacht in ausgeprägtem Maße die Aktivitäten der Kaperer, die in den Napoleonischen Kriegen eine letzte, für die Briten schmerzhafte Blüte erlebten.[232] Dem britischen Begehren nach einer Ächtung der Kaperschifffahrt gaben die übrigen Mächte in der Pariser Seerechtsdeklaration von 1856[233] schließlich nach. Frankreich und die USA als bisherige Befürworter der Kaperei willigten ein, da Großbritannien seinerseits das Recht aufgab, in Kriegszeiten neutrale Schiffe nach Waren verfeindeter Staaten durchsuchen zu dürfen.[234] Obwohl in der Folge Staaten private Schiffe vereinzelt noch mit einem Kaperbrief ausstatteten,[235] beendete die Pariser Seerechtsdeklaration die Praxis der Kaperei, die im Gegensatz zu anderen Formen nichtstaatlicher Gewalt bis heute keine Renaissance erfahren hat. Eine vor kurzem kaum für möglich gehaltene Revitalisierung erfuhr die Kaperei jedoch im Zuge der Diskussionen, wie man effektiv gegen Piraterie vorgehen könne.[236]

Trotz der mitunter verschwommenen Grenzziehung ist die Kaperfahrt nicht mit Piraterie gleichzusetzen, auch wenn Kaperer wie Drake und Ral-

---

230 *J. E. Thomson*, Mercenaries, Pirates, and Sovereigns, S. 112.

231 Vgl. zu diesem Aspekt erneut *J. E. Thomson*, Mercenaries, Pirates, and Sovereigns, S. 70 ff.

232 *J. M. Witt*, in: Förster/Jansen/Kronenbitter (Hrsg.), Rückkehr der Condottieri, 77 (85).

233 Déclaration du 16 avril 1856 concernant le droit maritime européen en temps de guerre, erhältlich im Internet auf den Seiten der Schweizer Eidgenossenschaft: <http://www.admin.ch/ch/f/rs/i5/0.515.121.fr.pdf> (zuletzt besucht am 31. Juli 2017), hierzu *F. Kalshoven*, in: Liivoja/McCormack (Hrsg.), Routledge Handbook of the Law of Armed Conflict, 33 (33 f.).

234 Zu diesem politischen Kuhhandel vgl. *J. E. Thomson*, Mercenaries, Pirates, and Sovereigns, S. 71 ff.

235 So setzte Chile im Spanisch-Südamerikanischen Krieg (1865–1866) Kaperer ein, vgl. *J. E. Thomson*, Mercenaries, Pirates, and Sovereigns, S. 76.

236 Hierzu *D. König/T. R. Salomon*, Private Sicherheitsdienste auf Handelsschiffen, S. 20.

eigh sowohl von Zeitgenossen[237] als auch rückblickend[238] als Piraten bezeichnet werden. Aus juristischer Sicht bestand in der staatlichen Autorisierung des Kaperbriefes ein klares Unterscheidungsmerkmal zur heutigen Piraterie. Deren Tatbestand ist nämlich nur erfüllt, wenn die Handlungen von einem privaten Schiff ausgehen, einem Staat also nicht zuzurechnen sind.[239]

IV. Handelskompanien

Eng verzahnt waren nichtstaatliche Gewaltanwendung und staatliche Interessendurchsetzung bei den großen Handelskompanien, die seit dem 16. Jahrhundert den Handel Europas mit den überseeischen Gebieten durchführten und überwachten. Hervorzuheben sind als einflussreichste Vertreter die britische East India Company (EIC) sowie die niederländische Vereinigde Oostindische Compagnie (VOC), deren Struktur und Konzeption wegen ihres Erfolges bei anderen Kompaniegründungen nachgeahmt wurden und die daher beispielhaft für das Phämonen der Handelskompanie stehen.[240]

Charakteristisch für die Kompanien war, dass ihre Gründungen auf einem legislativen Akt beruhten, in dem die jeweiligen Herrscher den Kompanien weitreichende Privilegien einräumten.[241] Als wirtschaftlich bedeutendes Privileg erhielt etwa die EIC in ihrer Gründungscharter von 1600 die Zusicherung der englischen Krone, als einziger Akteur exklusiv den Seehandel mit Ostindien zu betreiben.[242] Der VOC räumten 1602 die Generalstände der Vereinigten Niederlande neben einem Handelsmonopol für den Asienhandel sogar das Recht ein, Festungen zu errichten, Armeen aufzustellen und Friedensverträge abzuschließen,[243] Privilegien also, die zugleich klassische Souveränitätsrechte darstellten. Ausgestattet mit diesen Privilegien errichteten die Kompanien im Laufe der folgenden Jahrzehnte diverse Stützpunkte, die sich im Fall der EIC auf Indien, in jenem

---

237 Vgl. die Nachweise bei *A. P. Rubin*, Law of Piracy, S. 22 ff.
238 *J. M. Goodwin*, in: Vand. J. Transnat'l L. 39 (2006), 973 (979 f.).
239 Dazu ausführlich unter D. II. 2.
240 *W. Hartung*, Geschichte und Rechtsstellung der Compagnie, S. 10; *J. G. Nagel*, Abenteuer Fernhandel, S. 37.
241 In Großbritannien bezeichnete man diesen Akt als „charter", in den Niederlanden als „oktroi", vgl. *J. G. Nagel*, Abenteuer Fernhandel, S. 39.
242 *M. Morineau*, Les grandes Compagnies des Indes orientales, S. 10.
243 Vgl. *J. E. Thomson*, Mercenaries, Pirates, and Sovereigns, S. 35.

der VOC auf den fernöstlichen Raum mit Schwerpunkt Indonesien konzentrierten.[244] Mit der Gewährung dieser Privilegien verfolgten Großbritannien und die Niederlande nicht nur wirtschaftliche Interessen. Sie konnten so auch erhebliche finanzielle und militärische Ressourcen schonen, die im Falle der eigenen Durchsetzung ihrer Interessen in der Region hätten aufgewendet werden müssen.[245]

Die Vermengung von Kompanie und Staat nahm je nach Land unterschiedliche Formen an. Frankreich organisierte seine Kompanien als staatliche Unternehmen, die in erster Linie der Erweiterung des französischen Einflussgebietes dienen sollten.[246] Stärker privatwirtschaftlich waren dagegen EIC und VOC geprägt, die mit ihrer Struktur den Typus moderner Aktiengesellschaften begründeten.[247] Bereits seit ihrer Gründung 1602 verfügte die VOC über einen festen Kapitalstock, den die Kompanie in Beteiligungspapiere aufspaltete, die vornehmlich von niederländischen Kaufleuten gezeichnet wurden.[248] Die EIC folgte diesem Modell 1661 mit einer Änderung der Charter.[249] Trotz dieser privatwirtschaftlichen Struktur bestanden auch bei EIC und VOC Verbindungen zwischen Staat und Kompanie. In den Niederlanden war die VOC erst auf engagierte Initiative der Generalstände hin gegründet worden, da sie fürchteten, die bisherigen kleineren Kompanien seien nicht in der Lage, in Asien dauerhaft Fuß zu fassen.[250] In Großbritannien sicherte sich der Staat von Beginn an Einfluss auf die laufenden Geschäfte der EIC, indem er sich das Recht vorbehielt, den Gouverneur zu bestimmen,[251] der mit einem heutigen Vorstandsvorsitzenden vergleichbar ist.

Die Aktivitäten der Kompanien in ihrer europäischen Heimat unterschieden sich fundamental von jenen in den zu erschließenden Handelsräumen. Waren sie in Europa fortschrittliche Wirtschaftsunternehmen, die für den Handel auf eine ausgebildete Infrastruktur und ein funktionierendes Staatswesen zurückgreifen konnten, übten die Kompanien in Indien und im fernen Osten die ihnen gewährten Hoheitsrechte extensiv aus und

---

244 *J. G. Nagel*, Abenteuer Fernhandel, S. 75.
245 *J. G. Nagel*, Abenteuer Fernhandel, S. 41.
246 *J. E. Thomson*, Mercenaries, Pirates, and Sovereigns, S. 34.
247 *W. Hartung*, Geschichte und Rechtsstellung der Compagnie, S. 3; *J. G. Nagel*, Abenteuer Fernhandel, S. 42.
248 *J. G. Nagel*, Abenteuer Fernhandel, S. 45.
249 *M. Morineau*, Les grandes Compagnies des Indes orientales, S. 31.
250 *J. G. Nagel*, Abenteuer Fernhandel, S. 102.
251 *W. Hartung*, Geschichte und Rechtsstellung der Compagnie, S. 42.

entwickelten sich selbst zu staatsähnlichen Gebilden.[252] In den ersten Jahrzehnten ihres Bestehens diente die teilweise gewaltsame Ausübung der Souveränitätsrechte dem Ziel, sich gegen den Widerstand der heimischen Herrscher oder anderer europäischer Kolonialmächte dauerhaft in den neuen Handelsräumen niederlassen zu können. Später zielte die militärische Macht der Kompanien auf die Verteidigung ihres Handelsmonopols. Gewalttätige Konflikte entsponnen sich daher sowohl zwischen den Kompanien und anderen Mächten als auch zwischen VOC und EIC. Letztere Konflikte beschränkten sich indes auf die ersten Jahrzehnte, weil beide die eigene Schwächung durch längere militärische Auseinandersetzungen fürchteten. In späteren Jahren entging man weiterer gewaltsamer Zusammenstößen, indem die Einflusssphären sich auf die genannte Weise verteilten – Indien für die EIC, Indonesien für die VOC.

Für die Staaten zahlte sich mehrfach aus, dass sie den Kompanien das Privileg der Unterhaltung von Armeen zugebilligt hatten. Die Niederlande etwa profitierten während des Dreißigjährigen Krieges von den Angriffen der VOC und ihres westindischen Pendants auf portugiesische und spanische Stellungen.[253] Großbritannien seinerseits erfuhr während des Siebenjährigen Krieges (1756–1763) massive Unterstützung durch die EIC, die in Indien entscheidende Siege gegen die Franzosen errang.[254]

Die militärischen Aktivitäten entsprachen jedoch keineswegs immer den Interessen der Herkunfsstaaten. So bekämpften die Kompanien und die ihnen unterstellten Truppen andere europäische Mächte, obwohl diese nicht mit ihren Herkunftsstaaten im Krieg waren. Demgegenüber verweigerten sie sich wiederholt, Kriegsziele von Großbritannien oder den Niederlanden auch in Übersee zu unterstützen.[255] In einigen Fällen erhoben die Kompanien sogar die Waffen gegen ihre Herkunftsländer,[256] gegen jene also, die ihnen das Recht zur Kriegsführung überhaupt erst zugesprochen hatten.

---

252 *J. G. Nagel*, Abenteuer Fernhandel, S. 41, 47.

253 *J. E. Thomson*, Mercenaries, Pirates, and Sovereigns, S. 61.

254 *M. Morineau*, Les grandes Compagnies des Indes orientales, S. 83 ff.; *J. E. Thomson*, Mercenaries, Pirates, and Sovereigns, S. 65.

255 *E. B. Smith*, in: Parameters 32 (2002), 104 (107) nennt als Beispiel das Waffenstillstandsabkommen der Ostindienkompanien während des Spanischen Erbfolgekrieges 1701–1713.

256 *J. E. Thomson*, Mercenaries, Pirates, and Sovereigns, S. 64 nennt das Beispiel der britischen Hudson's Bay Company, die 1741 Schiffe der königlich britischen Marine beschoss.

Der Niedergang der führenden Handelskompanien verlief nicht nach einem einheitlichen Muster. Verantwortlich für den Abstieg der VOC ab Mitte des 18. Jahrhunderts waren Misswirtschaft,[257] verschärfter Wettbewerbsdruck und die schwindende Bedeutung des Gewürzhandels, der den Schwerpunkt der wirtschaftlichen Aktivität der VOC gebildet hatte.[258] 1799 wurde ihr Ende mit der Aufhebung der Privilegien auch formal besiegelt. Wenn es also im Fall der VOC wirtschaftliches Scheitern war, so führte bei der EIC wirtschaftlicher Erfolg zu ihrer Auflösung. Die hohen Gewinne, die damit verbundenen hohen Renditen für die Aktionäre und deren Einfluss auf das gesellschaftliche und politische Leben in Großbritannien hatten den Argwohn des englischen Parlamentes geweckt,[259] das in mehreren Charteränderungen die Monopolstellung der EIC aufweichte und die weitere Gewährung von Privilegien an eine erhöhte Gewinnbeteiligung knüpfte.[260] Außerdem setzte es Mitte des 18. Jahrhunderts einen staatlichen Generalgouverneur für die Verwaltung der Territorien in Indien ein und unterstellte die EIC 1784 einem vierköpfigen Kontrollgremium.[261] Somit entwickelte sich die EIC zunehmend von einem primär privatwirtschaftlichen Unternehmen zu einem Instrument der staatlichen britischen Kolonialpolitik. Den Schlusspunkt dieses Prozesses setzte die britische Krone 1858 mit einem Rechtsakt, der das Territorium der Kompanie und sein Vermögen der Kontrolle der Krone unterstellte.[262]

V. Piraten

Die Bekämpfung von Piraten hing stets von der Fähigkeit und Bereitschaft der Herrscher ab, Piraterie als kriminellen Akt zu beurteilen und dementsprechend zu verfolgen.[263] Da private Schiffe seit dem 13. Jahrhundert als Kaperschiffe potenzielle Gehilfen für die europäischen Herrscher waren, hing die rechtliche Einstufung eines privaten Kapitäns von der jeweiligen

---

257 *J. E. Thomson*, Mercenaries, Pirates, and Sovereigns, S. 97.
258 *J. G. Nagel*, Abenteuer Fernhandel, S. 122 ff.
259 *M. Morineau*, Les grandes Compagnies des Indes orientales, S. 89 ff.
260 *J. E. Thomson*, Mercenaries, Pirates, and Sovereigns, S. 100.
261 *W. Hartung*, Geschichte und Rechtsstellung der Compagnie, S. 28 f.
262 Nachweis bei *J. E. Thomson*, Mercenaries, Pirates, and Sovereigns, S. 102.
263 Weiterführend zur Geschichte der Piraterie vgl. *P. Gosse*, Histoire de la piraterie, passim.

Perspektive ab.[264] In den Augen des einen Herrschers war er Pirat, für den anderen war er ein willkommener Gehilfe, um die eigenen Interessen durchzusetzen.[265] Diese zwiespältige Haltung reflektiert auch der Sprachgebrauch des Begriffes Pirat, dessen Bedeutung zwischen einem Synonym für Kaperfahrer und dem heutigen Verständnis schwankte.[266]

Ernsthafte Ansätze zur Unterdrückung der Piraterie entwickelten sich daher erst, als Piraten sich zu organisieren begannen und so zu einer Gefahr für die maßgeblichen Akteure jener Epochen wurden.[267] Einer dieser Akteure war die EIC, die sich seit Ende des 17. Jahrhunderts von Piraten herausgefordert fühlte, die ihre Basis auf Madagaskar etabliert hatten.[268] Da viele dieser Piraten englischsprachig waren, beschuldigte der von Überfällen betroffene indische Mogul die EIC, Urheber der Überfälle zu sein. Diese sah sich daraufhin genötigt, die Schiffe des Moguls zu eskortieren, wodurch sie ebenfalls ins Visier der Piraten geriet. Erst eindringliche Appelle der EIC veranlassten schließlich die britische Krone, eine Expedition der Royal Navy nach Madagaskar zu senden, die dem dortigen Piratentum vorerst ein Ende bereitete.[269]

Eine weitere Piratengemeinschaft entwickelte sich in den amerikanischen Kolonien, die lange von den Aktivitäten der Piraten profitierten, da diese mit ihren Überfällen den überseeischen Handel mit sonst unerschwinglichen Luxusgütern versorgten.[270] Als die Piraten jedoch begannen, ihre Aktivitäten gegen die Kolonien selbst zu richten, sorgten Kolonialbeamte gemeinsam mit dem britischen Mutterland für ein effektives Vorgehen gegen die Piraten.[271] Britischer Druck veranlasste außerdem China Mitte des 19. Jahrhunderts erfolgreich gegen Piraten in seinem Ho-

---

264 Ausführlich zur historischen Anwendung der Piraterie als rechtlichem Begriff siehe *A. P. Rubin*, Law of Piracy, S. 19 ff.

265 *J. M. Witt*, in: Förster/Jansen/Kronenbitter (Hrsg.), Rückkehr der Condottieri, 77 (79). Vgl. auch den Fall des englischen Kapitäns Henry Morgan, den die Spanier als Piraten bezeichneten, die Engländer hingegen als legalen Kaperfahrer ansahen, *J. E. Thomson*, Mercenaries, Pirates, and Sovereigns, S. 47.

266 *A. P. Rubin*, Law of Piracy, S. 19 ff.

267 *P. Gosse*, Histoire de la piraterie, S. 13 f.

268 *J. E. Thomson*, Mercenaries, Pirates, and Sovereigns, S. 47 ff.

269 *J. E. Thomson*, Mercenaries, Pirates, and Sovereigns, S. 48 f. 1718/1719 erstarkte die Piratengemeinschaft von Madagaskar erneut, wurde indes abermals erfolgreich von der britischen Marine zurückgedrängt, vgl. *J. E. Thomson*, Mercenaries, Pirates, and Sovereigns, S. 53 f.

270 *J. E. Thomson*, Mercenaries, Pirates, and Sovereigns, S. 49 f.

271 *J. E. Thomson*, Mercenaries, Pirates, and Sovereigns, S. 50 f.

heitsgebiet vorzugehen.[272] Britische Schiffe waren es auch, die in den 1840er Jahren ein Piratennest auf Borneo bezwangen.[273] Diese Bemühungen stehen in Einklang mit der Initiative der britischen Krone zum Verbot der Kaperschifffahrt in der Pariser Seerechtsdeklaration von 1856. Zu anfällig war der britische Handel für Überfälle durch Piraten geworden, zu groß schien den Briten die Gefahr, dass Kaperfahrer sich nicht mehr von Piraten unterscheiden ließen, zu verschwommen waren die Trennlinien zwischen Piraterie und Kaperei, als dass die weltgrößte Seemacht nichtstaatliche Gewaltakteure auf See weiterhin tolerieren konnte.

Im Zuge der Unterdrückung der Kaperei gingen somit auch die Aktivitäten von Piraten zurück. Der Pirat schien damit zu einer Figur vergangener Epochen geworden zu sein,[274] die jedoch in den letzten Jahren mit Macht auf die Weltmeere zurückgekehrt ist.

VI. Terroristen

Terror und Tyrannei prägten bereits antike und mittelalterliche Gesellschaften.[275] Als Vorläufer heutiger Terroristen werden etwa immer wieder die Sikarier – eine jüdische Separatistenvereinigung, die ab dem Jahr 50 eine Loslösung Judäas von Rom anstrebte[276] – und die Assassinen – eine schiitische Gruppe, die im 11. und 12. Jahrhundert mit gezielten Attentaten die sunnitische Herrschaft im Nahen und Mittleren Osten erschütterten[277] – genannt.[278]

Mit der französischen Revolution etablierte sich der Begriff Terrorismus im Sprachgebrauch, um die Methode der gewaltsamen Verfolgung politischer Ziele zu bezeichnen.[279] Mit *régime de la terreur* charakterisierten die Jakobiner selbst ihre brutalen Methoden, mit Hilfe derer sie ihre Herr-

---

272 *J. E. Thomson*, Mercenaries, Pirates, and Sovereigns, S. 115.
273 *J. E. Thomson*, Mercenaries, Pirates, and Sovereigns, S. 114.
274 So noch die Einschätzung aus dem Jahre 1978 bei *P. Gosse*, Histoire de la piraterie, S. 355.
275 Eine ausführliche Darstellung findet sich bei *R. D. Law*, Terrorism, passim.
276 *R. D. Law*, Terrorism, S. 26 ff.
277 *R. D. Law*, Terrorism, S. 39 ff.
278 *G. Chaliand/A. Blin*, in: Chaliand/Blin (Hrsg.), The History of Terrorism, 55 (55 ff.); *Y. Alexander*, in: DePaul Bus. L. J. 12 (1999–2000), 59 (65).
279 *G. Chaliand/A. Blin*, in: Chaliand/Blin (Hrsg.), The History of Terrorism, 95 (95).

schaft zu sichern suchten.[280] Gleichzeitig stellt diese erste neuzeitliche Verwendung des Begriffes Terrorismus die einzige dar, die nicht von vornherein eine negative Konnotation hatte.[281] Bis heute haben sich etliche totalitäre Regimes ähnlicher Terrormethoden bedient, die indes wegen ihres staatlichen Charakters hier nicht weiter von Belang sind.

Im 19. Jahrhundert entwickelte sich dann im zaristischen Russland jene Form nichtstaatlicher politischer Gewalt, die alle folgenden Erscheinungsformen von Terrorismus nachhaltig prägte.[282] Ablehnend gegenüber der herrschenden autokratischen Ordnung, inspiriert von revolutionären Gedanken und Gewaltmitteln nicht abgeneigt, attackierten Anarchisten die Repräsentanten und Einrichtungen des russischen Staates.[283] Waren die Anschläge zunächst noch auf die obersten Vertreter Russlands beschränkt,[284] gingen die Aktivisten zu Beginn des 20. Jahrhunderts unterschiedslos gegen Personen wie Gefängniswärter und Polizisten vor, die in ihren Augen die staatliche Ordnung symbolisierten.[285] Außerdem nahmen sie billigend den Tod Unbeteiligter in Kauf und erzeugten so jene gesellschaftliche Furcht, die bis heute Kernelement jeder terroristischen Strategie ist.

Neben diese revolutionären Motive gesellte sich Ende des 19. Jahrhunderts ethnisch-nationalistisch motivierter Terrorismus. Als Prototyp dieser Gewaltform gilt der irische Kampf um Unabhängigkeit von Großbritannien,[286] der freilich durch die parallele religiöse Spaltung zusätzliches Konfliktpotenzial barg. Ethnisch-nationalistischer Art waren 1914 auch die Gründe für das Terrorattentat auf den österreichischen Thronfolger Franz Ferdinand, das den Ersten Weltkrieg auslöste.[287] Die lange Reihe ethnisch-nationalistisch motivierter Gewaltakte enthält als weitere bekannte Beispiele die Attentate jüdischer Bewegungen gegen die Briten im Palästina der 1930er und -40er Jahre, die Akte der Befreiungsbewegungen in Marok-

---

280 *B. Golder/G. Williams*, in: UNSW Law Journal 27 (2004), 270 (270).

281 *F. Schorkopf*, in: Walter u. a. (Hrsg.), Terrorism as a Challenge for National and International Law, 3 (8 f.); *R. D. Law*, Terrorism, S. 63; *J.-M. Sorel*, in: EJIL 14 (2003), 365 (366).

282 *R. D. Law*, Terrorism, S. 74: „If any country can claim to be the birthplace of modern terrorism, it is Russia.“

283 *R. D. Law*, Terrorism, S. 80 ff.

284 Diese Anschläge gipfelten in der Ermordung Zars Alexander II am 1. März 1881.

285 *Y. Ternon*, in: Chaliand/Blin (Hrsg.), The History of Terrorism, 132 (168).

286 *R. D. Law*, Terrorism, S. 148.

287 *G. Chaliand/A. Blin*, in: Chaliand/Blin (Hrsg.), The History of Terrorism, 175 (177 f.).

ko und Algerien gegen die französische Kolonialherrschaft und jene der bis heute agierenden palästinensischen Terrorgruppen in Israel oder der erst vor kurzem aufgelösten baskischen ETA in Spanien.[288]

In einigen Fällen kehrten sich die Gruppierungen von ihrer terroristischen Strategie ab und wandelten sich zu international anerkannten Akteuren – der PLO verliehen die Vereinten Nationen sogar Beobachterstatus in der Generalversammlung. Die PLO steht gleichsam für eine Entwicklung, die nach dem Zweiten Weltkrieg einsetzte und die Beobachter als Internationalisierung des Terrorismus bezeichnen.[289] Sie war zum einen davon geprägt, dass sich die palästinensischen Aktivisten Operationsgebiete außerhalb Israels suchten, um ihre Forderungen durchzusetzen und so auf ihre Ziele aufmerksam zu machen.[290] Zum anderen fand eine Internationalisierung insofern statt, als ausländische Terrorgruppen Anschläge verübten, um die Ziele der palästinensischen Gruppen zu unterstützen.[291]

Aus historischer Perspektive stellt sich die Internationalisierung des Terrorismus daher keineswegs als neue Entwicklung dar. Hierzu sei ergänzend vermerkt, dass auch die transnationale Aufspaltung einer terroristischen Bewegung in mehrere Zellen kein neues Phänomen ist. Bereits die anarchistischen Gruppen Europas in der zweiten Hälfte des 19. Jahrhunderts waren sowohl ideell als auch personell über Grenzen hinweg verbunden.[292] In neuerer Zeit unterhielt vor allem die PLO netzwerkartige Verbindungen zu Gruppierungen in anderen Ländern, die sie unterstützte und ausbildete.[293] Ebenfalls unzutreffend ist die Auffassung, erst der heutige „moderne" Terrorismus sei dazu übergegangen, mit seinen Anschlägen unterschiedslos eine hohe Zahl von Menschen töten zu wollen.[294] Bereits

---

288 Zur ETA vgl. *I. Sánchez-Cuenca*, in: Mulaj (Hrsg.), Violent Non-State Actors in World Politics, 69 ff.

289 *J. Föh*, Die Bekämpfung des internationalen Terrorismus nach dem 11. September 2001, S. 44.

290 Vgl. etwa die Entführung des Flugzeugs der israelischen Fluggesellschaft El Al auf dem Weg von Rom nach Tel Aviv, hierzu *J. Föh*, Die Bekämpfung des internationalen Terrorismus nach dem 11. September 2001, S. 45.

291 Vgl. den sehr selten erwähnten Fall der Japanischen Roten Armee, Pressebericht erhältlich im Internet: <http://news.bbc.co.uk/onthisday/hi/dates/stories/may/29/newsid_2542000/2542263.stm> (zuletzt besucht am 31. Juli 2017).

292 *P. Waldmann*, Terrorismus, S. 149; *C. Flood*, in: international encyclopedia of terrorism, S. 58.

293 *D. Tucker*, in: Terrorism and Political Violence 13(3) (2001), 1 (4).

294 *K. Wolny*, Die völkerrechtliche Kriminalisierung von modernen Akten des internationalen Terrorismus, S. 31.

der massive Anschlag auf den Hauptbahnhof von Bologna von 1980, bei dem 85 Menschen starben,[295] führt dies vor Augen.

Folglich lässt sich dem internationalen Terrorismus nicht unbedingt eine völlig neue Erscheinungsform zuschreiben, da Handlungsweisen und Argumentationsmuster oft an herkömmliche Strategien erinnern.[296]

VII. Fazit

Der historische Blick auf die Wechselwirkung von nichtstaatlicher und staatlicher Gewaltanwendung zeigt, dass Ende des 19. Jahrhunderts nichtstaatliche Gewaltakteure als anerkannte Kriegsführende weitgehend von der europäischen Bühne verdrängt worden waren. Das Recht zur Kriegsführung war also indifferent allen nichtstaatlichen Gewaltakteuren entzogen worden. Durchgesetzt hatte sich mit der nationalstaatlichen Armee jene Form, die bis heute die völkerrechtlichen Normen zur Gewaltanwendung prägt.

Der Weg zu dieser Verdrängung nichtstaatlicher Gewaltakteure aus dem Kreis der Kriegsführenden folgte jedoch keineswegs einem einheitlichen oder vorhersehbaren Muster. Söldnergruppen wie *condottieri* oder Landsknechte verloren ihre Attraktivität durch Neuerungen in der Waffentechnik, die, verbunden mit dem Aufbau eines funktionierenden Steuerwesens, wesentlich zur Verstaatlichung der Kriegsführung beitrugen. Die Kaperei wiederum fand im Britischen Königreich einen energischen Gegner, der letztlich erfolgreich die Kriminalisierung jeglicher Form nichtstaatlicher Gewalt zur See durchsetzte. Im Gegensatz zum schrittweisen Rückgang des Söldnerwesens handelte es sich hier um den Bann mittels eines völkerrechtlichen Vertrages, der im Übrigen nicht dem Konsens der Vertragsparteien entsprang, sondern vielmehr einen klassischen politischen Deal darstellte. Es ist deswegen durchaus vorstellbar, dass statt der völkervertraglichen Ächtung eine kontrollierte Form von Kaperei weiterbestan-

---

295 Vgl. Pressebericht, erhältlich im Internet: <http://www.dradio.de/dlf/sendungen/hintergrundpolitik/402451/> (zuletzt besucht am 31. Juli 2017).

296 *P. Waldmann*, Terrorismus, S. 31; ausführlich *D. Tucker*, in: Terrorism and Political Violence, 13(3) (2001), 1 ff., dessen Aufsatz insbesondere deswegen interessant ist, weil er drei Tage vor dem 11. September 2001 veröffentlicht worden ist und seine wissenschaftliche Analyse daher nicht emotional von den verstörenden Bildern der zusammenstürzenden Türme beeinflusst ist.

den hätte.[297] Deutlich zeigt das Beispiel der Kaperei, dass Verstaatlichung und Privatisierung des Militärs keine unbeeinflussbaren Entwicklungen sind, die allein von äußeren Faktoren wie technischen Neuerungen oder der Globalisierung abhängen. Sie hängen zu einem wesentlichen Teil von politischen Entscheidungen und damit vom Willen der staatlichen Regierungen ab.

Handelskompanien wie die VOC und EIC verschwanden schließlich wegen wirtschaftlicher Schwierigkeiten oder wegen des wachsenden Bedürfnisses der Herkunftsstaaten, die Gewinne der Kompanien abzuschöpfen und die Aktivitäten zu kontrollieren. Auch hier erscheint die Zurückdrängung der nichtstaatlichen Gewalt nicht als ein zwangsläufiger Prozess, der alternativlos gewesen wäre.

Europäische Herrscher fühlten sich also bis ins 19. Jahrhundert oftmals von verschiedenen nichtstaatlichen Gewaltakteuren nicht herausgefordert, sondern griffen bereitwillig auf deren Gewaltmittel zurück, wenn sie sich davon Vorteile versprachen. Erst wenn sich diese Akteure zu einer veritablen Gefahr für die Durchsetzung der staatlichen Interessen entwickelten, drängte der Staat sie zurück. Nur Terroristen und Piraten – zumindest seit dem 17. Jahrhundert – waren durchweg der staatlichen Delegitimierung ausgesetzt. Gleichsam offenbart sich an den Beispielen der Piraterie, der Kaperei und des Söldnertums, die zu unterschiedlichen Zeiten ausdrücklich kriminalisiert wurden, dass die Staaten bei der Zurückdrängung nichtstaatlicher Gewalt klar zwischen verschiedenen Erscheinungsformen differenzierten.

Wichtig ist weiterhin die Erkenntnis, dass die Monopolisierung von Gewaltanwendung ein langer Prozess war, der in Europa erst Ende des 19. Jahrhunderts abgeschlossen war. In anderen Gegenden der Welt ist dieser Prozess indes gar nicht erst über ein embryonales Stadium hinausgekommen.[298] Wenn viele Zeitgenossen daher die Erosion des staatlichen Gewaltmonopols beklagen, setzen sie ein Staatsmodell voraus, das nur in einigen Ländern seit kaum mehr als hundert Jahren besteht. Historisch selbstverständlich ist die erfolgreiche Verdrängung nichtstaatlicher Gewalt somit keinesfalls.[299] Sie ist abhängig von einem funktionierenden Staatswesen,

---

297 So die überzeugende historische Bewertung von *J. E. Thomson*, Mercenaries, Pirates, and Sovereigns, S. 75.

298 Vgl. *A. W. Pereira*, in: Davis/Pereira (Hrsg.), Irregular Armed Forces, 387 (388).

299 So auch *A. W. Pereira*, in: Davis/Pereira (Hrsg.), Irregular Armed Forces, 387 (390).

das kooperationsbereite nichtstaatliche Akteure einbinden und kooperationsunwillige unterdrücken kann.

Abschließend sei darauf hingewiesen, dass die Verdrängung nichtstaatlicher Akteure aus dem Kreis der Kriegsführenden keinesfalls zur Pazifizierung der Welt beigetragen hat.[300] Die Grausamkeit der zwischenstaatlichen Kriege in der ersten Hälfte des vergangenen Jahrhunderts belegt dies eindringlich.

---

300 *W. Reinhard*, Geschichte der Staatsgewalt, S. 354.

D. Definitorische Erfassung nichtstaatlicher Gewalt im Völkerrecht

Bevor jene Rechtsgebiete auf differenzierende Ansätze untersucht werden, die maßgeblich für die Regelung von Gewalt im Völkerrecht sind, untersucht die Arbeit, welche nichtstaatlichen Gewaltakteure das Völkerrecht überhaupt als eigenständig anerkennt und wie es sie definiert. Vorweggenommen sei, dass die bereits vorgenommene soziologische Differenzierung nichtstaatlicher Gewaltakteure keine Entsprechung in rechtlichen Kategorien findet. Als eigenständige Gewaltakteure, die selbst Adressaten völkerrechtlicher Rechte oder Pflichten oder Gegenstand von Normen sind, die den staatlichen Umgang mit ihnen regeln, sind Terroristen, Piraten, Kaperer, Söldner und nationale Befreiungsbewegungen auszumachen. Privaten Sicherheitsunternehmen ist mit dem Montreux-Dokument[301] – einem ursprünglich von 17 Staaten sowie Privaten Sicherheitsunternehmen ausgearbeiteten Kodex mit Verhaltensregeln im Umgang mit privaten Sicherheitsunternehmen – immerhin ein internationales Abkommen gewidmet, das allerdings nicht bindend ist. Die Arbeit verzichtet auf eine Definition jener Gruppen, die nicht als eigenständige Kategorie nichtstaatlicher Gewalt Adressaten völkerrechtlicher Rechtssätze werden, die also Ausdruck eines indifferenten Ansatzes sind. Wie die Arbeit bereits dargelegt hat, beziehen sich die entscheidenden Abgrenzungsmerkmale bei nichtstaatlichen Gewaltgruppen stets auf ihre Zielsetzung oder auf ihre Operationsweise.[302] Dementsprechend definiert das Völkerrecht nur dann einen nichtstaatlichen Gewaltakteur als eigenständige Kategorie, wenn es ihn mit besonderen Attributen versieht, er also wegen seiner besonderen Zielsetzung oder seiner Operationsweise das Objekt völkerrechtlicher Rechtssätze wird. Dies gilt insbesondere für viele Bürgerkriegsparteien

---

301 Annex to the letter dated 2 October 2008 from the Permanent Representative of Switzerland to the United Nations addressed to the Secretary-General, Montreux Document on pertinent international legal obligations and good practices for States related to operations of private military and security companies during armed conflict vom 6. Oktober 2008, A/63/467-S/2008/636; ausführlich hierzu *C. Seiberth*, Private Military and Security Companies in International Law, S. 123 ff.

302 Siehe oben B. I. 7.

nicht, die der Sicherheitsrat in einzelnen Resolutionen adressiert.[303] Wie noch zu zeigen sein wird, gilt es aber auch nicht für den Begriff der organized armed groups, mit dem das humanitäre Völkerrecht nichtstaatliche Konfliktparteien im nichtinternationalen bewaffneten Konflikt (NIBK) bezeichnet.[304] Hier handelt es sich um einen Oberbegriff nichtstaatlicher Gewalt, der sich gegenüber der Frage, welche Zielsetzung oder Vorgehensweise eine nichtstaatliche Gruppe verfolgt, indifferent verhält.

I. Terrorismus

Die geschilderten Schwierigkeiten, das Phänomen des Terrorismus in tatsächlicher Hinsicht zu beschreiben,[305] spiegeln sich in zahlreichen Versuchen wider, sich auf eine juristische Definition zu einigen.[306] Bis heute sind diese Versuche ohne Erfolg geblieben,[307] wenngleich sich einige kon-

---

303 Vgl. hierzu E. II. 2. a).

304 Vgl. hierzu E. I. 2. b).

305 Siehe oben B. I. 7 a).

306 Umfangreiche und fundierte Analysen zur Definition von Terrorismus finden sich bei *M. Williamson*, Terrorism, War and International Law, S. 37 ff.; *T. O. Keber*, Der Begriff des Terrorismus im Völkerrecht, passim.

307 Diese Auffassung teilend *C. Tietje/K. Nowrot*, in: NZWehrr 44 (2002), 1 (2 f.); *P.-M. Dupuy/C. Hoss*, in: Bratspies/Miller (Hrsg.), Transboundary Harm in International Law, 225 (231); *M. C. Bassiouni*, Multilateral Conventions, S. 15; *U. Schneckener*, Transnationaler Terrorismus, S. 206; *R. P. Barnidge*, Non-State Actors and Terrorism, S. 39; *T. Becker*, Terrorism and the State, S. 85; *D. Jinks*, in: Chi. J. Int'l L. 4 (2003), 83 (95); *J. Kellenberger*, Humanitäres Völkerrecht, S. 182; *M. Williamson*, Terrorism, War and International Law, S. 69; *G. P. Fletcher*, in: JICJ 4 (2006), 894 (911); *S. Oeter*, in: Hamilton (Hrsg.), Terrorism and International Relations, 115 (117); *J.-C. Martin*, Les règles internationales relatives à la lutte contre le terrorisme, S. 96; *M. Volz*, Extraterritoriale Terrorismusbekämpfung, S. 29; *F. Bouchet-Saulnier*, The Practical Guide to Humanitarian Law, S. 440; *H.-P. Gasser*, in: IRRC 84 (2002), 547 (552); *B. v. Ginkel*, The Practice of the United Nations in Combating Terrorism, S. 9; *K. Wolny*, Die völkerrechtliche Kriminalisierung von modernen Akten des internationalen Terrorismus, S. 25; *I. M. Löw*, Gewaltverbot und Selbstverteidigungsrecht nach dem 11. September 2001, S. 35; *J.-G. Kim*, Staatliche Teilnahme am Terrorismus als Problem des Völkerrechts, S. 1; *C. Maierhöfer*, „Aut dedere – aut iudicare", S. 131 f.; *P.-M. Dupuy*, in: Bianchi (Hrsg.), Enforcing International Law Norms Against Terrorism, 3 (5); *N. Lubell*, Extraterritorial Use of Force Against Non-State Actors, S. 113. A. A. nur *A. Cassese*, International Law, S. 449 f. und *T. Stein/C. Meiser*, in: Die Friedens-Warte 76 (2001), 33 (35).

stitutive Merkmale herausgebildet haben.[308] Zu Recht wird allerdings ganz überwiegend davon ausgegangen, dass die anerkannten Merkmale nicht als Bestandteile einer völkergewohnheitsrechtlichen Definition herangezogen werden können, da sie lediglich den Kernbestand einer möglichen Definition darstellen, deren sonstiger Gehalt noch vollkommen ungeklärt ist.[309]

1. Notwendigkeit einer Definition

In Anbetracht der vergeblichen Definitionsbemühungen wird wiederholt der Sinn und Zweck einer Definition in Frage gestellt.[310] Kritiker verweisen in diesem Zusammenhang vor allem auf die bereits geschilderte Problematik, dass die Etikettierung einer Handlung als terroristisch regelmäßig zur Diskreditierung des politischen Gegners missbraucht wird.[311] Einem derart politisch aufgeladenen Kampfbegriff klare juristische Konturen zu verleihen, sei ein unmögliches Unterfangen.[312]

Ungeachtet der möglichen Berechtigung dieser grundsätzlichen Zweifel an der juristischen Erfassbarkeit des Terrorismus, genügt ein Blick auf die jüngere Resolutionspraxis des Sicherheitsrates der Vereinten Nationen, um festzustellen, dass die Staatengemeinschaft von der Existenz des Terrorismus als rechtlicher Kategorie ausgeht. Die als Reaktion auf den 11. September 2001 erlassenen Sicherheitsresolutionen 1368[313] und 1373[314] beur-

---

308 *J. J. Paust*, in: Nesi (Hrsg.), International Cooperation in Counter-terrorism, 25 (26).

309 *H. Duffy*, The 'War on Terror', S. 37; *K. Zemanek*, in: Hummer (Hrsg.), Sicherheit und Terrorismus, 111 (112 f.).

310 *M. C. Bassiouni*, Multilateral Conventions, S. 8; *G. Levitt*, in: Ohio N. U. L. Rev. 13 (1986), 97 (115); *R. Higgins*, in: Higgins/Flory (Hrsg.), Terrorism and International Law, 13 (27 f.); *J. J. Lambert*, Terrorism and Hostages in International Law, S. 13 f.; *H. F. Schmitz-Elvenich*, Targeted Killing, S. 10; *G. P. Fletcher*, in: JICJ 4 (2006), 894 (895 ff.).

311 *G. Guillaume*, in: Bannelier/Christakis/Corten/Delcourt (Hrsg.), Droit International Face au Terrorisme, I (II); *R. Higgins*, in: Higgins/Flory (Hrsg.), Terrorism and International Law, 13 (16 f.); *G. Levitt*, in: Ohio N. U. L. Rev. 13 (1986), 97 (109 f.).

312 Vgl. *J. Lambert*, Terrorism and Hostages in International Law, S. 13; *K. Wolny*, Die völkerrechtliche Kriminalisierung von modernen Akten des internationalen Terrorismus, S. 27.

313 S/Res/1368 (2001) vom 12. September 2001.

314 S/Res/1373 (2001) vom 28. September 2001.

teilen den internationalen Terrorismus als Bedrohung des Friedens und der Sicherheit. Da sich der Sicherheitsrat mit dieser Beurteilung gemäß Art. 39 UN-Charta den Weg zu den Zwangsmaßnahmen von Kapitel VII UN-Charta eröffnet, verknüpft er die Verwendung des Begriffes des Terrorismus also mit weitreichenden Konsequenzen. Diesen Weg beschritt der Sicherheitsrat erstmals mit Resolution 1373, in der er allen Staaten einen umfassenden Maßnahmenkatalog auferlegte, um dem internationalen Terrorismus die finanziellen Ressourcen zu entziehen.[315] Bedingt aber die Verwendung eines Begriffes derartige Konsequenzen, stellt dessen genaues Verständnis ein zwingendes Gebot der Rechtssicherheit und der Rule of Law dar.[316] Dieses Verständnis kann sich jedoch nicht auf eine vermeintlich leichte Erkennbarkeit des Phänomens Terrorismus gründen, wie sie mit dem Diktum *„What looks, smells and kills like terrorism is terrorism"*[317] behauptet wird. Rechtssicherheit im Umgang mit rechtlichen Begriffen ist nur durch eine möglichst genaue definitorische Annäherung zu erreichen. Sollten daher die Organe der Vereinten Nationen und die Staaten in rechtlich relevanten Äußerungen weiterhin an der Verwendung des Begriffes des Terrorismus festhalten, ist eine Definition unumgänglich.[318]

Zu bedenken ist weiterhin, dass jeder Versuch, terroristische Akte strafrechtlich zu verfolgen, ohne den Tatbestand klar definiert zu haben, einen Verstoß gegen den Grundsatz *nullum crimen, nulla poena sine lege* darstellt.[319] Außerdem behindert eine fehlende Definition auf völkerrechtlicher Basis die Kooperation der Staaten bei der Zurückdrängung des Terrorismus, da jeder Staat von verschiedenen Prämissen ausgeht.[320]

---

315 Zu Resolution 1373 siehe ausführlich unten E. II. 3. d) bb) (2).

316 Prägnant drückt es *G. Abi-Saab*, in: Bianchi (Hrsg.), Enforcing International Law Norms Against Terrorism, S. xiii (xx) aus: „Without a universally shared definition of the crime, how can there be a coherent and permanent regime for its prevention and suppression?".

317 So die Aussage des britischen Vertreters am 1. Oktober 2001 in der Generalversammlung, siehe A/56/PV.12, S. 18 vom 1. Oktober 2001. Allerdings ist dem britischen Vertreter zuzugestehen, dass er in derselben Stellungnahme auch eine ernst zu nehmende Definition formulierte.

318 So auch *G. Abi-Saab*, in: Chinese J. Int'l L. 1 (2002), 305 (311); *J.-M. Sorel*, in: EJIL 14 (2003), 365 (370); *C. Wandscher*, Internationaler Terrorismus und Selbstverteidigungsrecht, S. 31 ff.; *R. P. Barnidge*, Non-State Actors and Terrorism, S. 15 f.; *P. J. v. Krieken*, Terrorism and the International Legal Order, S. 14.

319 *B. Saul*, Defining Terrorism, S. 57 f.; *R. P. Barnidge*, Non-State Actors and Terrorism, S. 15 f.; *T. O. Keber*, Der Begriff des Terrorismus im Völkerrecht, S. 5.

320 *G. Hafner*, in: Nesi (Hrsg.), International Cooperation in Counter-Terrorism, 33 (35).

Um zu klären, welche Probleme bei der Begriffsfindung noch zu lösen sind und bezüglich welcher Definitionsmerkmale bereits ein Konsens besteht, seien die wichtigsten bisherigen Definitionsversuche und relevanten Erklärungen kurz dargestellt.

2. Erste Definitionsversuche

Erste internationale Bemühungen, Terrorismus zu definieren, gab es in den 1920er und -30er Jahren im Rahmen von sechs „International Conferences for the Unification of Criminal Law".[321] Zum Abschluss der dritten Konferenz 1930 in Brüssel tauchte im Entwurf einer Strafvorschrift erstmals der Begriff Terrorismus auf.[322] In subjektiver Hinsicht wurde hier die Verfolgung politischer oder sozialer Ideen[323] als konstitutiv für einen terroristischen Akt angesehen, doch schon im Entwurf der folgenden vierten Konferenz wurde das Erfordernis der politischen oder sozialen Zielverfolgung wieder fallen gelassen und durch die Absicht, die Bevölkerung zu terrorisieren,[324] ersetzt. Es zeigt sich somit, dass bereits die ersten Definitionen terroristischer Akte neben dem objektiven Tatbestand der Gewaltausübung eine subjektive Komponente enthielten, die über den einfachen Vorsatz hinausging und als charakteristisch für den Terrorismus angesehen wurde. Dementsprechend lässt sich eine besondere Zielsetzung als erstes konstitutives Merkmal des Terrorismus festhalten.[325] Zugleich veranschaulicht die sich ändernde Nuancierung der subjektiven Komponente, dass keine Einigkeit über ihren genauen Inhalt bestand.

---

321 *B. Saul*, in: NILR 52 (2005), 57 (58 ff.); *T. M. Franck/B. B. Lockwood Jr.*, in: AJIL 68 (1974), 69 (69); *G. Levitt*, Ohio N. U. L. Rev. 13 (1986), 97 (97 f.); *B. Golder/G. Williams*, in: UNSW Law Journal 27 (2004), 270 (270).

322 *B. Zlataric*, in: Bassiouni (Hrsg.), International Terrorism and Political Crimes, 474 (479); *B. Saul*, Defining Terrorism, S. 169.

323 Im Original: „[...] en vue de manifester ou de réaliser des idées politiques ou sociales [...]", zitiert nach *I. Lacoste*, Europäische Terrorismus-Konvention, S. 15, Fn. 24.

324 Im Original: „[...] en vue de terroriser la population [...]", zitiert nach *I. Lacoste*, Europäische Terrorismus-Konvention, S. 15.

325 Skeptisch hinsichtlich der Erforderlichkeit einer besonderen subjektiven Komponente *G. P. Fletcher*, in: JICJ 4 (2006), 894 (902 f.).

Bis zum Ende der sechsten und damit letzten Konferenz war der Terrorismusbegriff weiterhin Änderungen unterworfen.[326] Somit sind diese ersten Kodifizierungsbemühungen auch illustrativ für die Schwierigkeiten aller folgenden Versuche, tatsächlich zu einer allgemeingültigen Definition zu gelangen.

Zum Scheitern verurteilt war ebenfalls die Definition der „Convention for the Prevention and Punishment of Terrorists" von 1937, die auf Betreiben des Völkerbundes als Reaktion auf das Attentat von Marseille zustande kam.[327] In Art. 1 Abs. 2 findet sich zwar eine Definition terroristischer Akte, die von der Konvention beschrieben werden als:

> „[...] criminal acts directed against a State and intended or calculated to create a state of terror in the minds of particular persons, or a group of persons in the general public."

Schwachstellen offenbart diese Definition durch die Unklarheit, unter welchen Umständen Akte gegen einen Staat gerichtet sein können.[328] Im Übrigen birgt die Konvention von 1937 über ihre historische Bedeutung als erstes multilaterales Anti-Terrorismus Abkommen hinaus keinen rechtlichen Wert, weil sie lediglich von Indien ratifiziert wurde und daher niemals in Kraft trat.[329]

Weitere Versuche zur definitorischen Konkretisierung unternahm die Staatengemeinschaft erst nach dem Zweiten Weltkrieg im Rahmen der Vereinten Nationen. 1972 setzte die Generalversammlung unter dem Eindruck des Attentats auf israelische Sportler bei den olympischen Spielen in München und anderen terroristischen Anschlägen ein *ad hoc*-Komitee ein, das eine universelle Terrorismus-Definition erarbeiten sollte.[330] Obwohl erneut allseits die Dringlichkeit für eine verbindliche Definition empfunden wurde, tagte das *ad hoc*-Komitee bis zu seiner Auflösung 1977 ergebnislos. Unüberwindbar waren die Meinungsverschiedenheiten bezüglich zweier

---

326 Ausführlicher *B. Zlataric*, in: Bassiouni (Hrsg.), International Terrorism and Political Crimes, 474 (479 ff.); *I. Lacoste*, Europäische Terrorismus-Konvention, S. 15 f.

327 *M. Kornat*, in: Pol. Q. Int'l Aff. 2/2008, 79 (87 ff.); *C. Wandscher*, Internationaler Terrorismus und Selbstverteidigungsrecht, S. 28; *B. Saul*, Defining Terrorism, S. 171 ff.

328 *B. Saul*, Defining Terrorism, S. 174.

329 *T. M. Franck/B. B. Lockwood Jr.*, in: AJIL 68 (1974), 69 (70); *C. Wandscher*, Internationaler Terrorismus und Selbstverteidigungsrecht, S. 28.

330 *H. Duffy*, The 'War on Terror', S. 19; *T. M. Franck/B. B. Lockwood Jr.*, in: AJIL 68 (1974), 69 (71 f.).

Punkte, die bis heute die Debatte prägen – die Einbeziehung des Staatsterrorismus auf der einen, die Abgrenzung terroristischer Gruppen von nationalen Befreiungsbewegungen auf der anderen Seite.[331]

In Anbetracht der aussichtlos erscheinenden Suche nach einer einheitlichen Definition, nahm die Staatengemeinschaft von einer umfassenden Normierung des Terrorismusbegriffes zunächst Abstand und konzentrierte sich darauf, spezifische Handlungen zu kriminalisieren, die üblicherweise als terroristische Akte charakterisiert werden. Prototyp dieser sektoralen Herangehensweise unter dem Dach der jeweils betroffenen internationalen Organisation war ein von der International Civil Aviation Organization (ICAO) initiiertes Abkommen von 1963, das der Verfolgung und Bestrafung bestimmter Handlungen an Bord von Flugzeugen diente.[332]

Es folgten unter Federführung spezieller Internationaler Organisationen oder der Generalversammlung der Vereinten Nationen bis heute weitere Abkommen,[333] die allesamt die Verwendung des Begriffes des Terrorismus

---

331 Vgl. hierzu *R. P. Barnidge*, Non-State Actors and Terrorism, S. 39 ff.
332 Convention on Offences and Certain Other Acts Committed on Board Aircraft v. 14. September 1963, UNTS 1969, Vol. 704, Nr. 10106, S. 219 ff.
333 Convention for the Suppression of Unlawful Seizure of Aircraft v. 16. Dezember 1970, UNTS 1973, Vol. 860, Nr. 12325, S. 105 ff., ergänzt durch das Protocol Supplementary to the Convention for the Suppression of Unlawful of Aircraft v. 10. September 2010; Convention for the Suppression of Unlawful Acts against the Safety of Civil Aviation v. 23. September 1971, UNTS 1975, Vol. 974, Nr. 14118, S. 177 ff.; Convention on the Prevention and Punishment of Crimes against Internationally Protected Persons v. 14. Dezember 1973, UNTS 1977, Vol. 1035, Nr. 15410, S. 167 ff.; International Convention against the Taking of Hostages v. 17. Dezember 1979, UNTS 1983, Vol. 1316, Nr. 21931, S. 205 ff.; Convention on the Physical Protection of Nuclear Material v. 3. März 1980, UNTS 1987, Vol. 1456, Nr. 24631, S. 124 ff.; Protocol for the Suppression of Unlawful Acts of Violence at Airports Serving International Civil Aviation, supplementary to the Convention for the Suppression of Unlawful Acts against the Safety of Civil Aviation v. 24. Februar 1988, UNTS 1990, Vol. 1589, Nr. 14118, S. 474 ff.; Convention for the Suppression of Unlawful Acts against the Safety of Maritime Navigation v. 10. März 1988, UNTS 1992, Vol. 1678, Nr. 29004, S. 222 ff.; International Convention for the Suppression of Terrorist Bombings, adopted by the General Assembly of the United Nations v. 15. Dezember 1997, UNTS 2003, Vol. 2149, Nr. 37517, S. 256 ff.; International Convention for the Suppression of the Financing of Terrorism v. 9. Dezember 1999, UNTS 2004, Vol. 2178, S. 197 ff.; International Convention for the Suppression of Acts of Nuclear Terrorism v. 13 April 2005, United Nations – Treaty Series, Vol. 2445, S. 89 ff.
Sehr ausführlich zu jedem einzelnen Abkommen *H. Diener*, Terrorismusdefinition im Völkerrecht, S. 15 ff.

in ihren operativen Bestimmungen vermeiden.[334] Auf diese Weise umgehen sie die politischen und sozialen Debatten, mit denen der Begriff aufgeladen ist. Diesem Vorzug steht indes die gesteigerte Notwendigkeit entgegen, der zunehmenden Verwendung des Begriffes des Terrorismus durch Staaten und Internationale Organisationen in rechtlich relevanten Erklärungen, Resolutionen etc. Konturen zu verleihen. Zu diesem Zweck tragen die sektoralen Abkommen aufgrund ihres jeweils begrenzten Ansatzes nichts bei.[335]

3. Definition des Finanzierungsübereinkommens

Als großer Schritt auf dem Weg zu einer universell gültigen Terrorismusdefinition gilt Art. 2 Abs. 2 b) der International Convention for the Suppression of the Financing of Terrorism[336] (FÜ) von 1999,[337] demzufolge die Finanzierung von solchen Handlungen mit Strafe belegt wird, die mit dem folgenden Ziel ausgeführt werden:

> „[…] to cause death or serious bodily injury to a civilian, or to any other person not taking an active part in the hostilities in a situation of armed conflict, when the purpose of such act, by its nature or context, is to intimidate a population, or to compel a government or an international organization to do or to abstain from doing any act."

In der Tat vereint diese Definition die herausgearbeiteten Kernmerkmale einer schweren Handlung (Tod oder schwere Körperverletzung) als objektives Element sowie ein subjektives Element, das über den Vorsatz hinausgeht (Bevölkerungsgruppe einschüchtern oder Nötigungsabsicht).

Hinsichtlich der strittigen Punkte des Terrorismusbegriffes trifft das Abkommen dem Wortlaut nach klare Entscheidungen, da es weder staatliches Verhalten noch nationale Befreiungsbewegungen ausdrücklich aus

---

334 Lediglich in Überschriften und Präambeln nehmen einige dieser Abkommen Bezug zum Terrorismus, siehe unten E. IV. 3.

335 *G. Levitt*, in: Ohio N. U. L. Rev. 13 (1986), 97 (115); *H.-P. Gasser*, in: IRRC 26 (1986), 200 (201).

336 International Convention for the Suppression of the Financing of Terrorism v. 9. Dezember 1999, UNTS 2004, Vol. 2178, S. 197 ff.

337 Dieser Ansicht sind *C. Wandscher*, Internationaler Terrorismus und Selbstverteidigungsrecht, S. 39; *T. Becker*, Terrorism and the State, S. 95; *S. Oeter*, in: Die Friedens-Warte 76 (2001), 11 (18 ff.).

dem Anwendungsbereich ausschließt.[338] Was die subjektive Komponente betrifft, umfasst es sowohl die Absicht, Schrecken unter der Bevölkerung zu verbreiten als auch die Absicht, eine Regierung oder internationale Organisation zu einem Tun oder Unterlassen zu bewegen.

Ob diese Definition auch Anschlägen auf staatliche Streitkräfte in bewaffneten Konflikten einen terroristischen Charakter beimisst, bestimmt sich nach der Auslegung des Merkmals „any other person not taking an active part in the hostilities in a situation of armed conflict". Der Wortlaut ließe eine Subsumtion von Anschlägen auf jene Teile der Streitkräfte zu, die zwar nicht unmittelbar an Feindseligkeiten teilnehmen, aber an einem bewaffneten Konflikt beteiligt sind.[339] Die Entstehungsgeschichte macht jedoch klar, dass nur diejenigen Angehörigen erfasst sein sollen, die generell nicht an einem bewaffneten Konflikt beteiligt sind.[340] Mit der Referenz zu „any other person" soll daher lediglich sichergestellt werden, dass auch Anschläge auf militärische Personen „off duty", also außerhalb der Situation eines bewaffneten Konflikts, erfasst sind.[341] Im bewaffneten Konflikt können terroristische Akte i. S. d. Finanzierungsübereinkommens nach dem Willen der unterzeichnenden Staaten folglich nur jene Anschläge sein, die sich gezielt und primär gegen Zivilisten richten.[342]

Es erscheint jedoch fraglich, ob hier tatsächlich von der ersten allgemeinen Definition des Terrorismus im internationalen Recht gesprochen werden kann,[343] da Art. 2 Abs. 1 FÜ die beschriebene Handlung nicht explizit als terroristischen Akt bezeichnet, sondern lediglich als Verhalten, dessen Finanzierung eine Straftat im Sinne des Abkommens darstellt. Wie aus

---

338 Dies zeigt sich erstens am Wortlaut von Art. 2 Abs. 1 b), zweitens an der Präambel, die terroristische Akte unabhängig davon verurteilt, wer sie verübt („whereever and by whomever committed"), vierter Absatz der Präambel.

339 So offensichtlich auch das Verständnis von *T. O. Keber*, Der Begriff des Terrorismus im Völkerrecht, S. 115.

340 General Assembly, Measures to eliminate international terrorism, Report of the Working Group v. 26. Oktober 1999, A/C.6/54/L.2, Ziff. 102, 104. Da der Bericht keine gegenteiligen Angaben macht, ist davon auszugehen, dass hinsichtlich dieses Punktes Konsens herrschte.

341 General Assembly, Measures to eliminate international terrorism, Report of the Working Group v. 26. Oktober 1999, A/C.6/54/L.2, Ziff. 86, 102.

342 Kritisch hierzu *S. Oeter*, in: Hamilton (Hrsg.), Terrorism and International Relations, 115 (119).

343 So *C. Walter*, in: Walter u. a. (Hrsg.), Terrorism as a Challenge for National and International Law, 23 (34); *R. Lavalle*, in: ZaöRV 60 (2000), 491 (497); *C. Tomuschat*, in: EuGRZ 28 (2001), 535 (537).

dem Titel und der Präambel hervorgeht,[344] besteht der Sinn und Zweck des Abkommens freilich in der Unterbindung der Finanzierung *terroristischer* Akte. Führt daher Art. 2 Abs. 1 FÜ Verhaltensweisen auf, deren Finanzierung strafbar sein soll, können damit in der Zusammenschau mit der Präambel letztlich nur terroristische Akte gemeint sein. Damit läge wenigstens implizit eine Terrorismusdefinition vor. Dieser Interpretation steht jedoch Art. 2 Abs. 1 a) FÜ entgegen, der auch die Finanzierung von Handlungen kriminalisiert, die in den soeben erwähnten sektoralen Abkommen geregelt sind.[345] Darunter fallen etwa die gewaltsame Übernahme der Kontrolle über ein Flugzeug,[346] Angriffe gegen völkerrechtlich geschützte Personen[347] oder Geiselnahmen[348]. Auch für diese Handlungen gilt, dass sie dem Sinn und Zweck des FÜ entsprechend allein als terroristische Akte aufgefasst werden müssten. Zu diesem Schluss steht allerdings die Heterogenität der in diesen Abkommen umschriebenen Handlungen in Widerspruch. Ein gemeinsamer Nenner ließe sich zwar noch in der Be-

---

344 Vgl. die Erwägungsgründe 6, 8–12 der Präambel des FÜ.

345 Art. 2 Abs. 1 a) FÜ verweist bezüglich der Akte, deren Finanzierung strafbar sind, auf den Annex, der folgende Abkommen auflistet: „1. Convention for the Suppression of Unlawful Seizure of Aircraft, done at The Hague on 16 December 1970. 2. Convention for the Suppression of Unlawful Acts against the Safety of Civil Aviation, done at Montreal on 23 September 1971. 3. Convention on the Prevention and Punishment of Crimes against Internationally Protected Persons, including Diplomatic Agents, adopted by the General Assembly of the United Nations on 14 December 1973. 4. International Convention against the Taking of Hostages, adopted by the General Assembly of the United Nations on 17 December 1979. 5. Convention on the Physical Protection of Nuclear Material, adopted at Vienna on 3 March 1980. 6. Protocol for the Suppression of Unlawful Acts of Violence at Airports Serving International Civil Aviation, supplementary to the Convention for the Suppression of Unlawful Acts against the Safety of Civil Aviation, done at Montreal on 24 February 1988. 7. Convention for the Suppression of Unlawful Acts against the Safety of Maritime Navigation, done at Rome on 10 March 1988. 8. Protocol for the Suppression of Unlawful Acts against the Safety of Fixed Platforms located on the Continental Shelf, done at Rome on 10 March 1988. 9. International Convention for the Suppression of Terrorist Bombings, adopted by the General Assembly of the United Nations on 15 December 1997.“

346 Vgl. Art. 1 Convention for the Suppression of Unlawful Seizure of Aircraft, die unter Ziff. 1 des Annexes des FÜ aufgeführt wird.

347 Vgl. Art. 2 Convention on the Prevention and Punishment of Crimes against Internationally Protected Persons, including Diplomatic Agents, die unter Ziff. 3 des Annexes des FÜ aufgeführt wird.

348 Vgl. Art. 1 International Convention against the Taking of Hostages, die unter Ziff. 4 des Annexes des FÜ aufgeführt wird.

gehung einer schwerwiegenden Handlung finden, doch bereits auf der subjektiven Tatbestandsseite variieren die Anforderungen erheblich. Nur für wenige Handlungen verlangen die Abkommen neben dem einfachen Vorsatz zur Verwirklichung des objektiven Tatbestandes eine besondere Absicht.[349] Gerade eine besondere Zielsetzung, ein *dolus specialis*[350], macht jedoch das Wesen eines terroristischen Aktes aus.

Das Finanzierungsübereinkommen enthält mithin nicht die erste allgemein verbindliche Definition eines terroristischen Aktes.[351] Es besteht somit nach wie vor Klärungsbedarf bezüglich wichtiger Fragen, um den Begriff des Terrorismus zu einem rechtlich handhabbaren Terminus zu formen.

4. Kodifizierungsprojekt der Generalversammlung

Nach dem Scheitern des unter dem Eindruck des Attentats während der olympischen Spiele in München eingesetzten *ad hoc*-Komitees, arbeitet seit 1996 erneut ein solches von der Generalversammlung eingesetztes *ad hoc*-Komitee an einer umfassenden Terrorismuskonvention, der Comprehensive Convention on International Terrorism.[352] Den Ausgangspunkt der Beratungen bildet ein von Indien vorgelegter Vorschlag, der auch eine Terrorismusdefinition enthält:

> „Any person commits an offence within the meaning of the present Convention if that person, by any means, unlawfully and intentionally, causes:
> (a) Death or serious bodily injury to any person; or
> (b) Serious damage to public or private property, including a place of public use, a State or government facility, a public transportation system, an infrastructure facility or to the environment; or

---

349 Auf diesen Gesichtspunkt weist auch *R. Lavalle*, in: ZaöRV 67 (2007), 89 (109) hin.

350 So benennen *H. Duffy*, The 'War on Terror', S. 32 f. und *R. Lavalle*, in: ZaöRV 67 (2007), 89 (109) die für einen terroristischen Akt erforderliche besondere Zielsetzung.

351 Ebenso *C. Maierhöfer*, „Aut dedere – aut iudicare", S. 132 f.; *T. Schweisfurth*, Völkerrecht, 15. Kapitel, Rn. 15.

352 Etabliert wurde dieses *ad hoc*-Komitee mit der Resolution der Generalversammlung 51/210 vom 17. Dezember 1996, A/Res/51/210 v. 17.12.1996, § 3, Ziff. 9.

(c) Damage to property, places, facilities or systems referred to in paragraph 1 (b) of the present article resulting or likely to result in major economic loss;

when the purpose of the conduct, by its nature or context, is to intimidate a population, or to compel a Government or an international organization to do or to abstain from doing any act."[353]

Trotz des vielfach bekundeten Willens der Mitglieder der Generalversammlung, dieses Kodifikationsprojekt zu einem schnellen Abschluss zu bringen,[354] konnte bislang keine Einigung erzielt werden.

Wie bereits die Definition des Finanzierungsabkommens, enthält auch diese begriffliche Annäherung keinen Ausschluss staatlicher Akte oder nationaler Befreiungsbewegungen. Ebenso umfasst es in subjektiver Hinsicht die Absicht, Schrecken zu verbreiten oder eine Regierung oder internationale Organisation zu einem Tun oder Unterlassen zu nötigen. Darüber hinaus sind seinem Wortlaut nach auch Angriffe auf Streitkräfte im Rahmen eines bewaffneten Konfliktes erfasst.

5. Sicherheitsrat

Obgleich sich der Sicherheitsrat nach dem 11. September 2001 intensiv mit dem internationalen Terrorismus auseinandersetzte, vermied er es lange, sich einer Terrorismusdefinition zu nähern. Dies änderte sich mit Resolution 1566, deren Verständnis von Terrorismus mitunter als brauchbare Arbeitsgrundlage für eine Definition gewertet wird.[355] Ihr zufolge sind terroristische Akte wie folgt zu definieren:

"[…] criminal acts, including against civilians, committed with the intent to cause death or serious bodily injury, or taking hostages, with the purpose to provoke a state of terror in the general public or in a group of persons or particular persons, intimidate a population or

---

353 Art. 2 Ziff. 1 Draft comprehensive convention against international terrorism, Consolidated text prepared by the coordinator for discussion, Appendix II, Letter dated 3 August 2005 from the Chairman of the Sixth Committee addressed to the President of the General Assembly, A/59/894 vom 12. August 2005.

354 Vgl. die Nachweise bei *C. Wandscher*, Internationaler Terrorismus und Selbstverteidigungsrecht, S. 54, Fn. 114.

355 *P. Rosenow*, in: Die Friedens-Warte 86 (2011), 15 (17).

compel a government or an international organization to do or to abstain from doing any act […]."[356]

Auch diese Definition ist jener des Finanzierungsabkommens ähnlich. Die Sprache des Sicherheitsrats („including against civilians") deutet indes klar darauf hin, dass er Angriffe gegen staatliche Streitkräfte in bewaffneten Konflikten ebenso als terroristisch bewertet wie Anschläge, die sich gegen Zivilisten richten.

6. Terrorismus im humanitären Völkerrecht

Erwähnung finden terroristische Akte auch im humanitären Völkerrecht. Art. 33 Abs. 1 GA IV verbietet

„[...] all measures of intimidation or of terrorism [...]."

Art. 51 Abs. 2 ZP I und 13 Abs. 2 ZP II greifen diese Forderung auf und ordnen an:

"Acts or threats of violence the primary purpose of which is to spread terror among the civilian population are prohibited."

Art. 4 Abs. 2 d) ZP II verbietet

"acts of terrorism"

gegen Personen, die nicht oder nicht mehr unmittelbar an Feindseligkeiten teilnehmen.

Um die Konturen einer Terrorismusdefinition zu schärfen, sind diese Verbote aber ungeeignet. Da zumindest Art. 33 Abs. 1 GA IV und Art. 51 Abs. 2 ZP I die zwischenstaatliche Kriegsführung im IBK regeln und keine nähere Aussage zum Urheber der terroristischen Akte treffen, gehen sie davon aus, dass es regelmäßig staatliche Streitkräfte sind, die Furcht und Terror im Sinne der Vorschriften verbreiten.[357] Zumindest im humanitären Völkerrecht ist es somit anerkannt, dass auch Staaten terroristisch handeln können. Da aber außerhalb dieses Rechtsgebiets die Frage nach der staatli-

---

356 S/Res/1566 (2004) vom 8. Oktober 2004, Ziff. 3.
357 Ebenso *S. Oeter*, in: Fleck (Hrsg.), Handbook of International Humanitarian Law, Nr. 454.2, der als Beispiele für terroristische Kriegsführung das sowjetische Besatzungsregime in Afghanistan in den 1980er Jahren oder den Beschuss israelischer und saudischer Städte durch den Irak während des Golfkriegs 1991 nennt.

chen Urheberschaft terroristischer Akte einer der virulenten Streitpunkte ist, die ein allgemeines Verständnis von Terrorismus verhindern, lassen sich die Wertungen dieser Vorschriften nicht verallgemeinern. Für die Zwecke der vorliegenden Arbeit ist das Problem staatlichen Terrors ohnehin unerheblich.

7. Gewohnheitsrechtliche Definition – Allgemeiner Rechtssatz

Diese divergierenden Definitionsansätze in völkerrechtlichen Verträgen zeigen, dass sich bislang keine einheitliche Überzeugung der Staaten herausgebildet hat. Die Ansicht, der internationale Terrorismus sei mittlerweile völkergewohnheitsrechtlich definiert,[358] vermag daher nicht zu überzeugen.[359]

Auf Ablehnung ist daher auch die Entscheidung des Sondertribunals der Vereinten Nationen für den Libanon gestoßen, Terrorismus sei als völkerrechtliches Verbrechen anerkannt.[360] Das Tribunal, dessen Aufgabenkreis eigentlich darauf begrenzt war, die Vorgänge um den Tod des libanesischen Premierministers Hariri im Jahr 2005 nach nationalem libanesischen Strafrecht aufzuarbeiten,[361] erkannte folgende Definition als völkergewohnheitsrechtlich akzeptiert an:

> "(i) the perpetration of a criminal act (such as murder, kidnapping, hostage-taking, arson, and so on), or threatening such an act; (ii) the intent to spread fear among the population (which would generally entail the creation of public danger) or directly or indirectly coerce a national or international authority to take some action, or to refrain from taking it; (iii) when the act involves a transnational element [...]."[362]

---

358 *H. Diener*, Terrorismusdefinition im Völkerrecht, S. 209 ff.

359 So auch *R. P. Barnidge*, Non-State Actors and Terrorism, S. 27 ff.; *B. Saul*, in: LJIL 24 (2011), 677 (679 ff.).

360 Ablehnend *K. Ambos*, in: LJIL 24 (2011), 655 (665 ff.); *B. Saul*, in: LJIL 24 (2011), 677 (679 ff.).

361 *K. Ambos*, in: LJIL 24 (2011), 655 (656).

362 UN Special Tribunal for Lebanon (Appeals Chamber), Interlocutory Decision on the Applicable Law: Terrorism, Conspiracy, Homicide, Perpetration, Cumulative Charging, STL-11–01/I, 16. Februar 2011, Rn. 85.

Zur Herleitung dieser Definition bezog sich das Tribunal maßgeblich auf Sicherheitsresolution 1566,[363] auf das Finanzierungsübereinkommen[364] sowie auf die Kriminalisierung von nationalem Terrorismus in 37 Staaten.[365] Da das Tribunal bei der Untersuchung dieser einzelstaatlichen Definitionen aber weder danach unterschied, ob es sich um die Definition von nationalem oder internationalem Terrorismus handelte, noch, ob die jeweilige Definition überhaupt den Zweck hatte, ein bestimmtes Handeln zu kriminalisieren,[366] kann dem Befund des Tribunals nicht gefolgt werden.

Ein Blick auf die divergierenden Terrorismusdefinitionen in den innerstaatlichen Rechtsordnungen offenbart schließlich, dass sich kein allgemeiner Rechtssatz herausgebildet hat, der eine Definition wiedergibt.[367]

8. Fazit

Die Anstrengungen, den Begriff des Terrorismus auf völkerrechtlicher Ebene zu definieren, waren bisher nicht erfolgreich. Wegen der nach wie vor bestehenden Differenzen hinsichtlich der Einbeziehung staatlicher Handlungen und der Abgrenzung von nationalen Befreiungsbewegungen ist zudem zu befürchten, dass Regelungen zum internationalen Terrorismus weiterhin ohne klaren Bezugspunkt bleiben.

II. Piraterie

Piraterie wird definitorisch von Art. 101 des Seerechtsübereinkommens der Vereinten Nationen (SRÜ) erfasst, der die Bestimmung von Art. 15 des

---

363 UN Special Tribunal for Lebanon (Appeals Chamber), Interlocutory Decision on the Applicable Law: Terrorism, Conspiracy, Homicide, Perpetration, Cumulative Charging, STL-11–01/I, 16. Februar 2011, Rn. 88.

364 UN Special Tribunal for Lebanon (Appeals Chamber), Interlocutory Decision on the Applicable Law: Terrorism, Conspiracy, Homicide, Perpetration, Cumulative Charging, STL-11–01/I, 16. Februar 2011, Rn. 89.

365 UN Special Tribunal for Lebanon (Appeals Chamber), Interlocutory Decision on the Applicable Law: Terrorism, Conspiracy, Homicide, Perpetration, Cumulative Charging, STL-11–01/I, 16. Februar 2011, Rn. 93 ff.

366 *B. Saul*, in: LJIL 24 (2001), 677 (681 ff.).

367 Vgl. die ausführliche Analyse bei *T. Keber*, Der Begriff des Terrorismus im Völkerrecht, S. 253 ff.

Genfer Übereinkommens über die Hohe See (HSÜ) nahezu wortgleich[368] übernimmt und nach Ansicht der Vertragsstaaten[369] sowie überwiegender Teile der Völkerrechtswissenschaft Völkergewohnheitsrechts wiedergibt.[370] Danach erfüllen folgende Handlungen den Tatbestand der Piraterie:

> „(a) any illegal acts of violence or detention, or any act of depredation, committed for private ends by the crew or the passengers of a private ship or a private aircraft, and directed
>> (i)   on the high seas, against another ship or aircraft, or against persons or property on board such ship or aircraft;
>> (ii) against a ship, aircraft, persons or property in a place outside the jurisdiction of any State;
>
> (b) any act of voluntary participation in the operation of a ship or of an aircraft with knowledge of facts making it a pirate ship or aircraft;
>
> (c) any act of inciting or of intentionally facilitating an act described in subparagraph (a) or (b)."

Als Ergebnis langwieriger Verhandlungen der International Law Commission (ILC), die den Text des HSÜ vorbereitet hatte,[371] enthält diese Definition einige kontrovers beurteilte Punkte.

1. „illegal acts"

Indem Art. 101 SRÜ voraussetzt, dass die Handlung „illegal" sein muss, enthält er sprachlich eine Tautologie, da er gerade definieren soll, ob eine

---

368 Zu den minimalen stilistischen Änderungen, die bei Art. 101 SRÜ im Vergleich zu Art. 15 HSÜ vorgenommen wurden *A. P. Rubin*, Law of Piracy, S. 366.

369 Vgl. Präambel des HSÜ, zweiter Absatz der Präambel: „*Recognizing* that the United Nations Conference on the Law of the Sea [...] adopted the following provisions as generally declaratory of established principles of international law [...]."

370 *M. Bahar*, in: Vand. J. Transnat'l L. 40 (2007), 1 (10); *T. Treves*, in: EJIL 20 (2009), 399 (401); *K. C. Randall*, in: Tex. L. Rev. 66 (1988), 785 (797); *A. v. Arnauld*, in: AVR 47 (2009), 454 (455 f.); *L. Reydams*, Universal Jurisdiction, S. 58. A. a. *H. G. Davide*, in: MacDonald/Johnston (Hrsg.), Towards World Constitutionalism, 715 (723); *N. Ronzitti*, in: Ronzitti (Hrsg.), Maritime Terrorism and International Law, 1 (1); *D. Oehler*, Internationales Strafrecht, 2. Auflage, Rn. 433.

371 *A. P. Rubin*, Law of Piracy, S. 348 ff.

Handlung „illegal" ist. Anders ließe sich dieses Merkmal nur interpretieren, wenn einige Handlungen, die den sonstigen Tatbestand erfüllen, doch nicht „illegal" sein sollen. Um welche Handlungen es sich hierbei handelt, lässt die Entstehungsgeschichte der Norm aber offen.[372] Ebenso unklar bleibt, ob zur Bestimmung der Legalität der Handlung staatliches oder internationales Recht maßgeblich sein soll,[373] sowie welche Instanzen über die Legaliät zu entscheiden haben.[374]

2. „private ends"

Unklar ist des Weiteren der Gehalt des Merkmals „private ends". Eindeutig umfasst es mehr als das Erfordernis eines *animus furandi*,[375] also der Bereicherungsabsicht, die früher für die Qualifizierung eines Aktes der Piraterie

---

372 *S. N. Nandan/S. Rosenne*, United Nations Convention on the Law of the Sea, A Commentary, Volume III, Articles 86 to 132 and Documentary Annexes, Art. 101.8(c); *R. Wolfrum*, in: Nordquist/Wolfrum/Moore/Long (Hrsg.), Legal Challenges in Maritime Security, 3 (8); *A. P. Rubin*, in: AJIL 70 (1976), 92 (93); *ders.*, Law of Piracy, S. 367, Fn. 192. *Rubin* weist darauf hin, dass die Vertragsstaaten mit dieser Formulierung das Konzept des „privateering" durch die Hintertür wieder legalisiert hätten, ohne dies beabsichtigt zu haben, *A. P. Rubin*, Law of Piracy, S. 366. Allerdings verdeutlicht die Ablehnung eines griechischen Vorschlags, das Wort „illegal" im Zuge der Verhandlungen der ILC zu streichen, dass sich die Staaten trotz der unklaren Bedeutung dieses Merkmals bewusst für seine Beibehaltung entschieden haben, vgl. *S. N. Nandan/S. Rosenne*, United Nations Convention on the Law of the Sea, A Commentary, Volume III, Articles 86 to 132 and Documentary Annexes, Art. 101.8(c).
373 *S. P. Menefee*, in: Conn. J. Int'l L. 6 (1990), 127 (142); *P. W. Birnie*, in: Ellen (Hrsg.), Piracy at Sea, 131 (140).
374 *A. P. Rubin*, Law of Piracy, S. 367; *S. N. Nandan/S. Rosenne*, United Nations Convention on the Law of the Sea, A Commentary, Volume III, Articles 86 to 132 and Documentary Annexes, Art. 101.8(c) und *R. Wolfrum*, in: Nordquist/Wolfrum/Moore/Long (Hrsg.), Legal Challenges in Maritime Security, 3 (8) gehen davon aus, dass der verfolgende Staat über die Legalität der Handlung entscheiden soll.
375 *T. R. Salomon*, Die internationale Strafverfolgungsstrategie gegenüber somalischen Piraten, S. 159 ff.; *S. N. Nandan/S. Rosenne*, United Nations Convention on the Law of the Sea, A Commentary, Volume III, Articles 86 to 132 and Documentary Annexes, Art. 101.2.; *M. Bahar*, in: Vand. J. Transnat'l L. 40 (2007), 1 (33); *D. P. O'Connell*, in: Shearer (Hrsg.), The International Law of the Sea, Volume II, 969; *N. Ronzitti*, in: Ronzitti (Hrsg.), Maritime Terrorism and International Law, 1 (2); a. *A. E. Barrios*, in: B. C. Int'l & Comp. L. Rev. 28 (2005), 149 (153).

als zwingend angesehen wurde.[376] Vielmehr können Hass oder Rache Motive i. S. v. „private ends" sein. Demgegenüber bleibt offen, welche Beweggründe ausgeschlossen sein sollen. Oft wird betont, dass das Gegenstück zu „private ends" politische Ziele seien, deren Verfolgung dementsprechend nicht den Tatbetand der Piraterie erfüllten.[377] Folge dieser Auslegung wäre u. a., dass terroristisch motivierte Überfälle auf Schiffe nicht als Piraterie zu bezeichnen wären.[378]

Zwingend ist dieser Schluss hingegen nicht, da „privat" und „politisch" keineswegs ein sich gegenseitig ausschließendes Begriffspaar ist. Dagegen spricht zunächst die kaum durchführbare Trennung von privaten und politischen Motiven[379] ebenso wie die Feststellung, dass aus historischer Perspektive viele Akte von Piraterie auch eine politische Dimension hatten.[380] Beachtenswert ist außerdem die Begründung des Harvard Komitees, einer in den 1930er Jahren von der Universität Harvard ins Leben gerufenen Arbeitsgruppe, die in ihrer Definition der Piraterie erstmals das Erfordernis der „private ends" aufstellte und auf dessen Vorarbeiten sich das HSÜ be-

---

376 Vgl. die Nachweise bei *D. P. O'Connell*, in: Shearer (Hrsg.), The International Law of the Sea, Volume II, 969, Fn. 238.

377 *J.-P. Beurier*, in: Beurier (Hrsg.), Droits Maritimes, 115.22; *K. H. Govern/J. I. Wim*, in: Homeland Security Rev. 2 (2008), 131 (138); *S. N. Nandan/S. Rosenne*, United Nations Convention on the Law of the Sea, A Commentary, Volume III, Articles 86 to 132 and Documentary Annexes, Art. 101.8(b); *G. R. Constantinople*, in: Va. J. Int'l L. 26 (1986), 723 (737); *P. W. Birnie*, in: Ellen (Hrsg.), Piracy at Sea, 131 (140); *R. Wolfrum*, in: Nordquist/Wolfrum/Moore/Long (Hrsg.), Legal Challenges in Maritime Security, 3 (8); *N. Dahlvang*, in: Regent J. Int'l L. 4 (2006), 17 (21); *T. Garmon*, in: Tul. M. L. J. 27 (2002), 257 (263).

378 Diesen Schluss ziehen *U. Jenisch*, in: Brake (Hrsg.), Maritime Sicherheit – Moderne Piraterie, 159 (163); *K. H. Govern/J. I. Wim*, in: Homeland Security Rev. 2 (2008), 131 (137); *E. Barrios*, in: B. C. Int'l & Comp. L. Rev. 28 (2005), 149 (156); *Z. Keyuan*, in: Sing. J. Int'l & Comp. L. 3 (1999), 524 (528); *N. Ronzitti*, in: Ronzitti (Hrsg.), Maritime Terrorism and International Law, 1 (2). *A. A. M. C. Bassiouni*, Multilateral Conventions, S. 91.

379 *S. P. Menefee*, in: Ellen (Hrsg.), Piracy at Sea, 179 (180).

380 Vgl. die Deutung von *J. E. Thomson*, Mercenaries, Pirates, and Sovereigns, S. 46. Vgl. auch die Aktivitäten somalischer Piraten, die nicht nur finanzielle Ziele verfolgen, sondern sich ebenso als Patrioten verstehen, die die politischen und wirtschaftlichen Interessen der somalischen Bevölkerung verteidigten, ausführlich hierzu *T. R. Salomon*, Die internationale Strafverfolgungsstrategie gegenüber somalischen Piraten, S. 56 ff., aufschlussreich außerdem *S. Kreye*, in: DIE ZEIT vom 9./10. Mai 2009, S. V2/1; *T. Treves*, in: EJIL 20 (2009), 399 (400).

zog.[381] Sofern in der Kommentierung des Entwurfes des Harvard Komitees und der International Law Commission von „political ends" die Rede ist, sollte klargestellt werden, dass Aktionen von Aufständischen und Befreiungsbewegungen, die sich lediglich gegen einen bestimmten Staat richten, nicht von der Piraterie umfasst sein sollen.[382]

Dementsprechend ist die Sichtweise überzeugender, dass durch das Merkmal „private ends" einerseits die Verfolgung von Zielen ausgeschlossen werden soll, die sich auf die Erlangung von Staatlichkeit beziehen,[383] andererseits die Verfolgung von Zielen, die im Interesse eines bestimmten Staates stehen. Hierfür streitet die Tatsache, dass im Zuge der Verhandlungen der International Law Commission zum HSÜ die Bestätigung des Tatbestandsmerkmals „private ends" als Ablehnung eines Vorschlags des sowjetischen Vertreters erfolgte, der eine Erstreckung der Piraterie-Definition auf staatliche Handlungen gefordert hatte.[384]

Trotz dieser Einwände, denen zufolge eine weite Auslegung des Merkmals „private ends" möglich ist, um z. B. auch terroristische Motive abzudecken, ist zu konstatieren, dass weite Teile der Völkerrechtswissenschaft[385] politische Motive ebenso wenig unter „private ends" fassen wie der überwiegende Teil der Staatengemeinschaft. Aufschlussreich für die Staatenpraxis ist in diesem Zusammenhang die Reaktion der Staaten auf den Achille Lauro Vorfall im Jahr 1985, als palästinensische Aktivisten der Palestine Liberation Front (PLF) das italienische Kreuzfahrtschiff Achille Lauro unter ihre Kontrolle brachten, um die Entlassung palästinensischer Gefangener aus israelischen Gefängnissen zu bewirken.[386] Obwohl die USA die mutmaßlichen Täter völkerrechtlich als Piraten beurteilten,[387] be-

---

381 Zur Bedeutung des Entwurfes des Harvard Komitees als Vorlage für das Genfer Hohe See Übereinkommen und damit auch das Seerechtsübereinkommen siehe *A. P. Rubin*, Law of Piracy, S. 349 ff.

382 *M. Halberstam*, in: AJIL 82 (1988), 269 (278 ff.).

383 *H. G. Davide*, in: MacDonald/Johnston (Hrsg.), Towards World Constitutionalism, 715 (723).

384 Siehe *A. P. Rubin*, Law of Piracy, S. 354; *M. Halberstam*, in: AJIL 82 (1988), 269 (281).

385 Siehe die Nachweise in Fn. 376.

386 Aus der umfangreichen rechtlichen Kommentierung dieses Vorfalls siehe nur *M. Halberstam*, in: AJIL 82 (1988), 269 ff.; *G. R. Constantinople*, in: Va. J. Int'l L. 26 (1986), 723 ff.

387 Vgl. die Aussagen des damaligen US-Präsidenten Ronald Reagan anlässlich einer Pressekonferenz am 11.10.1985, ILM 24 (1985) 1515, sowie die Haftbefehle der USA gegen die palästinensischen Aktivisten, ILM 24 (1985) 1553–1557. Kritisch hierzu *A. Cassese*, International Law, S. 478.

stand nach Meinung Italiens und anderer Staaten die Notwendigkeit, eine neue vertragliche Grundlage zu schaffen, um terroristische Handlungen auf See zu verfolgen.[388] Ausschlaggebend für diese Meinung war neben Zweifeln, ob die Übernahme der Kontrolle auf der Achille Lauro durch die PLF dem Erfordernis der Beteiligung zweier Schiffe nach Art. 101 a) (ii) SRÜ genügte,[389] explizit die Annahme, dass es sich nicht um eine Aktion gehandelt habe, die von „private ends" motiviert war.[390]

Ergebnis der daraufhin einsetzenden Kodifikationsbemühungen war die Convention for the Suppression of Unlawful Acts Against the Safety of Maritime Navigation von 1988, die aufgrund ihrer Loslösung vom Begriff der Piraterie an späterer Stelle behandelt wird.[391]

3. Erfordernis eines oder zweier Schiffe

Unklarheit besteht weiterhin hinsichtlich der Anzahl von Schiffen, die gemäß Art. 101 SRÜ an Akten von Piraterie beteiligt sein müssen. Bedeutung erlangt diese Frage bei Handlungen, die – wie etwa beim Vorfall der Achille Lauro oder bei einer Meuterei – nur ein Schiff betreffen. Während Abs. (i) für die Hohe See fordert, dass sich die fragliche Handlung „against another ship or aircraft" richtet, lässt Abs. (ii) für „a place outside the jurisdiction of any state" eine Handlung „against a ship or aircraft" ausreichen. Dementsprechend setzt der Wortlaut von Abs. (ii) nicht zwingend voraus, dass die Handlung von einem Schiff gegen ein anderes gerichtet ist, sofern sie „in a place outside the jurisdiction of any State" stattfindet. Außerhalb der Jurisdiktion der Staaten liegt allerdings auch die Hohe See, die demzufolge ebenfalls unter Abs. (ii) fiele. In diesem Fall entstünde freilich ein Widerspruch, da gemäß Abs. (i) zwei Schiffe beteiligt sein müssen, damit auf der Hohen See ein Akt von Piraterie vorliegt, gemäß Abs. (ii) hingegen nur eines. Dieser systematische Widerspruch entsteht nicht, wenn die Hohe See nicht als „place outside the jurisdiction of any state" interpretiert wird. Gestützt wird diese Auslegung durch die Beratungen der ILC zum HSÜ, aus denen hervorgeht, dass „a place outside the jurisdiction of any

---

388 *T. Treves*, in: Ronzitti (Hrsg.), Maritime Terrorism and International Law, 69 (70 f.).

389 Dazu unten D. II. 3.

390 Vgl. die Aussagen von Ägypten, Italien und Österreich in ihrer Kommentierung zum ersten Entwurf der SUA, zitiert nach *T. Treves*, in: Ronzitti (Hrsg.), Maritime Terrorism and International Law, 69 (87, Fn. 13).

391 Siehe unten E. IV. 1 b).

State" nur *terra nullius* sein kann,[392] also Gebiete wie staatenlose Archipele oder die Antarktis.[393] Nur hier, nicht aber auf der Hohen See, gelten daher Überfälle von Passagieren oder Besatzungsmitgliedern gegen das eigene Schiff als Piraterie nach Art. 101 SRÜ. Auf Hoher See liegt Piraterie also nur vor, wenn der Angriff von einem Schiff ausgeht und sich gegen ein anderes Schiff richtet.

4. Hohe See

Die Legaldefinition des internationalen Delikts der Piraterie in Art. 101 SRÜ schließt Akte innerhalb der staatlichen Territorialgewässer aus. Wie bereits ausgeführt, werden nur Handlungen auf Hoher See bzw. außerhalb der Jurisdiktion irgendeines Staates erfasst. Folglich fällt die hohe Zahl der in Territorialgewässern durchgeführten Überfälle auf Schiffe nicht in den Anwendungsbereich von Art. 101 SRÜ. Diese mitunter beklagte[394] Begrenzung auf internationale Gewässer ist eine Folge der Eingriffsbefugnisse, die jedem Staat zustehen, wenn ein Akt von Piraterie vorliegt. Es hat dann jeder Staat die Kompetenz, die Piraten zu verfolgen und festzunehmen. Stünde ihm dieses Recht auch in staatlichen Gewässern zu, könnten Konflikte mit der territorialen Souveränität der Küstenstaaten entstehen. Für die Piraterie als völkerrechtliches Delikt ist daher die territoriale Begrenzung auf die Hohe See und Räume jenseits staatlicher Jurisdiktion folgerichtig.[395]

In der Ausschließlichen Wirtschaftszone (AWZ) ergeben sich im Vergleich zur Hohen See keine Unterschiede hinsichtlich der Beurteilung der Akte von Piraterie. Dies folgt aus Art. 58 Abs. 2 SRÜ, demzufolge die Art. 88 bis 115 SRÜ, also auch die Bestimmungen über Piraterie, für die AWZ gelten, soweit sie mit den in Teil V des SRÜ geregelten Bestimmungen über die Nutzung der AWZ vereinbar sind. Da die Bestimmungen in Teil V lediglich die wirtschaftliche Nutzung der AWZ regeln, bleibt Art. 101 SRÜ als sicherheitsrechtliche Bestimmung hier anwendbar.[396]

---

392 Yearbook of the International Law Commission, 1956, Vol II, S. 282.

393 Zur Antarktis vgl. *S. Hobe*, Einführung in das Völkerrecht, S. 471 ff.

394 *T. Garmon*, in: Tul. M. L. J. 27 (2002), 257 (264); *U. Jenisch*, in: WMU J. Mar. Aff. 8 (2009), 123 (131).

395 *M. Bahar*, in: Vand. J. Transnat'l L. 40 (2007), 1 (21).

396 So auch *S. N. Nandan/S. Rosenne*, United Nations Convention on the Law of the Sea, A Commentary, Volume III, Articles 86 to 132 and Documentary Annexes, Art. 101.8(i); *T. Garmon*, in: Tul. M. L. J. 27 (2002), 257 (264 f.). A. a. *H. G. Davi*-

5. Zwischenfazit

Es zeigt sich also, dass der Pirat im Völkerrecht insgesamt klar definiert ist.[397] Durch das gegenwärtige Verständnis von „private ends" lässt sich Piraterie zudem deutlich von maritimem Terrorismus abgrenzen.

III. Kaperer

Die Pariser Seerechtsdeklaration, die im Jahr 1856 die Praxis der Kaperei beendete, hat die Arbeit bereits im historischen Abschnitt behandelt. Bis vor kurzem war nicht zu ahnen, dass Kaperer über ihre historische Bedeutung hinaus auch im zeitgenössischen Recht eine Rolle spielen könnten. Da aber im Rahmen der Gedankenspiele zu einer effektiveren Pirateriebekämpfung auch das Konzept der Kaperei eine überraschende Renaissance erfuhr,[398] sei der Kaperfahrer kurz definiert. Der für die Kaperei maßgeblichen Pariser Seerechtsdeklaration lässt sich keine Definition entnehmen. Dennoch besteht über ihre wesentlichen Merkmale weitgehend Einigkeit. Kaperei bedeutet danach, dass Staaten private Schiffe durch eine Urkunde, den Kaperbrief, dazu ermächtigen, gegen feindliche Kriegs- und Handelsschiffe vorzugehen.[399]

IV. Befreiungsbewegungen

Befreiungsbewegungen werden im Völkerrecht nicht definiert, aber ihre Existenz wird in Art. 1 Abs. 4 ZP I vorausgesetzt, der das Recht des internationalen bewaffneten Konflikts für folgende Konstellationen für anwendbar erklärt:

---

de, in: MacDonald/Johnston (Hrsg.), Towards World Constitutionalism, 715 (724).

397 Etwas vorsichtiger *T. R. Salomon*, Die internationale Strafverfolgungsstrategie gegenüber somalischen Piraten, S. 177, der die Definition in Art. 101 SRÜ für eine „belastbare rechtliche Bestimmung" hält.

398 Hierzu *D. König/T. R. Salomon*, Private Sicherheitsdienste auf Handelsschiffen, S. 20.

399 *N. Parillo*, in: Yale. J. L. & Hum. 19 (2007), 1 (3); *D. König/T. R. Salomon*, Private Sicherheitsdienste auf Handelsschiffen, S. 20 f.

"[…] situations in which peoples are fighting against colonial domination and alien occupation and against racist régimes in the exercise of their right of self-determination […]."

Nicht jedes gewaltsame Streben eines Volkes nach Unabhängigkeit erfüllt diese Voraussetzungen, sondern nur solches, das gegen Kolonialherrschaft, fremde Besetzung oder rassistische Regimes kämpft.[400] Da der Prozess der Dekolonisation weltweit als nahezu abgeschlossen gilt,[401] spielt dieses Merkmal keine Rolle mehr. Rassistisch ist ein Regime nur dann, wenn eine Bevölkerungsgruppe aus rassistischen Gründen vollkommen von der politischen Entscheidungsgewalt im Staat ausgeschlossen ist.[402] Die Genese der Norm zeigt, dass dieses Tatbestandsmerkmal ausdrücklich für die Situation in Südafrika geschaffen wurde,[403] dessen rassistisches politisches System mit dem Ende der Apartheid zusammengebrochen ist.[404] Es hat daher ebenfalls keine Bedeutung mehr. Scheinbar weit gefasst und daher noch gültig ist hingegen der Begriff der Fremdherrschaft. Dem Wortlaut nach erfasst er jede Situation, in der eine Bevölkerung auch nur vorübergehend Fremdbestimmung ausgesetzt ist. Ein Blick auf andere Vorschriften des humanitären Völkerrechts schränkt diese Auslegung in systematischer Hinsicht indes stark ein. Diverse Vorschriften des Genfer und Haager Rechts decken bereits die militärische Besetzung eines Staates durch einen anderen ab.[405] Ebenso ausgeschlossen ist die Anwendung in Fällen, in denen Befreiungsbewegungen nationaler Minderheiten gegen die Zentralre-

---

400 Diese Auflistung wird ganz überwiegend als abschließend angesehen, vgl. *B. Zimmermann*, in: Sandoz/Swinarski/Zimmermann (Hrsg.), Commentary on the Additional Protocols, Protocol I – Art. 1, Rn. 111, 113; *K. J. Partsch*, in: Bothe/Partsch/Solf (Hrsg.), New Rules for Victims of Armed Conflict, Art. 1, Rn. 2.19, Fn. 19a.

401 Obwohl der Historiker *W. Reinhard*, Kleine Geschichte des Kolonialismus, die Dekolonisation im kaukasischen Gebiet Russlands (S. 365 ff.), in Israel (S. 370 ff.) und in einigen überseeischen Gebieten Frankreichs und Großbritanniens (S. 373 f.) noch nicht für abgeschlossen hält, spricht auch er letztlich vom „eingetretenen Ende des real existierenden Kolonialismus" (S. 374); ebenso *D. W. Glazier*, Wars of National Liberation, Rn. 18, in: Wolfrum (Hrsg.), MPEPIL, online edition.

402 Ähnlich *K. J. Partsch*, in: Bothe/Partsch/Solf (Hrsg.), New Rules for Victims of Armed Conflict, Art. 1, Rn. 2.21.

403 *D. W. Glazier*, Wars of National Liberation, Rn. 17, in: Wolfrum (Hrsg.), MPEPIL, online edition.

404 Siehe hierzu *W. Reinhard*, Kleine Geschichte des Kolonialismus, S. 368 ff.

405 Vgl. dazu *M. Bothe*, in: Vitzthum/Proelß (Hrsg.), Völkerrecht, 8. Abschnitt, Rn. 82.

gierung rebellieren, da hier das Recht nichtinternationaler bewaffneter Konflikte einschlägig ist.[406] In Frage kommt die Fremdbestimmung daher einzig dort, wo der Status eines Gebiets noch nicht völlig geklärt oder die Staatenbildung noch nicht abgeschlossen ist. Als einzige nationale Befreiungsbewegung nennen Völkerrechtswissenschaflter nach wie vor die PLO,[407] die zugleich die einzige von den Vereinten Nationen anerkannte Bewegung ist. Damit ist der Anwendungsbereich von Art. 1 Abs. 4 ZP I überaus gering.[408]

V. Söldner

Bestimmungen zu Söldnern finden sich in Art. 47 ZP I und in der von der Generalversammlung verabschiedeten Internationalen Konvention gegen die Anwerbung, den Einsatz, die Finanzierung und die Ausbildung von Söldnern von 1989,[409] die allerdings bislang nur wenig Unterstützung erfahren hat.[410] Der Regelung des Art. 47 ZP I zufolge, die Art. 1 Abs. 2 Söldnerkonvention nahezu wortgleich aufgegriffen hat, gilt als Söldner,

"a) wer im Inland oder Ausland zu dem besonderen Zweck angeworben ist, in einem bewaffneten Konflikt zu kämpfen,

b) wer tatsächlich unmittelbar an Feindseligkeiten teilnimmt,

c) wer an Feindseligkeiten vor allem aus Streben nach persönlichem Gewinn teilnimmt und wer von oder im Namen einer am Konflikt beteiligten Partei tatsächlich die Zusage einer materiellen

---

406   *K. J. Partsch*, in: Bothe/Partsch/Solf (Hrsg.), New Rules for Victims of Armed Conflict, Art. 1, Rn. 2.22; *B. Zimmermann*, in: Sandoz/Swinarski/Zimmermann (Hrsg.), Commentary on the Additional Protocols, Protocol I – Art. 1, Rn. 113. Mit Blick auf die Entstehungsgeschichte *G. Best*, Humanity in Warfare, S. 321.

407   *D. W. Glazier*, Wars of National Liberation, Rn. 17, in: Wolfrum (Hrsg.), MPEPIL, online edition.

408   *K. J. Partsch*, in: Bothe/Partsch/Solf (Hrsg.), New Rules for Victims of Armed Conflict, Art. 1, Rn. 2.23; *D. W. Glazier*, Wars of National Liberation, Rn. 18 f., in: Wolfrum (Hrsg.), MPEPIL, online edition, bezeichnet Art. 1 Abs. 4 ZP I gar als „product of a unique confluence of historical circumstances having little relevance to the current world order."

409   International Convention against the Recruitment, Use, Financing and Training of Mercenarism, A/Res/44/34 vom 4. Dezember 1989.

410   Die UN-Söldnerkonvention wurde bislang lediglich von 35 Staaten ratifiziert, vgl. Informationen des Internationalen Roten Kreuzes, erhältlich im Internet: <http://www.icrc.org/applic/ihl/ihl.nsf/States.xsp?xp_viewStates=XPages_NORM StatesParties&xp_treatySelected=530> (zuletzt besucht am 31. Juli 2017).

> Vergütung erhalten hat, die wesentlich höher ist als die den Kom-
> battanten der Streitkräfte dieser Partei in vergleichbarem Rang
> und mit ähnlichen Aufgaben zugesagte oder gezahlte Vergütung,
> d) wer weder Staatsangehöriger einer am Konflikt beteiligten Partei
> ist noch in einem von einer am Konflikt beteiligten Partei kontrol-
> lierten Gebiet ansässig ist,
> e) wer nicht Angehöriger der Streitkräfte einer am Konflikt beteilig-
> ten Partei ist und
> f) wer nicht von einem nicht am Konflikt beteiligten Staat in amtli-
> chem Auftrag als Angehöriger seiner Streitkräfte entsandt worden
> ist."

Diese Definition umreißt klar, wer international als Söldner gilt. Ihre dies-
bezüglichen Anforderungen sind allerdings so hoch, dass kaum eine Person Gefahr läuft, ihr zu unterfallen.[411] Als höchste Hürde gilt der Nachweis, der Kämpfer nehme überwiegend aus persönlichem Gewinnstreben
an den Feindseligkeiten teil,[412] da er im Zweifelsfall kaum widerlegbar
ideologische, politische oder persönliche Motive vorbringen kann.[413] Auch
die übrigen Tatbestandsmerkmale können Kämpfende zum Teil leicht umgehen, etwa indem sie behaupten, für einen anderen Zweck als für den
Kampf in bewaffneten Konflikten angeworben worden zu sein (Art. 47
Abs. 2 a)) oder indem sie vorübergehend die Staatsangehörigkeit einer am
Konflikt beteiligten Partei annehmen (Art. 47 Abs. 2 d)).[414]

Um der Tatsache gerecht zu werden, dass Söldner auch außerhalb internationaler bewaffneter Konflikte angeworben werden, enthält Art. 1 Abs. 2
Söldnerkonvention eine weitere Definition, nach der jeder Söldner ist,

> "wer in jeder anderen Lage,
> a) im Inland oder Ausland eigens zu diesem Zweck angeworben wird,
> an einer gemeinsam geplanten Gewalttat teilzunehmen, die folgen-
> des zum Ziel hat:

---

411 Daher kommentiert G. *Best*, Humanity in Warfare, S. 328, Fn. 83 die Umgehungsmöglichkeiten der Definition lapidar mit folgendem Spruch: „any merce-
nary who cannot exlude himself from this definition deserves to be shot – and
his lawyer with him".

412 S. *Franklin*, in: Transnat'l & Cont. Probs. 17 (2008), 239 (256); *Jo. Finke*, Private
Sicherheitsunternehmen im bewaffneten Konflikt, S. 22.

413 *J. C. Zarate*, in: Stan. J. Int'l L. 34 (1998), 75 (121, Fn. 283); *D. Heck*, Grenzen der
Privatisierung militärischer Aufgaben, S. 60.

414 S. *Gul*, in: Lewis & Clark L. R. 10 (2006), 287 (293); *E.-C. Gillard*, in: IRRC 88
(2006), 525 (561 f.).

i)   den Sturz einer Regierung oder die sonstige Untergrabung der verfassungsmäßigen Ordnung eines Staates oder

ii)   die Untergrabung der territorialen Integrität eines Staates;

b)   daran vor allem aus Streben nach erheblichem persönlichen Gewinn teilnimmt und durch die Zusage oder die Zahlung einer materiellen Vergütung dazu veranlasst wird;

c)   weder Staatsangehöriger des Staates, gegen den sich die Tat richtet, noch dort ansässig ist;

d)   nicht von einem Staat in amtlichem Auftrag entsandt worden ist und

e)   nicht Angehöriger der Streitkräfte des Staates ist, in dessen Hoheitsgebiet die Tat durchgeführt wird."

Hinsichtlich der Umgehungsmöglichkeiten gilt hier freilich dasselbe wie bei der Definition des humanitären Völkerrechts, da erneut das persönliche Gewinnstreben entscheidend ist. Ebenso dürfte der Nachweis schwierig zu führen sein, dass die jeweilige Person tatsächlich eigens zu dem Zweck der Gewalthandlung angeworben worden ist. Schließlich ließe sich die Anwendbarkeit der Konvention erneut umgehen, indem die fremden Gewaltakteure in die eigenen Streitkräfte eingegliedert werden.

VI. Private Sicherheitsunternehmen

Private Sicherheitsunternehmen sind zwar bislang nicht Gegenstand völkerrechtlicher Regelungen im eigentlichen Sinne geworden. Mit dem Montreux-Dokument liegt aber immerhin eine internationale Erklärung vor. Sie setzt sich zum Ziel, die bestehenden Rechte und Pflichten von Staaten, PSU und deren Angestellten in Erinnerung zu rufen und den Staaten Hinweise zum Umgang mit PSU an die Hand zu geben,[415] ohne aber bestehendes Recht zu modifizieren oder neues Recht zu schaffen.[416]

---

415   Annex to the letter dated 2 October 2008 from the Permanent Representative of Switzerland to the United Nations addressed to the Secretary-General, Montreux Document on pertinent international legal obligations and good practices for States related to operations of private military and security companies during armed conflict vom 6. Oktober 2008, A/63/467-S/2008/636, Ziff. 2 der Einleitung.

416   Annex to the letter dated 2 October 2008 from the Permanent Representative of Switzerland to the United Nations addressed to the Secretary-General, Montreux Document on pertinent international legal obligations and good practices for States related to operations of private military and security companies dur-

Obwohl die unterzeichnenden Staaten das Dokument als rechtlich nicht bindende Erklärung auffassen,[417] könnte das Dokument als soft law zumindest eine tatsächliche sowie mittelfristig eine völkergewohnheitsrechtliche Bindungswirkung entfalten.[418] Umso wichtiger ist daher die Tatsache, dass mit den USA, Großbritannien und Südafrika die größten Sitzstaaten, mit den USA und Großbritannien die größten Vertragsstaaten von PSU und mit Afghanistan, Irak und Sierra Leone die größten aktuellen oder ehemaligen Staaten, in denen PSU operieren, das Dokument unterzeichnet haben. Die erfassten Unternehmen definiert das Dokument folgendermaßen:

> "PMSCs" are private business entities that provide military and/or security services, irrespective of how they describe themselves. Military and security services include, in particular, armed guarding and protection of persons and objects, such as convoys, buildings and other places; maintenance and operation of weapons systems; prisoner detention; and advice to or training of local forces and security personnel."[419]

---

ing armed conflict vom 6. Oktober 2008, A/63/467-S/2008/636, Ziff. 4 der Einleitung.

417 Annex to the letter dated 2 October 2008 from the Permanent Representative of Switzerland to the United Nations addressed to the Secretary-General, Montreux Document on pertinent international legal obligations and good practices for States related to operations of private military and security companies during armed conflict vom 6. Oktober 2008, A/63/467-S/2008/636, Ziff. 3 der Einleitung.

418 So auch *Jo. Finke*, Private Sicherheitsunternehmen im bewaffneten Konflikt, S. 36. Ausführlich hierzu *C. Seiberth*, Private Military and Security Companies in International Law, S. 239 f.

419 Annex to the letter dated 2 October 2008 from the Permanent Representative of Switzerland to the United Nations addressed to the Secretary-General, Montreux Document on pertinent international legal obligations and good practices for States related to operations of private military and security companies during armed conflict vom 6. Oktober 2008, A/63/467-S/2008/636, Ziff. 9(a) der Einleitung; *K. Molle*, Private Militär- und Sicherheitsunternehmen im Völkerrecht, S. 63 übernimmt diese Definition weitgehend, beschränkt sie aber auf Situationen eines bewaffneten Konflikts.

Diese Definition ist in der Tat eine prägnante Zusammenfassung des bereits beschriebenen Tätigkeitsfeldes von PSU,[420] verfügt aber über keinerlei Bindungswirkung.[421]

VII. Fazit

In Bezug auf die definitorische Erfassung nichtstaatlicher Gewalt zeigt sich, dass nur wenige ihrer Erscheinungsformen völkerrechtlich definiert sind. Innerhalb dieser Gruppe der definierten Akteure offenbart sich darüber hinaus ein starkes Gefälle hinsichtlich der Schärfe ihrer definitorischen Erfassung. Klarere Konturen verleiht das Völkerrecht den Begriffen der Piraterie, der Kaperei und Privaten Sicherheitsunternehmen. Dasselbe gilt für Söldner, deren Definition jedoch praxisuntauglich ist.

Im starken Kontrast zu dieser weithin klaren begrifflichen Erfassung stehen die diversen begrifflichen Annäherungen an den Begriff des Terrorismus, die sich oft bereits ihrer rechtlichen Aussage nach widersprechen.

---

420 *C. Seiberth*, Private Military and Security Companies in International Law, S. 68, weist überzeugend darauf hin, dass die Definition in Anbetracht der fehlenden Einigkeit über die Begrenzung des Aufgabenspektrums von PSU bewusst offen formuliert ist.

421 Als weiteres unverbindliches Regelwerk liegt ein Entwurf einer Arbeitsgruppe der Vereinten Nationen (UN Working Group on the use of mercenaries as a means of violating human rights and impeding the exercise of the right of peoples to self-determination) vor: Draft of a possible Convention on Private Military and Security Companies (PMSCs) for consideration and action by the Human Rights Council, Annex to the Report of the Working Group on the use of mercenaries as a means of violating human rights and impeding the exercise of the right of peoples to self-determination vom 2. Juli 2010, A/HRC/15/25; ausführlich hierzu *C. Seiberth*, Private Military and Security Companies in International Law, S. 161 ff. Dabei handelt es sich allerdings nach wie vor um nicht mehr als einen Entwurf, dessen Vorschläge die Staaten noch nicht für eine weitere verbindliche Regelung aufgegriffen haben. Schließlich gibt es einen International Code of Conduct for Private Security Service Providers vom 9. November 2010, erhältlich im Internet: <https://icoca.ch/sites/all/themes/icoca/assets/icoc_english3.pdf> (zuletzt besucht am 31. Juli 2017), der von Unternehmen der Sicherheitsbranche selbst ausgearbeitet worden ist; ausführlich hierzu *C. Seiberth*, Private Military and Security Companies in International Law, S. 191 ff. Da es sich hierbei in aller erster Linie um einen Versuch der Selbstregulierung handelt, verzichtet die Arbeit auf eine nähere Darstellung.

E. Rechtliche Behandlung nichtstaatlicher Gewalt im Völkerrecht

I. Humanitäres Völkerrecht

Das erste Rechtsgebiet, das die Arbeit nach differenzierenden Tendenzen untersucht, ist das humanitäre Völkerrecht, weil es die stärksten Formen von Gewaltanwendung – auch nichtstaatlicher – regelt: die bewaffneten Konflikte.

Die Normen des humanitären Völkerrechts dienen letztlich alle dem Ziel, menschliches Leiden in bewaffneten Konflikten zu lindern. Sie setzen also die Existenz bewaffneter Auseinandersetzungen voraus und widersprechen damit dem ersten Anschein nach dem Gewaltverbot, das die Anwendung von Gewalt grundsätzlich verbietet. Doch die konstant hohe Zahl von Kriegen in der Welt erfordert Regeln, die der Gewalt auch nach ihrem Ausbruch Grenzen zu setzen sucht. Außerdem setzt die UN-Charta ihrerseits die Existenz bewaffneter Konflikte voraus, da sie in Fällen der Selbstverteidigung und mittels Zwangsmaßnahmen kollektiver Sicherheit die Anwendung von Gewalt legitimiert. Deswegen handelt es sich beim humanitären Völkerrecht keineswegs um die Legitimierung von Gewaltausübung unter Umgehung des Gewaltverbots, sondern um die rechtliche Antwort auf die gewalttätige Wirklichkeit des Kriegsgeschehens.[422]

Wie auch dem Friedenssicherungsrecht liegt dem humanitären Völkerrecht überwiegend eine zwischenstaatliche Konzeption zu Grunde, die sich in der weitgehenden Verrechtlichung zwischenstaatlicher Kriege (internationaler bewaffneter Konflikt, IBK) niederschlägt, während die Gewaltausübung in Bürgerkriegen (nichtinternationalen bewaffneten Konflikten, NIBK) lediglich eine rudimentäre Normierung erfährt. Dieser ungleichen vertraglichen Regelungsdichte von IBK und NIBK steht ihr tatsächlicher Proporz diametral entgegen, da die allermeisten der heutigen Konflikte einen innerstaatlichen Charakter haben. Rechtlich schwächt die gewohnheitsrechtliche Geltung einiger Normen des IBK für den NIBK diese Unwucht ab. Eine umfassende Studie des Internationalen Komitees des Roten Kreuzes (IKRK) zur gewohnheitsrechtlichen Geltung von Nor-

---

422   So auch *H.-P. Gasser*, Humanitäres Völkerrecht, S. 19 ff.

men des humanitären Völkerrechts, die schon aufgrund der führenden Rolle des IKRK bei der Kodifizierung und Weiterentwicklung des humanitären Völkerrechts von Gewicht ist,[423] kommt sogar zum Schluss einer weitgehenden gewohnheitsrechtlichen Übereinstimmung der Normen für den IBK und NIBK.[424]

Sowohl die Regelungen des IBK als auch des NIBK enthalten Regelungen für nichtstaatliche Gewaltakteure, die im Folgenden insbesondere hinsichtlich ihres indifferenten bzw. differenzierenden Gehalts untersucht werden.

1. Internationaler bewaffneter Konflikt

Ein IBK liegt gemäß Art. 1 Abs. 3 des Zusatzprotokolls zu den Genfer Abkommen über den Schutz der Opfer internationaler bewaffneter Konflikte[425] i. V. m. dem gemeinsamen Art. 2 der Genfer Abkommen grundsätzlich nur vor, wenn zwischen zwei oder mehreren Staaten ein bewaffneter Konflikt entsteht oder wenn ein Staat einen anderen besetzt. Trotz dieser Fokussierung auf zwischenstaatliche Konflikte berücksichtigt das Recht des IBK auch nichtstaatliche Akteure.

Zunächst finden die Regeln des IBK auch auf Konflikte zwischen Staaten und nichtstaatlichen Akteuren Anwendung, wenn und soweit letztere als kriegsführende Partei anerkannt werden.[426] Diese rechtliche Internatio-

---

423 Vgl. zur Bedeutung des IKRK bei der Kodifizierung, Weiterentwicklung und Durchsetzung des humanitären Völkerrechts, *D. P. Forsythe/B. J. Rieffer-Flanagan*, The International Committee of the Red Cross, passim; *Y. Sandoz*, in: Hasse/Müller/Schneider (Hrsg.), Humanitäres Völkerrecht, 110 ff.

424 Vgl. *J.-M. Henckaerts/L. Doswald-Beck*, Customary International Humanitarian Law, Volume I-III. Trotz der peniblen Auswertung der Praxis aller Staaten durch die Verfasser der Studie gibt es staatlicherseits und aus der Wissenschaft Kritik an ihrer Methode und an ihren Schlussfolgerungen, vgl. *D. Bethlehem*, in: Wilmshurst/Breau (Hrsg.), Perspectives on the ICRC Study, 3 (5 ff.); *J.-L. Florent*, in: Tavernier/Henckaerts (Hrsg.), Droit International Humanitaire Coutumier, 75 ff.

425 Zusatzprotokoll zu den Genfer Abkommen vom 12.8.1949 über den Schutz der Opfer internationaler bewaffneter Konflikte (Protokoll I) vom 8.6./12.12.1977, BGBl. 1990 II, 1551; im Folgenden als ZP I abgekürzt.

426 *M. Bothe*, in: Vitzthum/Proelß (Hrsg.), Völkerrecht, 8. Abschnitt, Rn. 121.

nalisierung eines internen Konfliktes unterblieb jedoch sowohl im 20. als auch im 21. Jahrhundert.[427] Sie soll daher nicht weiter vertieft werden.

Heutzutage erlangen nichtstaatliche Akteure im IBK primär Bedeutung, wenn sie auf Seiten der staatlichen Streitkräfte kämpfen oder eigenständig in die Kampfhandlungen zwischen zwei oder mehreren Staaten eingreifen. Je nach Konstellation kann ihre Stellung im IBK variieren, woraus sich unterschiedliche Rechte und Pflichten ergeben.

a) Nichtstaatliche Gewaltakteure als Kombattanten

Die Verteilung von Rechten und Pflichten im IBK richtet sich nach dem Primärstatus, den der jeweilige Akteur im Konflikt innehat. Alternativ kommt ihm entweder der Status eines Kombattanten oder der eines Zivilisten zu.[428] Weitere Statuskategorien für den IBK sind dem humanitären Völkerrecht, von den Sonderfällen des Sanitär- und Seelsorgepersonals abgesehen,[429] fremd.[430] Dementsprechend verhält sich das humanitäre Völkerrecht gegenüber nichtstaatlichen Gewaltakteueren grundsätzlich indifferent. Die folgenden Erwägungen gelten daher zunächst für alle nichtstaatlichen Gewaltakteure gleichermaßen.

Vom Primärstatus des Kombattanten lässt sich in der Regel der Sekundärstatus jeder Person im IBK ableiten. Beispielsweise korrespondiert der Zivilistenstatus mit dem Recht, von Angriffen verschont zu werden, der Kombattantenstatus mit dem Recht, im Falle der Gefangennahme als Kriegsgefangener behandelt zu werden. Es gibt aber beim Sekundärstatus Ausnahmen – nicht jeder Zivilist ist geschützt,[431] nicht jeder Kombattant hat Anspruch auf die Behandlung als Kriegsgefangener.[432] Diese Durchbrechungen bei der Zuweisung des Sekundärstatus beeinflussen aber nicht

---

427 Vgl. die Nachweise bei *M. Bothe*, in: Vitzthum/Proelß (Hrsg.), Völkerrecht, 8. Abschnitt, Rn. 121, Fn. 676.

428 Vgl. Art. 48 ZP I.

429 Angehörige des Sanitäts- und Seelsorgepersonals i. S. v. Art. 33 GA III gehören zwar zu den Streitkräften, gelten aber gemäß Art. 43 Abs. 2 ZP I trotzdem nicht als Kombattanten.

430 *K. Watkin*, in: Schmitt/Pejić (Hrsg.), International Law and Armed Conflict, 265 (284 ff.).

431 Nicht geschützt ist ein Zivilist gemäß Art. 51 Abs. 3 ZP I, wenn er unmittelbar an Feindseligkeiten teilnimmt („take a direct part in hostilities").

432 Ungeachtet ihrer Zugehörigkeit zu den Streitkräften haben gemäß Art. 46 Abs. 1 ZP I etwa Spione keinen Anspruch auf die Behandlung als Kriegsgefangene. Ebenso wenig können gemäß Art. 44 Abs. 4 i.V.m. Art. 44 Abs. 3 Satz 2 ZP

die strikte primäre Kategorisierung jedes einzelnen als Zivilist oder Kombattant. Außerdem gibt es Rechte und Pflichten, die ausnahmslos an einen bestimmten Primärstatus anknüpfen. Dazu gehört, dass ein Akteur nur als Kombattant nach humanitärem Völkerrecht berechtigt ist, an Feindseligkeiten teilzunehmen.[433] Er genießt daher Immunität vor der strafrechtlichen Verfolgung seiner Kriegshandlungen. Nimmt ein Zivilist hingegen unmittelbar an Feindseligkeiten teil, ist er dazu nach humanitärem Völkerrecht nicht berechtigt. Mit dieser fehlenden ausdrücklichen Erlaubnis zur Gewaltausübung ist jedoch nicht ohne weiteres eine Kriminalisierung des kämpfenden Zivilisten durch das humanitäre Völkerrecht verbunden. Vielmehr enthält sich das humanitäre Völkerrecht einer Aussage über die Legalität der Gewaltausübung. Diese Aussage überlässt es den innerstaatlichen Rechtsordnungen.

Mit dem Gebot, sich von den Kampfhandlungen fern zu halten, korreliert das Recht des Zivilisten, von Gewaltausübung verschont zu bleiben,[434] jedenfalls solange er sich nicht an Feindseligkeiten beteiligt.[435]

Allen Akteuren stehen in jeder Phase des IBK unabhängig von ihrem Status grundlegende Garantien zu, wie etwa der Schutz vor Folter[436] und Geiselnahmen.[437]

Dementsprechend sind nichtstaatliche Akteure im IBK nur zur Gewaltausübung berechtigt, wenn sie den Status eines Kombattanten innehaben. Kombattant ist gemäß Art. 43 Abs. 2 ZP II, wer zu den Streitkräften einer am Konflikt beteiligten Partei gehört. Da die vorliegende Untersuchung nur denjenigen als nichtstaatlichen Gewaltakteur begreift, der nicht formal in die staatlichen Streitkräfte eingegliedert ist,[438] kann sich der Kombattantenstatus für nichtstaatliche Akteure nur aus dem im Einführungskapitel bereits genannten Art. 4 A Abs. 2 GA III ergeben. Sie müssen also Milizen oder Freiwilligengruppen sein, die zu einer am Konflikt beteiligten Partei gehören.

I Kombattanten den Sekundärstatus als Kriegsgefangener beanspruchen, wenn sie sich nicht von der Zivilbevölkerung unterscheiden und während des militärischen Einsatzes ihre Waffen nicht offen tragen. Daher übertreibt *A. D. Sofaer*, in: Foreign Affairs 64 (1985/86), 901 (914 f.), wenn er schreibt, dass Art. 44 Abs. 3 ZP I terroristische Kriegsführung legitimiere.

433 Vgl. Art. 43 Abs. 2 ZP I.
434 Vgl. Art. 51 Abs. 2 ZP I.
435 Vgl. Art. 51 Abs. 3 ZP I.
436 Vgl. Art. 75 Abs. 2 a) ii) ZP I.
437 Vgl. Art. 75 Abs. 2 c) ZP I.
438 Siehe oben B. I. 3 b).

Ob die von dieser Norm erfassten Gruppen aber tatsächlich Teil der Streitkräfte sind, wird vereinzelt bestritten.[439] Gegen die Klassifizierung dieser Gruppen als Teil der Streitkräfte spricht in der Tat der Wortlaut, in dem im Gegensatz zu Art. 4 A Abs. 1 GA III nicht mehr von Milizen und Freiwilligenkorps als *Teil* der Streitkräfte die Rede ist, sondern von ihrer *Zugehörigkeit* zu einer am Konflikt beteiligten Partei. In systematischer und historischer Hinsicht jedoch ist beachtenswert, dass der spätere Art. 43 Abs. 1 ZP I die Unterscheidung des Art. 4 A GA III nicht wieder aufnimmt, sondern einen einheitlichen Streitkräftebegriff schafft, der nicht nur die regulären Streitkräfte umfasst, sondern auch die irregulären Streitkräfte der Milizen und Freiwilligenkorps i. S. v. Art. 4 A Abs. 2 GA III.[440] Deutlich wird dies in Art. 44 ZP I, der die Rechte und Pflichten von Kombattanten festlegt und in seinem Abs. 3 i. V. m. Art. 43 Abs. 1 ZP I für die Anerkennung irregulärer Truppen als Kombattanten jene Voraussetzungen aufstellt, die Art. 4 A Abs. 2 GA III für Milizen und Freiwilligenkorps postuliert, damit diese die Behandlung als Kriegsgefangene beanspruchen können.[441] Kombattant i. S. d. ZP I wiederum kann der systematischen Logik zufolge nur derjenige sein, der den Streitkräften angehört,[442] da Art. 44

---

439 Gegen eine Beurteilung der von Art. 4 A Abs. 2 GA III beschriebenen Personengruppen als Teil der Streitkräfte *A. O. Kees*, Privatisierung im Völkerrecht, S. 179 f.

440 So auch *I. Detter*, Law of War, S. 139; *M. N. Schmitt*, in: Chi. J. Int'l L. 5 (2005), 511 (524); *J. de Preux*, in: Sandoz/Swinarski/Zimmermann (Hrsg.), Protocol I – Article 43, Rn. 1674; *W. A. Solf*, in: Bothe/Partsch/Solf (Hrsg.), New Rules for Victims of Armed Conflicts, Art. 44, Rn. 2.3.2; *N. Melzer*, Targeted Killing in International Law, S. 310, Fn. 53, 54; *N. Boldt*, in: GYIL 47 (2004), 502 (514); *R. Buß*, Kombattantenstatus, S. 231; *N. Melzer*, Interpretive Guidance on the Notion of Direct Participation in Hostilities under International Humanitarian Law, S. 20 f., Fn. 10. Anderer Auffassung *A. O. Kees*, Privatisierung im Völkerrecht, S. 177 ff.

441 Dies gilt zumindest für das offene Tragen der Waffen (Art. 44 Abs. 3 a) ZP I bzw. Art. 4 A Abs. 2 c) GA III) und die Unterstellung unter eine verantwortliche Führung (Art. 43 Abs. 1 ZP I bzw. Art. 4 A Abs. 2 a) GA III). Hinsichtlich der Einhaltung der Regeln des humanitären Völkerrechts, die nach Art. 4 A Abs. 2 d) GA III konstitutiv für die Stellung als Kombattant ist, stellt Art. 44 Abs. 2 ZP I fest, dass jeder Kombattant zur Achtung der Regeln verpflichtet ist, eine Nichtbeachtung jedoch nicht zum Verlust des Kombattantenstatus führt. Außerdem wird das Erfordernis der Unterscheidbarkeit gemäß Art. 4 A Abs. 2 b) GA III durch Art. 44 Abs. 2 ZP I eingeschränkt. Konsequenz ist freilich, dass es für irreguläre Truppen nach Art. 43 i. V. m. Art. 44 ZP I noch einfacher ist, Teil der Streitkräfte zu werden, als ihnen gemäß Art. 4 A Abs. 2 GA III anzugehören.

442 *J. J. Paust*, Beyond the Law, S. 51; a. A. *A. O. Kees*, Privatisierung im Völkerrecht, S. 175 ff.

Abs. 1 ZP I die in Art. 43 Abs. 2 ZP I bereits angelegte Gleichsetzung von Kombattanten und Angehörigen der Streitkräfte bestätigt. Folgerichtig ist Art. 4 A Abs. 2 GA III im Lichte der späteren Regelungen des ZP I so auszulegen, dass die hier genannten Milizen und Freiwilligenkorps Teile der Streitkräfte sind.

Gegen dieses Ergebnis wird eingewandt, dass Art. 50 Abs. 1 ZP I gegen ein Verständnis von Art. 43 Abs. 1 ZP I als einheitlichem Streitkräftebegriff spreche,[443] da hier Zivilisten negativ in Abgrenzung zu den in Art. 43 ZP I und Art. 4 A Abs. 1 bis 4 GA III genannten Gruppen definiert werden. Angesichts der zwingenden Zuordnung jedes Akteurs im bewaffneten Konflikt entweder zum Status des Kombattanten oder jenem des Zivilisten,[444] bedeute diese Aufzählung, dass Art. 43 ZP I nicht abschließend kläre, wer Kombattant sei. Unter Berücksichtigung der vom ZP I vorgenommenen Gleichstellung von Kombattanten mit Angehörigen der Streitkräfte, kläre er daher auch nicht abschließend, wer den Streitkräften angehört. Dieser vordergründig überzeugenden Kritik ist zu entgegnen, dass die Bezugnahme des Art. 50 Abs. 1 ZP I auf Art. 4 A GA III einer seltenen Ausnahme von der Regel Rechnung trägt, dass Kombattanten und Angehörige der Streitkräfte identisch sind. Diese Ausnahme besteht in der Bevölkerung eines Gebietes, die spontan zu den Waffen greift, um sich gegen angreifende feindliche Streitkräfte zur Wehr zu setzen. Da im Falle einer solchen *levée en masse* den Bewohnern die Zeit fehlt, sich als reguläre Streitkräfte zu organisieren, ihnen aber zugleich das Recht zugestanden wird, rechtmäßig an den Feindseligkeiten teilzunehmen, gelten diese Bevölkerungsteile unter bestimmten weiteren Bedingungen als Kombattanten,[445] obwohl sie nicht zu den Streitkräften gehören. Um diese in Art. 4 A Abs. 6

---

443 *A. O. Kees*, Privatisierung im Völkerrecht, S. 178. *Kees* (ebd.) ist außerdem der Ansicht, Art. 44 Abs. 6 ZP I beweise, dass Art. 43 Abs. 2 ZP I keine abschließende Regelung zum Kreis der Kombattanten getroffen habe. Gemäß Art. 44 Abs. 6 ZP I sollen nicht die Ansprüche von Personen auf die Behandlung als Kriegsgefangener nach Art. 4 GA III berührt werden. Damit drücke Art. 44 Abs. 6 ZP I die Rechtsauffassung aus, dass nicht nur Kombattanten nach Art. 44 ZP I Kriegsgefangene sein können. Wenn *Kees* aus dieser Feststellung den Schluss zieht, dass nur weitere Angehörige von Streitkräften Kriegsgefangene sein können, so übersieht er, dass Art. 4 A GA III ausnahmsweise Zivilisten den Status als Kriegsgefangene zuerkennt, nicht jedoch einer weiteren Kategorie von Streitkräften.

444 Diese in Art. 48 ZP I niedergelegte Differenzierung stellt eine der Fundamentalnormen des humanitären Völkerrechts dar.

445 Diese Bedingungen legt Art. 4 A Abs. 6 GA III fest, demzufolge es sich handeln muss um „die Bevölkerung eines unbesetzten Gebietes, die beim Herannahen

GA III geregelte, nicht aber von Art. 43 ZP I umfasste Ausnahme zu erhalten,[446] verweist Art. 50 Abs. 1 ZP I zur negativen Definition des Kombattanten sowohl auf Art. 43 ZP I als auch auf Art. 4 A GA III. Er kann mithin nicht als Beleg gegen das Auslegungsergebnis herangezogen werden, dass das humanitäre Völkerrecht mittlerweile von einem einheitlichen Streitkräftebegriff ausgeht. Milizen und Freiwilligenkorps i. S. d. Art. 4 A Abs. 1 und 2 GA III gelten daher als Teil der Streitkräfte.

b) Milizen und Freiwilligenkorps

Mit diesem Begriff der Milizen und Freiwilligenkorps ist jedoch keine Differenzierung verbunden. Zwar bildet der Begriff der Miliz nach der hier aufgegriffenen Kategorisierung von *Schneckener* eine eigene soziologische Kategorie nichtstaatlicher Gewalt.[447] Dies gilt jedoch nicht für den Begriff der Freiwilligenkorps, der seinem Wortlaut nach jede nichtstaatliche Gruppe umfasst. Dementsprechend zeigt sich an diesem offenen Begriffspaar, dass keine klar definierte Gruppe gemeint ist. Lediglich eine gewisse Nähe zu einer staatlichen Streitmacht ist hier abzulesen. Diese Nähe ist jedoch selbstverständlich, weil es bei den Vorschriften der Art. 4 A Abs. 1 und 2 GA III gerade um die normative Zuordnung zu staatlichen Streitkräften geht.

Da der Begriff Milizen und Freiwilligenkorps also begrifflich unscharf ist, könnten alle nichtstaatlichen Gewaltakteure darunter zu subsumieren sein, die ein gewisses Maß an Organisation aufweisen. Nicht erforderlich ist hingegen, dass sie direkt an den Feindseligkeiten teilnehmen, wie vereinzelt gefordert wird.[448] Die Teilnahme an den Feindseligkeiten ist vielmehr das Recht, das der Kombattantenstatus verleiht, nicht aber dessen

---

des Feindes aus eigenem Antrieb zu den Waffen greift, um die eindringenden Truppen zu bekämpfen, ohne zur Bildung regulärer Streitkräfte Zeit gehabt zu haben, sofern sie die Waffen offen trägt und die Gesetze und Gebräuche des Krieges einhält."

446 Auf diese Motivation der Bewahrung der *levée en masse* verweist auch *J. de Preux*, in: Sandoz/Swinarski/Zimmermann (Hrsg.), Commentary on the Additional Protocols, Protocol I – Article 44, Rn. 1722, der freilich diese Motivation an Art. 44 Abs. 6 ZP I festmacht.

447 Siehe oben B. I. 7. c).

448 Vgl. *M. N. Schmitt*, in: Chi. J. Int'l L. 5 (2005), 511 (529, Fn. 71); *N. Boldt*, in: GYIL 47 (2004), 502 (517 ff.).

Voraussetzung.[449] Zum Merkmal der Zugehörigkeit[450] wurde bereits festgestellt, dass eine *de facto*-Beziehung zu einer Konfliktpartei ausreicht.[451] Obwohl Einzelheiten dieser faktischen Beziehung unklar sind, wird generell die Schwelle zu ihrer Etablierung niedrig angelegt. Genügen soll die Übermittlung von Nachrichten[452] oder sogar eine stillschweigende Übereinkunft zwischen Konfliktpartei und Milizen.[453] Deutlich restriktiver legen jene Autoren dieses Merkmal aus, die nur dann nichtstaatliche Gruppen als den Streitkräften zugehörig bewerten, wenn deren Verhalten dem jeweiligen Staat zuzurechnen ist.[454] Bei diesem Ansatz können sie sich zwar auf die Autorität des ICTY stützen, der ebenfalls die Zurechnungskriterien heranzog, um festzustellen, ob eine aus bosnischen Serben bestehende bewaffnete Gruppe zu den Streitkräften der Bundesrepublik Jugoslawien gehörte.[455] Diese Vorgehensweise erscheint aber aus zwei Gründen als bedenklich.

Erstens wendet das Tribunal auf die generelle Frage, ob eine Gruppe Teil der Streitkräfte einer Konfliktpartei ist, Kriterien an, die auf die Zurechnung spezifischen Verhaltens zugeschnitten sind. Konsequenz dieses Ansatzes wäre, dass eine Gruppe je nach Zurechnung in der einen Situation als Teil der Streitkräfte anzusehen wäre, in der nächsten aber bereits nicht mehr. Die für alle Beteiligten ohnehin unübersichtliche Verteilung von Statusrechten im bewaffneten Konflikt erschwerte sich dadurch zusätzlich.

Zweitens ist der maßgebliche Gesichtspunkt, mit dem das ICTY seinen Rückgriff auf Zurechnungskriterien begründet, der anerkannte Grundsatz, dass Staaten für alle Handlungen ihrer Streitkräfte verantwortlich sein sol-

---

449 So auch *Jo. Finke*, Private Sicherheitsunternehmen im bewaffneten Konflikt, S. 13; *C. Schaller*, in: HuV 19 (2006), 51 (54); *C. Lehnardt*, Private Militärfirmen und völkerrechtliche Verantwortlichkeit, S. 150 f.

450 Im gemäß Art. 133 GA III authentischen französischen Wortlaut „[...] appartenant à une Partie au conflit [...]."

451 Siehe oben B. I. 3. b) bb). Diese Wertung auf Art. 43 Abs. 2 ZP I übertragend *C. Hoppe*, in: EJIL 18 (2009), 989 (1009).

452 *R. Buß*, Kombattantenstatus, S. 209.

453 *J. de Preux*, in: Pictet (Hrsg.), Convention III, Commentaire, Article 4, S. 64; *N. Melzer*, Interpretive Guidance on the Notion of Direct Participation in Hostilities under International Humanitarian Law, S. 23.

454 Vgl. *N. Boldt*, in: GYIL 47 (2004), 502 (524 ff.).

455 Vgl. International Tribunal for the Former Yugoslavia, Prosecutor v. Dusko Tadić, Case IT-94-1-A (1999) ILM, vol. 38 No. 6 (November 1999), S. 1518 ff., Ziff. 120.

len.[456] Staatliche Verantwortlichkeit wiederum verlange, dass die Konflikt-partei Kontrolle über alle Teile ihrer Streitkräfte habe.[457] Zutreffend gibt das ICTY damit die sich in Art. 8 ASR niederschlagende Staatenpraxis wieder, dass staatliche Verantwortlichkeit für nichtstaatliches Verhalten eine Zurechnung erfordert, die sich maßgeblich am Grad der Kontrolle bemisst.[458] Gleichwohl verkennt das ICTY, dass ein Rückgriff auf die allgemeinen Zurechnungskriterien nicht erforderlich ist, um im humanitären Völkerrecht die staatliche Verantwortlichkeit zu begründen. Um diese Verantwortlichkeit zu etablieren, enthält nämlich das humanitäre Völkerrecht in Art. 3 Abs. 4 Haager Landkriegsordnung und Art. 91 ZP I eine Sonderregel i. S. v. Art 55 ASR, derzufolge eine am Konflikt beteiligte Partei für alle Handlungen verantwortlich ist, die von den zu ihren Streitkräften (Art. 91 ZP I) bzw. zu ihrer bewaffneten Macht (Art. 3 Abs. 4 Haager Landkriegsordnung) gehörenden Personen begangen werden.[459] Es erfolgt somit eine automatische Zurechnung jedes Verhaltens der Streitkräfte, ohne dass eine Zurechnung nach den allgemeinen Regeln durchzuführen wäre. Eine Zurechnung des Verhaltens der bosnischen Serben nach den Kriterien der ASR war daher überflüssig.

Aus dem Wortlaut des GA III wird mitunter gefolgert, dass nichtstaatliche Akteure die Voraussetzungen von Art. 4 A Abs. 2 a)-d) GA III erfüllen müssen, um den Streitkräften zugehörig zu sein.[460] Danach muss innerhalb der nichtstaatlichen Gruppe die Verantwortlichkeit geregelt sein (a), die einzelnen Akteure müssen sich durch ein Zeichen unterscheidbar machen (b)[461], die Waffen offen tragen (c) und bei ihren Operationen die Gesetze und Gebräuche des Krieges einhalten (d). Dieser Interpretation erteilt die IKRK-Studie zur unmittelbaren Teilnahme an Feindseligkeiten zu

---

456 International Tribunal for the Former Yugoslavia, Prosecutor v. Dusko Tadić, Case IT-94-1-A (1999) ILM, vol. 38 No. 6 (November 1999), S. 1518 ff., Ziff. 93, 94: „[...] States have in practice accepted that belligerents may use paramilitary units and other irregulars in the conduct of hostilities only on the condition that those belligerents are prepared to take responsibility for any infringement committed by such forces."

457 International Tribunal for the Former Yugoslavia, Prosecutor v. Dusko Tadić, Case IT-94-1-A (1999) ILM, vol. 38 No. 6 (November 1999), S. 1518 ff., Ziff. 94.

458 Zum Kontrollbegriff unten E. III. 2.

459 Art. 3 gemeinsame GA ebenfalls als *lex specialis* zu den ASR auffassend *M. Sassòli*, in: IRRC 84 (2002), 401 (405 f.).

460 *C. Schaller*, Private Sicherheits- und Militärfirmen in bewaffneten Konflikten, S. 10.

461 Das Merkmal der Unterscheidbarkeit ist durch Art. 44 Abs. 3 ZP I aufgehoben worden.

Recht eine Absage.[462] Ihrer Lesart zufolge ist das kumulative Vorliegen dieser Merkmale nicht erforderlich, um die Zugehörigkeit zu den Streitkräften zu begründen und dadurch den Primärstatus des Kombattanten zu erlangen. Sie müssten aber erfüllt sein, damit ein Mitglied dieser Gruppen auch die *Rechte* des Kombattanten geltend machen kann, also den Anspruch auf die Behandlung als Kriegsgefangener (Sekundärstatus).

Bestätigung findet diese Interpretation in der systematischen Auslegung der Regelungen des ZP I. Im Gegensatz zu Art. 4 A Abs. 2 GA III verzichtet die einheitliche Streitkräftedefinition des Art. 43 Abs. 1 ZP I auf eine enumerative Auflistung der Voraussetzungen, die eine Gruppe erfüllen muss, um den Kombattantenstatus in Anspruch nehmen. Lediglich die Forderung nach einer verantwortlichen Führung (Art. 4 A Abs. 2 a)) greift Art. 43 Abs. 1 ZP I ausdrücklich auf und macht bereits hierdurch deutlich, dass die anderen Merkmale nicht konstitutiv für den Kombattantenstatus sind. Außerdem offenbart die Systematik der sich anschließenden Regelungen, dass die Nichtbeachtung der Gebote, sich zu unterscheiden (Art. 4 A Abs. 2 b)) und die Waffen offen zu tragen (Art. 4 A Abs. 2 c)), nicht zu einem Verlust des Primärstatus des Kombattanten führt.[463] Sie suspendiert lediglich das Recht, als Kriegsgefangener behandelt zu werden.[464] Die Pflichten des Kombattanten bleiben hingegen bestehen – vor allem die Pflicht, Angriffe gegen sich als rechtmäßig erdulden zu müssen.

---

462 *N. Melzer*, Interpretive Guidance on the Notion of Direct Participation in Hostilities under International Humanitarian Law, S. 22.

463 Aussagen zur Pflicht, sich von der Zivilbevölkerung zu unterscheiden (Art. 4 A Abs. 2 c) GA III), trifft erst Art. 44 Abs. 3 Satz 2 ZP I. Er erkennt im Übrigen an, dass sich aus strategischen Gründen nicht alle Kombattanten von der Zivilbevölkerung unterscheiden können. Daher entbindet er von dieser Pflicht, wenn die Kombattanten ihre Waffen offen tragen und für den Gegner sichtbar sind. Kommen sie diesen Verpflichtungen nicht nach, statuiert Art. 44 Abs. 3 Satz 2 ZP I allerdings, dass sie ihren Kombattantenstatus nicht behalten sollen. Dass hiermit nicht der Verlust des Primärstatus gemeint ist, verdeutlicht indes die folgende Regelung des Art. 44 Abs. 4 ZP I. Er bezieht diesen Verlust eindeutig nur auf den Sekundärstatus, indem er jene, die den Geboten von Art. 44 Abs. 3 Satz 2 a), b) ZP I nicht entsprechen, weiterhin als Kombattanten bezeichnet. Außerdem beschränkt er die Konsequenzen der Nichtbeachtung von Art. 44 Abs. 3 Satz 2 a), b) ZP I auf den Verlust des Kriegsgefangenenstatus. Diese systematische Analyse offenbart also, dass der Kombattantenstatus nicht davon abhängt, ob jemand sich von der Zivilbevölkerung unterscheidet oder die Waffen offen trägt.

464 Ebenso *K. Ipsen*, in: Fleck (Hrsg.), The Handbook of International Humanitarian Law, Nr. 309.5.

Die Alternative wäre, jeden Angehörigen einer Miliz oder Freiwilligengruppe, der die hier diskutierten Merkmale nicht erfüllt, als Zivilisten zu behandeln.[465] Dann aber könnten sie sich auf die höheren Schutzstandards für Zivilisten berufen, obwohl sie die Vorgaben des humanitären Völkerrechts missachten. Welche dieser alternativen Konsequenzen – rechtloser Kombattant oder Zivilist – sachgerecht ist, sollte sich letztlich am Sinn und Zweck der jeweiligen Vorgaben orientieren. Das Unterscheidungsgebot und das offene Tragen von Waffen dienen in erster Linie dem Schutz der Zivilbevölkerung. Einerseits wäre es widersprüchlich, diejenigen, die die Vorgaben zum Schutz der Zivilbevölkerung missachten, genau aus diesem Grund mit demselben Schutz zu belohnen.[466] Andererseits ist fraglich, wie ein Kombattant, der sich unter der Zivilbevölkerung aufhält ohne sich von ihr zu unterscheiden und ohne seine Waffen offen zu tragen, überhaupt effektiv bekämpft werden kann. Indem er weder durch ein Unterscheidungszeichen noch durch durch das Tragen von Waffen erkennbar ist, riskiert seine Bekämpfung stets, Zivilisten in Mitleidenschaft zu ziehen. Orientiert sich die Bewertung also vorrangig am Schutz der Bevölkerung, erscheint es sachgerechter, Personen, die den Voraussetzungen von Art. 4 A Abs. 2 a)-d) GA III nicht entsprechen, als Zivilisten zu behandeln. Diese Perspektive lässt jedoch das berechtigte Interesse außer Acht, diese Personen zu bekämpfen. Zudem stehen die staatlichen Streitkräfte in anderen Situationen ohnehin immer wieder vor der Herausforderung, entscheiden zu müssen, wer schutzwürdig ist und wer nicht. Dieser ständige Zwang zur Unterscheidung zwischen dem unschuldigen Zivilisten und dem militärischen Gegner – obwohl sie gleich aussehen – ist eine der Konsequenzen asymmetrischer Kriegsführung, die für staatliche Streitkräfte Gewohnheit geworden ist. Dementsprechend ist der Schutz der Zivilbevölkerung nicht höher, wenn man die Angehörigen der fraglichen Gruppen als Zivilisten einstuft.

Um zu den Streitkräften zu gehören, bleibt aber nach Art. 43 Abs. 1 ZP I zwingend erforderlich, dass die nichtstaatlichen Kräfte einer Führung unterstehen, die der staatlichen Konfliktpartei gegenüber für das Verhalten der Gruppe verantwortlich ist. Was hier unter Verantwortlichkeit zu verstehen ist, bleibt unklar. Streng vom authentischen englischen Wortlaut ausgehend („under command responsible to") ist vorgeschlagen worden,

---

465 C. *Schaller*, Humanitäres Völkerrecht und nichtstaatliche Gewaltakteure, S. 18.
466 So lautet auch das Argument von *N. Melzer*, Interpretive Guidance on the Notion of Direct Participation in Hostilities under International Humanitarian Law, S. 22; ebenso *M. Byers*, Kriegsrecht, S. 118.

dass die nichtstaatliche Führung der staatlichen Partei für ihre Handlungen Rechenschaft schuldig ist.[467] Diese Rechenschaftspflicht impliziere nicht zwingend ein militärisches Hierarchiesystem zwischen staatlicher Partei und nichtstaatlicher Führung. Sie könne etwa auch in einer Pflicht zur Berichterstattung bestehen, wie sie in Verträgen mit PSU vorgesehen ist.[468]

Diese Konstruktion hat einen großen Reiz, weil sie plausibel die Auffassung begründet, dass diese Gewaltdienstleister regelmäßig als Teil der Streitkräfte anzusehen sind, für deren Handlungen der Staat in der Konsequenz gemäß Art. 91 ZP I verantwortlich ist. Sie offenbart aber ihre Schwäche, sobald man ihren differenzierenden, auf PSU zugeschnittenen Ansatz aufgibt und versucht, sie auf den Regelfall anzuwenden, in dem die nichtstaatliche Gruppe nicht durch einen Vertrag an die staatliche Konfliktpartei gebunden ist. Fehlt es nämlich sowohl an einer vertraglichen Bindung als auch an einer förmlichen Eingliederung in die Streitkräfte, ist eine Verantwortlichkeit der nichtstaatlichen Führung gegenüber der staatlichen Partei kaum anders zu gestalten als durch eine beidseitig akzeptierte hierarchische Kommandostruktur. Diese Forderung wird in der Literatur überwiegend geteilt.[469] Schließlich entspricht sie Sinn und Zweck der Vorschrift, da die Verantwortlichkeit sicherstellen soll, dass die staatliche Konfliktpartei in der Lage ist, die Einhaltung der ihr obliegenden Rechtspflichten durch jeden Teil der Streitkräfte zu garantieren.[470]

Nicht konstitutiv für die Zugehörigkeit zu den Streitkräften ist jedoch, dass diese hierarchische Kommandostruktur genutzt wird, um ein internes Disziplinarsystem zu etablieren.[471] Dieses System müssen die Staaten gemäß Art. 43 Abs. 1 Satz 2 ZP I zwar aufstellen. Der Systematik von 43 Abs. 1 ZP zufolge setzt seine Aufstellung aber die Existenz von Streitkräften voraus, sie kann daher keine zwingende Voraussetzung sein.[472]

---

467 C. *Hoppe*, in: EJIL 19 (2008), 989 (1009), der den New Oxford American Dictionary mit folgender Definition zitiert: „[...] having to report to (a superior or someone in authority) and be answerable to them for one's actions."

468 C. *Hoppe*, in: EJIL 19 (2008), 989 (1009, 1011).

469 M. *Sassóli*, Transnational Armed Groups and International Humanitarian Law, S. 14; J. *Pejić*, in: Wilmshurst/Breau (Hrsg.), Perspectives on the ICRC Study on Customary International Humanitarian Law, S. 77 (85); L. *Moir*, Law of Internal Armed Conflict, S. 36.

470 K. *Ipsen*, in: Fleck (Hrsg.), Handbook of International Humanitarian Law, Nr. 304.3.

471 So noch *Jo. Finke*, Private Sicherheitsunternehmen im bewaffneten Konflikt, S. 14.

472 C. *Hoppe*, in: EJIL 19 (2008), 989 (1010 f.).

Inwiefern die einzelnen Gewaltakteure diese Voraussetzung erfüllen können, soll kurz untersucht werden.

aa) Terroristen

Ob Terroristen zu einer am Konflikt beteiligten Streitkraft gehören, lässt sich nicht allgemeingültig beantworten. Eine Zugehörigkeit i.S.v. Art. 4 A II GA III ist denkbar, wenn sich eine terroristische Gruppe dem Kommando der Streitkräfte eines Staates oder eines *de facto*-Regimes unterwirft. So war es etwa in Afghanistan wahrscheinlich, dass einige Kämpfer von al-Qaida sich dem Kommando der Taliban unterworfen hatten.[473] Ob Terroristen sich auf die Rechte eines Kombattanten berufen können, hängt dann davon ab, ob sie die Voraussetzungen des Art. 4 A Abs. 2 a)-d) GA III erfüllen. Eine dieser Voraussetzungen besagt, dass die Gruppen ihre Operationen in Übereinstimmung mit den Regeln und Gebräuchen des Krieges durchführen. Dieses Merkmal widerspricht freilich der Vorgehensweise terroristischer Gruppen, die sich dadurch auszeichnen, dass sie bis zur Ausführung ihrer Angriffe ihre Waffen verbergen und sich nicht an Regeln und Gebräuche des Krieges gebunden fühlen.[474] Ihrer Strategie ist vielmehr die unterschiedslose Verletzung und Tötung von Zivilisten und Angehörigen der Streitkräfte inhärent.[475] Damit gehört der Bruch einer der Grundnormen des humanitären Völkerrechts zu ihrer erklärten Vorgehensweise. Sie haben daher in aller Regel keinen Anspruch auf die Rechte und Pflichten eines Kombattanten. Etwas anderes gilt freilich, wenn Mitglieder terroristischer Vereinigungen sich im bewaffneten Konflikt unter Verzicht auf ihre terroristische Strategie einer Konfliktpartei anschließen.

---

473 Für die Beurteilung al-Qaidas als zu den Streitkräften der Taliban gehörende Miliz i. S. v. Art. 4 A Abs. 2 GA III *R. Kolb*, Ius in bello, S. 160. Dieser Auffassung gegenüber ebenfalls aufgeschlossen *J. Kellenberger*, Humanitäres Völkerrecht, S. 186. Dagegen *C. Schaller*, Humanitäres Völkerrecht und nichtstaatliche Gewaltakteure, S. 18; *R. Wolfrum*, in: Max Planck UNYB 7 (2003), 1 (56). Darüber hinaus dürfte es nicht auszuschließen sein, dass viele Terroristen sogar formal in die Streitkräfte der Taliban aufgenommen worden sind. *A. A. D. Zechmeister*, Erosion des humanitären Völkerrechts, S. 171 f.

474 *M. N. Schmitt*, in: Schmitt/Pejić (Hrsg.), International Law and Armed Conflict, 157 (174).

475 In diese Richtung ebenfalls argumentierend *J. Wieczorek*, Unrechtmäßige Kombattanten und humanitäres Völkerrecht, S. 93.

Dann verlieren sie aber sowohl im rechtlichen als auch im soziologischen Sinne ohnehin ihren Status als Terrorist.

bb) Piraten

Wegen der Beschränkung des Pirateriebegriffs auf die Hohe See sind Piraten besonderen Regelungen über den Seekrieg unterworfen, die das humanitäre Völkerrecht ergänzen und an die Besonderheiten des Meeres als Kriegsschauplatz anpassen. Wie für den Landkrieg gilt gemäß Art. 48 ZP I i. V. m. Art. 49 Abs. 3 ZP I auch für den Seekrieg die Verpflichtung jederzeit zwischen Zivilisten und Kombattanten zu unterscheiden.[476] Berechtigt zur Gewaltausübung im Seekrieg sind nur Kriegsschiffe und andere Einheiten der Seestreitkräfte.[477] Unter einem Kriegsschiff ist gemäß Art. 29 SRÜ „ein zu den Seestreitkräften eines Staates gehörendes Schiff" zu verstehen, das „unter dem Befehl eines Offizieres stehen [muss], der sich im Dienst des jeweiligen Staates befindet." Da ein Akt von Piraterie gemäß Art. 101 SRÜ nur von einem privaten Schiff aus erfolgen kann, operieren Piraten begriffsnotwendig niemals von einem Kriegsschiff aus. Sie sind deswegen in keinem Fall zur Gewaltausübung im bewaffneten Konflikt berechtigt und können daher auch nie als Milizen oder Freiwilligenkorps i. S. v. Art. 4 A Abs. 2 GA III angesehen werden.

cc) Private Sicherheitsunternehmen

Wegen ihrer oftmals engen Zusammenarbeit mit staatlichen Streitkräften, die bis zu gemeinsamen Kampfeinsätzen reicht,[478] scheint die Zugehörigkeit von PSU zu den Streitkräften in tatsächlicher Hinsicht unproblematisch zu bestehen. Seine rechtliche Bestätigung findet dieser tatsächliche Befund dem ersten Anschein nach in der Forderung, dass im Gegensatz zur formalen Eingliederung in die bewaffneten Kräfte eine *de facto*-Beziehung zwischen nichtstaatlichen Gruppen und Streitkräften ausreicht, um letztere zum Teil der Streitkräfte i. S. v. Art. 4 A Abs. 2 GA III zu ma-

---

476 W. *Heintschel v. Heinegg*, in: Fleck (Hrsg.), Handbook of International Humanitarian Law, Nr. 1017.5.

477 W. *Heintschel v. Heinegg*, in: Fleck (Hrsg.), Handbook of International Humanitarian Law, Nr. 1015.

478 Siehe oben B. I. 7. i).

chen.[479] Mit der vertraglichen Bindung zwischen PSU und Staat liegt eine solche *de facto*-Beziehung scheinbar vor.[480] Diese Sichtweise unterschlägt gleichwohl, dass alle Teile der Streitkräfte einer Führung unterstehen müssen, die für das Verhalten ihrer Untergebenen verantwortlich ist. Wie die Arbeit herausgearbeitet hat, ist für diese Verantwortlichkeit eine streng hierarchische Kommandostruktur erforderlich.[481] Auch die in manchen Verträgen vorgesehene Aufsicht des Verhaltens von PSU durch staatliche Stellen, denen die Unternehmen regelmäßig Rechenschaft ablegen müssen, kann ein solches System nicht ersetzen.

Folglich stellt ein Vertrag die *de facto*-Zugehörigkeit nicht her, wenn er ein PSU explizit der militärischen Struktur ausgliedert. Genau diese Ausgliederung ist aber charakteristisch für die meisten Verträge im Bereich der Sicherheitsindustrie.[482] Deshalb sind PSU in den seltensten Fällen Teil der Streitkräfte, so dass ihre Angestellten in aller Regel keinen Kombattantenstatus haben.[483]

dd) Söldner

Söldner können keine Kombattanten sein, da sie hierzu nach der dargelegten Söldnerdefinition zu den am Konflikt beteiligten Streitkräften gehören müssten.[484] Wer zu den Streitkräften gehört, ist daher begrifflich bereits kein Söldner.

---

479 Siehe oben B. I. 3. b) bb).

480 So auch *C. Seiberth*, Private Military and Security Companies in International Law, S. 108; *K. Weigelt/F. Märker*, in: Jäger/Kümmel (Hrsg.), Private Military and Security Companies, 377 (382).

481 Siehe oben E. I. 1. b).

482 *P. Singer*, Corporate Warriors, S. 152 ff.; *C. Schaller*, Private Sicherheits- und Militärfirmen in bewaffneten Konflikten, S. 10; *H. Carney*, in: Geo. Wash. L. Rev. 74 (2006), 317 (326 f.); *S. Gul*, in: Lewis & Clark L. R. 10 (2006), 287 (304). Dass es hiervon Ausnahmen gibt, zeigen beispielsweise die Mitarbeiter des PSU CACI, die, eingegliedert in die US-amerikanische Kommandostruktur, Häftlinge vernommen haben, vgl. *N. Boldt*, in: GYIL 47 (2004), 502 (527), wobei auch hier keineswegs immer klar war, wer wen befehligte, vgl. *H. Carney*, in: Geo. Wash. L. Rev. 74 (2006), 317 (329).

483 *N. v. Amstel/R. Liivoja*, in: Liivoja/McCormack (Hrsg.), Routledge Handbook of the Law of Armed Conflict, 623 (630).

484 Siehe oben D. V.

ee) Bürgerkriegsparteien

Bürgerkriegsparteien unterfallen bereits regelmäßig nicht dem Recht des IBK, da sie nahezu ausschließlich im NIBK beteiligt sind.

c) Nichtstaatliche Gewaltakteure als Zivilisten

Entsprechen nichtstaatliche Gewaltakteure nicht den Voraussetzungen von Art. 4 A Abs. 2 GA III, können sie nicht den Status des Kombattanten beanspruchen, der gemäß Art. 50 Abs. 1 ZP I sonst nur den regulären Streitkräften nach Art. 4 A Abs. 1 und 3 GA III und dem Phänomen der *levée en masse*[485] zugebilligt wird. Dem Gebot der umfassenden Einteilung aller am Konflikt beteiligten Akteure in Kombattanten und Zivilisten zufolge sind sie dann Zivilisten. Nach humanitärem Völkerrecht dürfen sie also nicht rechtmäßig an Feindseligkeiten teilnehmen. Wiederholt sei jedoch die Feststellung, dass das humanitäre Völkerrecht damit nichtstaatliche Akteure im IBK nicht kriminalisiert, sondern mit der fehlenden Erlaubnis zur Gewaltausübung die Frage der Strafwürdigkeit den innerstaatlichen Rechtsordnungen überlässt.

Wenn sie gefangen genommen werden, haben sie in aller Regel keinen Anspruch auf die Behandlung als Kriegsgefangene.[486] Den Schutz vor feindlichen Angriffen gewährt ihnen Art. 51 Abs. 3 ZP I, sofern und solange sie nicht unmittelbar an Feindseligkeiten teilnehmen.

d) Zwischenfazit

Im IBK können nichtstaatliche Gewaltakteure den Kombattantenstatus gemäß Art. 4 A Abs. 2 GA III also grundsätzlich nur erlangen, wenn sie zu einer am Konflikt beteiligten Partei gehören. Ansonsten gelten sie als Zivilisten. Diese klare Unterscheidung zwischen Kombattanten und Zivilisten weist keinerlei differenzierende Tendenzen auf. Dennoch kennt das Recht des IBK auch differenzierende Regelungen.

---

485 Im Moment der Erhebung sind die Bevölkerungsteile bei einer *levée en masse* auch nichtstaatliche Gewaltakteure. Sobald sie aber einen gewissen Grad an Organisation erreicht haben, werden sie zu regulären Streitkräften und stellen damit keinen nichtstaatlichen Akteur i. S. d. Untersuchung mehr dar.

486 Von der Ausnahme des Art. 4 A Abs. 3 GA III abgesehen.

e) Differenzierende Normen

aa) Befreiungsbewegungen

Bereits bei der Definition der Akteure hat die Arbeit dargelegt, dass gemäß Art. 1 Abs. 4 ZP I das Recht des IBK bei bewaffneten Konflikten zwischen Staaten und Befreiungsbewegungen anwendbar ist. Befreiungsbewegungen sind damit die einzigen nichtstaatlichen Akteure, die im IBK ohne Ankopplung an einen Staat Konfliktpartei sein können. Dadurch billigt das ZP I ihren Kämpfern den Anspruch auf den Status als Kombattanten und Kriegsgefangene zu. Zugleich verpflichtet es sie ihrerseits zur Beachtung des humanitären Völkerrechts.

Damit erweitert das humanitäre Völkerrecht den Rechtskreis von Befreiungsbewegungen deutlich gegenüber den Rechten anderer nichtstaatlicher Akteure und legitimiert sie auf völkerrechtlicher Ebene.[487] Dennoch sei daran zu erinnern, dass der Anwendungsbereich von Art. 1 Abs. 4 ZP I sich letztlich auf die PLO beschränkt und damit sehr klein ist.[488]

bb) Söldner

Eine differenzierende Regelung für Söldner enthält das ZP I in Art. 47 Abs. 1, indem es Söldnern den Anspruch auf den Status eines Kombattanten und – im Falle der Gefangennahme – eines Kriegsgefangenen abspricht. Damit delegitimiert das humanitäre Völkerrecht diesen nichtstaatlichen Akteur. Fraglich ist jedoch, ob diese Delegitimierung tatsächlich mit einer Veränderung der Rechtsstellung von Söldnern einhergeht oder rein deklaratorischer Natur ist.

Zu erinnern sei schließlich daran, dass das humanitäre Völkerrecht neben Zivilisten und Kombattanten keinen weiteren Status kennt.[489] Gelten Söldner daher nicht als Kombattanten i. S. v. Art. 43 ZP I, sind sie konsequenterweise gemäß Art. 50 Abs. 1 ZP I als Zivilisten einzustufen.

Teilweise wird jedoch davon ausgegangen, dass Art. 47 Abs. 1 ZP I dem Söldner nur den *subjektiven* Anspruch auf den Kombattantenstatus ver-

---

487 *T. Bruha*, in: AVR 40 (2002), 383 (412).
488 Vgl. oben D. IV.
489 Vgl. oben E. I. 1. a).

wehren will, ohne auszuschließen, dass Söldner *objektiv* auch Kombattanten sein können.[490]

Doch selbst wenn diese Deutung von Art. 47 Abs. 1 ZP I zutrifft, schließt bereits Art. 47 Abs. 2 e) ZP I aus, Söldner aus objektiver Sicht als Kombattanten zu bezeichnen. Dieser Norm zufolge dürfen Söldner nicht Angehörige der Streitkräfte einer Konfliktpartei sein; ein Kriterium, das gemäß Art. 43 Abs. 2 ZP I konstitutiv ist, um Kombattantenstatus zu erlangen.[491] Somit kann eine Person niemals zugleich Söldner und Kombattant sein.

Söldner sind mithin gemäß Art. 50 Abs. 1 ZP I Zivilisten. Als Zivilisten steht ihnen aber grundsätzlich kein Anspruch auf Behandlung als Kombattant und Kriegsgefangener zu.[492]

Bedeutung könnte die Söldnerstellung daher lediglich für Zivilisten i. S. v. Art. 4 A Abs. 4 GA III erlangen, die als Kriegsgefangene zu behandeln sind. Qualifizieren diese Zivilisten sich gleichermaßen als Söldner, müsste ihnen der Kriegsgefangenenstatus jedoch gemäß Art. 47 Abs. 1 ZP I verwehrt werden. Um sie als Söldner behandeln zu können, müssen sie gemäß Art. 47 Abs. 2 b) ZP I unmittelbar an Feindseligkeiten teilnehmen. Überschreiten sie im Konflikt diese Schwelle, steht ihnen freilich auch nach Art. 4 A Abs. 4 GA III kein Kriegsgefangenenstatus zu. Dementsprechend versagt Art. 47 Abs. 1 ZP I dem Söldner Rechte, die er ohnehin nicht hat.[493] Die Norm führt daher nicht zu einer differenzierenden rechtlichen Behandlung des Söldners im humanitären Völkerrecht. Sie bekräftigt allenfalls die ethisch-moralische Delegitimierung des Söldnerwesens.

cc) Angestellte von PSU als Zivilisten i.S.v. Art. 4 A Abs. 4 GA III

Eine differenzierende Regelung für PSU könnte sich daraus ergeben, dass für ihre Angestellten eine Norm in Frage kommt, deren Anwendbarkeit für die anderen nichtstaatlichen Gewaltakteure ausscheidet. Gemäß Art. 4

---

490 So *A. Behnsen*, in: GYIL 46 (2003), 494 (516); *R. Maaß*, Der Söldner und seine kriegsvölkerrechtliche Rechtsstellung als Kombattant und Kriegsgefangener, S. 147.

491 Beachte erneut die Ausnahme der *levée en masse* i. S. v. Art. 4 A Abs. 6 GA III.

492 Vgl. oben E. I. 1. c).

493 Ebenso *E.-C. Gillard*, in: IRRC 88 (2006), 525 (561). Aus Sicht des humanitären Völkerrechts hat die Frage des Söldnerstatus daher keinerlei Bedeutung. Zu demselben Schluss kommt *K. Fallah*, in: IRRC 88 (2006), 599 (606), die Art. 47 ZP I daher lediglich symbolische Bedeutung zuschreibt.

A Abs. 4 GA III haben nämlich ausnahmsweise auch Zivilpersonen, die von den bewaffneten Kräften ermächtigt worden sind, ihnen zu folgen ohne ihnen anzugehören, Anspruch auf die Behandlung als Kriegsgefangener.

Trotz gegenläufiger Stimmen[494] spricht der Wortlaut „ermächtigt" dafür, dass die vertragliche Bindung zwischen Staat und PSU diesem Kriterium genügt. Aus der nicht abschließenden Auflistung des möglichen Personenkreises für Art. 4 A Abs. 4 GA III[495] lässt sich überdies schließen, dass alle Gruppen erfasst sind, die in irgendeiner Form Dienstleistungen für die Streitkräfte erbringen.[496] Demzufolge umfasst Art. 4 A Abs. 4 GA III den überwiegenden Teil der PSU,[497] deren Angestellte daher als Kriegsgefangene zu behandeln sind.

Divergenzen bestehen jedoch hinsichtlich der Frage, ob ihnen dieser Status auch zusteht, wenn sie sich an Feindseligkeiten beteiligen.[498] Dem stehen sowohl die Systematik der betroffenen Normen als auch der Zweck der Kriegsgefangenschaft entgegen: Art. 43 Abs. 2 ZP I ermächtigt nur Kombattanten zur Teilnahme an Feindseligkeiten. Zivilisten verlieren ihren Schutz und setzen sich strafrechtlicher Verfolgung durch die Staaten aus. Zweck der Kriegsgefangenschaft ist jedoch nicht die Bestrafung der Teilnahme am Kampf, sondern die Prävention weiterer Kampfhandlungen durch den Gefangenen.[499] Aus diesem Grund genießen Kriegsgefangene

---

494 *E.-C. Gillard*, in: IRRC 88 (2006), 525 (537).

495 Auf die Tatsache, dass die Liste nicht abschließend ist, verweisen auch *M. H. Patterson*, in: Berndtsson/Kinsey (Hrsg.), The Routledge Research Companion to Security Outsourcing, 119 (121) und *M. N. Schmitt*, in: Chi. J. Int'l L. 5 (2005), 511 (532).

496 *C. Schaller*, in: HuV-I 19 (2006), 51 (53).

497 Hierzu bereits *Jo. Finke*, Private Sicherheitsunternehmen im bewaffneten Konflikt, S. 17. So auch *S. Giesen*, Private Military Companies im Völkerrecht, S. 204; *C. Schaller*, in: HuV-I 19 (2006), 51 (53); *M. D. Voyaume*, in: Jäger/Kümmel (Hrsg.), Private Military and Security Companies, 361 (375). Dies entspricht der Auffassung sowohl des amerikanischen, vgl. die Nachweise bei *A. O. Kees*, Privatisierung im Völkerrecht, S. 207 und *N. Boldt*, in: GYIL 47 (2004), 502 (513), als auch des britischen Verteidigungsministeriums, vgl. Nachweis bei *E.-C. Gillard*, in: IRRC 88 (2006), 525 (539, Fn. 56) und spiegelt damit zumindest die Staatenpraxis von zwei der größten Staaten wieder, die sich in bewaffneten Konflikten der Hilfe von PSU bedienen.

498 Eine zustimmende Position vertreten die USA, vgl. die Nachweise bei *E.-C. Gillard*, in: IRRC 88 (2006), 525 (538).

499 Vgl. *H. Fischer*, in: Fleck (Hrsg.), Handbook of International Humanitarian Law, Nr. 701.1.

Immunität wegen ihrer Beteiligung an Kampfhandlungen.[500] Kriegsgefangenenstatus kommt daher nur für Personen in Betracht, die rechtmäßig am Kampf teilgenommen haben.[501] Diese Voraussetzung fehlt allen Zivilisten, auch denen, die unter Art. 4 A Abs. 4 GA III fallen.[502]

Somit entscheidet die unmittelbare Teilnahme an Feindseligkeiten nicht nur darüber, ob Angestellte gemäß 51 Abs. 3 ZP I den Schutz vor feindlichen Angriffen verlieren und sich strafbar machen können, sondern auch, ob ihnen nach Art. 4 A Abs. 4 GA III der Kriegsgefangenenstatus zugesprochen werden kann.

Wenn sie freilich nicht unmittelbar an Feindseligkeiten teilnehmen, üben PSU keine Gewalt aus. Deshalb stellt Art. 4 A Abs. 4 GA III keine Norm dar, die differenzierend das Verhalten eines nichtstaatlichen Gewaltakteurs regelt.

dd) Terroristen

Die Annäherung an eine Terrorismusdefinition hat schon ergeben, dass das humanitäre Völkerrecht den Begriff des Terrors kennt, da es die gezielte Verbreitung von Furcht und Schrecken verbietet.[503] Gleichsam zeigt die primäre Verortung dieses Verbots im Recht des IBK, dass nach der Konzeption des humanitären Völkerrechts in erster Linie staatliche Streitkräfte terroristisch handeln. Zu nichtstaatlichen Akteuren als Urhebern von Terrorhandlungen äußern sich die Genfer Abkommen nicht und folgen damit einem indifferenten Ansatz.

f) Zwischenfazit

Das Recht des IBK verfolgt also überwiegend einen streng indifferenten Kurs gegenüber nichtstaatlichen Gewaltakteuren. Dieser Kurs folgt zwangsläufig aus der unbedingten Unterscheidung von Kombattanten und

---

500 *M. D. Voyaume*, in: Jäger/Kümmel (Hrsg.), Private Military and Security Companies, 361 (375).
501 *K. Ipsen*, in: Fleck (Hrsg.), Handbook of International Humanitarian Law, Nr. 317.1.
502 *K. Ipsen*, in: Fleck (Hrsg.), Handbook of International Humanitarian Law, Nr. 317.1. Beachte erneut die Ausnahme der *levée en masse*, siehe oben E. I. 1. a).
503 Siehe oben E. I. 1 e) dd).

Zivilisten. Von diesem Kurs sind jedoch zwei Abweichungen auszumachen.

Einerseits ist das Recht des IBK auch auf Konflikte zwischen Staaten und Befreiungsbewegungen anwendbar. Mit dieser Differenzierung erhöht das humanitäre Völkerrecht also die Legitimität eines bestimmten nichtstaatlichen Akteurs. Andererseits spricht das ZP I Söldnern jegliche Rechte ab. Diese Differenzierung wiederum dient der Delegitimierung dieses nichtstaatlichen Akteurs. Beide Differenzierungen haben jedoch kaum praktische Relevanz. Bei Befreiungsbewegungen liegt dies am eingeengten Anwendungsbereich, bei Söldnern am rein deklaratorischen Charakter der Norm.

2. Nichtinternationaler bewaffneter Konflikt

Vertragliche Regelungen zum NIBK finden sich rudimentär im gemeinsamen Art. 3 GA, ausführlicher im ZP II. Entsprechend der Zielsetzung der Zusatzprotokolle, die Normen der Genfer Abkommen lediglich zu ergänzen, nicht aber zu ersetzen,[504] repräsentieren beide Normenkomplexe geltendes Recht. Im Gegensatz zum internationalen bewaffneten Konflikt haben sie jedoch nicht denselben Anwendungsbereich.

a) Anwendungsbereich

Ihre einheitliche Anwendbarkeit scheitert an den unterschiedlichen Anforderungen, die das jeweilige Abkommen an die Qualifikation einer gewälttätigen Situation als NIBK stellt. Der gemeinsame Art. 3 GA bezeichnet als NIBK jeden

> „armed conflict not of an international character occurring in the territory of one of the High Contracting Parties [...].“

Wenngleich diese Beschreibung zu Recht als vage charakterisiert wird,[505] birgt sie zumindest das Potenzial, eine Vielzahl von Konfliktarten umfas-

---

504 Vgl. Art. 1 Abs. 3 ZP I und 1 Abs. 1 ZP II.
505 Vgl. *F. Siordet*, in: Pictet (Hrsg.), Convention III, Commentaire, S. 41.

sen zu können.[506] Konsequenz dieses bewussten Verzichts auf eine Definition des bewaffneten Konflikts ist, dass sein Vorliegen anhand einer Einzelfallbetrachtung zu bewerten ist.[507] Dagegen ist das ZP II gemäß Art. 1 Abs. 1 nur anwendbar bei

> „armed conflicts [...] which take place in the territory of a High Contracting Party between its armed forces and dissident armed forces or other organized armed groups which, under responsible command, exercise such control over a part of its territory as to enable them to carry out sustained and concerted military operations and to implement this Protocol."

Bezüglich der nichtstaatlichen Akteure verdient Beachtung, dass die Abweichung der Anwendungsbereiche beider Normenkomplexe damit wesentlich auf den unterschiedlichen Anforderungen beruht, die an die Handelnden im Konflikt gestellt werden. Das ZP II ist nämlich nur auf Konflikte mit staatlicher Beteiligung anwendbar, nicht hingegen auf Auseinandersetzungen, die sich ausschließlich zwischen nichtstaatlichen Akteuren abspielen. Außerdem müssen die nichtstaatlichen Akteure unter einer verantwortlichen Führung stehen und einen Teil des Territoriums kontrollieren, um koordinierte Kampfhandlungen durchführen und das humanitäre Völkerrecht durchsetzen zu können. Diese Anforderungen an die nichtstaatlichen Beteiligten stellt der gemeinsame Art. 3 GA ausdrücklich nicht auf. Da jedoch anerkannt ist, dass die höheren Anforderungen des ZP II weder vertraglich noch gewohnheitsrechtlich eine Modifizierung des gemeinsamen Art. 3 GA bewirkt haben,[508] liegt ein NIBK bereits bei Vorliegen der Voraussetzungen des gemeinsamen Art. 3 GA vor und es bedürfte eigentlich keiner weiteren Erörterungen der Voraussetzungen des ZP II. Freilich kommt grundsätzlich beiden Zusatzprotokollen eine hohe Autorität hinsichtlich der Auslegung und Konkretisierung der Genfer Abkommen zu.[509] So kann Art. 1 Abs. 2 ZP II auch im Rahmen vom gemeinsamen Art. 3 GA als Maßstab für die Abgrenzung eines NIBK von innerstaat-

---

506 *L. Moir*, Law of Internal Armed Conflict, S. 32 f.; *J. Pejić*, in: Wilmshurst/Breau (Hrsg.), Perspectives on the ICRC Study, 77 (85); *S. Sivakumaran*, The Law of Non-International Armed Conflict, S. 163.

507 So auch *L. Moir*, Law of Internal Armed Conflict, S. 33, nach dessen Ansicht diese Einschätzung in der Regel nicht schwerfällt.

508 *L. Moir*, Law of Internal Armed Conflict, S. 102 f.

509 *G. Abi-Saab*, in: UNESCO (Hrsg.), International Dimensions of Humanitarian Law, 217 (237).

lichen Gewalttaten dienen, die keinen bewaffneten Konflikt darstellen; Art. 1 Abs. 2 ZP II stellt hierzu nämlich fest, dass das ZP II

> „shall not apply to situations of internal disturbances and tensions, such as riots, isolated and sporadic acts of violence and other acts of a similar nature […]",

Ebenso greift das ZP II mit den Anforderungen an die beteiligten bewaffneten Gruppen Kriterien auf, die bereits für das Vorliegen eines bewaffneten Konfliktes nach Art. 3 GA diskutiert wurden. Dies betrifft in erster Linie die sogleich zu erörternde Frage, ob und in welchem Maße bewaffnete Gruppen eine hierarchische Organisation aufweisen müssen, damit die Normen des humanitären Völkerrechts auf sie anwendbar sind.

Einen Ausgleich dieser divergierenden Anwendungsbereiche der GA und ZP nimmt Art. 8 Abs. 2 f) des Statuts des Internationalen Strafgerichtshofs (IStGHS) vor, das zur Konkretisierung des NIBK Elemente beider Abkommen verbindet, statt pauschal auf eine der Regelungen zu verweisen:

> „It applies to armed conflicts that take place in the territory of a State when there is protracted armed conflict between governmental authorities and organized armed groups or between such groups."

Wie in Art. 1 Abs. 1 ZP II sollen die nichtstaatlichen Beteiligten also „organized armed groups" sein. Dagegen ist die Teilnahme staatlicher Streitkräfte nicht erforderlich. Es reicht – wie bei Art. 3 GA – aus, dass nur nichtstaatliche Gruppen am Konflikt beteiligt sind.

b) Statusregelung im NIBK – organized armed groups

Obwohl weder die GA noch das ZP II den Status des Kombattanten regeln, kennen sie eine Unterscheidung zwischen Zivilisten und bewaffneten Kräften. Dies verdeutlicht Art. 13 ZP II, der Zivilisten vor den Auswirkungen der Kämpfe schützen will. Angriffe auf die Zivilbevölkerung sind daher verboten, es sei denn, sie nimmt unmittelbar an Feindseligkeiten teil. Wenn es also im bewaffneten Konflikt vor Angriffen geschützte Zivilisten gibt, muss es auch Nichtzivilisten geben, die diesen Schutz nicht genießen.[510] Diese Unterscheidung nimmt implizit schon Art. 3 GA vor, der alle Vertragsparteien verpflichtet, jene Personen zu schützen, die nicht unmittelbar an Feindseligkeiten teilnehmen,

---

510 *M. Bothe*, in: Dicke u. a. (Hrsg.), Weltinnenrecht, 67 (75).

„[…] including members of armed forces who have laid down their arms and those placed hors de combat […].‟

Da Art. 3 GA hier für bewaffnete Kräfte („armed forces") erschwerte Schutzstandards festlegt („laid down their arms"), grenzt er sie von der Zivilbevölkerung ab. Zugleich erfolgt keine Unterscheidung nach staatlichen oder nichtstaatlichen Kräften, so dass die Konventionen anerkennen, dass sowohl staatliche als auch nichtstaatliche Konfliktparteien über bewaffnete Kräfte („armed forces") verfügen können, die sich von der Zivilbevölkerung unterscheiden.[511] Kaum vertretbar erscheint daher die Auffassung, alle Angehörigen einer bewaffneten Gruppe im NIBK seien Zivilisten.[512] Art. 1 Abs. 1 ZP II bestätigt dieses Ergebnis, da ihm zufolge in nichtinternationalen bewaffneten Konflikten den staatlichen Streitkräften als Gegner abtrünnige Streitkräfte oder andere organisierte bewaffnete Gruppen („organized armed groups") gegenüber stehen können.[513] Er spaltet also den weiten Begriff der „armed forces" des Art. 3 GA auf in staatliche Streitkräfte, abtrünnige Streitkräfte und nichtstaatliche organisierte bewaffnete Kräfte. Allerdings ist diesen Normen nicht ohne weiteres zu entnehmen, wer von diesen Gruppen zur Teilnahme an Feindseligkeiten berechtigt ist.[514] Diesbezüglich verweist die Studie zum humanitären völkerrechtlichen Gewohnheitsrecht auf die Bestimmungen der nationalen Rechtsordnungen.[515] Somit sind auch im NIBK nur die staatlichen Streitkräfte zur Teilnahme an Feindseligkeiten befugt. Nichtstaatliche bewaffnete Gruppen dagegen dürfen zwar bekämpft werden, sind ihrerseits aber nicht dazu befugt, Gewalt anzuwenden. Erneut ist damit aber nicht die Kriminalisierung durch das humanitäre Völkerrecht verbunden. Ob sich Angehörige einer nichtstaatlichen bewaffneten Gruppe im NIBK strafbar machen, wenn sie unmittelbar an Feindseligkeiten teilnehmen, entscheidet sich wiederum nach dem maßgeblichen innerstaatlichen Recht.

Insofern erscheint es zunächst missverständlich, dass die Studie des IKRK zur gewohnheitsrechtlichen Geltung des humanitären Völkerrechts

---

511 *G. D. Solis*, The Law of Armed Conflict, S. 206.

512 *N. Lubell*, in: Die Friedens-Warte 86 (2011), 83 (93 f.).

513 Art. 1 Abs. 1 ZP I: „This protocol […] shall apply to all armed conflicts […] which take place in the territory of a High Contracting Party between its armed forces and dissident forces or other organized armed groups […].‟

514 *E. Crawford*, The Treatment of Combatants and Insurgents Under the Law of Armed Conflict, S. 76; *K. Dörmann*, in: IRRC 85 (2003), 45 (47).

515 Vgl. *J.-M. Henckaerts/L. Doswald-Beck*, Customary International Humanitarian Law, Volume I: Rules, Rule 3, S. 13.

feststellt, auch im NIBK sei zwischen Kombattanten und Zivilisten zu unterscheiden.[516] Da sich die Befugnis zur Teilnahme an Feindseligkeiten im IBK regelmäßig aus dem Kombattantenstatus ableitet, suggeriert die Studie, dass auch im NIBK alle Kombattanten an Feindseligkeiten teilnehmen dürfen. Auch das IKRK aber will mit dieser Unterscheidung lediglich verdeutlichen, dass nur Zivilisten den Schutz vor Gewaltausübung genießen, Kombattanten dagegen nicht.[517] Das Unterscheidungsgebot dient in erster Linie der Klärung, wer angegriffen werden darf und wer nicht. Es dient weniger der Entscheidung darüber, wer kämpfen darf und wer nicht. Daher sollte sich im NIBK das Gebot der Unterscheidung auf Zivilisten und bewaffnete Kräfte beziehen, nicht auf Zivilisten und Kombattanten.

Zur Bestimmung der staatlichen Streitkräfte i. S. d. gemeinsamen Art. 3 GA sei auf die obigen Erklärungen verwiesen. Unklar bleibt hingegen die Definition der nichtstaatlichen Teile der „armed forces" i. S. v. Art. 3 GA oder der „organized armed groups". Daher soll kurz beleuchtet werden, ob die Mindestanforderungen, die an bewaffnete Gruppen zu stellen sind, differenzierende Tendenzen aufweisen.

Nimmt man Art. 3 GA beim Wort, müssen Gruppen außer ihrer Bewaffnung keine weiteren Merkmale aufweisen, um als „armed forces" i. S. d. des Rechts des NIBK zu gelten. Danach könnten bereits locker verbundene Verbrecherbanden einen NIBK auslösen – jedenfalls sofern die Gewalttätigkeiten die notwendige Schwelle überschreiten. Wesentlich höher sind dagegen die Anforderungen von Art. 1 Abs. 1 ZP II, dessen Anwendungsbereich nur eröffnet ist bei

> „[...] organized armed groups which, under responsible command, exercise such control over a part of its territory as to enable them to carry out sustained and concerted military operations and to implement this Protocol."

Dennoch unterscheiden sich die Voraussetzungen der jeweiligen Vorschriften nicht so fundamental, wie es die Diskrepanz des Wortlautes vermuten lässt. Bereits im Zuge der Aushandlung der Genfer Konventionen hatten mehrere Delegationen gefordert, dass eine nichtstaatliche bewaffne-

---

516 *J.-M. Henckaerts/L. Doswald-Beck*, Customary International Humanitarian Law, Volume I: Rules, Rule 1, S. 3.

517 Vgl. *J.-M. Henckaerts/L. Doswald-Beck*, Customary International Humanitarian Law, Volume I: Rules, Rule 3, S. 12; so versteht auch *S. Hobe*, in: Heintze/Ipsen (Hrsg.), Heutige bewaffnete Konflikte als Herausforderungen an das humanitäre Völkerrecht, 69 (75) die Studie.

te Gruppe im NIBK über einen gewissen Grad an militärischer Organisation verfügen muss;[518] eine Forderung, deren Berechtigung heute allgemeine Akzeptanz gefunden hat.[519] Sie ist Konsequenz der Pflichten, die Art. 3 GA allen – auch nichtstaatlichen – bewaffneten Gruppen überträgt, zu denen etwa das Gebot gehört, für Kranke und Verwundete zu sorgen oder das Verbot, Zivilisten zu verletzen, zu foltern oder zu töten.[520] Ohne eine hinreichende organisatorische Struktur könnten sie diese Pflichten gar nicht wahrnehmen und durchsetzen.[521] Obwohl diese Organisation nicht dieselbe streng hierarchische Struktur haben muss, wie sie für staatliche Armeen typisch ist, muss sie so beschaffen sein, dass die nichtstaatliche

---

518 Dieser Ansicht waren die Delegationen Frankreichs, Griechenlands, Italiens, Spaniens und der USA, vgl. Final Record of the Diplomatic Conference of Geneva, 1949, Vol. II-B, S. 121.

519 Vgl. International Tribunal for the Former Yugoslavia, Prosecutor v. Dusko Tadic a/k/a „Dule", Decision on the Defence Motion for the Interlocutory Appeal in Jurisdiction, IT-94-1-AR72, Urteil v. 2. Oktober 1995, erhältlich im Internet: <http://www.icty.org/x/cases/tadic/acdec/en/51002.htm> (zuletzt besucht am 31. Juli 2017), Ziff. 70; *N. Schmelzer*, Interpretive Guidance on the Notion of Direct Participation in Hostilities under International Humanitarian Law, S. 29 f.; *M. Lesh*, in: Liivoja/McCormack (Hrsg.), Routledge Handbook of the Law of Armed Conflict, 181 (189); *H.-P. Gasser*, Humanitäres Völkerrecht, S. 78; *L. Moir*, The Law of Internal Armed Conflict, S. 36; *A.-M. La Rosa/C. Wuerzner*, in: IRRC 90 (2008), 327 (329); *A. Duxbury*, in: Melb. J. Int'l L. 8 (2007), 259 (264); *M. Sassòli*, Transnational Armed Groups and International Humanitarian Law, S. 14; ebenfalls in diese Richtung tendierend *G. I. A. D. Draper*, in: RdC 114 (1965), 63 (90). Anders noch der Kommentar des IKRK zu den Genfer Konventionen, wo *Siordet* eine militärische Organisation zwar als nützliches Kriterium bezeichnete, um einen NIBK von anderen Situationen abzugrenzen; sie sei aber nicht unverzichtbar, vgl. *F. Siordet*, in: Pictet (Hrsg.), Convention III, Commentaire, S. 53 f.

520 Art. 3 GA: „[...] each Party to the conflict shall be bound to apply, as a minimum, the following provisions: (1) [...] the following acts are and shall remain prohibited at any time and in any place whatsoever with respect to the above-mentioned persons: (a) violence to life and person, in particular murder of all kinds, mutilation, cruel treatment and torture; (b) taking of hostages; (c) outrages upon personal dignity, in particular humiliating and degrading treatment; (d) the passing of sentences and the carrying out of executions without previous judgement pronounced by a regularly constituted court, affording all the judicial guarantees which are recognized as indispensable by civilized peoples. (2) The wounded and sick shall be collected and cared for."

521 *L. Moir*, The Law of Internal Armed Conflict, S. 36; *M. Sassòli*, Transnational Armed Groups and International Humanitarian Law, S. 14; *K. Fortin*, The Accountability of Armed Groups under Human Rights Law, S. 126 ff.; *H. Krieger*, in: Risse/Börzel/Draude (Hrsg.), Governance and Limited Statehood, 543 (556).

Gruppe koordinierte Handlungen durchführen kann.[522] Unerlässlich ist hierfür eine Kommandostruktur, die in der Lage ist, die Disziplin und den Gehorsam der einzelnen Angehörigen zu gewährleisten.[523]

Nicht unbedingt notwendig soll dagegen die Kontrolle über einen Teil des Territoriums sein, wie sie das ZP II vorschreibt.[524] Tatsächlich mutet es formalistisch an, dieses Kriterium auch bei der Auslegung von Art. 3 GA als unabdingbar zu behandeln. Faktisch ist es aber für nichtstaatliche Gruppen ohne eine territoriale Basis kaum möglich, einen Konflikt zu führen, der die Schwelle zum NIBK erreicht.[525] Zudem ist es ohne die Kontrolle über wenigstens ein kleines Gebiet schwierig, eine militärische Organisation der Gruppe aufrecht zu erhalten, die eine Einhaltung der Regeln des Art. 3 GA ermöglicht.[526] Etwas anderes gilt allenfalls, wenn die nichtstaatliche Gruppe sich in einem von einer anderen Konfliktpartei kontrollierten Gebiet einigermaßen frei bewegen kann, wie es regelmäßig bei Privaten Sicherheitsunternehmen der Fall ist, die in jenen Gebieten weitgehend ungestört agieren können, die von der sie beauftragenden Konfliktpartei kontrolliert werden.

Im Übrigen unterstreicht die IKRK-Studie zur unmittelbaren Teilnahme an Feindseligkeiten das Gebot, eine nichtstaatliche Konfliktpartei nicht mit ihren organisierten bewaffneten Kräften gleich zu setzen. Entgegen dem Wortlaut von Art. 1 Abs. 1 ZP II, der suggeriert, dass die organisierte bewaffnete Gruppe zugleich die Konflikpartei sei („armed conflicts […]

---

522   S. *Junod*, in: Am. U. L. Rev. 33 (1983), 29 (37); *N. Melzer*, Interpretive Guidance on the Notion of Direct Participation in Hostilities under International Humanitarian Law, S. 32.

523   *L. Moir*, The Law of Internal Armed Conflict, S. 105; *A.-M. La Rosa/C. Wuerzner*, in: IRRC 90 (2008), 327 (329).

524   *G. Abi-Saab*, in: UNESCO (Hrsg.), International Dimensions of Humanitarian Law, 217 (237); *L. Moir*, The Law of Internal Armed Conflict, S. 38. Skeptisch *G. I. A. D. Draper*, in: RdC 114 (1965), 63 (90).

525   Missverständlich ist es daher, wenn Autoren darauf hinweisen, das Erfordernis der territorialen Kontrolle schließe Konflikte wie jene Spaniens mit der baskischen ETA oder Nordirlands mit der irischen IRA aus dem Anwendungsbereich des Rechts der bewaffneten Konflikte aus, vgl. *H. McCoubrey/N. D. White*, International Law and Armed Conflict, S. 318. Diese Konflikte wurden vielmehr deshalb nicht vom humanitären Völkerrecht reglementiert, weil sie unter der oben dargestellten Schwelle zum NIBK blieben, vgl. *J. Cockayne/C. Mikulaschek/C. Perry*, The United Nations Security Council and Civil War: First Insights from a New Dataset, S. 17, Fn. 41.

526   So auch *L. Moir*, The Law of Internal Armed Conflict, S. 38. Ähnlich *J. Kellenberger*, Humanitäres Völkerrecht, S. 260 und *A.-M. La Rosa/C. Wuerzner*, in: IRRC 90 (2008), 327 (330).

which take place on the territory of a High Contracting Party between its armed forces and [...] other armed groups"), besteht keine Identität zwischen nichtstaatlicher Konfliktpartei und organisierter bewaffneter Gruppe. Vielmehr ist die organisierte bewaffnete Gruppe nur ein Teil der nichtstaatlichen Konfliktpartei, zu der neben den bewaffneten Kräften andere Teile der Zivilbevölkerung wie politische oder gesellschaftliche Gruppen gehören. Um diese nichtmilitärischen Gruppen besser zu schützen, muss stets zwischen zivilen und bewaffneten Armen einer nichtstaatlichen Konfliktpartei differenziert werden.[527] Der organisierte bewaffnete Teil einer nichtstaatlichen Konfliktpartei hebt sich gegenüber den zivilen Teilen dadurch ab, dass seine Angehörigen kontinuierlich unmittelbar an Feindseligkeiten teilnehmen.[528]

Um als *organisiert* zu gelten, muss eine Gruppe im NIBK somit einen Grad an Organisationsstruktur aufweisen, der einen disziplinarischen Durchgriff auf die einzelnen Angehörigen ermöglicht. Eine organisierte *bewaffnete* Gruppe wird sie dadurch, dass ihre Angehörigen kontinuierlich unmittelbar an Feindseligkeiten teilnehmen. Diese Voraussetzungen sind auf keine besondere Erscheinungsform nichtstaatlicher Gewalt zugeschnitten und stellen sich damit als streng indifferent dar.

Es bleibt abzuwarten, inwieweit sich die unter Federführung des IKRK entwickelte Interpretation einer organized armed group wird durchsetzen können.[529] Der ehemalige Präsident des IKRK Kellenberger macht beispielsweise staatliche Tendenzen aus, eine Gruppe nicht als „organized ar-

---

527 N. *Melzer*, Interpretive Guidance on the Notion of Direct Participation in Hostilities under International Humanitarian Law, S. 33. Unterstützend *J. Kellenberger*, Humanitäres Völkerrecht, S. 165, der allerdings darauf hinweist, dass diese Unterscheidung nicht „auf ungeteilte Zustimmung [...] in der Staatengemeinschaft" stoße.

528 N. *Melzer*, Interpretive Guidance on the Notion of Direct Participation in Hostilities under International Humanitarian Law, S. 33. Beispielhaft lässt sich hier die Hisbollah nennen, die über einen hierarchisch organisierten militärischen Arm verfügt, aber ebenso eine politische Partei ist und humanitäre Organisationen unterhält. Ihr militärischer Arm war etwa im Libanonkrieg 2006 eine organisierte bewaffnete Gruppe, da seine Angehörigen kontinuierlich in Feindseligkeiten mit der israelischen Armee verwickelt waren. Ebenfalls klar in einen zivilen und militärischen Arm unterteilt ist die südsudanesische Rebellengruppe SPLM/A, vgl. hierzu *S. Herr*, Vom Regelbruch zu politischer Verantwortung, S. 11, und die Rebellengruppe in Darfur SLM/A, *A. F. Grzyb*, in: Grzyb (Hrsg.), The World and Darfur, 3 (22, Fn. 13).

529 Den Ansatz des IKRK übernommen hat etwa *R. Geiß*, in: Heintze/Ipsen (Hrsg.), Heutige bewaffnete Konflikte als Herausforderungen an das humanitäre Völkerrecht, 45 (52).

med group" zu behandeln, wenn sie überwiegend oder ausschließlich terroristische Methoden anwendet.[530] Hierbei handelt es sich dann um eine differenzierende Reduktion des Anwendungsbereichs der Normen des NIBK, die dem grundsätzlich indifferent geprägten humanitären Völkerrecht fremd ist.

c) Zwischenfazit

Der indifferente Ansatz im NIBK ist somit noch stärker ausgeprägt als jener im IBK, da das Recht des NIBK selbst kleinere Differenzierung nicht kennt, wie das Recht des IBK sie in Bezug auf Befreiungsbewegungen und Söldner vornimmt.

Hinsichtlich der Behandlung von Terroristen verbietet zwar Art. 4 Abs. 2 ZP II auch nichtstaatlichen Konfliktparteien die Anwendung terroristischer Akte. Da aber nichtstaatliche im Gegensatz zu staatlichen Konfliktparteien ohnehin keine Gewalt anwenden dürfen, ist mit dieser Verbotsnorm für nichtstaatliche Akteure kein zusätzlicher Regelungsgehalt verbunden. *De lege lata* behandelt das humanitäre Völkerrecht Terroristen also nicht differenzierend. Ob durch die gegenwärtige Staatenpraxis eine differenzierende Rechtsentwicklung zu erwarten ist, analysiert die Arbeit im Folgenden.

3. Differenzierende Ansätze in der Staatenpraxis

Trotz der Unverträglichkeit differenzierender Ansätze mit dem Gebot, jederzeit zwischen Kombattanten und Zivilisten zu unterscheiden, gibt es in Bezug auf Terroristen in ausgeprägtem Maße staatliche Bestrebungen, die Normen des humanitären Völkerrechts wahlweise differenzierend auszudehnen oder einzuschränken.

a) „war on terror" als bewaffneter Konflikt

Diese Bestrebungen betreffen zunächst den zeitlichen und räumlichen Anwendungsbereich des humanitären Völkerrechts. Die von der US-Regie-

---

530 *J. Kellenberger*, Humanitäres Völkerrecht, S. 167.

rung Bush kreierte, in den Medien rezipierte, von Präsident Obama fallen gelassene und vom französischen Präsidenten Hollande wiederbelebte[531] Redewendung des „war on terror" suggeriert, dass die Anschläge vom 11. September 2001 (New York) bzw. 13. November 2015 (Paris) einen bewaffneten Konflikt zwischen dem internationalen Terrorismus und den sich ihm gegenüberstellenden Staaten auslösten. Dass weder die US- noch die französische Regierung mit dieser Rhetorik eigenmächtig die Regeln des Kriegsrechts zur Anwendung bringen konnte – und dies zudem äußerst selektiv –, ist zwar eine banale und sich wiederholende[532] Feststellung; sie lohnt dennoch der Erinnerung.[533] Es ist daher konsequent, dass sich die US-Regierung unter Präsident Barack Obama von der Rhetorik des „war on terror" weitgehend verabschiedete. Dieser rhetorische Abschied ging jedoch mit nur marginalen Veränderungen der inhaltlichen Position einher.[534] Nach wie vor rechtfertigten die USA die Bekämpfung von terroristischen Gruppen in so unterschiedlichen Umgebungen wie Afghanistan einerseits oder dem Jemen andererseits damit, dass sie dem Terrornetzwerk al-Qaida in einem einheitlichen, weltweiten bewaffneten Konflikt gegenüberstünden.[535] Nur wenige Autoren haben diese Position

---

531 Vgl. die Rede des französischen Präsidenten Hollande am 16. November 2015 vor dem Kongress in Versailles, erhältlich im Internet: <http://www.lemonde.fr/ attaques-a-paris/video/2015/11/16/hollande-maintient-sa-position-la-france-est-en -guerre_4811152_4809495.html> (zuletzt besucht am 31. Juli 2017).

532 Vgl. nur *J. Kellenberger*, Humanitäres Völkerrecht, S. 179 ff.; *N. Lubell*, in: Die Friedens-Warte 86 (2011), 83 (86); *M. Kotzur*, in: AVR 40 (2002), 454 (455); *K. Wolny*, Die völkerrechtliche Kriminalisierung von modernen Akten des internationalen Terrorismus, S. 203.

533 Nicht unterschlagen werden darf allerdings, dass auch Teile der US-Regierung den Begriff des „war on terror" nicht als rechtliche Aussage werteten, vgl. die Aussage von John B. Bellinger, Rechtsberater im US-Außenministerium unter George W. Bush: „The phrase 'the global war on terror' to which some have objected – is not intended to be a legal statement." Einzusehen im Internet: <http:/ /opiniojuris.org/2007/01/15/armed-conflict-with-al-qaida/> (zuletzt besucht am 31. Juli 2017).

534 So auch *C. Schaller*, in: Die Friedens-Warte 86 (2011), 111 (113).

535 Präsident Barack Obama am 23. Mai 2013 in der National Defense University in Washington D.C.: „Under [...] international law, the United States is at war with al Qaeda, the Taliban and their associated forces. We are at war with an organization [...].", erhältlich im Internet: <http://www.whitehouse.gov/the-pres s-office/2013/05/23/remarks-president-national-defense-university> (zuletzt besucht am 31. Juli 2017).

akzeptiert,[536] die meisten haben sie abgelehnt.[537] Dass sich die USA unter Präsident Donald Trump von dieser Position verabschieden, ist nicht erkennbar.[538]

Ausgangspunkt der Kritik ist die Feststellung, dass das Vorliegen eines bewaffneten Konflikts sich nach den oben abgesteckten objektiven Kriterien bestimmt, die nicht der Definitionsmacht einzelner Staaten unterfallen:[539]

aa) Zeitlicher Aspekt

Erforderlich ist eine andauernde gewalttätige Auseinandersetzung, die eine gewisse Schwelle überschreiten muss. Terroristische Anschläge erfüllen diese Voraussetzung nur, wenn sie in kurzer zeitlicher Abfolge nacheinander verübt werden. Ein isolierter Anschlag hingegen vermag keinen bewaffneten Konflikt zu verursachen, es sei denn, der betroffene Staat reagiert mit militärischen Mitteln. Ebenso wenig reichen nach Art. 1 Abs. 2 ZP I sporadische Akte aus, um einen bewaffneten Konflikt zu begründen. Diese Vorschrift sollte auch die Auslegung von Art. 3 GA leiten. Unplausibel sind aus diesem Grund Bemühungen, aus Anschlägen, die in einem ein- bis zwei-Jahresrythmus erfolgen, einen bewaffneten Konflikt zu konstruieren.[540]

bb) Räumlicher Aspekt

Zugleich sei vermerkt, dass hinsichtlich der räumlichen Dimension eines bewaffneten Konfliktes allein maßgeblich ist, ob innerhalb des Hoheitsge-

---

536 Etwa *J. Dalton*, in: ILSA J. Int'l & Comp. L 12 (2006), 523 (527 f.).

537 *N. Lubell*, Extraterritorial Use of Force Against Non-State Actors, S. 112 ff.; *C. Schaller*, in: Rudolf/Schaller, Targeted Killing, 11 (18); *M. Sassòli*, Transnational Armed Groups and International Humanitarian Law, S. 3 ff..

538 *G. Greenwald*, in: The Intercept v. 26.03.2017, erhältlich im Internet: <https://the intercept.com/2017/03/26/trumps-war-on-terror-has-quickly-become-as-barbaric-and-savage-as-he-promised/> (zuletzt besucht am 31. Juli 2017).

539 Vgl. *J. Kellenberger*, Humanitäres Völkerrecht, S. 180 f.; *M. Sassòli*, Transnational Armed Groups and International Humanitarian Law, S. 7; *C. Schaller*, in: HuV-I 24 (2011), 91 (92).

540 Überzeugend *N. Lubell*, Extraterritorial Use of Force Against Non-State Actors, S. 116 f.

biets eines Staates die Gewalttätigkeit eine gewisse Schwelle erreicht. Entgegen Stimmen in der Literatur[541] lässt weder der Wortlaut von Art. 1 Abs. 2 ZP II noch jener von Art. 3 GA eine andere Auslegung zu. Die Abkommen fordern Feindseligkeiten „in the territory of one of the High Contracting Parties" (ZP II) bzw. „in the territory of a High Contracting Party" (GA) und grenzen damit grundsätzlich den bewaffneten Konflikt auf das Gebiet eines Staates ein. Nicht ausgeschlossen ist dadurch, dass sich der Konflikt über Grenzen hinweg entwickelt. Doch erforderlich ist dann jeweils, dass er in jedem Staatsgebiet, das er berührt, die erforderliche Schwelle eines bewaffneten Konfliktes erreicht. So können die Auseinandersetzungen in Syrien und im Irak zwischen dem IS einerseits und den kurdischen Gruppen, die von einer US-amerikanisch geführten Koalition sowie von weiteren Verbündeten unterstützt werden, andererseits als bewaffneter Konflikt gelten. Zu diesem Konflikt gehören dann aber nicht niederschwellige Auseinandersetzungen mit islamistischen Gruppen etwa in Afrika. Nicht zulässig ist es somit, einzelne niederschwellige Gewaltakte in unterschiedlichen Staaten als einheitlichen bewaffneten Konflikt zu bewerten, der erst in der Summe der niederschwelligen kleinen Auseinandersetzungen die erforderliche Schwelle erreicht, die das humanitäre Völkerrecht zur Anwendung bringt. Auch räumlich lassen sich Terroranschläge im Jemen oder in Mali durch Gruppen, die al-Qaida oder dem IS angehören oder nahestehen, nicht dem bewaffneten Konflikt des IS mit anderen Gruppen im syrisch-irakischen Grenzgebiet zuordnen.

cc) Zwischenfazit

Dieses Ergebnis steht auch mit Sinn und Zweck des humanitären Völkerrechts im Einklang. Es dient allein der Eingrenzung und Zivilisierung von bewaffneten Konflikten. Dieser Zweck verkehrte sich in das Gegenteil, wenn Vorschriften des humanitären Völkerrechts primär dazu dienten, den Kriegsschauplatz und damit militärische Spielräume zu erweitern. Genau diesen Zweck scheint jedoch der rechtliche Ansatz des „war on terror" zu verfolgen.[542]

---

541 Vgl. *R. Geiß*, in: Heintze/Ipsen (Hrsg.), Heutige bewaffnete Konflikte als Herausforderungen an das humanitäre Völkerrecht, 45 (54 f.), der allerdings letztlich die offizielle US-amerikanische Position ebenfalls kritisch sieht.

542 Diesen Verdacht hegt auch *M. Sassòli*, Transnational Armed Groups and International Humanitarian Law, S. 27.

Der Begriff „war on terror" hat daher nur eine rechtliche Berechtigung, soweit er die militärische Bekämpfung des Terrorismus in Staaten beschreibt, wo die Gewalttätigkeiten die Schwelle zum bewaffneten Konflikt überschritten haben. In seiner weitergehenden Funktion zur Bezeichnung jedweder Präventions- und Gegenmaßnahmen auch nichtmilitärischer, also etwa geheimdienstlicher oder polizeilicher Art, kommt ihm indes nur metaphorische Bedeutung zu.[543] Er sollte daher nicht verschleiern, dass die Verfolgung und Prävention terroristischer Attentate weitgehend nicht mit militärischen Mitteln erfolgt. Sie erfolgt durch polizeiliche und geheimdienstliche Tätigkeit, deren Reichweite sich nur dann nach dem Recht des bewaffneten Konfliktes richtet, wenn sie parallel zur militärischen Bekämpfung in kriegerischen Situationen stattfindet.

Obwohl sich die Konstruktion des „war on terror" bzw. die ihm zu Grunde liegende Rechtsauffassung dogmatisch so klar zurückweisen lässt, ist nicht festzustellen, dass die USA oder Frankreich bei dieser Rechtsauffassung auf nennenswerten Widerstand der übrigen Staaten trafen oder treffen.

Dementsprechend könnte sich hier eine differenzierende gewohnheitsrechtliche Erweiterung hinsichtlich des räumlichen Geltungsbereichs des bewaffneten Konflikts abzeichnen.

b) „unlawful/illegal combatants"

Eine weitere differenzierende Abweichung von den anerkannten Normen des humanitären Völkerrechts führten die USA und Israel mit dem Begriff „unlawful combatants" ein,[544] der unverändert präsent ist und mithin einer rechtlichen Würdigung bedarf. Seitdem die US-amerikanische Regierung unter George W. Bush die umstrittene Behandlung der in Guantanamo festgehaltenen Kämpfer von al-Qaida und den Taliban damit rechtfertigte, dass sie „unlawful combatants" („unrechtmäßige" Kombattanten") seien,[545] beschäftigt diese vermeintliche Statusbezeichnung, mit der ganz

---

543 Ebenso *H.-P. Gasser*, in: IRRC 84 (2002), 547 (549 f.).
544 *E. Crawford*, in: Liivoja/McCormack (Hrsg.), Routledge Handbook of the Law of Armed Conflict, 123 (132 f.).
545 Nachweise bei *A. M. Danner*, in: Tex. Int'l L. J. 43 (2007), 1 (2 ff.).

überwiegend differenzierend Terroristen gemeint sind,[546] das humanitäre Völkerrecht und seine Kommentatoren.[547] Seither haben diese Begriffe auch Eingang in US-Gesetze gefunden, wie etwa in den Military Commissions Act of 2006.[548] Obwohl das Recht des IBK – wie dargelegt – nur den Primärstatus des Zivilisten oder Kombattanten kennt, unterstützen auch manche Rechtswissenschaftler den Rechtsdiskurs der Bush-Verwaltung und verwischen damit die klare normative Zuteilung der Art. 48 und 50 Abs. 1 ZP I.[549] Sie suggerieren, dass es eine vom geschriebenen Recht nicht erfasste Kategorie des „feindlichen/unrechtmäßigen Kombattanten" gebe, dem der Anspruch auf die Behandlung als Kriegsgefangener abzusprechen sei. Als wiederkehrende Referenz dieser Ansicht muss eine Entscheidung des US-amerikanischen Supreme Courts aus dem Zweiten Weltkrieg herhalten – „*Ex parte Quirin*"[550].[551] Zu entscheiden hatte der Supreme Court damals über eine kleine Gruppe von deutschen und US-amerikanischen

---

546 Es ließe sich einwenden, dass die Bezeichnung nicht nur differenzierend sei, da sie – etwa nach dem Military Commissions Act der USA – neben al-Qaida auch auf die Taliban zielt. Im Gegensatz zu al-Qaida besteht aber über den Charakter der Taliban als Terrororganisation keine Einigkeit. Während die afghanischen Taliban auf der UN-Sanktionsliste für Terroristen und Terrororganisationen der UN nicht verzeichnet sind, finden sich dort die pakistanischen Taliban, vgl. The List established and maintained pursuant to Security Council res. 1267/1989/2253 <https://scsanctions.un.org/fop/fop?xml=htdocs/resources/xml/en/consolidated.xml&xslt=htdocs/resources/xsl/en/al-qaida.xsl> (zuletzt besucht am 31. Juli 2017).

547 Vgl. nur *J. Wieczorek*, Unrechtmäßige Kombattanten und humanitäres Völkerrecht, passim; *J. Pejić*, in: Schmitt/Pejić (Hrsg.), International Law and Armed Conflict, 335 ff.; *E. Crawford*, The Treatment of Combatants and Insurgents Under the Law of Armed Conflict, S. 53 ff.

548 Military Commissions Act of 2006, Public Law No. 109–366, 109th Congr., 2d sess., 120 Stat. 2600 (2006), § 948a(1) und (2) unterscheidet „lawful enemy combatant" und „unlawful enemy combatant". Hierzu ausführlich *J. J. Paust*, Beyond the Law, S. 58 ff.

549 So etwa *K. Watkin*, in: Schmitt/Pejić (Hrsg.), International Law and Armed Conflict, 265 (284 ff.), der fünf Kategorien von Personen im IBK identifiziert (S. 286).

550 *Ex parte Quirin*, 317 U.S. 1 (1942).

551 So zog der United States Court of Appeals for the Fourth Circuit *Ex parte Quirin* heran, um zu belegen, dass jeder, der in einem ausländischen Kriegsgebiet gegen die USA kämpft, als „enemy combatant" bezeichnet und behandelt werden könne, vgl. *Hamdi et al. v. Rumsfeld, Secretary of Defense, et al.*, No. 03–6696, Urteil v. 28. Juni 2004, erhältlich im Internet, <http://caselaw.lp.findlaw.com/scripts/getcase.pl?court=US&vol=000&invol=03-6696> (zuletzt besucht am 31. Juli 2017).

Staatsbürgern, die 1942 für die deutsche Armee Sabotageakte in den USA durchführen sollten. Nach ihrer unbemerkten Landung in den USA wurden sie nach kurzer Zeit festgenommen und von einem Militärtribunal zum Tode verurteilt. Der daraufhin angerufene Supreme Court urteilte hinsichtlich ihres völkerrechtlichen Status:

> „[...] the law of war draws a distinction between the armed forces and the peaceful populations of belligerent nations and also between those who are lawful and unlawful combatants. Lawful combatants are subject to capture and detention as prisoners of war by opposing military forces. Unlawful combatants are likewise subject to capture and detention, but in addition they are subject to trial and punishment by military tribunals for acts which render their belligerency unlawful. The spy who secretly and without uniform passes the military lines of a belligerent in time of war, seeking to gather military information and communicate it to the enemy, or an enemy combatant who without uniform comes secretly through the lines for the purpose of waging war by destruction of life or property, are familiar examples of belligerents who are generally deemed not to be entitled to the status of prisoners of war, but to be offenders against the law of war subject to trial and punishment by military tribunals."[552]

Was der Supreme Court hier ausführte, findet sich heute kodifiziert in den Art. 44 Abs. 4 und 46 ZP I wieder, in denen spionierenden und verdeckt agierenden Kombattanten der Anspruch auf die Behandlung als Kriegsgefangener abgesprochen wird. Selbst wenn also der Supreme Court damals – vor der Verabschiedung der GA und ZP – den „unlawful combatant" als eigene Statuskategorie ansah, wären die Angeklagten heute primär als Kombattanten zu bezeichnen, denen der Sekundärstatus des Kriegsgefangenen nicht zusteht. Um anderen als diesen Personengruppen den Anspruch auf die Behandlung als Kriegsgefangener oder andere fundamentale Rechte abzusprechen, bietet diese Entscheidung aber keine Grundlage.[553] Im Übrigen ist erstaunlich, dass eine vor der Verabschiedung der maßgebenden Konventionen ergangene nationale Gerichtsentscheidung

---

552 *Ex parte Quirin*, 317 U.S. 1 (1942).

553 *A. M. Danner*, in: Tex. Int'l L. J. 43 (2007), 1 (3) vermutet daher, dass die Attraktivität der *Ex parte Quirin*-Entscheidung für die US-amerikanische Regierung darin bestand, dass sie zwar von „unlawful combatants" spricht, diese aber nicht erschöpfend definiert und so Raum für eine weite Auslegung lässt.

Rechte derogieren können sollte, die völkervertraglich und -gewohnheits-
rechtlich anerkannt sind.[554]

Der Begriff des „unlawful" oder auch „illegal combatant" findet sich
aber nicht nur als Bezeichnung für Kombattanten ohne Anspruch auf den
Kriegsgefangenenstatus, sondern auch für Personen, die nicht zu Streitkräften einer am Konflikt beteiligten Partei gehören und trotzdem an
Feindseligkeiten teilnehmen.[555] Diese Personen sind der normativen Kategorisierung des Rechts des IBK zufolge freilich keine Kombattanten, da sie
gerade nicht zu den Streitkräften gehören. Sie sind Zivilisten, die während
ihrer Beteiligung an Kämpfen ihren Schutz preisgeben. Dies erkennen
auch viele jener Autoren an, die den Begriff des „unlawful combatant" verwenden.[556] Warum dieser Begriff, der aufgrund seines Wortlautes zu Unrecht suggeriert, dass ein „unlawful combatant" dem Primärstatus eines
Kombattanten unterfällt, dennoch so verbreitet in der Literatur als Bezeichnung für ungeschützte Zivilisten aufgenommen wird, ist unklar.
Möglich ist, dass die Autoren das US-amerikanische Verständnis von Völkerrecht mit dem geltenden Recht in Einklang bringen wollen und dafür
dessen Begrifflichkeit übernehmen. Am ehesten vermag allerdings der Gedanke zu überzeugen, dass der Begriff Zivilist stets die Vorstellung von

---

554 In diese Richtung auch *E. Crawford*, The Treatment of Combatants and Insurgents Under the Law of Armed Conflict, S. 60.

555 Der Military Commissions Act of 2006 definiert in § 948a(1) den „unlawful enemy combatant" als „(i) a person who has engaged in hostilities or who has pur-
posefully and materially supported hostilities against the United States or its co-
belligerents who is not a lawful enemy combatant (including a person who is
part of the Taliban, al Qaeda, or associated forces); or (ii) a person who, before,
on, or after the date of the enactment of the Military Commissions Act of 2006,
has been determined to be an unlawful enemy combatant by a Combatant Status Review Tribunal or another competent tribunal established under the authority of the President or the Secretary of Defense." Um den „lawful enemy
combatant" zu definieren, greift Art. 948a Abs. 2 fast wortgleich auf die
Streitkräftedefinition von Art. 4 GA III zurück: „a person who is (A) a member
of the regular forces of a State party engaged in hostilities against the United
States; (B) a member of a militia, volunteer corps, or organized resistance movement belonging to a State party engaged in such hostilities, which are under responsible command, wear a fixed distinctive sign recognizable at a distance, car-
ry their arms openly, and abide by the law of war; or (C) a member of a regular
armed force who professes allegiance to a government engaged in such hostilities, but not recognized by the United States." Diese Unterscheidung aufgrei-
fend *K. Dörmann*, in: IRRC 85 (2003), 45 (46); *G. H. Aldrich*, in: AJIL 96 (2002),
891 (893).

556 *J. Pejić*, in: Schmitt/Pejić (Hrsg.), International Law and Armed Conflict, 335
(338); *K. Dörmann*, in: IRRC 85 (2003), 45 (46 f.).

Schutzwürdig- und -bedürftigkeit vermittelt, die etwa kämpfenden Terroristen keinesfalls zu gewähren ist.[557] Ungeachtet der Berechtigung dieser Spekulationen, sollte der völkerrechtliche Diskurs an den etablierten Kategorien des humanitären Völkerrechts festhalten. Ein Terrorist gewinnt nicht dadurch an Legitimität, dass ihm rechtlich der Status eines Zivilisten zugesprochen wird, solange er nicht an Feindseligkeiten teilnimmt. Es ist das humanitäre Völkerrecht, das an Legitimität verliert, wenn diejenigen, die es kennen und anwenden, seine etablierten Begriffe aufweichen. Um so erstaunlicher ist, dass auch das IKRK in offiziellen Stellungnahmen die Terminologie des „combatant" übernommen hat, der entweder „lawful" oder „unlawful" sein kann.[558] Damit nimmt das IKRK selbst am Prozess der Begriffsbildung teil.

Es bleibt daher festzuhalten, dass die Begriffe „unlawful combatant" oder „illegal combatant" samt ihrer Variationen keinen eigenen Status bilden, sondern Unterfälle der Statusbezeichnungen Kombattant oder Zivilist sind.[559] Dies gilt auch für die Behandlung von Terroristen.[560] Dasselbe gilt im Übrigen für den Begriff des „foreign terrorist fighter", mit dem insbesondere der Sicherheitsrat ausländische Kämpfer des IS in Syrien bezeichnet.[561] Ungeachtet der Frage, ob und wie der Zustrom dieser Kämpfer in die Kriegsgebiete unterbunden werden sollte, um eine weitere Eskalation der Konflikte und eine Radikalisierung der ausländischen Kämpfer zu verhindern, fällt die Betrachtung aus der Sicht des humanitären Völkerrechts nüchtern aus. In aller Regel handelt es sich um Zivilisten, die freilich bei der unmittelbaren Teilnahme an Feindseligkeiten ihren Schutzstatus verlieren.

---

557 Diesen Aspekt erkennt auch *M. Sassòli*, Transnational Armed Groups and International Humanitarian Law, S. 19.

558 Vgl. etwa das Dokument: The relevance of IHL in the context of terrorism, erhältlich im Internet unter: <https://www.icrc.org/eng/resources/documents/faq/t errorism-ihl-210705.htm> (zuletzt besucht am 31. Juli 2017). Auch der Sicherheitsrat der Vereinten Nationen verwendet den Begriff „illegal combatant", vgl. S/Res/2101 (2013) vom 25. April 2013, Ziff. 12; S/Res/2153 (2014) vom 29. April 2014, Ziff. 20.

559 *J. J. Paust*, Beyond the Law, S. 55 f.; *G. D. Solis*, The Law of Armed Conflict, S. 207 f.; *H.-P. Gasser*, Humanitäres Völkerrecht, S. 79 f.; *D. Heck*, Grenzen der Privatisierung militärischer Aufgaben, S. 63 f.

560 *F. Bouchet-Saulnier*, The Practical Guide to Humanitarian Law, S. 442.

561 S/Res/2178 (2014) vom 24. September 2014, achter Absatz der Präambel; näher dazu unten E. II. 2. b).

c) Einsatz von PSU

Indem Staaten PSU in bewaffneten Konflikten bewusst für Aufgaben einsetzen, die eine aktive Teilnahme an Feindseligkeiten erfordern, setzen sie sich über die fehlende Kampfeslegitimation von deren Angestellten hinweg. Hier könnte sich daher gewohnheitsrechtlich eine differenzierende rechtliche Aufwertung von PSU vollziehen. Der Entwicklung neuen Völkergewohnheitsrechts steht hier aber entgegen, dass die Staatenpraxis nicht von einer entsprechenden *opinio iuris* getragen wird. Denn erstens haben die Staaten im Montreux-Dokument sich dazu bekannt, PSU nicht für solche Tätigkeiten einzusetzen, die staatlichen Organen vorbehalten sind, also nicht für Aufgaben, die mit einer unmittelbaren Teilnahme an Feindseligkeiten verbunden sind.[562] Zweitens bewerten die USA als größter Auftraggeber die Angestellten von PSU ausdrücklich als Zivilisten.[563] Damit drücken sie ihre Überzeugung aus, dass Angestellte Zivilisten sind, die nicht unmittelbar an Feindseligkeiten teilnehmen dürfen. Diese Überzeugung reflektiert die geltende Rechtslage.[564]

4. Fazit

Die Arbeit bestätigt den Befund, dass das humanitäre Völkerrecht ein Normengefüge bereithält, das einen angemessenen rechtlichen Umgang mit nichtstaatlichen Gewaltakteuren im bewaffneten Konflikt ermöglicht.[565]

Im IBK verbietet das humanitäre Völkerrecht nichtstaatlichen Akteuren nahezu ausnahmslos, sich an Feindseligkeiten zu beteiligen. Davon ausgenommen sind nur jene, die zu den Streitkräften einer staatlichen Konfliktpartei gehören sowie Befreiungsbewegungen.

Darüber hinaus ist der rechtliche Rahmen eindeutig, sofern er den Kampf gegen nichtstaatliche Gewalt betrifft. Das humanitäre Völkerrecht erlaubt die Bekämpfung eines Akteurs ungeachtet seiner spezifischen Ziel-

---

562 Annex to the letter dated 2 October 2008 from the Permanent Representative of Switzerland to the United Nations addressed to the Secretary-General, Montreux Document on pertinent international legal obligations and good practices for States related to operations of private military and security companies during armed conflict vom 6. Oktober 2008, A/63/467-S/2008/636, Part Two A I. 1.

563 Vgl. *Jo. Finke*, Private Sicherheitsunternehmen im bewaffneten Konflikt, S. 15; *A. O. Kees*, Privatisierung im Völkerrecht, S. 207.

564 Siehe oben E. I. 1. c).

565 *N. Lubell*, in: Die Friedens-Warte 86 (2011), 83 (104 f.).

setzungen im IBK nur, wenn er sich als Zivilist an Feindseligkeiten beteiligt. Differenzierungen kennt das Recht des IBK nur für Befreiungsbewegungen und Söldner, deren gesonderte Erfassung jedoch keinen eigenständigen Regelungsinhalt aufweist.

Im NIBK ist dieser indifferente Ansatz noch deutlicher, da hier keine Differenzierungen vorgesehen sind.

5. Kohärenz

Diese klare indifferente Linie vermeidet – zumindest aus rechtlicher Sicht – eine weitere ideologische und emotionale Aufladung im Krieg, die riskiert, die rechtlichen Parameter im bewaffneten Konflikt zu verschieben und zu verwischen. Die differenzierende Aufwertung nationaler Befreiungsbewegungen rechtfertigt sich dadurch, dass das humanitäre Völkerrecht ihre Staatlichkeit quasi antizipiert[566] und ihnen daher – wie staatlichen Streitkräften – das Recht zur Teilnahme an Feindseligkeiten zusteht. Für die Legitimation deren Gewaltausübung besteht mithin ein positiver Zusammenhang. Die Delegitimierung des Söldners rechtfertigt sich – auch wenn sie ohne eigenen Regelungsgehalt ist – durch die Tatsache, dass eine ausschließlich monetär begründete Motivation zum Kämpfen unter keinen Umständen gerechtfertigt ist.

Insgesamt stellt sich die Erfassung nichtstaatlicher Gewalt im humanitären Völkerrecht somit als kohärent dar.

Dies gilt freilich nur, wenn der nahezu vollständig indifferente Ansatz des humanitären Völkerrechts ausschließt, dass im bewaffneten Konflikt andere völkerrechtliche Instrumente mit differenzierendem Charakter Anwendung finden. Konkret stellt sich die Frage, ob für eine völkerrechtliche Kriminalisierung nichtstaatlicher Gewaltakteure im bewaffneten Konflikt Raum ist.

Zu klären ist hierfür primär die bereits im Rahmen der Definitionsbemühungen aufgeworfene Frage, inwieweit aus Gründen der kohärenten rechtlichen Behandlung Akte, die in Friedenszeiten als terroristische Anschläge gelten würden, im bewaffneten Konflikt noch als terroristisch bezeichnet werden können bzw. sollten. Diese Problematik drängt sich auf, da in bewaffneten Konflikten ein grundsätzlich gewandeltes Gewaltum-

---

566 Diesen Gedanken der Antizipation von Staatlichkeit betont *C. Daase*, in: Hasse/Müller/Schneider (Hrsg.), Humanitäres Völkerrecht, Politische, rechtliche und strafgerichtliche Dimension, 132 (140).

feld herrscht. Stellen Gewaltakte in Friedenszeiten die Ausnahme dar, werden sie im Krieg zur Regel. Terrorakte wiederum leiten ihren Charakter wesentlich daraus ab, dass sie mit unerwarteter Gewalt in friedlichem Umfeld eine starke psychologische Wirkung erzielen. Daher liegt die Annahme nicht fern, dass das gewandelte Gewaltumfeld im bewaffneten Konflikt auch zu einem Wandel hinsichtlich der rechtlichen Beurteilung des terroristischen Potenzials nichtstaatlicher Gewalt und dementsprechend zur rechtlichen Neubewertung ihres Urhebers führt. Dieser Wandel könnte einerseits die Frage betreffen, ob die nichtstaatliche Gewaltanwendung gegen staatliche Streitkräfte bzw. andere nichtstaatliche Konfliktparteien einen Terrorakt darstellt, andererseits die Frage, ob Gewalt gegen Zivilisten im rechtlichen Sinne Handlungen von Terroristen sind.

Die erste Frage lässt sich mit der Überlegung verdeutlichen, ob die im Irak und in Afghanistan verbreiteten Anschläge auf ausländische Soldaten mittels raffinierter und kaum zu enttarnender Sprengfallen („improvised explosive devices – IED") terroristische Anschläge oder Methoden asymmetrischer Kriegsführung oder beides waren?[567] In Friedenszeiten jedenfalls wären derartige Taten eindeutig als terroristische Akte zu beurteilen. Die Antwort für Kriegszeiten ist zunächst maßgeblich vom jeweiligen Verständnis von Terrorismus abhängig, wie die Beispiele der Definition im Entwurf der Comprehensive Convention on International Terrorismus einerseits und jener des Finanzierungsübereinkommens andererseits illustrieren. Wie die Arbeit bereits dargestellt hat, sind unter den Terrorismusbegriff im Entwurf der Comprehensive Convention[568] auch Anschläge gegen Streitkräfte in bewaffneten Konflikten zu subsumieren.[569] Unter Zugrundelegung der Definition des Finanzierungsabkommens dagegen kann ein Angriff gegen Soldaten in kriegerischen Situationen kein terroristischer Akt sein.[570]

Das humanitäre Völkerrecht selbst folgt dem Verständnis des Finanzierungsabkommens. Denn soweit es eigene Regelungen mit ausdrücklichem Bezug zum Terrorismus aufweist, zielen diese lediglich auf ein Verbot terroristischer Handlungen gegenüber Zivilisten. Dies gilt ohne weiteres für die Regelungen des IBK (Art. 33 Abs. 1 GA IV und Art. 51 Abs. 2 ZP I),

---

567 Diese Frage wirft auch *P. Waldmann*, Terrorismus, S. 16 auf: „Traditionell galten terroristische Anschläge als eine Variante des so genannten *low intensity war*, wenn man sie denn überhaupt als Kriegshandlungen ansprechen will."

568 Vgl. bereits oben D. I. 4.

569 Dasselbe gilt für die Definitionen des Sicherheitsrats in Resolution 1566, vgl. oben D. I. 5.

570 Siehe oben D. I. 3.

weil diese sich ohnehin nur an staatliche Streitkräfte richten. Es gilt aber auch für den NIBK mit seinen Regelungen in Art. 13 Abs. 2 und 4 Abs. 2 d) ZP II, die ausdrücklich dem Schutz jener Zivilisten dienen, die sich nicht unmittelbar an Feindseligkeiten beteiligen. Zudem bezeichnet Art. 1 Abs. 1 ZP II Gewaltakte einer organisierten bewaffneten Gruppe gegen staatliche Streitkräfte als Kampfhandlungen, nicht als terroristische Akte.

Dieses Verständnis ist konsequent. Die gegenteilige Auslegung führte dazu, dass nahezu jeder nichtstaatliche Angriff auf staatliche Streitkräfte als terroristisch zu brandmarken wäre.[571] Denn neben dem objektiven Element der Gewaltausübung dürfte jeder dieser Akte das erforderliche subjektive Element aufweisen, da er den betroffenen Staat zu einem Handeln, Dulden oder Unterlassen bewegen will. Mit diesem Stigma terroristischen Handelns wäre die gesamte Kriegsführung der nichtstaatlichen Partei behaftet.[572] Eine solche völkerrechtliche Delegitimierung widerstrebt jedoch den Zielen des humanitären Völkerrechts.[573] Zwar ermächtigt auch das Recht des NIBK die nichtstaatlichen Konfliktparteien nicht ausdrücklich, an Feindseligkeiten teilzunehmen. Die Beurteilung, ob nichtstaatliche Gewaltanwendung erlaubt ist, überlässt das humanitäre Völkerrecht zudem den einzelstaatlichen Rechtsordnungen.[574] Damit enthält es sich aber zugleich einer eigenen Bewertung in Bezug auf die Legalität der nichtstaatlichen Gewaltanwendung. Indem es organized armed groups als Konfliktparteien im NIBK anerkennt, drückt es das Verständnis aus, dass sich staatliche und nichtstaatliche Gruppen im NIBK nahezu gleichwertig gegenüberstehen, ihr Verhältnis also horizontal ausgestaltet ist.[575]

---

571 Davon scheint – wie selbstverständlich – auch *K. Wolny*, Die völkerrechtliche Kriminalisierung von modernen Akten des internationalen Terrorismus, S. 195 auszugehen: „Da nur Angehörige regulärer Streitkräfte am bewaffneten Konflikt teilnehmen dürfen, sind alle jene Gewalthandlungen, die von anderen Akteuren innerhalb eines bewaffneten Konflikts vorgenommen werden, als Akte des Terrorismus zu qualifizieren."

572 *J. Pejić*, in: Schmitt/Pejić (Hrsg.), International Law and Armed Conflict, 335 (353) erkennt in dieser staatlichen Tendenz, nichtstaatliche Gewaltanwendung als terroristisch zu brandmarken, eine der größten Herausforderungen des humanitären Völkerrechts.

573 *R. Geiß*, in: Heintze/Ipsen (Hrsg.), Heutige bewaffnete Konflikte als Herausforderung an das humanitäre Völkerrecht, 45 (62).

574 Vgl. Art. 3 GA: [...] provisions shall not affect the legal status of the Parties to the conflict."

575 *J. Pejić*, in: Wilmshurst/Breau (Hrsg.), Perspectives on the ICRC Study on Customary International Humanitarian Law, 77 (85); *M. Sassòli*, in: International Humanitarian Legal Studies 1 (2010), 5 (21).

Damit ist jedenfalls für nichtstaatliche Konfliktparteien – also vor allem organized armed groups im NIBK – festzuhalten, dass Angriffe auf Streitkräfte rechtlich nicht als terroristisch bezeichnet werden sollten. Für diese Situation führt das gewandelte Umfeld des bewaffneten Konflikts also tatsächlich zu einem gewandelten Verständnis von Terrorismus.

Zu erwägen ist weiterhin, ob das gewandelte Gewaltumfeld dazu führen sollte, dass auch Angriffe auf Zivilisten nicht differenzierend als terroristisch bezeichnet werden sollten. Dagegen könnte zwar sprechen, dass nach dem Verständnis des humanitären Völkerrechts Gewalttaten gegen Zivilisten durchaus terroristische Akte sein können, nämlich immer dann, wenn sie bewusst gegen Zivilisten ausgeübt werden, um Furcht und Schrecken zu verbreiten. Für einen Verzicht auf Kriminalisierung spricht jedoch erneut das Bemühen des humanitären Völkerrechts um Entideologisierung. Denn auch hier bestünde das Risiko der Delegitimierung, wenn eine nichtstaatliche Gruppe, die sich als organized armed group qualifiziert, aufgrund von gelegentlichen Angriffen auf Zivilisten als terroristische Gruppe gelten würde. Mit dieser Auffassung sollen keinesfalls Angriffe auf Zivilisten verharmlost werden. Es soll lediglich auf die Gefahr einer vollständigen Delegitimierung – die regelmäßig mit der Etikettierung als Terrorist verbunden ist – hingewiesen werden, wenn das humanitäre Völkerrecht Konfliktparteien als Terroristen bezeichnen würde. Die rechtliche Konzeption des NIBK als Situation mit weitgehend gleichwertigen Rechten und Pflichten für alle Konfliktparteien ginge verloren. Auch ein Staat, der Zivilisten in Mitleidenschaft zieht, muss nicht damit rechnen, dass – zumindest aus Sicht des humanitären Völkerrechts – seine Legitimität in Zweifel gezogen wird.

Damit geht keinesfalls der Verzicht auf Kriminalisierung einzelner Kriegshandlungen der nichtstaatlichen Gruppen einher. Wie auch bei staatlichen Streitkräften sind etwa vorsätzliche Angriffe auf Zivilisten als Kriegsverbrechen zu qualifizieren.[576] Das humanitäre Völkerrecht kennt also die Kriminalisierung einzelner Handlungen, nicht aber einzelner Konfliktparteien. Dementsprechend sollten auch nur bestimmte nichtstaatliche Gewaltakte kriminalisert werden, nicht aber – mit Ausnahme des Söldners – die Akteure selbst. Aus rechtlicher Sicht kann daher etwa die Bezeichnung des IS, sofern er als organized armed group in einem NIBK kämpft, als Terrormiliz nicht überzeugen.

---

576 Vgl. Art. 8 Abs. 2 b) i) Statut des Internationalen Strafgerichtshofs (IStGHS) vom 17.07.1998 (ILM 37 [1998] 1003, EuGRZ 1998, 617).

Etwas anderes gilt für Angriffe jener nichtstaatlichen Gruppen, die zwar aktiv an Feindseligkeiten teilnehmen, aber nicht die Merkmale einer organized armed group aufweisen. Sie sind nicht als Konfliktparteien anerkannt, bei ihnen widerspräche eine pauschale Stigmatisierung als Terroristen also nicht von vornherein den Zielen des humanitären Völkerrechts.

Es bleibt mithin bei der Feststellung, dass im Sinne einer kohärenten rechtlichen Behandlung nur nichtstaatliche Gruppen, die keine organized armed groups sind, im bewaffneten Konflikt als Terroristen bezeichnet werden können.

Raum für Kriminalisierung bleibt dagegen für Söldner, weil deren Delegitimierung im humanitären Völkerrecht selbst angelegt ist.

Bezüglich der kohärenten Behandlung nichtstaatlicher Gewalt in bewaffneten Konflikten liegen die Defizite also nicht im indifferent ausgerichteten geltenden Recht, sie liegen in der mangelnden Bereitschaft bzw. Fähigkeit der Staaten, dieses Recht durchzusetzen. Gleichsam sind es die Staaten, die mit ihrer differenzierenden Praxis auf zweierlei Arten versuchen, den kohärenten rechtlichen Rahmen aufzubrechen.

Einerseits versuchen sie, die ihnen feindlich gesinnten Akteure zu delegitimieren und ihren Aktionsradius gegen diese Akteure zu erweitern, indem sie diese als Terroristen bezeichnen.

Andererseits verlassen die Staaten den von ihnen abgesteckten rechtlichen Rahmen, sobald sie Private Sicherheitsunternehmen für Aufgaben engagieren, die mit hinreichender Wahrscheinlichkeit zu einer unmittelbaren Teilnahme an Feindseligkeiten führen. Diese Engagements sind mit den Wertungen, die die Staaten selbst in den Abkommen des humanitären Völkerrechts kodifiziert haben, unvereinbar. Sie kollidieren mit der Delegitimierung des Söldners, da Angestellte durchaus alle Merkmale des Söldnerbegriffs erfüllen können. Außerdem setzen die Staaten sich zu dem Grundsatz in Widerspruch, dass nur Angehörige der Streitkräfte Gewalt ausüben dürfen.

II. Friedenssicherung durch die Vereinten Nationen

Um ihr Ziel zu erreichen, die Menschheit vor der „Geißel des Krieges"[577] zu bewahren, stützen sich die Vereinten Nationen auf ein System kollektiver Sicherheit. Den ersten Grundpfeiler dieses Systems bildet das Gewalt-

---

577 Vgl. die Präambel der UN-Charta: „We the Peoples of the United Nations determined to save suceeding generations from the scourge of war, [...]."

verbot, dessen mögliche Geltung für nichtstaatliche Akteure der folgende Abschnitt daher in einem ersten Schritt untersucht. Der zweite Grundpfeiler besteht in der Befugnis des Sicherheitsrates, Maßnahmen kollektiver Sicherheit zu ergreifen. Damit spricht die UN-Charta dem Sicherheitsrat die umfassende Kompetenz zu, sich weltweit für Frieden und Sicherheit einzusetzen. Der diesem System zugrundeliegende Friedensbegriff beschränkt sich keineswegs auf die Abwesenheit zwischenstaatlicher militärischer Gewalt, so wie sie das Gewaltverbot garantieren will. Mit Ablauf der bipolaren Spaltung der Weltordnung Anfang der 1990er Jahre erweiterte der Sicherheitsrat sein Friedensverständnis, um u. a. auch soziale, humanitäre, ökologische und wirtschaftliche Ursachen, die zu Krieg und Instabilität führen, effektiv bekämpfen zu können.[578] Damit war zugleich der Weg geebnet, um auch das friedensgefährdende Potenzial nichtstaatlicher Gewaltakteure berücksichtigen zu können. Ob und in welchen Fällen der Sicherheitsrat bei dieser Berücksichtigung nach den verschiedenen Erscheinungsformen nichtstaatlicher Gewalt differenzierte oder einen indifferenten Ansatz wählte, bildet den zweiten Untersuchungsgegenstand dieses Abschnitts.

1. Gewaltverbot

Das in Art. 2 Abs. 4 UN-Charta niedergelegte Gewaltverbot stellt ein grundlegendes Prinzip der Weltgemeinschaft dar.[579] Eingebettet zwischen die Aufforderung an die Staaten, alle Streitigkeiten friedlich zu lösen (Art. 2 Abs. 3 UN-Charta) und den Bestimmungen zur Etablierung eines Systems der kollektiven Sicherheit wird seine überragende Bedeutung für die internationale Friedensordnung immer wieder unterstrichen.[580] Dennoch wird regelmäßig bei Untersuchungen zum Gewaltverbot ausführlich analysiert, ob das Gewaltverbot der UN-Charta durch dauerhafte Nichtbeachtung seine Geltung verloren hat.[581]

Anlass sind vereinzelte Stimmen, insbesondere in der US-amerikanischen Literatur, die aus der beständigen Verletzung des Gewaltverbotes

---

578 *S. Tharoor*, in: Fordham Int'l L. J. 19 (1995), 408 (411).

579 *B. Fassbender*, in: EuGRZ 31 (204), 241 (241).

580 *M. Bothe*, in: Vitzthum (Hrsg.), Völkerrecht, 8. Abschnitt, Rn. 9; *T. Stein/C. v. Buttlar*, Völkerrecht, Rn. 773.

581 So bei *C. Stelter*, Gewaltanwendung, S. 84 ff.; *K. Ziolkowski*, Gerechtigkeitspostulate, S. 200 ff.; *I. M. Löw*, Gewaltverbot und Selbstverteidigungsrecht nach dem 11. September 2001, S. 54 ff.

den Schluss ziehen, die Staaten hätten durch konsequente Leugnung die Norm außer Kraft gesetzt.[582] Andere messen dem Gewaltverbot keinerlei Geltungskraft mehr zu, da es mit den heutigen staatlichen Sicherheitsbedürfnissen nicht in Einklang zu bringen sei.[583] Zwar kann in der Tat auch eine so grundlegende Norm wie das Gewaltverbot außer Kraft gesetzt werden, indem aus der Nichtbeachtung die völkergewohnheitsrechtliche Regel wird, dass die Norm nicht gelten soll (sogenannte *desuetudo*).[584] Ebenso trifft leider der Befund zu, dass das Gewaltverbot seit 1945 beständig von Mitgliedstaaten verletzt worden ist. Dennoch sprechen überzeugende Gründe gegen eine *desuetudo*.

Desuetudo setzt als völkergewohnheitsrechtliche Rechtsentwicklung neben der Staatenpraxis eine entsprechende Rechtsüberzeugung (*opinio iuris*) voraus. Fast alle Verletzungen des Art. 2 Abs. 4 UN-Charta wurden hingegen von Bemühungen begleitet, die Gewaltanwendung völkerrechtlich zu rechtfertigen.[585] Selbst wenn diese Rechtfertigungsversuche nur ein „Feigenblatt"[586] gewesen sein sollten, um einen bewussten Verstoß gegen das Gewaltverbot zu kaschieren, kann ihnen nicht die Aussagekraft für die *opinio iuris* abgesprochen werden. Neben der Schwierigkeit, den Staaten die mutwillige Verletzung des Gewaltverbotes nachzuweisen, liefe die Vernachlässigung der geäußerten Rechtsüberzeugung darauf hinaus, allein die Staatenpraxis als wesentlich für die Herausbildung neuen Völkergewohnheitsrechts anzusehen. Eine derartige Fokussierung widerspräche allerdings der allgemein anerkannten Lehre zur Entstehung völkergewohnheitsrechtlicher Regelungen, die Staatenpraxis und Rechtsüberzeugung

---

582 Vgl. *M. J. Glennon*, in: Geo. L. J. 93 (2005) 939, 958 ff.; *T. M. Franck*, in: AJIL 64 (1970), 809 (809); *ders.*, in: AJIL 97 (2003), 607 (610).

583 *J. C. Yoo/W. Trachman*, in: Chi. J. Int'l L. 5 (2005), 379 (381 ff.).

584 *R. Zacklin*, The Amendment of the Constitutive Instruments, S. 195. Jedoch könnte das Gewaltverbot wegen des in Art. 103 UN-Charta niedergelegten Vorrangs der Charta nicht durch eine andere völkerrechtliche Vertragsnorm außer Kraft gesetzt werden.

585 So auch *M. Bothe*, in: Heintze/Ipsen (Hrsg.), Heutige bewaffnete Konflikte als Herausforderungen an das humanitäre Völkerrecht, 87 (89).

586 Als solches meint *B. Simma* Versuche von Staaten zu entlarven, die sich nur vordergründig auf das Selbstverteidigungsrecht beriefen, um ihre rechtswidrige unilaterale Gewaltanwendung zu legitimieren, vgl. IGH, Oil Platforms (Islamic Republic of Iran v. United States of America), Separate Opinion of Judge Simma, ICJ Reports 2003, S. 324 ff., Ziff. 6: "[...] more and more, legal justification of use of force within the system of the United Nations Charter is discarded even as a fig leaf, while an increasing number of writers appear to prepare for the outright funeral of international legal limitations on the use of force."

gleichermaßen berücksichtigt.[587] Beachtenswert ist darüber hinaus, dass das Gewaltverbot überwiegend als zwingende Norm (*ius cogens*) angesehen wird.[588] Von einer zwingenden Norm kann nur ausgegangen werden, wenn der überwiegende Teil der Staatengemeinschaft sie als unabdingbar für das internationale System bewertet.[589] Aus dieser erhöhten Normqualität folgt gemäß Art. 53 Wiener Vertragsrechtskonvention, dass eine *ius cogens* nur von einer Norm derselben Rechtsnatur geändert werden kann. Dementsprechend könnte die Nichtanwendung von Art. 2 Abs. 4 UN-Charta das Gewaltverbot nur derogieren, wenn sie selbst *ius cogens*-Qualität erlangt hätte.[590] Dass die Staatengemeinschaft die Nichtbeachtung des Gewaltverbots als unabdingbar für das internationale System ansieht, ist jedoch angesichts der regelmäßigen Bestätigung der Geltung des Gewaltverbots ausgeschlossen.[591] Hiergegen spricht nicht zuletzt die mehrfache Bestätigung des Gewaltverbots in neueren völkerrechtlichen Verträgen.[592]

Dementsprechend erscheint es nicht übertrieben, derartige Versuche, die Geltung des Gewaltverbotes in Frage zu stellen, als akademische Einzelmeinungen[593] zu qualifizieren.[594] Das Gewaltverbot stellt vielmehr nach wie vor das Rückgrat der völkerrechtlichen Friedenssicherung dar.

---

587 Zutreffend *K. Ziolkowski*, Gerechtigkeitspostulate, S. 204.

588 IGH, Military and Paramilitary Activities in and against Nicaragua (Nicaragua v. United States of America), Judgment of 27 June 1986 (Merits), ICJ Reports 1986, S. 14 ff., Ziff. 190; *O. Corten*, Le droit contre la guerre, S. 303 ff. mit umfangreichen Nachweisen zur *opinio iuris* vieler Staaten zur Einschätzung des Gewaltverbotes als *ius cogens*; *C. Gray*, International Law and the Use of Force, S. 30; *N. Elaraby*, in: Frowein/Scharioth/Winkelmann/Wolfrum (Hrsg.), Verhandeln für den Frieden, 41 (41); *B. Fassbender*, in: EuGRZ 31 (2004), 241 (253); *A. Cassese*, in: EJIL 12 (2001), 993 (1000); *T. Bruha*, in: AVR 40 (2002), 383 (408, Fn. 124); *C. Wandscher*, Internationaler Terrorismus und Selbstverteidigungsrecht, S. 124; *A. v. Arnauld*, Völkerrecht, Rn. 1030.

589 *T. Stein/C. v. Buttlar*, Völkerrecht, Rn. 148.

590 *M. G. Kohen*, in: Byers/Nolte (Hrsg.), United States Hegemony and the Foundations of International Law, 197 (228).

591 Ebenso *O. Corten*, Le droit contre la guerre, S. 312 ff.

592 Vgl. hierzu *N. J. Schrijver*, in: Blokker/Schrijver (Hrsg.), The Security Council and the Use of Force, 31 (34 f.).

593 *M. Bothe*, in: Vitzthum/Proelß (Hrsg.), Völkerrecht, 8. Abschnitt, Rn. 8.

594 *C. J. Tams*, in: EJIL 20 (2009), 359 (375) ist daher zu Recht der Meinung, dass die diesen Versuchen zu Grunde liegende Argumentation „has met with the very limited amount of attention that it deserved"; *T. Bruha*, in: Bruha u. a. (Hrsg.), Legalität, Legitimität und Moral, 157 (159) zufolge sind diese Stimmen „ohne weiteres zu widerlegen."

a) Gewaltverbot für nichtstaatliche Akteure

Im Nachklang des 11. September 2001 wurde die Erstreckung des Gewaltverbotes auf nichtstaatliche Gewaltakteure erörtert und gefordert. Zu verzeichnen waren dabei sowohl Stimmen, die eine differenzierende Erweiterung befürworteten als auch solche, die das Gewaltverbot auf alle nichtstaatlichen Gewaltakteure erweitern wollten.[595]

Der Wortlaut von Art. 2 Abs. 4 UN-Charta lässt derartige Überlegungen nicht zu. Ausdrücklich untersagt er allen Mitgliedern, also nur Staaten, die Anwendung oder Drohung von Gewalt in ihren internationalen Beziehungen. Wenn also Forderungen nach einer erweiterten Auslegung erhoben werden, sind diese nicht mit dem klaren Wortlaut von Art. 2 Abs. 4 UN-Charta vereinbar.[596] Daher stellt sich mit Blick auf nichtstaatliche Akteure die Frage, ob das Gewaltverbot durch Auslegung über den Wortlaut hinaus oder durch völkergewohnheitsrechtliche Modifikation auch für nichtstaatliche Akteure gelten könnte. Daher sollen kurz die Maßstäbe dargelegt werden, an denen sich die Arbeit bei der Auslegung der UN-Charta orientiert. Diese Maßstäbe sind auch für die spätere Auslegung weiterer Tatbestandsmerkmale der Charta entscheidend, insbesondere für die Auslegung und völkergewohnheitsrechtliche Modifikation des Selbstverteidigungsrechts.

aa) Auslegung und Modifikation der UN-Charta

Da sie ihrem Ursprung nach ein Gründungsvertrag einer Internationalen Organisation ist, fällt die UN-Charta gemäß Art. 5 des Wiener Übereinkommens über das Recht der Verträge (WVK) in den Anwendungsbereich der WVK. Da die WVK zudem nach überwiegender Auffassung das geltende Völkergewohnheitsrecht zur Auslegung internationaler Verträge zu-

---

595 Vgl. *T. Bruha*, in: AVR 40 (2002), 383 (397 ff.), der diese Forderung nur auf terroristische Organisationen bezieht und damit einen differenzierenden Ansatz verfolgt; demgegenüber *J. A. Frowein*, in: ZaöRV 62 (2002), 879 (887) und *D.-E. Khan*, in: Heintze/Ipsen (Hrsg.), Heutige bewaffnete Konflikte als Herausforderungen an das humanitäre Völkerrecht, 99 (112), deren Ansatz indifferent ist, da sie das Gewaltverbot allgemein auf nichtstaatliche Organisationen erstrecken wollen.

596 So auch *M. Bothe*, in: Vitzthum/Proelß (Hrsg.), Völkerrecht, 8. Abschnitt, Rn. 11.

sammenfasst,[597] wird zumindest ihre analoge Anwendung auf die UN-Charta nicht dadurch gehindert, dass sie erst nach der UN-Charta verabschiedet wurde.[598] Gemäß Art. 31 Abs. 1 und 2 WVK ist für die Auslegung die gewöhnliche Bedeutung der Norm zu ergründen, die sich aus dem Wortlaut, dem systematischen Zusammenhang und dem Sinn und Zweck ergibt. Gleichrangig sind gemäß Art. 31 Abs. 3 a) WVK Übereinkünfte zwischen den Vertragsparteien über die Auslegung zu beachten sowie gemäß Art. 31 Abs. 3 b) WVK die Staatenpraxis, soweit sie eine Übereinstimmung der Vertragsparteien hinsichtlich der Auslegung des Vertrages widerspiegelt. Bezüglich der Bedeutung, die der Praxis von Organen der Vereinten Nationen für die Auslegung i. S. v. Art. 31 Abs. 3 b) WVK zukommt, geht die vorliegende Arbeit davon aus, dass Sicherheitsratsresolutionen dann relevant sind, wenn die übrige Staatengemeinschaft ihnen zustimmt.[599] Diese Zustimmung muss nicht ausdrücklich geäußert werden, sondern ist bereits nachgewiesen, wenn die von der Resolution nicht betroffenen Staaten keine Einwände erheben und jedenfalls die Mehrzahl der adressierten Staaten den Sicherheitsratsbeschlüssen folgt.[600] Es ist daher unerheblich, wenn nur wenige Staaten die Resolution ablehnen.

Resolutionen der Generalversammlung spiegeln Staatenpraxis wider, sofern sie von einer großen Mehrheit der Mitglieder getragen werden.[601] An diesen Parametern orientiert sich mithin die Auslegung des Gewaltbegriffes der UN-Charta.

Entsprechend ihrem Charakter als Gründungsvertrag einer Internationalen Organisation werden diese Parameter ergänzt um die Auslegungsmethoden des *effet utile* und der *implied powers*-Lehre, die im Kanon der juristischen Methodenlehre Ausprägungen der teleologischen Auslegung dar-

---

597 W. G. *Vitzthum*, in: Vitzthum/Proelß (Hrsg.), Völkerrecht, 1. Abschnitt, Rn. 114 und S. *Hobe*, Einführung in das Völkerrecht, S. 188, die lediglich einige Bestimmungen über Vorbehalte hiervon ausnehmen.

598 Ebenso G. *Ress*, in: Simma (Hrsg.), Charter of the United Nations, Interpretation, Rn. 8.

599 U. *Fink*, Kollektive Friedenssicherung, S. 857. Ähnlich auch N. M. *Blokker*, in: Blokker/Schrijver (Hrsg.), Security Council and the Use of Force, 1 (10); E. *Eckert*, Rolle nichtstaatlicher Akteure, S. 45.

600 G. *Ress*, in: Simma (Hrsg.), Charter of the United Nations, Interpretation, Rn. 30; H. *Schröder*, failed und failing States, S. 228.

601 So auch G. *Ress*, in: Simma (Hrsg.), Charter of the United Nations, Interpretation, Rn. 32; E. *Eckert*, Rolle nichtstaatlicher Akteure, S. 24. Anders K. *Skubiszewski*, in: Bernhardt/Geck/Jaenicke/Steinberger (Hrsg.), FS-Mosler, 891 (898), der Resolutionen der Generalversammlung nur Bedeutung für die Auslegung beimisst, wenn sie einstimmig ergangen sind.

stellen.[602] Dem Grundsatz des *effet utile* zufolge ist im Falle mehrerer Auslegungsvarianten jene zu wählen, die dem Zweck des Vertrages in möglichst hohem Maße dient,[603] während die *implied powers*-Lehre besagt, dass die Regelungen so auszulegen sind, dass die Organe der Internationalen Organisation mit den nötigen Kompetenzen ausgestattet sind, um den Zielen der Organisation möglichst effektiv zur Durchsetzung zu verhelfen.[604]

Darüber hinaus versteht die vorliegende Arbeit die UN-Charta jedenfalls hinsichtlich der weltweiten Friedenssicherung als Verfassung der internationalen Gemeinschaft.[605] Sie gibt daher als maßgebliches Recht vor, ob und unter welchen Umständen Staaten Gewalt anwenden dürfen.

Daraus ergeben sich weitere, die Auslegung leitende Parameter. Als maßgebliches und autoritäres Rechtsregime für die internationale Friedenssicherung sieht sich die UN-Charta vor die besondere Aufgabe gestellt, auf neue Risiken und Herausforderungen für den weltweiten Frieden angemessen zu reagieren. Diese Aufgabe kann sie nur bewältigen, wenn sie als *living constitution* aufgefasst wird, als Verfassung also, deren Auslegung ebenso dynamisch sein muss wie die Änderungen auf tatsächlicher Ebene.[606] Allerdings sind der Auslegung durch den Wortlaut Grenzen gesetzt.[607] Bestätigung findet diese Grenzziehung in Artikel 108 und 109 UN-Charta, die ein festes Verfahren zur Änderung und Revision der UN-Charta vorsehen.[608] Jede über den Wortlaut hinausgehende Auslegung unterliefe diese Bestimmungen zur Vertragsänderung. Trotz dieser vermeintlich eindeutigen Lage hinsichtlich der Autorität der Textfassung der UN-

---

602 *G. Ress*, in: Simma (Hrsg.), Charter of the United Nations, Interpretation, Rn. 34 ff.

603 *T. Stein/C. v. Buttlar*, Völkerrecht, Rn. 84.

604 IGH, Reparations for Injuries Suffered in the Service of the United Nations, Advisory Opinion of April 11th 1949, ICJ Reports 1949, S. 174 ff., S. 182.

605 So auch *B. Fassbender*, in: Colum. J. Transnat'l L. 36 (1998), 529 ff; *M. N. Shaw*, International Law, S. 1205; *K. Skubiszewski*, in: Bernhardt/Geck/Jaenicke/Steinberger (Hrsg.), FS-Mosler, 891 (891). Zurückhaltend dagegen *U. Fink*, Kollektive Friedenssicherung, S. 854; kritisch *K. Zemanek*, in: Dicke u. a. (Hrsg.), Weltinnenrecht, 895 (907); *A. Cassese*, International Law, S. 36. Mit dem Begriff der internationalen Gemeinschaft meint die Arbeit lediglich die Gesamtheit aller Staaten, ohne dem Begriff damit eine besondere soziologische, politische oder rechtliche Bedeutung verleihen zu wollen. Vgl. ausführlich zum Begriff *A. Paulus*, Die internationale Gemeinschaft im Völkerrecht, passim.

606 Vgl. *T. Stein/C. von Buttlar*, Völkerrecht, Rn. 801; *R. Zacklin*, The Amendment of the Constitutive Instruments, S. 180.

607 *G. Ress*, in: Simma (Hrsg.), UN-Charta, Interpretation, Rn. 23.

608 Näher hierzu *J. Dehaussy*, in: Cot/Pellet (Hrsg.), Charte des Nations Unies, 3. Auflage, Article 108 und Article 109.

Charta besteht keineswegs Einigkeit darüber, ob nachfolgende Organ- bzw. Staatenpraxis die Textfassung nicht doch modifizieren kann.

Jene, die eine solche Modifikation durch Völkergewohnheitsrecht befür- worten, führen an, dass das schwerfällige Änderungsverfahren des Art. 108 UN-Charta eine Anpassung der Charta an sich ändernde Herausforderun- gen unmöglich mache und lediglich durch informelle Änderungen zu kompensieren sei.[609] Gegner fürchten, dass informelle Änderungen zur Erosion des Verfassungscharakters der UN-Charta führen könnten.[610]

Die Arbeit nimmt eine vermittelnde Position ein. Der völlige Ausschluss informeller Modifikation erscheint bereits deswegen problematisch, weil die Grenze zwischen dogmatisch zulässiger Interpretation und unzulässi- ger Überschreitung des Wortlauts kaum zu ziehen ist. Die Überdehnung des Wortlauts spielt sich oft unter dem Deckmantel der Bezeichnung „ex- tensive Auslegung" ab, um der Form nach dogmatisch sauber zu arbeiten. Derartige Notlösungen können vermieden werden, indem eine Auslegung der UN-Charta über den Wortlaut hinaus durch informelle Modifikatio- nen unter engen Voraussetzungen akzeptiert wird. Dazu gehört, dass die Organpraxis dahingehend zu analysieren ist, ob in ihr tatsächlich ein ent- sprechender Wille der Mitgliedstaaten in Erscheinung tritt. Außerdem reicht nicht die einmalige Etablierung einer über den Wortlaut hinausge- henden Interpretation, um den Text der Charta zu modifizieren. Vielmehr bedarf es der mehrmaligen Bestätigung der neuen Auffassung, damit sie als dauerhafte Modifikation Geltungskraft erlangt.[611] Auf diese Weise kann die Gefahr der Erosion der UN-Charta gebannt werden, ohne ihre Stagna- tion in Kauf zu nehmen.

Damit erkennt die vorliegende Arbeit an, dass die Normen der UN- Charta völkergewohnheitsrechtlich modifizierbar sind.[612] Ebenso leugnet sie nicht, dass einzelne Bestimmungen Bestandteile des Völkergewohn- heitsrechts sein können.[613] Ausfluss des Verfassungsrangs der UN-Charta ist aber auch, dass neben der Charta existierendes Völkergewohnheitsrecht

---

609 *R. Zacklin*, The Amendment of the Constitutive Instruments, S. 181.
610 *Y. Z. Blum*, Eroding the United Nations Charter, S. 239 ff.; *B. Fassbender*, United Nations Charter as the Constitution, S. 136 ff. Auf das Gewaltverbot bezogen auch *M. Krajewski*, in: Kritische Justiz 34 (2001), 363 (373).
611 So auch *J. Dehaussy*, in: Cot/Pellet (Hrsg.), Charte des Nations Unies, 3. Auflage, Article 108, S. 2212.
612 So auch *J. Delbrück*, in: Die Friedens-Warte 74 (1999), 139 (148 ff.); *E. Eckert*, Rolle nichtstaatlicher Akteure, S. 24.
613 Diese Ansicht ist sogar in der Charta selbst angelegt, indem insbesondere Art. 51 UN-Charta vom „inherent right of self-defence" spricht.

in keinem Fall weiter reichen kann als die Charta selbst.[614] Völkergewohnheitsrechtliche Rechtsänderungen beeinflussen die Normen der Charta daher nur durch die beschriebene informelle Modifikation.

bb) Modifikation des Gewaltverbots

Für eine völkergewohnheitsrechtliche Modifikation des Gewaltverbots, die eine Erstreckung auf nichtstaatliche Akteure ermöglicht, müssten somit die soeben dargelegten Voraussetzungen vorliegen, die neben der mehrmaligen Bestätigung einer bestimmten Auslegung durch Organe der UN oder Mitglieder eine nahezu universelle Akzeptanz unter den Mitgliedstaaten umfassen.[615]

Die Organpraxis des Sicherheitsrates spricht dagegen, dass er nichtstaatliche Gewaltakteure an das Gewaltverbot gebunden sieht. Bislang hat er die beteiligten Konfliktparteien lediglich bei zwischenstaatlichen Konflikten an die Beachtung des Gewaltverbotes erinnert,[616] nicht hingegen bei der Beteiligung nichtstaatlicher Gewaltakteure.

Gegen eine Ausweitung des Gewaltverbots spricht überdies, dass die Staaten als herkömmliche Adressaten des Gewaltverbots nicht nur verpflichtet werden, sondern Art. 2 Abs. 4 UN-Charta ihnen auch Schutz vor der Gewaltanwendung anderer gewährt. Nur so kann die dem Gewaltverbot zugrundeliegende *ratio*, in den internationalen Beziehungen Gewalt umfassend zu delegitimieren, umgesetzt werden. Es beruht mithin auf dem wechselseitigen Verzicht von Gewalt. Übertragen auf nichtstaatliche Gewaltakteure bedeutete dies, dass ihnen das Recht verliehen würde, von jeglicher Gewaltanwendung verschont zu bleiben.[617] Diese Konsequenz steht, zumindest in Hinsicht auf den internationalen Terrorismus, für den besonders nachdrücklich die Erweiterung des Gewaltverbots gefordert wird,[618] im Gegensatz zur beständig wiederholten Ächtung durch den Si-

---

614 IGH, Military and Paramilitary Activities in and against Nicaragua (Nicaragua v. United States of America), Judgment of 27 June 1986 (Merits), ICJ Reports 1986, S. 14 ff., Ziff. 172 ff.

615 Siehe oben E. II. 1. a) aa).

616 Vgl. S/Res/186 (1964) vom 4. März 1964; S/Res/487 (1981) vom 19. Juni 1981; S/Res/545 (1983) vom 20. Dezember 1983; S/Res/573 (1985) vom 4. Oktober 1985.

617 A. A. *T. Bruha*, in: AVR 40 (2002), 383 (398).

618 Vgl. *T. Bruha*, in: AVR 40 (2002), 383 (398).

cherheitsrat.[619] Wer den Aktionsradius eines Akteurs effektiv eindämmen will, wird ihm nicht einen so weitreichenden Schutz wie den des Gewaltverbots gewähren. Den Sicherheitsresolutionen lässt sich somit bisher nicht der Wille entnehmen, das Gewaltverbot auf nichtstaatliche Akteure zu erstrecken.

Außerdem hat bislang kein Staat eine Anwendung von Art. 2 Abs. 4 UN-Charta auf nichtstaatliche Akteure gefordert. Explizit finden sich nur Verurteilungen terroristischer Akte als kriminell,[620] nicht jedoch als Akte, die das Gewaltverbot verletzten. Ebenso wenig hat je ein Staat vertreten, Terroristen sollten den Schutz des Gewaltverbots in Anspruch nehmen können. Dementsprechend mangelt es bereits an den Ansätzen einer Staatenpraxis, die Voraussetzung für eine völkergewohnheitsrechtliche Modifikation von Art. 2 Abs. 4 UN-Charta wären. Somit bleibt sein Adressatenkreis auf Staaten beschränkt.[621] Nichtstaatliche Akteure schließt das Gewaltverbot indifferent von seinem Anwendungsbereich aus.

Lediglich für *de facto*-Regimes ist allgemein die erweiterte Geltung des Gewaltverbots anerkannt, um zu verhindern, dass sie von den wesentlichen völkerrechtlichen Normen zur zwischenstaatlichen Gewaltanwendung nicht erfasst werden.[622] Wie allerdings bereits oben dargestellt wurde, stehen *de facto*-Regimes aufgrund ihrer staatsähnlichen Strukturen Staaten näher als nichtstaatlichen Gruppen.[623] Es ist daher konsequent, das Gewaltverbot auf sie zu erstrecken, ohne dass hiermit ein Präzedenzfall für die Anwendung von Art. 2 Abs. 4 UN-Charta auf nichtstaatliche Akteure geschaffen worden wäre.

---

619 Vgl. nur S/Res/1368 (2001) vom 12. September 2001, Ziff. 1; S/Res/1373 (2001) vom 28. September 2001, zweiter Absatz der Präambel.

620 Vgl. etwa die Äußerungen mehrerer Sicherheitsratsmitglieder im Vorfeld der Verabschiedung von Resolution 1373, S/PV.4370, S. 2 ff.

621 So auch *C. J. Tams*, in: EJIL 20 (2009), 359 (375).

622 *A. Randelzhofer*, in: Simma (Hrsg.), Charter of the United Nations, Art. 2 (4), Rn. 28.

623 Siehe oben B. I. 5.

b) Völkergewohnheitsrechtliches Gewaltverbot

Sowohl weite Teile der Völkerrechtswissenschaft[624] als auch der Internationale Gerichtshof[625] gehen davon aus, dass es neben Art. 2 Abs. 4 UN-Charta auch ein völkergewohnheitsrechtliches Gewaltverbot gibt. Entsprechend dem soeben dargelegten Verständnis der UN-Charta als Verfassung für die weltweite Friedenssicherung kann der Gehalt des völkergewohnheitsrechtlichen Gewaltverbotes indes nicht weiterreichen als der von Art. 2 Abs. 4 UN-Charta. Nach der hier anerkannten Möglichkeit der informellen Modifiktion der Charta-Normen kann aber Völkergewohnheitsrecht die Auslegung des Gewaltverbots über den Wortlaut hinaus erlauben.

c) Kohärenz

Der indifferente Ausschluss nichtstaatlicher Akteure vom Gewaltverbot ist kohärent, da allen diesen Akteuren die Anwendung von Gewalt ohnehin verboten ist. Für Piraten und nahezu alle Erscheinungsformen terroristischer Gewalt ergibt sich dieses Verbot unmittelbar aus der noch darzustellenden Kriminalisierung.[626] Zusätzlich ergibt sie sich in der Regel aus den innerstaatlichen Rechtsordnungen. Das Verbot der Gewaltanwendung für die übrigen nichtstaatlichen Gewaltformen ergibt sich zwar nicht unmittelbar aus dem Völkerrecht, jede staatliche Rechtsordnung versucht aber ihr Gewaltmonopol durchzusetzen, indem sie Gewalt anderer Akteure konsequent kriminalisiert. Für ein zusätzliches Verbot auf völkerrechtlicher Ebene besteht damit kein Bedarf.

2. Friedensbruch/-bedrohung gemäß Art. 39 UN-Charta

Will der Sicherheitsrat Maßnahmen kollektiver Sicherheit nach Kapitel VII der UN-Charta ergreifen, muss er gemäß Art. 39 UN-Charta feststellen,

---

624 Vgl. nur *M. N. Shaw*, International Law, S. 1123; *T. Stein/C. v. Buttlar*, Völkerrecht, Rn. 773; *J. Delbrück*, in: GYIL 44 (2001), 9 (13); *T. Bruha*, in: AVR 40 (2002), 383 (397); *C. Wandscher*, Internationaler Terrorismus und Selbstverteidigungsrecht, S. 124.

625 IGH, Military and Paramilitary Activities in and against Nicaragua (Nicaragua v. United States of America), Judgment of 27 June 1986 (Merits), ICJ Reports 1986, S. 14 ff., Ziff. 188–190.

626 Siehe unten E. IV.

dass ein Friedensbruch, eine Friedensbedrohung oder eine Angriffshandlung vorliegt.

Ein Friedensbruch meint den gewaltsam ausgetragenen Konflikt zwischen staatlichen Streitkräften.[627] Da vorliegend die Regelung nichtstaatlicher Gewalt analysiert wird, unterbleibt eine Analyse dieser Tatbestandsvariante.

Mit dem Begriff des Angriffs beschäftigte sich 1974 eine Resolution der Generalversammlung,[628] deren verabschiedete Angriffsdefinition seitdem immer wieder rezipiert und als Völkergewohnheitsrecht angesehen wird.[629] Ebenso wie für den Friedensbruch verlangt diese Definition für den Angriff, dass ein Staat bewaffnete Gewalt gegen einen anderen Staat einsetzt.[630] Darunter kann zwar auch der Einsatz von nichtstaatlichen Gewaltakteuren fallen, aber nur dann, wenn er einem Staat zuzurechnen ist.[631] Folglich behält die Angriffsdefinition zwischenstaatliche Kategorien bei, von denen auch der Sicherheitsrat bei der Feststellung von Angriffen nicht abwich.[632] Ob sich durch oder nach dem 11. September 2001 das völkerrechtliche Verständnis des Angriffs gewandelt hat, behandelt die Arbeit im Rahmen der Frage, ob das Selbstverteidigungsrecht nach Art. 51 UN-Charta auch bei nichtstaatlichen bewaffneten Angriffen gilt.[633]

Jeder Friedensbruch und jede Angriffshandlung werden schließlich von der weit gefassten Variante der Friedensbedrohung erfasst. Dementsprechend spielt in der Praxis des Sicherheitsrates der Begriff der Friedensbedrohung als Auffangtatbestand die bedeutendste Rolle.[634] Bei der Auslegung des Merkmals Friedensbedrohung sind dem Sicherheitsrat kaum nor-

---

627 *J. A. Frowein*, in: Simma (Hrsg.), Charter of the United Nations, Article 39, Rn. 9.

628 A/Res/3314 (XXIX) vom 14. Dezember 1974.

629 IGH, Military and Paramilitary Activities in and against Nicaragua (Nicaragua v. United States of America), Judgment of 27 June 1986 (Merits), ICJ Reports 1986, S. 14 ff., Ziff. 191; *W. Heintschel v. Heinegg*, in: Ipsen (Hrsg.), Völkerrecht, § 51, Rn. 20.

630 A/Res/3314 (XXIX) vom 14. Dezember 1974, Art. 1.

631 A/Res/3314 (XXIX) vom 14. Dezember 1974, Art. 3 (g).

632 Als Angriff wertete der Sicherheitsrat etwa einen Luftangriff Israels auf tunesisches Territorium, vgl. S/Res/573 (1985) vom 4. Oktober 1985, Ziff. 1 oder die Aktivitäten Südafrikas in Angola, vgl. S/Res/577 (1985) vom 6. Dezember 1985, Ziff. 2.

633 Siehe unten E. II. 3. d) bb).

634 *T. Stein/C. v. Buttlar*, Völkerrecht, Rn. 857.

mative Grenzen gezogen. Es handelt sich deswegen in erster Linie um eine politische Bewertung der jeweiligen Konfliktsituation.[635]

Wie zu zeigen sein wird, spielen nichtstaatliche Akteure dabei sowohl auf der Tatbestandsebene von Art. 39 UN-Charta eine Rolle, als auch auf der Rechtsfolgenseite. Tatbestandsmäßig ist ihr Verhalten immer dann relevant, wenn der Sicherheitsrat für die Feststellung einer Friedensbedrohung maßgeblich auf Handlungen nichtstaatlicher Akteure abstellt. Auf der Rechtsfolgenseite berücksichtigt sie der Sicherheitsrat dann, wenn sie Adressaten von Forderungen oder Zwangsmaßnahmen sind, die auf Art. 39 UN-Charta beruhen. Ob der Sicherheitsrat an den Adressaten eine verbindliche Forderung stellt oder lediglich einen unverbindlichen Appell, lässt sich angesichts der uneinheitlichen Wortwahl nicht immer klar identifizieren. Jedenfalls dann, wenn er seine Beschlüsse mit den Worten „demands", „requests" oder „decides" einleitet, geht die Arbeit von einer unmittelbaren rechtlichen Bindung aus. Um unverbindliche Aufforderungen handelt es sich, wenn der Sicherheitsrat sie mit den Verben „calls on", „approves", „invites", „encourages", „emphasizes", „expresses", „deplores" oder „supports" einführt.

Dementsprechend richtet sich der Blick der folgenden Analyse darauf, inwiefern der Sicherheitsrat einerseits das Verhalten der verschiedenen nichtstaatlichen Gewaltakteure als tatbestandsmäßige Friedensbedrohung angesehen hat und er andererseits diesen Akteuren Pflichten direkt auferlegt hat.[636] Dabei wird es keineswegs eine neue Erkenntnis sein, dass sich der Sicherheitsrat schon oft mit nichtstaatlichen Gewaltakteuren beschäftigt hat.[637] Keine Beachtung gefunden hat hingegen die Frage, inwiefern

---

635 *S. Hobe*, Einführung in das Völkerrecht, S. 272.

636 Außen vor lässt die Arbeit hingegen Resolutionen, in denen sich der Sicherheitsrat mit menschenrechtlichen Pflichten nichtstaatlicher Gewaltakteure auseinandergesetzt hat. In seinem Bemühen, den Einsatz von Kindersoldaten zu unterbinden und das Leiden von Frauen und Kindern im Konflikt zu lindern, hat der Sicherheitsrat z. B. wiederholt die menschenrechtliche Verpflichtung nichtstaatlicher Gewaltakteure unterstrichen, Frauen und Kinder zu schonen. So forderte er mehrfach nichtstaatliche Gewaltakteure dazu auf, keine Kindersoldaten mehr einzusetzen, z. B. S/Res/2071 (2012) vom 12. Oktober 2012, Ziff. 5; S/Res/2136 (2014) vom 30. Januar 2014, Ziff. 7. Da die Frage der menschenrechtlichen Bindung nichtstaatlicher Gewaltakteure nicht Gegenstand dieser Arbeit ist, unterbleibt eine weitere Untersuchung dieser Resolutionen.

637 Für Bürgerkriegsparteien vgl. etwa *U. Fink*, Kollektive Friedenssicherung, passim.

der Sicherheitsrat dabei zwischen den verschiedenen Gewaltakteuren differenzierte. Darauf liegt entsprechend der Fokus der Untersuchung.[638]

a) Bürgerkriegsparteien

Zahlreich sind die Resolutionen, in denen sich der Sicherheitsrat mit der Beteiligung nichtstaatlicher Gruppen in Bürgerkriegssituationen hinsichtlich ihrer Auswirkungen auf den Frieden und die Sicherheit befasst hat. Da es im folgenden Abschnitt primär darum geht, wie der Sicherheitsrat in den jeweiligen Konflikten nichtstaatliche Akteure berücksichtigt und behandelt hat, nicht jedoch um die rechtliche Einordnung der Konflikte, orientiert sich die Arbeit an einer umfassenden Studie des International Peace Institute zum Thema „The United Nations Security Council and Civil War". Dieser Studie liegt folgender anerkannter Bürgerkriegsbegriff der Friedens- und Konfliktforschung zu Grunde:

> „[...] a civil war consists of one or several simultaneous disputes over generally incompatible positions that (1) concern government and/or territory in a state; (2) are causally linked to the use of armed force, resulting in at least 500 battle-related deaths during a given year during the conflict; and (3) involve two or more parties, of which the primary warring parties are the government of the state where armed force is used, and one or several nonstate opposition organization."[639]

Da diese Definition eine recht hohe Zahl ziviler Opfer sowie eine staatliche Beteiligung am Konflikt voraussetzt, stellt sie höhere Anforderungen auf als die Definition des nichtinternationalen bewaffneten Konfliktes in Art. 3 GA. Alle untersuchten Konflikte sind daher auch rechtlich als Bürgerkriege zu beurteilen.

aa) Jugoslawien

Nachdem in Jugoslawien 1991 die Spannungen zwischen den verschiedenen auf dem Staatsgebiet lebenden Volksgruppen zur Unabhängigkeitser-

---

638 Zu den maßgeblichen Auslegungsregeln von Sicherheitsratsresolutionen vgl. *U. Brandl*, in: AVR 53 (2015), 279 ff.
639 Vgl. *J. Cockayne/C. Mikulaschek/C. Perry*, The United Nations Security Council and Civil War, S. 43.

klärung Sloweniens und Kroatiens geführt hatten,[640] die wiederum in gewalttätigen Auseinandersetzungen mündeten,[641] stellte der Sicherheitsrat erstmals im September eine Friedensbedrohung fest.[642] Aus den Erwägungen der Präambel lässt sich der Schluss ziehen, dass die Besorgnis um die Stabilität der Region ausschlaggebend für diese Feststellung war.[643] Obwohl der Sicherheitsrat den Konflikt zu diesem Zeitpunkt formell noch als einen Bürgerkrieg behandelte, rechtfertigt die tatsächliche Situation eine andere Bewertung. Nachdem Slowenien und Kroatien ihre Unabhängigkeit erklärt hatten, stellten sie Gebilde dar, die mit abgrenzbarem Territorium, einer nahezu einheitlichen Volkszugehörigkeit ihrer Bevölkerung[644] und der Beherrschung ihres Territoriums durch eine Regierung, jene Elemente aufwiesen, die nach wie vor konstitutiv für die Erlangung von Staatlichkeit angesehen werden.[645] Dementsprechend handelte es sich, trotz bis dahin fehlender Anerkennung der beiden ehemaligen Teilrepubliken als Staaten,[646] um einen zwischenstaatlichen Konflikt bzw. einen Konflikt zwischen *de facto*-Regimen und einem Staat. Die Feststellung einer Frie-

---

640 Am 25. Juni 1991 erklärten die Parlamente beider Länder die Unabhängigkeit, vgl. *U. Fink*, Kollektive Friedenssicherung, S. 616 f., der auch die deutschen Übersetzungen der Unabhängigkeitserklärungen wiedergibt.

641 Zur Entwicklung des Jugoslawien-Konflikts siehe umfassend *U. Fink*, Kollektive Friedenssicherung, S. 605 ff.

642 Vgl. S/Res/713 (1991) vom 25. September 1991, vierter Absatz der Präambel: „Concerned that the continuation of this situation constitutes a threat to international peace and security". Diese Formulierung ebenfalls als Feststellung einer Friedensbedrohung wertend, *S. Economides/P. Taylor*, in: Berdal/Economides (Hrsg.), United Nations Interventionism 1991–2004, 65 (70). A. A. *B. Martenczuk*, Rechtsbindung und Rechtskontrolle, S. 172.

643 Vgl. S/Res/713 (1991) vom 25. September 1991, dritter Absatz der Präambel: „Deeply concerned by the fighting in Yugoslavia which is causing a heavy loss of human life and material damage, and by the consequences for the countries of the region, in particular in the border areas of neighbouring countries."

644 In Kroatien bezeichneten sich 1991 78,1% der Bevölkerung als kroatisch, 12,2% als serbisch (die übrigen Gruppen blieben unter 1%), vgl. *J. B. Allcock/M. Milivojević/J. J. Horton* (Hrsg.), Conflicts in the Former Yugoslavia, S. 53.

645 Vgl. nur *I. Brownlie*, Public International Law, S. 70 ff.; *K. Hailbronner*, in: Vitzthum/Proeß (Hrsg.), Völkerrecht, 3. Abschnitt, Rn. 76.

646 Nach heute überwiegender Meinung ist die Anerkennung durch Drittstaaten nicht mehr konstitutiv für die Staatlichkeit, vgl. *K. Hailbronner*, in: Vitzthum/Proeß (Hrsg.), Völkerrecht, 3. Abschnitt, Rn. 178. Die förmliche Anerkennung Sloweniens und Kroatiens folgte jedoch kurz darauf am 23. Dezember 1991 zunächst durch die Bundesrepublik Deutschland und am 15. Januar 1992 durch die übrigen Mitgliedstaaten der Europäischen Gemeinschaft, vgl. *J. B. Allcock/M. Milivojević/J. J. Horton* (Hrsg.), Conflicts in the Former Yugoslavia, S. 102. Am

densbedrohung erfolgte somit nicht als Reaktion auf ein Handeln nichtstaatlicher Akteure, so wie sie hier verstanden werden.

Eine wesentlich stärkere Bürgerkriegsausprägung wiesen in der Folge allerdings die Kämpfe in Bosnien-Herzegowina auf, wo eine heterogenere Bevölkerungsstruktur als in Kroatien und Slowenien die Beherrschbarkeit des Territoriums durch eine einzelne Gruppe erschwerte.[647] Folglich konnte hier keine der Volksgruppen als stabilisiertes *de facto*-Regime angesehen werden. Der Sicherheitsrat reagierte mit Resolution 757[648], in der er eine Friedensbedrohung feststellte, um Sanktionsmaßnahmen gegen Jugoslawien (Serbien und Montenegro)[649] auf Kapitel VII der UN-Charta stützen zu können. In der Präambel machte der Sicherheitsrat indifferent alle in Bosnien-Herzegowina agierenden Gewaltakteure, also auch nichtstaatliche, verantwortlich für die Friedensbedrohung, die seiner Ansicht nach von den Kämpfen ausging.[650] Mindestens eine ebenbürtige Verantwortung schrieb er indes den auf den Konflikt Einfluss nehmenden Nachbarstaaten zu,[651] die schließlich auch die Adressaten der im operativen Teil der Resolution getroffenen Zwangsmaßnahmen waren. Daraus wird ersichtlich, dass nichtstaatliche Akteure nur eine untergeordnete Rolle bei den Erwä-

---

22. Mai 1992 erfolgte die Aufnahme der beiden Staaten und Bosnien-Herzegowinas in die Vereinten Nationen, vgl. die Resolutionen der Generalversammlung A/Res/46/236, A/Res/46/237 und A/Res/46/238 vom 22. Mai 1992.

647 In Bosnien-Herzegowina bezeichneten sich 1991 44% der Bevölkerung als muslimisch, 31% als serbisch, 17% als kroatisch, vgl. *J. B. Allcock/M. Milivojević/J. J. Horton* (Hrsg.), Conflicts in the Former Yugoslavia, S. 21. Dennoch war der Konflikt wegen der Präsenz von Truppen der Bundesrepublik Jugoslawien lange als internationaler bewaffneter Konflikt zu qualifizieren, nach deren Abzug immerhin noch als internationalisierter Bürgerkrieg, da kroatische Truppen und Streitkräfte der NATO in Kämpfe verwickelt waren, vgl. zu dieser Klassifizierung *M. R. Sarkees/F. W. Wayman*, Resort to War, S. 177.

648 S/Res/757 (1992) vom 30. Mai 1992.

649 Der Sicherheitsrat benutzte diese Bezeichnung (im engl. Wortlaut: „Yugoslavia (Serbia and Montenegro)"), um den verbliebenen Teil Jugoslawiens von den mittlerweile selbstständigen ehemaligen Teilrepubliken abzugrenzen.

650 Vgl. die Klage des Sicherheitsrats, seine Forderungen aus S/Res/752 (1992) vom 15. Mai 1992 seien nicht erfüllt worden, „including its demands that: – all parties and other concerned in Bosnia and Herzegovina stop the fighting immediately [...].", S/Res/757 (1992) vom 30. Mai 1992, vierter Absatz der Präambel.

651 Vgl. weiter die Klage des Sicherheitsrats über die Nichterfüllung seiner Forderungen aus S/Res/752 (1992) vom 15. Mai 1992, „including its demands that: [...] – all forms of interference from outside of Bosnia and Herzegovina cease immediately, Bosnia and Herzegovina's neighbours take swift action to end all interference and respect the territorial integrity of Bosnia and Herzegovina, [...]", S/Res/757 (1992) vom 30. Mai 1992, vierter Absatz der Präambel.

gungen gespielt haben, die zur Einstufung der Situation als Friedensbedrohung führten.

In der Folge zogen sich die Nachbarstaaten dem äußeren Anschein nach zunehmend aus den Kämpfen in Bosnien-Herzegowina zurück, so dass sich die Hauptverantwortung für die anhaltenden Gewalthandlungen auf die beteiligten nichtstaatlichen Akteure verlagerte.[652] Dies reflektieren auch die Entschließungen des Sicherheitsrats, der in Resolution 787 erstmals ausdrücklich im operativen Teil eine Forderung an nichtstaatliche Akteure, nämlich die bosnischen Serben, adressierte.[653] Zuvor hatte er entweder einen Staat als Adressat genannt oder unterschiedslos alle Beteiligten als „all parties" angesprochen und damit offen gelassen, ob hiermit im konkreten Fall staatliche oder nichtstaatliche Akteure gemeint waren.[654] Indem der Sicherheitsrat die bosnischen Serben als paramilitärische Kräfte bezeichnete, wählte er zudem eine indifferente Bezeichnung.

Dennoch blieb es auch in Resolution 787 und mehreren darauffolgenden Resolutionen dabei, dass entweder das Verhalten staatlicher Akteure in den Erwägungen der Präambel eine Rolle spielte oder im operativen Teil zumindest eine Forderung oder Zwangsmaßnahme an einen im Konflikt verwickelten Staat erging,[655] so dass sich nicht feststellen lässt, ob allein die Aktivitäten nichtstaatlicher Akteure den Sicherheitsrat zur Feststellung einer Friedensbedrohung veranlasst hätten. In den Resolutionen 824, 836 und 913 fokussiert sich zwar die Aufmerksamkeit des Sicherheitsrates auf die bosnischen Serben, indem er sie als einzige der für die Kämpfe ver-

---

652 Vgl. *E. Eckert*, Rolle nichtstaatlicher Akteure, S. 61 f.

653 Vgl. S/Res/787 (1992) vom 16. November 1992, Ziff. 4, „Condemns the refusal of all parties in the Republic of Bosnia and Herzegovina, *in particular the Bosnian Serb paramilitary forces* [Hervorhebung durch den Verf.], to comply with its previous resolutions [...]." Dass die bosnischen Serben kein *de iure*-Organ der jugoslawischen Streitkräfte waren und damit nach dem hier maßgeblichen Verständnis nichtstaatliche Akteure, hat übrigens auch der IGH, Application of the Convention on the Prevention and Punishment of the Crime of Genocide (Bosnia and Herzegovina v. Serbia and Montenegro), Judgment of 26 February 2007, ICJ Reports 2007, S. 43 ff., Ziff. 386 bestätigt.

654 Vgl. etwa S/Res/727 (1992) vom 8. Januar 1992, Ziff. 4; S/Res/743 (1992) vom 21. Februar 1992, Ziff. 8; S/Res/770 (1992) vom 13. August 1992, Ziff. 1.

655 Vgl. S/Res/787 (1992) vom 16. November 1992, Ziff. 5, „*Demands* that all forms of interference from outside the Republic of Bosnia and Herzegovina, including infiltration into the country of irregular units and personnel, cease immediately [...]."; vgl. auch S/Res/819 (1993) vom 16. April 1993, Ziff. 3, „*Demands further* that the Federal Republic of Yugoslavia (Serbia and Montenegro) immediately cease the supply of military arms, equipment and services to the Bosnian Serb paramilitary units in the Republic of Bosnia and Herzegovina; [...]."

antwortlichen Konfliktparteien explizit nennt.[656] Aber wie auch in vorangegangenen Resolutionen bekräftigt die jeweilige Präambel hier die Souveränität, territoriale Integrität und politische Unabhängigkeit Bosnien-Herzegowinas,[657] was als Hinweis für eine weiterhin bestehende internationale Dimension des Konflikts zu verstehen ist.[658]

Einen deutlichen Wandel markierten dann die am selben Tag verabschiedeten Resolutionen 942[659] und 943[660]. In Resolution 942 bezeichnete der Sicherheitsrat die Situation in Bosnien-Herzegowina erstmals als Friedensbedrohung, ohne die Sorge um die Souveränität, territoriale Integrität und Unabhängigkeit des Staates zu bekräftigen. Zugleich etablierte er ein umfassendes Sanktionssystem gegen die bosnischen Serben,[661] während er in Resolution 943 die jugoslawische Annahme des Teilungsplans, den die Vereinten Nationen für Bosnien-Herzegowina vorgelegt hatten, ausdrücklich begrüßte.[662] Außerdem hob er die Embargomaßnahmen gegen Jugoslawien teilweise wieder auf.[663] Diese Entlastung der Regierung in Belgrad unter gleichzeitiger Belastung der bosnischen Serben, verbunden mit dem Verzicht, andere Beteiligte als die bosnischen Serben zu verurteilen, lässt erstmals deutlich darauf schließen, dass der Sicherheitsrat allein die Aktivitäten der bosnischen Serben für die Friedensbedrohung verantwortlich machte.[664] Es blieb indes beim indifferenten Ansatz, da der Sicherheitsrat

---

656 Vgl. S/Res/824 (1993) vom 6. Mai 1993; S/Res/836 (1993) vom 4. Juni 1993; S/Res/913 (1994) vom 22. April 1994.

657 Vgl. S/Res/824 (1993) vom 6. Mai 1993, zweiter Absatz der Präambel; S/Res/836 (1993) vom 4. Juni 1993, dritter Absatz der Präambel; S/Res/913 (1994) vom 22. April 1994, dritter Absatz der Präambel.

658 So auch *U. Fink*, Kollektive Friedenssicherung, S. 685 f.

659 S/Res/942 (1994) vom 23. September 1994.

660 S/Res/943 (1994) vom 23. September 1994.

661 Vgl. S/Res/942 (1994) vom 23. September 1994. Der Sicherheitsrat verpflichtete alle Staaten zur Etablierung eines umfassenden Wirtschaftsembargos gegenüber natürlichen oder juristischen Personen, die sich auf dem Territorium der bosnischen Serben befanden (Ziff. 7 ff.). Darüber hinaus verfügte er das weitgehende Einfrieren von Finanztransaktionen mit diesen Personen (Ziff. 11 ff.) und ein Einreiseverbot für alle Entscheidungsträger der bosnischen Serben oder Personen, die sie merklich unterstützten (Ziff. 14).

662 Vgl. S/Res/943 (1994) vom 23. September 1994, vierter Absatz der Präambel. Daneben begrüßte er die Entscheidung Belgrads, die Grenze zwischen Jugoslawien und Bosnien-Herzegowina für alle Waren außer Lebensmitteln, medizinischen Gütern und Kleidung zu schließen, vgl. S/Res/943 (1994) vom 23. September 1994, fünfter Absatz der Präambel.

663 Vgl. S/Res/943 (1994) vom 23. September 1994, Ziff. 1.

664 So auch *U. Fink*, Kollektive Friedenssicherung, S. 697.

lediglich von der „Bosnian Serb party" bzw. den „Bosnian Serb forces"
sprach und sich daher einer Klassifizierung enthielt.

bb) Kambodscha

Der Sicherheitsrat behandelte den Konflikt in Kambodscha im Jahr 1992
in einer Reihe von Resolutionen, in denen er die friedliche Beilegung
durch Aufrufe an die beteiligten Gruppen zu forcieren suchte, das Friedensabkommen von Paris vom 23. Oktober 1991 einzuhalten.[665] Eine konkrete Forderung an eine namentlich genannte nichtstaatliche Gruppe, die
Partei des Demokratischen Kamputschea (PDK), erhob er indes erst, nachdem diese sich beständig weigerte, ihre Pflichten aus dem Pariser Abkommen zu erfüllen.[666] Eine Zuordnung zu einer bestimmten Form nichtstaatlicher Gewalt erfolgte jedoch nicht.

cc) Somalia I

Seit den 1980er Jahren wurde das ostafrikanische Land Somalia von Kämpfen zwischen Regierungstruppen unter Präsident Siad Barré, der sich 1969
als Oberbefehlshaber der Streitkräfte an die Macht geputscht hatte, und bewaffneten Oppositionsgruppen erschüttert.[667] Bis 1991 konnten zwei der
bewaffneten Oppositionsgruppen, der United Somali Congress (USC) und
das Somali Patriotic Movement (SPM) Teile des Landes unter ihre jeweilige Kontrolle bringen. Die Hauptstadt Mogadischu wurde Ende Januar
1991 vom USC besetzt, ohne dass dies zu einer Befriedung der Lage führte.[668]

---

665 S/Res/728 (1992) vom 8. Januar 1992; S/Res/745 (1992) vom 28. Februar 1992;
     S/Res/766 (1992) vom 21. Juni 1992.
666 Vgl. S/Res/783 (1992) vom 13. Oktober 1992, Ziff. 5 und 6.
667 Ausführlich zur Vorgeschichte des Somalia-Konfliktes *I. Lewis/J. Mayall*, in: Ber-
     dal/Economides (Hrsg.), United Nations Interventionism, 108 (109 ff.); *U. Fink*,
     Kollektive Friedenssicherung, S. 701 ff. Für einen chronologischen Überblick
     über den Ablauf des Konflikts siehe United Nations Department of Public In-
     formation (Hrsg.), The United Nations and Somalia, 1992–1996, S. 91 ff.
668 Vgl. *U. Fink*, Kollektive Friedenssicherung, S. 706.

Veranlasst durch einen Brief der verantwortlichen Botschafterin der somalischen Ständigen Vertretung bei den Vereinten Nationen[669] setzte sich der Sicherheitsrat im Januar 1992 zum ersten Mal mit der Situation in Somalia auseinander. In der daraufhin verabschiedeten Resolution 733 stufte er die Lage als Friedensbedrohung ein,[670] verpflichtete die Mitgliedstaaten zur Etablierung eines umfassenden Waffenembargos gegenüber Somalia[671] und drängte „all parties to the conflict" zur Einstellung der Feindseligkeiten und Vereinbarung eines Waffenstillstands.[672] In Anbetracht der innerstaatlichen Begrenzung des Konflikts können mit diesem Aufruf an „all parties" nur der Staat Somalia sowie die nichtstaatlichen Konfliktparteien gemeint sein. Der Sicherheitsrat unterließ es jedoch auch in den folgenden Resolutionen, die Akteure namentlich zu benennen, sondern beließ es bei allgemeinen indifferenten Bezeichnungen wie „parties, movements and factions"[673]. Inwieweit die eigentlichen Gewalthandlungen dieser Akteure für die Feststellung einer Friedensbedrohung ursächlich waren oder ob andere Faktoren den Ausschlag gaben, lassen die Formulierungen des Sicherheitsrates unklar. Diese erste zum Konflikt verabschiedete Resolution drückte neben der Sorge um das verursachte menschliche Leiden aus, dass der Sicherheitsrat sich der Konsequenzen für die Stabilität und den Frieden in der Region bewusst war.[674] Dieser Erwägungsgrund könnte noch darauf schließen lassen, dass der Sicherheitsrat wegen internationaler Im-

---

669 Letter Dated 20 January 1992 from the Charge d'Affaires A.I. of the Permanent Mission of Somalia to the United Nations Addressed to the President of the Security Council, S/23445 vom 20. Januar 1992.

670 Vgl. S/Res/733 (1992) vom 23. Januar 1992, vierter Absatz der Präambel. Freilich bleibt der Sicherheitsrat hier recht vage, wenn er formuliert: „*Concerned* that the continuation of this situation constitutes [...] a threat to international peace and security." Indem er im Folgenden aber ausdrücklich eine Maßnahme auf Kapitel VII stützt, macht er deutlich, dass er bereits jetzt die Lage als Friedensbedrohung bewertet, vgl. S/Res/733 (1992) vom 23. Januar 1992, Ziff. 5. Wie hier die zurückhaltende Formulierung des Sicherheitsrates als Feststellung einer Friedensbedrohung interpretierend *R. Geiß*, Failed States, S. 296 f.; *U. Fink*, Kollektive Friedenssicherung, S. 738; *M. Lailach*, Wahrung des Weltfriedens, S. 82 f.

671 Vgl. S/Res/733 (1992) vom 23. Januar 1992, Ziff. 5.

672 Vgl. S/Res/733 (1992) vom 23. Januar 1992, Ziff. 4.

673 Vgl. S/Res/746 (1992) vom 17. März 1992, Ziff. 8, 10; S/Res/751 (1992) vom 24. April 1992, Ziff. 9; S/Res/767 (1992) vom 27. Juli 1992, Ziff. 3, 4, 7, 9, 17; S/Res/775 (1992) vom 28. August 1992, Ziff. 5, 7, 11, 13; S/Res/794 (1992) vom 3. Dezember 1992, Ziff. 1–4.

674 Vgl. S/Res/733 (1992) vom 23. Januar 1992, dritter Absatz der Präambel: „*Gravely alarmed* at [...] the heavy loss of human life and widespread material dam-

plikationen eine Friedensbedrohung feststellte.[675] Darüber, welche Konsequenzen hiermit gemeint waren, kann wegen fehlender Hinweise freilich nur spekuliert werden.[676]

In den folgenden Resolutionen griff er diese Erwägung indes nicht mehr auf, um stattdessen den Aspekt der humanitären Katastrophe stärker zu betonen.[677] Wie auch der Sicherheitsrat konstatiert,[678] wurde diese humanitäre Notlage durch den Konflikt bedingt, den wiederum weitgehend nichtstaatliche Akteure austrugen. Dementsprechend beeinflusste die Gewaltausübung der nichtstaatlichen Akteure in Somalia mittelbar die Feststellung einer Friedensbedrohung, war aber nicht ihr unmittelbarer Auslöser. Auslöser war die katastrophale humanitäre Lage der somalischen Bevölkerung.[679] Dies erklärt auch den Verzicht des Sicherheitsrates, die nichtstaatlichen Gruppen ausdrücklich zu benennen und sie zum Adressaten von Zwangsmaßnahmen zu machen.

Die innovative und folgenreiche Resolution 794,[680] die die Mitgliedstaaten zur militärischen Intervention in Somalia ermächtigte, um dort die

---

age resulting from the conflict in the country and aware of its consequences on stability and peace in the region [...].“

675 So auch *U. Fink*, Kollektive Friedenssicherung, S. 739.

676 *M. R. Hutchinson*, in: Harv. Int'l L. J. 34 (1993), 624 (627) vermutet, dass der Sicherheitsrat hier die massiven Flüchtlingsströme meint, die der Konflikt verursachte.

677 Vgl. insoweit wortgleich S/Res/746 (1992) vom 17. März 1992, sechster Absatz der Präambel; S/Res/751 (1992) vom 24. April 1992, sechster Absatz der Präambel; S/Res/767 (1992) vom 27. Juli 1992 siebter Absatz der Präambel und S/Res/775 (1992) vom 28. August 1992, sechster Absatz der Präambel „*Deeply disturbed* by the magnitude of the human suffering caused by the conflict [...]“. Vgl. auch S/Res/767 (1992) vom 27. Juli 1992, achter Absatz der Präambel: „*Gravely alarmed* by the deterioration of the humanitarian situation in Somalia and underlining the urgent need for quick delivery of humanitarian assistance in the whole country, [...].“

678 Vgl. S/Res/746 (1992) vom 17. März 1992: „*Deeply regretting* that the factions have not yet abided by their commitment to implement the cease-fire and thus have still not permitted the unimpeded provision and distribution of humanitarian assistance to the people in need in Somalia, [...].“

679 So auch *M. Lailach*, Wahrung des Weltfriedens, S. 87 f.; *R. Geiß*, Failed States, S. 297; *H. Schröder*, failed und failing States, S. 235; *E. Eckert*, Rolle nichtstaatlicher Akteure, S. 83; *A. Stein*, Sicherheitsrat und Rule of Law, S. 239.

680 S/Res/794 (1992) vom 3. Dezember 1992. Besondere Aufmerksamkeit erfährt Resolution 794 in der Völkerrechtswissenschaft, weil sie oft als Autorisierung einer humanitären Intervention interpretiert wird, vgl. *M. R. Hutchinson*, in: Harv. Int'l L. J. 34 (1993), 624 ff.; *P. Malanczuk*, Humanitarian Intervention, S. 30.

Voraussetzungen für eine Besserung der humanitären Lage zu schaffen,[681] zielte ebenfalls nicht auf eine Entmachtung der nichtstaatlichen Gewaltakteure, die bei der militärischen Durchsetzung humanitärer Hilfe nur indirekt betroffen waren. Erst als die durch Resolution 794 eingesetzten Friedenstruppen wegen der mangelnden Kooperation und des Widerstands der Konfliktbeteiligten keine Verbesserung der humanitären Lage bewirken konnten, verhängte der Sicherheitsrat Zwangsmaßnahmen gegen die nichtstaatlichen Gewaltakteure, indem er Vorschläge des Generalsekretärs der Vereinten Nationen zur Entwaffnung der Konfliktgruppen in Somalia zur Grundlage der Erweiterung des Mandats der UN-Truppen machte.[682]

Das dramatische Scheitern der mit diesen weitgehenden Aufgaben betrauten Friedenstruppen[683] war nicht nur das vorläufige Ende der ambitionierten Friedens- und Sicherheitspolitik des Sicherheitsrates, die nach dem Zusammenbruch der Weltordnung des Kalten Krieges eingesetzt hatte,[684] sondern der bis auf weiteres letzte Versuch, nichtstaatliche Gewaltakteure in einer gemeinsamen Anstrengung im Rahmen der Vereinten Nationen zu entmachten. Rechtlich kam dieses Scheitern in Resolution 897 zum Ausdruck, die das Mandat der UNISOM II wieder einschränkte, indem die Entwaffnung der Konfliktbeteiligten nicht mehr als eigene Aufgabe eingestuft wurde, sondern als eine der somalischen Parteien, denen bei der Umsetzung dieses Ziels zu assistieren sei.[685] Auch im somalischen Konflikt Anfang der 1990er Jahre blieb der Sicherheitsrat also bei seiner indifferenten Linie gegenüber den nichtstaatlichen Konfliktparteien.

---

681 Vgl. S/Res/794 (1992) vom 3. Dezember 1992, Ziff. 10 „[...] *authorizes* the Secretary-General and Member States [...] to use all necessary means to establish as soon as possible a secure environment for humanitarian relief operations in Somalia; [...].“

682 Vgl. S/Res/814 (1993) vom 26. März 1993, Ziff. 5, wo die Erweiterung des Mandats „in accordance with the recommendations contained in paragraphs 56 to 88 of the report of the Secretary-General" festgelegt wird. Im Bericht des Generalsekretärs sind die die nichtstaatlichen Konfliktgruppen direkt betreffenden Maßnahmen aufgelistet, vgl. S/25354 vom 3. März 1993, abgedruckt in United Nations Department of Public Information (Hrsg.), The United Nations and Somalia, 1992–1996, S. 244 ff., dort insbesondere Ziff. 57.

683 Hierzu *T. Stein*, Sicherheitsrat und Rule of Law, S. 245 ff.

684 Vgl. *J. Cockayne/C. Mikulaschek/C. Perry*, The United Nations Security Council and Civil War: First Insights from a New Dataset, S. 7 f.

685 Vgl. S/Res/897 (1994) vom 4. Februar 1994, Ziff. 2 (a).

dd) Liberia I

Auslöser der bewaffneten Auseinandersetzungen in Liberia war die Unzufriedenheit mit dem Machthaber Samuel Doe, der sich mit einem Staatsstreich 1980 die Macht gesichert hatte.[686] Sie entlud sich ab 1989 in Angriffen der bewaffneten Widerstandsgruppe National Patriotic Front of Liberia (NPFL) unter Führung Charles Taylors, die rasch einen Teil des Staatsgebietes unter ihre Kontrolle bringen konnte. Die Lage wurde unübersichtlicher, als ein Teil der NPFL sich als Independent National Patriotic Front of Liberia (INPFL) abspaltete, deren Leitung Prince Johnson übernahm. Beide Bewegungen rangen bald mit Regierungstruppen um die militärische Kontrolle der Hauptstadt Monrovia. Insbesondere wegen der Spaltung der verschiedenen Konfliktparteien entlang ethnischer Linien wurden die Kämpfe von Massakern an Angehörigen der jeweils anderen Ethnie begleitet.[687] Um diesen blutigen Konflikt zu beenden, entschlossen sich die Mitgliedstaaten der Economic Community of West African States (ECOWAS) zu einer Intervention in Liberia, die im August 1990 begann und in deren Verlauf die als Monitoring Group (ECOMOG) bezeichneten Truppen der ECOWAS die Hauptstadt Monrovia und ihre Umgebung erobern konnten. Zugleich führten diplomatische Anstrengungen der ECOWAS zu einem Waffenstillstand, zur Einsetzung einer Übergangsregierung und zu dem Übereinkommen von Yamoussoukro („Yamoussoukro IV")[688], das u. a. die Entwaffnung aller beteiligten Konfliktgruppen unter Aufsicht der ECOMOG vorsah. Taylor hielt sich jedoch nicht an die Vereinbarungen und startete neue Angriffe auf Monrovia, die aber von der ECOMOG abgewehrt werden konnten.[689] In dieser Phase schaltete sich

---

686 Eine prägnante Darstellung des Konflikts findet sich bei *M. Bøås*, in: Mulaj (Hrsg.), Violent Non-State Actors in World Politics, 257 ff. Siehe im Übrigen zur Vorgeschichte und zum Anfang des Konflikts in Liberia *G. Nolte*, in: ZaöRV 53 (1993), 603 (605 ff.); zum weiteren Verlauf *R. Geiß*, Failed States, S. 34 ff.

687 *G. Nolte*, in: ZaöRV 53 (1993), 603 (607 f.).

688 Final Communiqué of the Fourth Meeting of the Committee of Five of the Economic Community of West African States on the Liberian Crisis, held in Yamoussoukro on 29 and 30 October 1991, in: Letter Dated 17 November 1992 from the Permanent Representative of Benin to the United Nations addressed to the President of the Security Council, Annex, S. 2, S/24815 vom 17. November 1992.

689 *G. Nolte*, in: ZaöRV 53 (1993), 603 (611).

auf Initiative der ECOWAS[690] und der Übergangsregierung Liberias[691] der Sicherheitsrat ein, der in Resolution 788 eine Friedensbedrohung feststellte.[692] Zur Begründung nannte er die mangelnde Umsetzung diverser Abkommen, insbesondere von Yamoussoukro IV, durch die Konfliktgruppen, denen er damit die Verantwortung für die Friedensbedrohung anlastete.[693] Zugleich verwies er auf die Friedensbedrohung für ganz Westafrika und maß dem Konflikt auf diese Weise einen internationalen Charakter bei.[694]

Im operativen Teil forderte er die Konfliktgruppen zur Beachtung des humanitären Völkerrechts[695] und zur Umsetzung von Yamoussoukro IV und anderen Abkommen auf[696]. Überdies verhängte er ein umfassendes Waffenembargo gegen Liberia,[697] das sich in erster Linie gegen die nichtstaatlichen Konfliktgruppen richtete. Somit stand das Verhalten nichtstaatlicher Gewaltakteure in Liberia im Zentrum der Überlegungen, die den Sicherheitsrat zur Bejahung einer Friedensbedrohung bewogen haben. Die nichtstaatlichen Gruppen waren außerdem die Hauptadressaten der Zwangsmaßnahmen, ohne jedoch namentlich genannt oder nach ihrer Erscheinungsform differenziert zu werden.

ee) Angola

Nachdem Angola 1975 die Unabhängigkeit von Portugal erlangt hatte, führten Spannungen zwischen den mächtigsten Befreiungsbewegungen zu einem jahrzehntelangen Bürgerkrieg, in dem sich das zunächst sowjetisch unterstützte Movimento Popular de Libertação de Angola (MPLA) und die União Nacional para la Independência Total de Angola (UNITA), die u. a. von den USA und China Beistand erhielt, gegenüberstanden.[698] Im Juni

---

690 Vgl. den Brief, den Benin in Vertretung aller ECOWAS Staaten dem Sicherheitsrat übergab, S/24735 vom 29. Oktober 1992.

691 Letter Dated 18 November 1992 from the Minister for Foreign Affairs of Liberia Addressed to the President of the Security Council, S/24825 vom 18. November 1992.

692 S/Res/788 (1992) vom 19. November 1992, fünfter Absatz der Präambel.

693 S/Res/788 (1992) vom 19. November 1992, vierter Absatz der Präambel.

694 S/Res/788 (1992) vom 19. November 1992, fünfter Absatz der Präambel.

695 S/Res/788 (1992) vom 19. November 1992, Ziff. 5.

696 S/Res/788 (1992) vom 19. November 1992, Ziff. 6.

697 S/Res/788 (1992) vom 19. November 1992, Ziff. 8.

698 Vgl. die gute Zusammenfassung des Konflikts bei *A. Malaquias*, in: Mulaj (Hrsg.), Violent Non-State Actors in World Politics, 293 ff.

1992 unterzeichneten die verfeindeten Gruppen einen Friedensvertrag, dessen Einhaltung die in Resolution 696 (1991) etablierte UN-Truppe UN-AVEM II überwachen sollte.[699] Unter ihrer Aufsicht konnten im Anschluss Parlaments- und Präsidentschaftswahlen durchgeführt werden, die jeweils das MPLA für sich entscheiden konnte. Obwohl Beobachter die Wahlen als allgemein, frei und gerecht bewerteten,[700] nahm die UNITA unter Missachtung des Wahlergebnisses die Kämpfe wieder auf. Diese zogen eine Reihe von Resolutionen nach sich, in denen der Sicherheitsrat die UNITA nachdrücklich zur Einhaltung des Friedensvertrages, zur Einstellung jeglicher Feindseligkeiten und zur konstruktiven Mitarbeit an einer friedlichen Konfliktlösung etc. aufforderte.[701] Zwar enthielt er sich hierbei stets einer Bewertung der Situation als Friedensbedrohung, dennoch deutet seine Wortwahl darauf hin, dass er seine Forderungen an die UNITA als verpflichtend ansah.[702] Erst als der Sicherheitsrat sich dazu entschloss, die UNITA mit konkreten Zwangsmaßnahmen in Form eines Waffenembargos zu belegen,[703] bezeichnete er die Situation in Angola ausdrücklich als Friedensbedrohung. Unmissverständlich machte er dafür die militärischen Aktivitäten der UNITA verantwortlich.[704] Deutlicher als in dieser Resolution hat der Sicherheitsrat weder zuvor noch danach das Verhalten eines nichtstaatlichen Akteurs als tatbestandsmäßig i. S. v. Art. 39 UN-Charta bezeichnet.[705] Er verzichtete jedoch darauf, die UNITA einer bestimmten

---

699 Vgl. ausführlich *L. Morjé Howard*, UN Peacekeeping in Civil Wars, S. 37.

700 Vgl. S/Res/804 (1993) vom 29. Januar 1993, zehnter Absatz der Präambel: „Recalling that democratic elections were held on 29 and 30 September 1992, which the Special Representative of the Secretary-General certified as being generally free and fair [...].“

701 S/Res/804 (1993) vom 29. Januar 1993, Ziff. 2, 10, 11; S/Res/811 (1993) vom 12. März 1993, Ziff. 2; S/Res/834 (1993) vom 1. Juni 1993, Ziff. 3, 4; S/Res/851 (1993) vom 15. Juli 1993, Ziff. 4, 5, 6, 18.

702 So auch *A. Schäfer*, Der Begriff der ‚Bedrohung des Friedens' in Artikel 39 der Charta der Vereinten Nationen, S. 134.

703 S/Res/864 (1993) vom 15. September 1993, Buchstabe B, Ziff. 19: *„Decides further*, with a view to prohibiting all sale or supply to the National Union of arms and related *matériel* and military assistance, as well as petroleum and petroleum products, that all States shall prevent the sale or supply [...] of arms and related matériel of all types [...] to the territory of Angola [...].“

704 S/Res/864 (1993) vom 15. September 1993, Buchstabe B, vierter Absatz der Präambel: *„Determining* that, as a result of the National Union's military actions, the situation in Angola constitutes a threat to international peace and security [...].“

705 Dies betont auch *E. Eckert*, Rolle nichtstaatlicher Akteure, S. 160.

Form nichtstaatlicher Gewalt zuzuordnen. Sein Ansatz war also auch hier indifferent.

In Resolutionen der folgenden Jahre hielt der Sicherheitsrat die Feststellung einer Friedensbedrohung ebenso wie das Sanktionsregime unverändert aufrecht und rief die UNITA immer wieder zur Einhaltung des Friedensabkommens auf, ohne jedoch den Ton gegenüber der UNITA zu verschärfen, um den Friedensprozess nicht noch weiter zu gefährden.[706] Erst als die UNITA 1998 den Friedensprozess endgültig zu torpedieren schien, weitete der Sicherheitsrat die Sanktionen aus,[707] um sie schließlich 2002 nach dem Tod führender Funktionäre der UNITA und ihrer damit verbundenen Auflösung aufzuheben.[708]

ff) Ruanda

Den Gewalttätigkeiten in Ruanda in den 1990er Jahren, die 1994 im Mord von ca. 800.000 Menschen kulminierten,[709] gingen über Jahrhunderte verfestigte Spannungen zwischen den Volksgruppen der Tutsi und Hutu voraus.[710] Seit 1973 regierte der den Hutus zugehörige Präsident Juvénal Habyarimana das Land, dessen autoritäre Herrschaft sich auf wenige Hutuclans stützte und die Tutsi weitgehend von verantwortlichen Positionen ausschloss. Von Burundi aus startete daraufhin im Oktober 1990 ein von Tutsis gebildeter Front Patriotique du Rwanda (FPR) Offensiven gegen die ruandische Regierung. Trotz zweier Waffenstillstandsabkommen vom 12. Juli 1992 und 7. März 1993 flammten die Kämpfe zwischen dem FPR und der ruandischen Regierung immer wieder auf. Der Sicherheitsrat reagierte auf die Auseinandersetzungen erstmals mit Resolution 812 (1993), in der er sowohl die Regierung als auch den FPR aufrief, das Waffenstillstandsabkommen vom 7. März 1993 einzuhalten und die humanitäre Lage

---

706 Nachweise bei *A. Schäfer*, Der Begriff der ‚Bedrohung des Friedens' in Artikel 39 der Charta der Vereinten Nationen, S. 136 f.
707 S/Res/1173 (1998) vom 12. Juni 1998; S/Res/1176 (1998) vom 24. Juni 1998; zuletzt S/Res/1295 (2000) vom 18. April 2000.
708 S/Res/1448 (2002) vom 9. Dezember 2002.
709 Ausführlich *L. Morjé Howard*, UN Peacekeeping in Civil Wars, S. 28 ff.
710 Vgl. zur Vorgeschichte *U. Fink*, Kollektive Friedenssicherung, S. 754 ff.

zu verbessern,[711] Friedensverhandlungen aufzunehmen[712] und das humanitäre Völkerrecht zu beachten.[713] Diese Forderungen wiederholte er wenige Monate später in Resolution 846 (1993).[714] Erneut war somit eine nichtstaatliche Konfliktpartei Adressat einer Resolution, erneut unterließ es der Sicherheitsrat aber, diese Konfliktpartei einer bestimmten Kategorie nichtstaatlicher Gewalt zuzuordnen. Allerdings verzichtete der Sicherheitsrat zu diesem Zeitpunkt noch darauf, die Situation in Ruanda als Friedensbedrohung einzustufen und Zwangsmaßnahmen zu ergreifen. Erst die massenhafte Ermordung von Angehörigen der Tutsi durch Hutu-Gruppen, die nach dem ungeklärten Tod der ruandischen und burundischen Präsidenten bei einem Flugzeugabsturz Anfang April 1994 einsetzte, veranlasste den Sicherheitsrat, von einer Friedensbedrohung zu sprechen.[715] Dabei stützte er sich aber nicht ausdrücklich auf die Taten einer bestimmten Gruppe, sondern verwies generell auf das enorme Ausmaß menschlichen Leides in Ruanda.[716] Nichtstaatliche Akteure waren insofern Adressaten der Resolution, als der Sicherheitsrat alle Parteien dazu aufrief, die Feindseligkeiten zu beenden.[717] Da im Übrigen der Generalsekretär der Vereinten Nationen zu der Einschätzung kam, dass die Verantwortung für die Massaker bei Regierungstruppen, Einheiten der Präsidentengarde und der Präsidentenpartei lag,[718] ist nicht davon auszugehen, dass der Sicherheits-

---

711 S/Res/812 (1993) vom 12. März 1993, Ziff. 1: „*Calls upon* the Government of Rwanda and Rwandese Patriotic Front [FPR, Anm. d. Verf.] to respect the cease-fire which took effect on 9 March 1993, to allow the delivery of humanitarian supplies and the return of displaced persons, [...].“

712 S/Res/812 (1993) vom 12. März 1993, Ziff. 7.

713 S/Res/812 (1993) vom 12. März 1993, Ziff. 8.

714 S/Res/846 (1993) vom 22. Juni 1993, Ziff. 6, 9.

715 S/Res/918 (1994) vom 17. Mai 1994, Buchstabe B, zweiter Absatz der Präambel.

716 Vgl. S/Res/918 (1994) vom 17. Mai 1994, fünfter Absatz der Präambel: „*Strongly condemning* the ongoing violence in Rwanda and particularly condemning the very numerous killings of civilians which have taken place in Rwanda and the impunity with which armed individuals have been able to operate and continue operating therein [...]“, achter Absatz der Präambel: „*Deeply concerned* that the situation in Rwanda, [...], constitutes a humanitarian crisis of enormous proportions [...]“, achtzehnter Absatz der Präambel: „*Deeply disturbed* by the magnitude of the human suffering caused by the conflict [...].“

717 S/Res/918 (1994) vom 17. Mai 1994, Ziff. 1.

718 Vgl. Report of the Secretary-General on the situation in Rwanda, S/1994/640 vom 31. Mai 1994, Ziff. 7: „[...] the killers included members of the Rwandese government forces, but in the main were drawn from the Presidential Guard and the *interhamwe*, the youth militia recruited and formed by the late President's party.“

rat allein durch die Aktivitäten nichtstaatlicher Einheiten zur Bestimmung der Friedensbedrohung motiviert wurde.[719]

gg) Burundi

Burundi litt ebenso wie sein Nachbarland Ruanda lange Zeit unter Spannungen zwischen den Volksgruppen der Hutu und Tutsi, die sich immer wieder gewaltsam entluden. Nachdem sich 1996 die Situation zunehmend verschlechtert hatte, rief der Sicherheitsrat in einer Reihe von Resolutionen alle beteiligten Gruppen in Burundi zur Abkehr von Gewalt und zur Ergreifung friedenserhaltender Maßnahmen auf.[720] Im Gegensatz zu den Resolutionen bezüglich Ruanda und Angola unterließ er es aber, eine bestimmte Gruppe namentlich zu nennen. Außerdem basierte die Feststellung einer Friedensbedrohung allgemein auf der Besorgnis erregenden humanitären Situation, die eine Gefährdung für die gesamte Region darstellte.[721] Damit ließ der Sicherheitsrat offen, wer die überwiegende Verantwortung für die Situation trug.

hh) Sierra Leone

Nachdem der Konflikt in Sierra Leone in dieser Arbeit bereits deswegen Erwähnung gefunden hat, weil die Regierung in den Jahren 1995 bis 1996 ein Privates Sicherheitsunternehmen zur Niederschlagung des Putschversuches durch die Rebellengruppe RUF beauftragte,[722] interessiert an dieser Stelle der Umgang des Sicherheitsrates mit dem weiteren Fortgang des Konfliktes. Es zeigte sich nämlich 1997, dass der Einsatz des Unterneh-

---

719 Im Gegensatz zum Generalsekretär gehen andere Beobachter allerdings davon aus, dass die genannten staatlichen Gruppierungen zwar am Genozid beteiligt waren, das Morden aber überwiegend von einfachen Bauern übernommen wurde, vgl. *L. Morjé Howard*, UN Peacekeeping in Civil Wars, S. 30.

720 S/Res/1040 (1996) vom 29. Januar 1996, Ziff. 1, 3; S/Res/1049 (1996) vom 5. März 1996, Ziff. 3, 4; S/Res/1072 (1996) vom 30. August 1996, Ziff. 4–6. Später auch in S/Res/2279 (2016) vom 1. April 2016, Ziff. 1.

721 S/Res/1072 (1996) vom 30. August 1996, dritter Absatz der Präambel: „*Deeply concerned* at the continued deterioration in the security and humanitarian situation in Burundi that has been characterized in the last years by killings, massacres, torture and arbitrary detention, and at the threat that this poses to the peace and security of the Great Lakes region as a whole [...].“

722 Vgl. oben C. II.

mens Executive Outcome nicht zu einer Stabilisierung der Situation beigetragen hatte, da sich Teile der Armee an die Macht putschen konnten. Daraufhin stellte der Sicherheitsrat eine Friedensbedrohung fest und verhängte gegen die Militärjunta Sanktionen.[723] Da die Militärjunta zugleich die
neue Regierung stellte, zielten diese Maßnahmen freilich auf einen staatlichen Akteur.[724] In der Folge gelang es der Einsatztruppe der westafrikani-
schen Wirtschaftsunion ECOMOG, die reguläre Regierung wieder einzusetzen.[725] Um diese Regierung vor weiteren Putschversuchen zu schützen,
erließ der Sicherheisrat 1998 ein Waffenembargo gegen alle Nichtregie-
rungstruppen.[726] Außerdem forderte er sie auf, ihre Waffen niederzulegen
und ihre grausamen Handlungen zu beenden.[727] Dabei unterließ er es
zwar, die einzelnen Gruppen namentlich zu nennen, wählte aber einen
differenzierenden Ansatz, da er die Gruppen kollektiv als Rebellen bezeichnete. Dennoch konnte die Militärjunta im Verbund mit der RUF ihre
destabilisierenden Aktivitäten fortsetzen und weite Teile des Staatsgebietes
unter ihre Kontrolle bringen, bis im Juli 1999 alle Konfliktbeteiligten in
Lomé ein Friedensabkommen unterzeichneten. Um diesem Abkommen
zur Durchsetzung zu verhelfen, adressierte der Sicherheitsrat in dieser Phase einzelne Forderungen an namentlich genannte nichtstaatliche Gruppen,
die er dazu aufrief, den Vorgaben eines Programms zur Entwaffnung, De-
mobilisierung und Wiedereingliederung zu folgen.[728] Er vermied es hier
aber, diese Gruppen erneut als Rebellen zu bezeichnen, sondern kehrte

---

723 S/Res/1132 (1997) vom 8. Oktober 1997, neunter Absatz der Präambel, Ziff. 5:
„*Decides* that all States shall prevent the entry into or transit through their territories of members of the military junta [...].“

724 Hieran kann auch der Hinweis nichts ändern, dass die Vereinten Nationen mit
dem Begriff Junta deutlich machten, dass sie die Militärregierung nicht anerkannten, vgl. *E. Eckert*, Rolle nichtstaatlicher Akteure, S. 114 f.

725 Vgl. ausführlich hierzu *K. Nowrot/E. W. Schabacker*, in: Am. U. Int'l L. Rev. 14
(1998), 321 ff.

726 S/Res/1171 (1998) vom 5. Juni 1998, Ziff. 2: „[...] all States shall prevent the sale
or supply, by their nationals or from their territories, or using their flag vessels
or aircraft, of arms and related *matériel* of all types, including weapons and am-
munition, military vehicles and equipment and spare parts for the aforemen-
tioned, to Sierra Leone other than to the Government of Sierra Leone [...].“

727 S/Res/1171 (1998) vom 5. Juni 1998, dritter Absatz der Präambel: „[...] stressing
the urgency for all rebels to put an end to the atrocities, cease their resistance
and lay down their arms.“

728 S/Res/1289 (2000) vom 7. Februar 2000, Ziff. 6: „[...] in particular urges [Herv. i.
O.] the Revolutionary United Front (RUF), the Civil Defence Forces, the former
Sierra Leone Armed Forces/Armed Forces Revolutionary Council (AFRC) and
all other armed groups to participate fully in the programme [...].“

zum indifferenten Ansatz zurück. Ähnlich wie in vorangegangenen Konflikten scheute sich der Sicherheitsrat also auch im Fall von Sierra Leone nicht, Forderungen gegen nichtstaatliche Gruppen zu erheben und Sanktionen gegen sie zu verabschieden. Er scheute sich jedoch, einzelne Gruppen einer bestimmten Form nichtstaatlicher Gewalt zuzuordnen.

ii) Liberia II

Aufschlussreich für die Zwecke der vorliegenden Arbeit sind weiterhin Resolutionen, die der Sicherheitsrat in den Jahren 2001 und 2002 gegen Liberia verhängte. Zwar handelte es sich nicht um direkt gegen nichtstaatliche Akteure gerichtete Zwangsmaßnahmen wie noch in Resolution 788. Der Sicherheitsrat bewertete aber die finanzielle, militärische und materielle Unterstützung, die Liberia der sierra-leonischen Gruppe RUF gewährte, als Friedensbedrohung und stützte darauf ein umfangreiches Sanktionsregime.[729] Ausdrücklich bezeichnete er die RUF als Rebellengruppe und nahm sie daher differenzierend als besondere Erscheinungsform nichtstaatlicher Gewalt wahr.

Zu vermerken ist des Weiteren, dass der Sicherheitsrat Liberia u. a. dazu verpflichtete, alle ausländischen Mitglieder der RUF des Landes zu verweisen und alle Aktivitäten der RUF auf seinem Territorium zu verbieten.[730] Es kommt hier somit ein Gedanke zum Tragen, der im Rahmen der Terrorismusbekämpfung als *harbouring doctrine* bekannt geworden ist – also der friedensgefährdende Charakter der staatlichen Gewährung eines Operationsgebietes für nichtstaatliche Gruppen, die andere Länder bedrohen. Diese Erwägung führt in denselben Resolutionen zur Forderung an alle Staaten der Region, zu verhindern, dass bewaffnete Einzelpersonen oder Grup-

---

729 S/Res/1343 (2001) vom 7. März 2001, neunter Absatz der Präambel: „*Determining* that the active support provided by the Government of Liberia for armed rebel groups in neighbouring countries, in particular its support for the Revolutionary United Front in Sierra Leone, constitutes a threat to international peace and security in the region, [...]"; S/Res/1408 (2002) vom 6. Mai 2002, elfter Absatz der Präambel: „*Determining* that the active support provided by the Government of Liberia to armed rebel groups in the region, in particular to former combatants of the Revolutionary United Front who continue to destabilize the region, constitutes a threat to international peace and security in the region, [...]".

730 S/Res/1343 (2001) vom 7. März 2001, Buchstabe B, Ziff. 2 (a).

pen ihr Staatsgebiet dazu nutzen, Angriffe auf Nachbarländer vorzubereiten und auszuführen.

In den folgenden Jahren kam es erneut zu direkten Forderungen des Sicherheitsrates an nichtstaatliche Akteure. Nachdem es trotz eines Waffenstillstandsabkommens, das alle Bürgerkriegsparteien am 17. Juni 2003 in Accra unterzeichnet hatten, zu weiteren bewaffneten Auseinandersetzungen kam, forderte der Sicherheitsrat namentlich die Gruppen LURD und MODEL auf, dem Abkommen Folge zu leisten,[731] sowie jeden Umsturzversuch zu unterlassen.[732] Wenige Monate später verpflichtete er alle Mitgliedstaaten zur Verhängung eines Waffenembargos gegenüber nichtstaatlichen Akteuren, von denen er erneut die Gruppen LURD und MODEL hervorhob.[733] In beiden Resolution vermied er es, diese Gruppen einer besonderen Form nichtstaatlicher Gewalt zuzuordnen. In Resolution 1521 verfolgte der Sicherheitsrat aber insofern einen differenzierenden Ansatz, als er Staaten verbot, solchen Personen die Durchreise zu gestatten, die Rebellengruppen in Liberia unterstützen.[734]

Bemerkenswert ist bei Resolution 1521, welche Erwägungen den Rat hier zur Feststellung einer Friedensbedrohung veranlasst hatten. Ausdrücklich stützte er sich hier auf die Verbreitung nichtstaatlicher Gewaltakteure, namentlich Söldnern, in der Region.[735] Offensichtlich wertete er bereits die bloße Existenz dieser Akteure als friedensbedrohend, ohne dass er auf konkrete Handlungen abstellte.[736] Differenzierend ist diese Feststellung aufgrund der besonderen Hervorhebung von Söldnern.

---

731 S/Res/1497 (2003) vom 1. August 2003, Ziff. 12.

732 S/Res/1497 (2003) vom 1. August 2003, Ziff. 13: „*Urges* Liberians United for Reconciliation and Democracy and the Movement for Democracy in Liberia to refrain from any attempt to seize power by force [...].“

733 S/Res/1521 (2003) vom 22. Dezember 2003, Ziff. 2 (c): „Reaffirms that the measures apply to all sales or supply of arms and related material destined for any recipient in Liberia, including all non-State actors, such as Liberians United for Reconciliation and Democracy and the Movement for Democracy in Liberia [...].“

734 S/Res/1521 (2003) vom 22. Dezember 2003, Ziff. 4(a).

735 S/Res/1521 (2003) vom 22. Dezember 2003, achter Absatz der Präambel: „*Determining* that the situation in Liberia and the proliferation of arms and armed non-State actors, including mercenaries, in the subregion continue to constitute a threat to international peace and security in West Africa [...].“

736 Diesen Punkt betont auch *E. Eckert*, Rolle nichtstaatlicher Akteure, S. 96.

jj) Demokratische Republik Kongo

Im Kongo-Konflikt waren von Beginn an benachbarte Staaten beteiligt. Dementsprechend bezogen sich viele der zum Konflikt erlassenen Sicherheitsresolutionen auf diese zwischenstaatlichen Implikationen.[737] In Anbetracht der zusätzlichen Verwicklung nichtstaatlicher Gruppen adressierte er seine Forderungen aber teilweise auch an diese. Dabei wählte er in Resolution 1376 einen differenzierenden Ansatz, da er hier den Begriff der Rebellengruppen verwendete und alle Rebellengruppen, die das Waffenstillstandsabkommen von Lusaka unterzeichnet hatten, dazu aufrief, Menschenrechtsverletzungen zu beenden.[738] Er beschloss ein Waffenembargo, das auch nichtstaatliche Gruppen treffen sollte.[739] In der Folge forderte er immer wieder namentlich genannte nichtstaatliche Gruppen auf, jegliche Form von Gewalt zu unterlassen, unterließ es aber, diese Gruppen einer bestimmten Form nichtstaatlicher Gewalt zuzuordnen.[740] Zwischenzeitlich bezeichnete er sogar Kämpfer einer namentlich genannten nichtstaatlichen Gruppe als Kombattanten.[741]

kk) Sudan

Im Sudan sind zwei Konfliktherde zu unterscheiden. Bereits seit der Unabhängigkeit des Landes 1956 bestanden Spannungen zwischen dem islamisch dominierten Norden und dem überwiegend christlich geprägten

---

737 Ausführlich hierzu *E. Eckert*, Rolle nichtstaatlicher Akteure, S. 123 ff.

738 Vgl. S/Res/1376 (2001) vom 9. November 2001, Ziff. 5: „*Expresses* its grave concern at the repeated human rights violations throughout the Democratic Republic of the Congo in particular in the territories under the control of the rebel groups party to the Lusaka Ceasefire agreement, and calls on all parties to put an end to such violations."

739 S/Res/1807 (2008) vom 31. März 2008, Ziff. 1–5; S/Res/2136 (2015) vom 30. Januar 2014, Ziff. 1; S/Res/2198 (2015) vom 29. Januar 2015, Ziff. 1.

740 S/Res/2056 (2012) vom 27. Juni 2012, Ziff. 18, 19; S/Res/2076 (2012) vom 20. November 2012, Ziff. 1–3; S/Res/2078 (2012) vom 28. November 2012, Ziff. 6, 7; S/Res/2098 (2013) vom 28. März 2013, Ziff. 8; S/Res/2147 (2014) vom 28. März 2014, Ziff. 18; S/Res/2198 (2015) vom 29. Januar 2015, Ziff. 11; S/Res/2277 (2016) vom 30. März 2016, Ziff. 17; S/Res/2293 (2016) vom 23. Juni 2016, Ziff. 13.

741 S/Res/2198 (2015) vom 29. Januar 2015, zehnter Absatz der Präambel: „*Reaffirming* the importance of completing the permanent demobilization of the former 23 March Movement (M23) combatants [...]."

Süden des Landes, in dessen Mittelpunkt bewaffnete Auseinandersetzungen zwischen der Regierung und der sudanesischen Rebellengruppe Sudan Liberation Movement/Army (SLM/A) standen.

Zu einer Auseinandersetzung des Sicherheitsrates mit den sudanesischen Konflikten führte aber erst die Krise in Darfur. In dieser westsudanesischen Region kam es ab 2003 wiederholt zu Massakern der sudanesischen Regierung und der mit ihr verbündeten arabischen Janjaweed-Milizen an der schwarzafrikanischen Zivilbevölkerung.[742] Gegen diese Massaker wehrten sich die Rebellengruppen Justice and Equality Movement (JEM) und SLM/A in Darfur. Der Sicherheitsrat reagierte in Resolution 1556 mit der Feststellung einer Friedensbedrohung, für die er in der Präambel offensichtlich auch nichtstaatliche Gruppen mitverantwortlich machte – ausdrücklich nannte er allerdings nur die Janjaweed, die er zudem als Miliz bezeichnete.[743] Konsequenterweise verpflichtete er die Mitgliedstaaten im operativen Teil, ein Waffenembargo gegen die nichtstaatlichen Parteien zu verhängen und weitere Maßnahmen zu ihrer militärischen Schwächung zu ergreifen.[744] Als hauptverantwortlichen Akteur für die Einhaltung der Menschenrechte und des humanitären Völkerrechts bezeichnete er indes die sudanesische Regierung.[745] Indem er zudem im operativen Teil die Regierung in Khartoum dazu aufforderte, die Janjaweed-Milizen zu entwaffnen und ihre Anführer zur Verantwortung zu ziehen,[746] sah er vor allem die Regierung in der Pflicht, für ein Ende der die Friedensbedrohung begründenden Situation zu sorgen. Diese Argumentationslinie behielt er in der Folge bei, da er wiederholt die maßgebliche Verantwortung der sudanesischen Regierung zur Einhaltung humanitärer

---

742 Vgl. ausführlich *A. F. Grzyb* (Hrsg.), The World and Darfur, passim; *T. Thielke*, in: Chiari (Hrsg.), Wegweiser zur Geschichte – Sudan, 65 ff.

743 S/Res/1556 (2004) vom 30. Juli 2004, zwölfter Absatz der Präambel: *„Emphasizing* the commitment of the Government of Sudan to mobilize the armed forces of Sudan immediately to disarm the Janjaweed militias."

744 S/Res/1556 (2004) vom 30. Juli 2004, Ziff. 7 und 8.

745 S/Res/1556 (2004) vom 30. Juli 2004, neunter Absatz der Präambel: „[...] recalling in this regard that the Government of Sudan bears the primary responsibility to respect human rights [...] and that all parties are obliged to respect international humanitarian law." Zur Frage, ob die Mitglieder des Sicherheitsrates der sudanesischen Regierung die Verbrechen der Janjaweed zurechnen wollten oder lediglich von der Verletzung einer staatlichen due diligence-Pflicht ausgingen, vgl. *E. Eckert*, Rolle nichtstaatlicher Akteure, S. 130 f.

746 S/Res/1556 (2004) vom 30. Juli 2004, Ziff. 6.

Standards und der Menschenrechte betonte.[747] Aber auch die nichtstaatlichen Rebellengruppen JEM und SLM/A waren Adressaten von konkreten Forderungen – etwa zur Etablierung oder Einhaltung von Waffenstillstandsabkommen[748] oder zur Einhaltung humanitärer Standards.[749] Im Übrigen forderte der Sicherheitsrat immer wieder – indifferent und ohne Namen zu nennen – alle Konfliktparteien dazu auf, die Gewalt zu beenden.[750]

ll) Afghanistan

Nach dem durch die USA initiierten Umsturz des Taliban-Regimes im Oktober 2001 befasste sich der Sicherheitsrat wiederholt mit der fragilen Sicherheitslage in Afghanistan. Auch nachdem er ab dem Jahr 2007 durch seine Wortwahl deutlich gemacht hatte, dass er die Gewalttätigkeiten als einen bewaffneten Konflikt einstufte,[751] hielt sich der Sicherheitsrat mit der Bewertung nichtstaatlicher Gewalt in Afghanistan zurück. Immer wieder drückte er lediglich seine Sorge über terroristische Aktivitäten von al-Qaida, der Taliban und anderer bewaffneter Gruppen aus und schrieb ihnen damit zumindest eine Teilverantwortung für das Vorliegen einer Friedensbedrohung zu.[752] Zugleich bezeichnete er auf diese Weise al-Qaida

---

747 S/Res/1564 (2004) vom 18. September 2004, zehnter Absatz der Präambel; S/Res/1574 (2004) vom 19. November 2004, elfter Absatz der Präambel.

748 S/Res/1564 (2004) vom 18. September 2004, Ziff. 4; S/Res/1574 (2004) vom 19. November 2004, Ziff. 1.

749 S/Res/1564 (2004) vom 18. September 2004, elfter Absatz der Präambel; S/Res/1574 (2004) vom 19. November 2004, elfter Absatz der Präambel.

750 S/Res/2113 (2013) vom 30. Juli 2013, Ziff. 8, S/Res/2109 (2013) vom 11. Juli 2013, Ziff. 14, S/Res/2155 (2014) vom 27. Mai 2014, Ziff. 18; S/Res/2173 (2014) vom 27. August 2014, Ziff. 11; S/Res/2205 (2015) vom 26. Februar 2015, Ziff. 23; S/Res/2211 (2015) vom 26. März 2015, Ziff. 23; S/Res/2228 (2015) vom 29. Juni 2015, Ziff. 9; S/Res/2265 (2016) vom 10. Februar 2016, achter Absatz der Präambel; S/Res/2287 (2016) vom 12. Mai 2016, Ziff. 24; S/Res/2296 (2016) vom 29. Juni 2016, Ziff. 11; S/Res/2304 (2016) vom 12. August 2016, Ziff. 1; S/Res/2318 (2016) vom 15. November 2016, Ziff. 25; S/Res/2327 (2016) vom 16. Dezember 2016, Ziff. 23.

751 So bedauerte er in S/Res/1776 (2007) vom 19. September 2007, zwölfter Absatz der Präambel, die zivilen Opfer und rief dazu auf, das humanitäre Völkerrecht zu beachten.

752 S/Res/1776 (2007) vom 19. September 2007, achter Absatz der Präambel; S/Res/1806 (2008) vom 20. März 2008, neunter Absatz der Präambel; S/Res/1817 (2008) vom 11. Juni 2008, fünfter Absatz der Präambel; S/Res/1833 (2008) vom

und die Taliban differenzierend als Terroristen. Konkrete Forderungen stellte er jedoch an keine der nichtstaatlichen Gruppen.

Außerdem bettete er seine Bemühungen um die Zurückdrängung des Terrorismus in Afghanistan in seine allgemeinen Anti-Terrorismus-Maßnahmen[753] ein.[754]

mm) Somalia II

Die für die frühen 1990er Jahre bereits skizzierte Beschäftigung des Sicherheitsrates mit der beständig fragilen Sicherheitslage und humanitären Katastrophe in Somalia hält bis heute an. Seit einigen Jahren gesellt sich neben die Instabilität und Not zu Land das Problem der Piraterie zur See, das die Arbeit an späterer Stelle gesondert behandelt.

Seit mehreren Jahren vollzieht sich in Somalia eine weitere Entwicklung, die den Sicherheitsrat beschäftigt. Zwischen 2004 und 2006 baute die islamistische Bewegung Union Islamischer Gerichte (UIG) die bereits existierende bewaffnete islamistische Gruppe al-Shabaab[755] zu einer schlagkräftigen Miliz aus, um andere von den USA unterstützte somalische Warlords zu bekämpfen.[756] Bereits Anfang 2006 kontrollierte die UIG weite Teile des somalischen Territoriums, darunter auch die Hauptstadt Mogadischu. Unter der folgenden sechsmonatigen Herrschaft der UIG erlebte der Süden Somalias die stabilste Sicherheitslage seit zwei Jahrzehnten.[757] Da es sich dabei jedoch um eine islamistische und daher von einigen Staaten unerwünschte Regierung handelte, intervenierte Äthiopien mit Unterstützung der USA und vertrieb die UIG aus dem Süden des Landes. Zur treibenden Kraft beim somalischen Widerstand gegen die äthiopische Beset-

---

22. September 2008, achter Absatz der Präambel; S/Res/1868 (2009) vom 23. März 2009, vierzehnter Absatz der Präambel; S/Res/1890 (2009) vom 8. Oktober 2009, neunter Absatz der Präambel; S/Res/1943 (2010) vom 13. Oktober 2010, dreizehnter Absatz der Präambel; S/Res/1974 (2011) vom 22. März 2011, zwanzigster Absatz der Präambel (S. 4); S/Res/2145 (2014) vom 17. März 2014, achtundzwanzigster Absatz der Präambel; S/Res/2274 (2016) vom 15. März 2016, fünfundzwanzigster Absatz der Präambel (S. 5).

753 E. II. 2. b).

754 S/Res/1988 (2011) vom 17. Juni 2011; S/Res/2160 (2014) vom 17. Juni 2014.

755 Auch bekannt als Harakat al-Shabaab al-Mujahidiin, vgl. *K. Menkhaus*, in: Mulaj (Hrsg.), Violent Non-State Actors in World Politics, 343 (363).

756 *D. Baehr*, in: KAS Auslandsinformationen 8/2011, 22 (23).

757 *K. Menkhaus*, in: Mulaj (Hrsg.), Violent Non-State Actors in World Politics, 343 (347).

zung entwickelte sich in der Folge al-Shabaab, die dadurch immer stärkeren Zulauf erfuhr.[758] Im Laufe des Jahres 2007 kam es jedoch zur Spaltung der Gruppe, da einer ihrer Anführer, der zwischenzeitliche Anführer der somalischen Übergangsregierung Sharif Sheikh Ahmed, in religiöser Hinsicht einen gemäßigten Kurs verfolgte, der auch die Kooperation mit dem nichtislamischen Nachbarland Eritrea mit einschloss – einen Kurs, den der radikale Flügel nicht mittragen wollte. Unter der Führung von Adan Hashi Ayro erweiterte dieser nunmehr selbstständige Flügel seine Strategie, die nicht mehr allein darauf abzielt, in Somalia ein den Taliban ähnliches islamistisches Staatswesen aufzubauen. Al-Shabaab will darüber hinaus dem weltweiten Kampf al-Qaidas und des IS gegen westliche Dominanz und Dekadenz nacheifern. Der Sicherheitsrat reagierte auf diese jihadistische Agenda, indem er erstmals nach al-Qaida und den Taliban eine namentlich genannte bewaffnete Gruppe als terroristische Bedrohung bezeichnete. In seinen Resolutionen machte er deutlich, dass er die Gewaltakte von al-Shabaab als wesentliche Ursache für die Friedensbedrohung in Somalia ansah.[759] Dabei vollzog er einen bemerkenswerten Paradigmenwechsel, da er neben al-Shabaab auch alle anderen bewaffneten Gruppen in Somalia als terroristische Bedrohung bewertete:

„*stressing* the terrorist threat that Somali armed groups, particularly al Shabaab, constitute for Somalia and for the international community [...].“[760]

Diese kollektive Delegitimierung aller bewaffneten somalischen Gruppen verwundert, wenn man sich vergegenwärtigt, dass die Sicherheitslage in Somalia auf absehbare Zeit wegen der eklatanten Schwäche der somalischen Übergangsregierung ohne die Einbindung der nichtstaatlichen Ak-

---

758 *K. Menkhaus*, in: Mulaj (Hrsg.), Violent Non-State Actors in World Politics, 343 (363).

759 S/Res/2124 (2013) vom 12. November 2013, neunter Absatz der Präambel: „*Condemning* recent Al-Shabaab attacks in Somalia and beyond, which serve to undermine the peace and reconciliation process in Somalia [...].“

760 Diesen differenzierenden Ansatz wählte der Sicherheitsrat erstmals in Resolution S/Res/1910 (2010) vom 28. Januar 2010, zwölfter Absatz der Präambel. Die Formulierung wiederholte er nahezu wortgleich in den Resolutionen S/Res/ 1964 (2010) vom 22. Dezember 2010, vierzehnter Absatz der Präambel; S/Res/ 2010 (2011) vom 30. September 2011, siebzehnter Absatz der Präambel; S/Res/ 2036 (2012) vom 22. Februar 2012, dreizehnter Absatz der Präambel; S/Res/ 2093 (2013) vom 6. März 2013, siebter Absatz der Präambel.

teure kaum verbessert werden kann.[761] In der Folge beschränkte sich der Sicherheitsrat allerdings darauf, lediglich die al-Shabaab differenzierend als terroristisch zu bezeichnen.[762] Selbst hiervon sah der Sicherheitsrat jedoch mitunter ab.[763]

nn) Irak

Unabhängig von der Frage, wann im Irak nach dem Sturz Saddam Husseins im Frühjahr 2003 überhaupt ein bewaffneter Konflikt vorlag, fand die große Verantwortung nichtstaatlicher Gewaltakteure für die beständig prekäre Sicherheitslage nur am Rande Eingang in die Resolutionen des Sicherheitsrates. Abgesehen von der Verurteilung konkreter Terroranschläge[764] rief er lediglich in den Präambeln diejenigen Akteure, die durch Gewaltanwendung den politischen Prozess im Irak behinderten, dazu auf, die Waffen niederzulegen sowie stellte allgemein fest, dass Terrorakte nicht den politischen und wirtschaftlichen Wandel im Irak unterbrechen dürften.[765]

Erst mit den massiven militärischen Operationen des IS im Irak im Jahr 2014 stand ein namentlich und differenzierend als terroristisch genannter Akteur im Zentrum einer Resolution, in der sich der Sicherheitsrat sehr besorgt über die Sicherheitslage infolge des Vormarsches des IS zeigte und dessen terroristische Anschläge verurteilte.[766] Unmissverständlich machte er damit den IS für das Vorliegen einer Friedensbedrohung verantwort-

---

761 Vgl. *K. Menkhaus*, in: Mulaj (Hrsg.), Violent Non-State Actors in World Politics, 343: „Nowhere is the relocation of authority from state to non-state actors as acute as in Somalia, where the prolonged and complete collapse of the central government for 19 years has produced a context in which non-state actors have generally been the only form of political organization."

762 S/Res/2158 (2014) vom 29. Mai 2014, Ziff. 7; S/Res/2275 (2016) vom 24. März 2016, dritter Absatz der Präambel.

763 S/Res/2232 (2015) vom 28. Juli 2015, dritter bis fünfter Absatz der Präambel; S/Res/2297 (2016) vom 7. Juni 2016.

764 S/Res/1618 (2005) vom 4. August 2005, Ziff. 1.

765 S/Res/1637 (2005) vom 11. November 2005, neunter und zehnter Absatz der Präambel; S/Res/1723 (2006) vom 28. November 2006, neunter und zehnter Absatz der Präambel; S/Res/1790 (2007) vom 18. Dezember 2007, zehnter und elfter Absatz der Präambel; S/Res/1859 (2008) vom 22. November 2008, sechzehnter Absatz der Präambel.

766 S/Res/2169 (2014) vom 30. Juli 2014; S/Res/2233 (2015) vom 29. Juli 2015, vierter und fünfter Absatz der Präambel.

lich. Konkrete Forderungen stellte der Sicherheitsrat an den IS allerdings nicht. Seine Sorge über die andauernde Präsenz des IS äußerte der Sicherheitsrat auch in weiteren Resolutionen.[767]

oo) Libanon

Eigentlich nicht innerhalb des Abschnitts über Bürgerkriegsparteien abzuhandeln ist die Beschäftigung des Sicherheitsrates mit der libanesischen Hisbollah im Zuge des Libanonkrieges 2006, da es sich hierbei um einen internationalen bewaffneten Konflikt handelte.[768] Ansonsten ist dieser Konflikt aber den vorherigen vergleichbar, da es sich um einen bewaffneten Konflikt zwischen staatlichen und nichtstaatlichen Kräften handelte. Im Zuge der Auseinandersetzung mit der Krise im Libanon bezeichneten mehrere Sicherheitsratsmitglieder die Hisbollah als Terrororganisation.[769] Der Sicherheitsrat selbst schien im Vorfeld des Libanonkrieges 2006 zunächst ebenfalls einen differenzierenden Ansatz zu wählen, als er in Resolution 1559 zur Auflösung und Entwaffnung aller nichtlibanesischen und libanesischen Milizen aufrief.[770] Obwohl er unter den Begriff der libanesischen Milizen mutmaßlich auch die Hisbollah fasste, erwähnte er sie zunächst nicht namentlich.

Als er sie schließlich im Zuge des Libanonkrieges 2006 in Resolution 1701 direkt adressierte, enthielt er sich aber einer Kategorisierung. Indem der Sicherheitsrat die Hisbollah und Israel dazu aufforderte, jegliche Feindseligkeiten einzustellen,[771] erkannte er im Übrigen an, dass der israelischen Armee in einem bewaffneten Konflikt ein nichtstaatlicher Akteur gegenübergestanden hatte.

---

767 S/Res/2299 (2016) vom 25. Juli 2016, vierter Absatz der Präambel.

768 *A. Zimmermann*, in: Max Planck UNYB 11 (2007), 99 (127); *S. Weber*, in: AVR 44 (2006), 460 (461).

769 Vgl. die Äußerungen der Vertreter Israels, der USA und Perus bei der Debatte des Sicherheitsrats zum Libanonkonflikt am 14. Juli 2006, S/PV.5489, S. 6 (Israel), S. 10 (USA), S. 14 (Peru).

770 S/Res/1559 (2004) vom 2. September 2004, Ziff. 3: „Calls for the disbanding and disarmament of all Lebanese and non-Lebanese militias; […].“

771 S/Res/1701 (2006) vom 11. August 2006, Ziff. 1.

pp) Jemen

Auf die sich verschlechternde Sicherheitslage im Jemen im Laufe des Jahres 2011 reagierte der Sicherheitsrat mit Sicherheitsratsresolutionen, in denen er alle beteiligten Gruppen dazu aufrief, keine Gewalt anzuwenden, um politische Ziele zu erreichen.[772] Als nichtstaatlichen Akteur nannte er nur al-Qaida beim Namen, indem er seine Sorge über die Präsenz von al-Qaida auf der arabischen Halbinsel und die Zunahme terroristischer Anschläge ausdrückte.[773] Er verurteilte die andauernden Anschläge durch al-Qaida und betonte seine Bereitschaft, alle Gruppen und Personen zu sanktionieren, die ihre Verbindungen zu al-Qaida nicht abbrechen.[774] Dadurch drückte der Sicherheitsrat zugleich aus, dass er al-Qaida nicht als Bürgerkriegspartei betrachtete. Im weiteren Verlauf des Konfliktes sorgte er sich um den destabilisierenden Einfluss der Gruppe der Houhti,[775] an die er zugleich konkrete Forderungen stellte.[776] Schließlich entschloss er sich, gegen die Anführer der Houthi und ihre Unterstützer – insbesondere den Sohn des ehemaligen Präsidenten Saleh – sowie gegen die von ihnen befehligten Einheiten ein Waffenembargo zu erlassen.[777] Bei der hierzu erforderlichen Einstufung der Situation im Jemen als Friedensbedrohung machte er deutlich, dass er hierfür maßgeblich die militärische Eskalation der Houthi und ihre Weigerung, sich von wesentlichen Regierungsposten zurückzuziehen, verantwortlich machte.[778] Eine differenzierende Bewertung erfolgte jedoch nicht. Ab dem Jahr 2016 berücksichtigte der Sicherheitsrat auch den Einfluss des IS im Jemen, indem er die steigende Präsenz und den erhöhten Einfluss des IS, den er zugleich mit der im Arabischen negativ besetzten Bezeichnung „Da'esh" bezeichnete, beklagte.[779]

---

772 S/Res/2014 (2011) vom 21. Oktober 2011, Ziff. 3; S/Res/2051 (2012) vom 12. Juni 2012, Ziff. 2.

773 S/Res/2014 (2011) vom 21. Oktober 2011, zwölfter Absatz der Präambel, Ziff. 9; S/Res/2051 (2012) vom 12. Juni 2012, sechster Absatz der Präambel, Ziff. 15.

774 S/Res/2140 (2014) vom 26. Februar 2014, Ziff. 29; S/Res/2201 (2015) vom 15. Februar 2015, dreizehnter und vierzehnter Absatz der Präambel.

775 S/Res/2201 (2015) vom 15. Februar 2015, vierter Absatz der Präambel, Ziff. 1 und 3.

776 S/Res/2201 (2015) vom 15. Februar 2015, Ziff. 7; S/Res/2216 (2015) vom 14. April 2015, Ziff. 1.

777 S/Res/2216 (2015) vom 14. April 2015, Ziff. 14.

778 S/Res/2216 (2015) vom 14. April 2015, dreizehnter und vierzehnter Absatz der Präambel.

779 S/Res/2266 (2016) vom 24. Februar 2016, siebter Absatz der Präambel; S/Res/2342 (2017) vom 23. Februar 2017, siebter Absatz der Präambel.

qq) Mali

Als Reaktion auf den Aufstand von vier nichtstaatlichen Gewaltgruppen in Mali – dem Mouvement Nationale de Libération de l'Anzawad (MNLA), Ansar Dine, Al Qaida au Maghreb Islamique (AQMI) und Mouvement pour l'Unicité et le Jihad en Afrique de l'Ouest (MUJAO), von denen nur die beiden letzteren als terroristisch bezeichnet werden[780] – gegen die Zentralregierung in der malischen Hauptstadt Bamako im Jahr 2012 verabschiedete der Sicherheitsrat mehrere Resolutionen. Bezüglich der beteiligten nichtstaatlichen Gruppen unterschied er ausdrücklich zwischen „armed rebels" sowie „terrorist and other extremist groups".[781] Konkrete Forderungen im operativen Teil richtete er differenziert an die bewaffneten Rebellen, indem er sie dazu aufrief, ihre Bindungen zu namentlich genannten terroristischen Gruppen aufzugeben[782] sowie in Verhandlungen mit der Regierung einzutreten.[783] Indifferent an alle Gruppen erging die Forderung, Menschenrechtsverletzungen und Verstöße gegen das humanitäre Völkerrecht zu beenden.[784] Später drückte der Sicherheitsrat seine Sorge über die zunehmende Präsenz verschiedener Terrorgruppen in der Region aus und rief alle – auch nichtstaatlichen – Gruppen auf, ihre Verbindungen zu terroristischen Gruppen zu unterbrechen.[785]

rr) Syrien

Im syrischen Bürgerkrieg hielt sich der Sicherheitsrat mit der Klassifizierung der einzelnen Kriegsparteien, die er zu einem Ende der Gewalt aufrief,[786] lange zurück. Obwohl bekannt war, dass auch die al-Qaida zugehörige Al-Nusra-Front (ANF) in Syrien mitkämpfte, verzichtete er zunächst

---

780 *H.-G. Ehrhart*, in: S + F 32 (2014), 81 (83, Fn. 22).

781 S/Res/2071 (2012) vom 12. Oktober 2012, vierzehnter Absatz der Präambel; S/Res/2085 (2012) vom 20. Dezember 2012, sechster Absatz der Präambel.

782 S/Res/2071 (2012) vom 12. Oktober 2012, Ziff. 3; S/Res/2085 (2012) vom 20. Dezember 2012, Ziff. 2, ähnlich bereits in S/Res/2056 (2012) vom 5. Juli 2012, Ziff. 20.

783 S/Res/2071 (2012) vom 12. Oktober 2012, Ziff. 4.

784 S/Res/2056 (2012) vom 5. Juli 2012, Ziff. 13; S/Res/2071 (2012) vom 5. Juli 2012, Ziff. 5.

785 S/Res/2227 (2015) vom 29. Juni 2015, Ziff. 4; S/Res/2295 (2016) vom 29. Juni 2016, dreizehnter und fünfzehnter Absatz der Präambel, Ziff. 5.

786 S/Res/2042 (2012) vom 14. April 2012, Ziff. 4; S/Res/2043 (2012) vom 21. April 2012, Ziff. 3.

auch darauf, diese Gruppe namentlich zu nennen. Stattdessen verurteilte er generell die Terroranschläge aller mit al-Qaida verbundenen Gruppen und Personen.[787] Im Übrigen forderte er von allen Konfliktparteien – also auch von den nichtstaatlichen – u.a. ein, jegliche Gewaltausübung zu beenden und Angriffe auf Zivilisten einzustellen.[788] Zugleich rief er alle Oppositionsgruppen auf, zu den mit al-Qaida verbundenen Gruppen und Personen Abstand zu halten und forderte die syrische Regierung zum Kampf gegen diese Gruppen auf.[789]

Noch im Juli 2014 beklagte der Sicherheitsrat lediglich allgemein die Verbreitung extremistischer Gruppen im syrischen Konflikt.[790] Erst als der IS von Syrien aus Regionen im Nordirak besetzte, ging der Sicherheitsrat dazu über, den IS und die ANF namentlich zu bezeichnen und für die negativen Auswirkungen auf die Stabilität in Syrien und im Irak verantwortlich zu machen.[791] Bemerkenswert ist zudem, dass er auf der Rechtsfolgenseite den IS und die ANF dazu aufforderte, jegliche Gewalt und Terrorakte zu unterlassen.[792] Damit stellte er eine Forderung an nichtstaatliche Gewaltakteure, die er ausdrücklich als terroristische Vereinigungen bezeichnete.

Im Zuge der zunehmenden Bemühungen um einen Waffenstillstand sah der Sicherheitsrat jedoch wieder von weiteren Differenzierungen ab und forderte lediglich indifferent alle Gruppen auf, sich u. a. an Waffenstillstandsvereinbarungen[793] und an das humanitäre Völkerrecht[794] zu halten, äußerte zugleich aber seine Sorge über die anhaltenden Operationen des IS, al-Qaida und der ANF sowie verbündeter Personen und Gruppen in Syrien.[795]

---

787 S/Res/2139 (2014) vom 22. Februar 2014, Ziff. 14.
788 S/Res/2139 (2014) vom 22. Februar 2014, Ziff. 2 und 3. Weitere Forderungen bezogen sich auf die Ermöglichung humanitärer Hilfe für die Zivilbevölkerung, Ziff. 4 ff.
789 S/Res/2139 (2014) vom 22. Februar 2014, Ziff. 2 und 3.
790 S/Res/2165 (2014) vom 14. Juli 2014, vierzehnter Absatz der Präambel.
791 S/Res/2170 (2014) vom 15. August 2014, fünfter Absatz der Präambel. Der Sicherheitsrat bezeichnete den IS hier und in der Folge stets als ISIL (Islamic State in Iraq and the Levant).
792 S/Res/2170 (2014) vom 15. August 2014, Ziff. 4.
793 S/Res/2268 (2016) vom 26. Februar 2016, Ziff. 3.
794 S/Res/2258 (2015) vom 22. Dezember 2015, Ziff. 1; S/Res/2332 (2016) vom 21. Dezember 2016, Ziff. 1.
795 S/Res/2258 (2015) vom 22. Dezember 2015, sechster Absatz der Präambel; S/Res/2319 (2016) vom 17. November 2016, fünfter Absatz der Präambel; S/Res/2332 (2016) vom 21. Dezember 2016, sechster und siebter Absatz der Präambel.

ss) Libyen

Nichtstaatliche Gewaltakteure spielten bei den Resolutionen des Sicherheitsrates zu Beginn des Bürgerkriegs in Libyen ab 2011 zunächst keine Rolle. Beachtenswert ist lediglich, dass der Sicherheitsrat eine Friedensbedrohung u. a. auch deswegen feststellte, weil er den Einsatz von Söldnern durch die libysche Regierung beklagte.[796] Auf das einer zwischenzeitlichen Entspannung folgende Wiederaufflammen der Gewalt reagierte der Sicherheitsrat mit dem üblichen Aufruf an alle Parteien, die Kämpfe einzustellen,[797] drückte aber zugleich seine Sorge angesichts der zunehmenden Präsenz von mit al-Qaida verbundenen Terrorgruppen in Libyen aus.[798] Noch stärker formulierte der Sicherheitsrat diese Sorge, als auch der IS begann, in Libyen aktiv zu werden.[799] Diese Aktivität führte dazu, dass der Sicherheitsrat Resolutionen erließ, die sich allein mit der Bedrohung des Friedens in Libyen durch den Zustrom ausländischer terroristischer Kämpfer (foreign terrorist fighters[800]) und durch die Begehung von Terroranschlägen beschäftigten. Diese Resolutionen zielten darauf ab, die bereits bestehenden Instrumente zur Zurückdrängung des Terrorismus auf die in Libyen aktiven Terrorgruppen anzuwenden.[801]

b) Terrorismus

Die Beschäftigung des Sicherheitsrates mit Terrorismus hat seit den Anschlägen vom 11. September 2001 stark zugenommen. Zuvor hatte er sich darauf beschränkt, terroristische Aktivitäten als potenziell friedensgefährdend zu bezeichnen.[802] Erst wenn ein Staat terroristische Aktivitäten unterstützte, er seiner Pflicht zur Verfolgung terroristischer Akte nicht nachkam

---

796 S/Res/1973 (2011) vom 17. März 2011, sechzehnter Absatz der Präambel.
797 S/Res/2174 (2014) vom 27. August 2014, Ziff. 1.
798 S/Res/2174 (2014) vom 27. August 2014, achter Absatz der Präambel.
799 S/Res/2213 (2015) vom 27. März 2015, fünfter Absatz der Präambel; S/Res/2238 (2015) vom 10. September 2015, zehnter Absatz der Präambel; S/Res/2259 (2015) vom 23. Dezember 2015, zwölfter Absatz der Präambel; S/Res/2292 (2016) vom 14. Juni 2016, vierter Absatz der Präambel.
800 Siehe dazu unten E. II. 2. b).
801 S/Res/2214 (2015) vom 27. März 2015, Ziff. 2, 4, 5, 7, 13.
802 Etwa S/Res/1269 (1999) vom 19. Oktober 1999, Ziff. 1.

oder er sich weigerte, die mutmaßlichen Attentäter auszuliefern,[803] war es zur ausdrücklichen Feststellung einer Friedensbedrohung unter Angabe des den Frieden bedrohenden Staates gekommen.[804] Dasselbe galt für *de facto*-Regimes im Falle ihrer Untätigkeit und mangelnder internationaler Kooperation bei der Terrorismusbekämpfung. Zum Beispiel hatte der Sicherheitsrat in der Resolution 1267 vom 15. Oktober 1999 die seiner Ansicht nach unzureichende Umsetzung einer seiner Beschlüsse durch das Regime der Taliban in Afghanistan,[805] denen zufolge die Taliban Osama bin Laden keine weitere Unterstützung gewähren, sondern Bemühungen zur rechtlichen Verfolgung unterstützen sollten,[806] als Friedensbedrohung gewertet.[807] In derselben Resolution legte er den Mitgliedstaaten verschiedene Verhaltenspflichten auf, die darauf abzielten, den Taliban die finanziellen Ressourcen abzuschneiden.[808] Um die Einhaltung dieser Pflichten zu überwachen, setzte der Sicherheitsrat ein eigenes Komitee ein.[809]

Zu einer expliziten Bezeichnung eines Terroraktes, dessen Urheberschaft zum Zeitpunkt der Resolution nicht eindeutig geklärt war,[810] als

---

803 Beispiele sind die Resolutionen, die auf die Weigerung Libyens, die mutmaßlichen Lockerbie-Attentäter auszuliefern, vgl. S/Res/748 (1992) vom 31. März 1992, sowie auf die Weigerung Sudans, die mutmaßlichen Täter eines Anschlags auf den ägyptischen Präsidenten Mubarak 1995 in der äthiopischen Hauptstadt Addis Abeba auszuliefern, vgl. S/Res/1054 (1996) vom 26. April 1996, Ziff. 1, ergingen.

804 Nachweise bei *Ja. Finke/C. Wandscher*, Vereinte Nationen 5/2001, 168 (170 ff.).

805 Über die Tatsache, dass die Taliban zu jenem Zeitpunkt zumindest die völkerrechtlichen Anforderungen an ein *de facto*-Regime erfüllten, herrscht Einigkeit, vgl. *T. Becker*, Terrorism and the State, S. 230; *R. Wolfrum/C. E. Philipp*, in: Schorlemer (Hrsg.), Praxishandbuch UNO, 145 (155 f.); *dies.*, in: Max Planck UNYB 6 (2002), 559 (584 f.); *J.-C. Martin*, Les règles internationales relatives à la lutte contre le terrorisme, S. 538 f.; *J. Kellenberger*, Humanitäres Völkerrecht, S. 187.

806 S/Res/1214 (1998) vom 8. Dezember 1998, Ziff. 13.

807 S/Res/1267 (1999) vom 15. Oktober 1999.

808 S/Res/1267 (1999) vom 15. Oktober 1999, Ziff. 4 (b), vgl. dazu *R. P. Barnidge*, Non-State Actors and Terrorism, S. 130 f.

809 S/Res/1267 (1999) vom 15. Oktober 1999, Ziff. 6.

810 S/Res/1368 (2001) vom 12. September 2001, Ziff. 1; S/Res/1373 (2001) vom 28. September 2001, dritter Absatz der Präambel. Wer für die Terrorakte vom 11. September 2001 völkerrechtlich die Verantwortung zu tragen hatte, konnte zum Zeitpunkt der Verabschiedung der Resolution 1368 am 12. September 2001, nur einen Tag nach den Anschlägen, noch nicht feststehen. Lediglich die Urheberschaft von al-Qaida schien eine gesicherte Erkenntnis, nicht jedoch, inwiefern deren Akte möglicherweise den Taliban als *de facto*-Regime zuzurechnen waren.

Friedensbedrohung kam es jedoch erst in den Resolutionen 1368 und 1373, mit denen der Sicherheitsrat auf die Anschläge vom 11. September 2001 reagierte. Wegen der ungeklärten Urheberschaft wird vertreten, dass der Sicherheitsrat womöglich bei der Feststellung der Friedensbedrohung von einer staatlichen Verwicklung ausging und demzufolge weiterhin zwischenstaatlichen Denkmustern verhaftet blieb.[811] Dem ist zu entgegnen, dass es der Sicherheitsrat in Resolution 1368 nicht bei der Qualifizierung der Anschläge auf das World Trade Center als den Frieden bedrohend beließ, sondern zugleich feststellte, dass „any act of international terrorism" eine Friedensbedrohung sei. Spätestens hier löste sich der Sicherheitsrat also vom Erfordernis einer staatlichen Verwicklung. Zugleich löste er sich hiermit aber von seiner Praxis, nur bei der Bewertung eines konkreten Sachverhaltes eine Friedensbedrohung festzustellen.

Mit dieser Qualifizierung des abstrakten Phänomens des internationalen Terrorismus als Friedensbedrohung eröffnete er sich zudem die Möglichkeit, Maßnahmen nach Kapitel VII UN-Charta zu ergreifen und schuf sich so eine Kompetenzgrundlage, um in Resolution 1373 UN-Charta abstrakt-generelle Regelungen zu erlassen. Mit diesen „quasi-legislativen"[812] Maßnahmen bündelte der Sicherheitsrat Sorgfalts- und unbedingte Verhaltens- bzw. Erfolgspflichten bestehender Konventionen – insbesondere des Finanzierungsabkommens – oder solcher des Gewohnheitsrechts und machte sie damit für alle Staaten verbindlich.[813] Um die Einhaltung dieser staatlichen Verpflichtungen zu überwachen, setzte der Sicherheitsrat das Coun-

---

811 So *E. Eckert*, Rolle nichtstaatlicher Akteure, S. 222 f.

812 So bezeichnen etwa *T. Bruha*, in: AVR 40 (2002), 383 (392), *T. Becker*, Terrorism and the State, S. 122 und *T. Ruys*, 'Armed Attack' and Article 51 of the UN-Charter, S. 434 die Maßnahmen des Sicherheitsrates. *J. D. Aston*, in: ZaöRV 62 (2002), 257 (258) hingegen nennt Res. 1373 einen „echten legislativen Akt".

813 Die Regelungen sehen vor, dass alle Staaten jegliches Bereitstellen oder Sammeln von Geldmitteln durch ihre Staatsangehörige oder auf ihrem Territorium unter Strafe stellen, wenn diese Geldmittel zur Austragung terroristischer Akte genutzt werden oder genutzt werden sollen (Ziff. 1(b)). Zudem müssen alle Staaten Geld-, Finanz- oder sonstige Wirtschaftsmittel einfrieren, die entweder Terroristen, ihren Unterstützern oder von diesen kontrollierten Personen gehören (Ziff. 1(c)). Ebenso wird die finanzielle Versorgung von solchen Personengruppen verboten (Ziff. 1(d)). Um zu verhindern, dass diese Vorschriften bei der Finanzierung des Terrorismus eine Lücke lassen, enthält die Resolution schließlich eine weit gefasste Generalklausel, derzufolge die Finanzierung von terroristischen Akten verhindert und unterdrückt werden muss (Ziff. 1(a)). Neben diesen Bestimmungen zur Finanzierung, die weitgehend Regeln des Finanzierungsabkommens rezipieren, enthält Resolution 1373 einen Katalog sonstiger Maßnahmen. Untersagt ist demnach jegliche Unterstützung terroristischer

ter-Terrorism Committee (CTC) ein, dem Vertreter aller Mitglieder des Sicherheitsrates angehören.[814] Diesem Komitee hat jeder Staat regelmäßig Bericht über seine Anstrengungen zur Umsetzung des Maßnahmenkatalogs zu erstatten.[815] Resolution 1535 modifizierte die ursprüngliche Organisationsstruktur des CTC und unterstellte ihm ein Counter-Terrorism Committee Executive Directorate (CTED).[816] In einer Vielzahl weiterer Resolutionen modifizierte und konkretisierte der Sicherheitsrat den Pflichtenkatalog, den alle Staaten zur Prävention von Terrorismus zu beachten haben.[817]

Die Beurteilung des internationalen Terrorismus als Friedensbedrohung ist kein Einzelfall geblieben, der unter dem unmittelbaren Eindruck der Anschläge in New York stand. Seitdem hat der Sicherheitsrat diese Auffassung in regelmäßigen Abständen bekräftigt, indem er entweder dem Muster von Resolution 1368 folgte und die Verurteilung eines konkreten Terroraktes mit der abstrakten Bewertung von internationalem Terrorismus als friedensbedrohend verknüpfte[818] oder den internationalen Terrorismus ohne Verweis auf einen konkreten Terrorakt als Friedensbedrohung be-

---

Aktivitäten, geboten vielmehr die Unterdrückung der Rekrutierung durch und Ausschaltung der Waffenlieferung an Terroristen (Ziff. 2(a)). Ferner müssen Staaten alles Notwendige zur Verhinderung terroristischer Akte tun, insbesondere diesbezügliche Informationen austauschen (Ziff. 2(b)), dürfen weder Terroristen noch ihren Unterstützern einen sicheren Zufluchtsort bieten (Ziff. 2(c)), dürfen ihr Territorium nicht für terroristische Aktivitäten gegen andere Staaten oder deren Bevölkerung zur Verfügung stellen (Ziff. 2(d)), müssen eine effektive Strafverfolgung und Bestrafung terroristischer Akte gewährleisten (Ziff. 2(e)), sind verpflichtet, bei der Verfolgung terroristischer Taten, einschließlich der Beweisgewinnung, so eng wie möglich zu kooperieren (Ziff. 2(f)) und schließlich müssen sie die grenzüberschreitende Fortbewegung von Terroristen durch effektive Grenzkontrollen und Verhinderung des Missbrauchs von Ausweispapieren unterbinden (Ziff. 2(g)). Für eine ausführliche Darstellung der von Resolution 1373 vorgesehenen Maßnahmen vgl. *B. v. Ginkel*, The Practice of the United Nations in Combating Terrorism, S. 245 ff.

814 S/Res/1373 (2001) vom 28. September 2001, Ziff. 6. Ausführlich zur Tätigkeit des CTC vgl. *B. v. Ginkel*, The Practice of the United Nations in Combating Terrorism, S. 248 ff.; *J. Föh*, Die Bekämpfung des internationalen Terrorismus nach dem 11. September 2001, S. 299 ff.

815 S/Res/1373 (2001) vom 28. September 2001, Ziff. 6. Die Aktivitäten des CTC kommentierend *E. Rosand*, in: AJIL 97 (2003), 333 ff.

816 S/Res/1535 (2004) vom 26. März 2004.

817 Zuletzt S/Res/2322 (2016) vom 12. Dezember 2016.

818 So verfuhr der Sicherheitsrat in seiner Reaktion auf die Anschläge in Bali (Indonesien) am 12. Oktober 2002, vgl. S/Res/1438 (2002) vom 14. Oktober 2002, Ziff. 1. Dem gleichen Muster folgte die Verurteilung der Geiselnahme durch

zeichnete, um weitere Anti-Terrorismus Maßnahmen auf Kapitel VII als Kompetenzgrundlage stützen zu können.[819] Ob der Sicherheitsrat mit dieser Wahrnehmung legislativer Funktionen seine Kompetenzen überschritten hat, gehört zwar zu einem der strittigsten Themen im Zusammenhang mit der Terrorismusbekämpfung durch den Sicherheitsrat,[820] soll in dieser Arbeit aber nicht vertieft werden, da es sich hier um ein allgemeines Kompetenzproblem handelt. Bemerkenswert ist schließlich, dass der Sicherheitsrat auch Akte von Gruppen als internationalen Terrorismus bezeichnete, deren Zielsetzung und Aktionsradius eigentlich national begrenzt sind.[821] Diese Notwendigkeit, einen terroristischen Akt nur dann als Friedensbedrohung zu werten, wenn er Ausdruck des internationalen Terrorismus darstellt, gab der Sicherheitsrat später auf. Stattdessen befand er, dass

---

tschetschenische Rebellen in einem Moskauer Theater am 23. Oktober 2002, vgl. S/Res/1440 (2002) vom 24. Oktober 2002, Ziff. 1, zweier terroristischer Akte in Kenia am 28. November 2002, vgl. S/Res/1450 (2002) vom 13. Dezember 2002, Ziff. 1, der Anschläge in Istanbul am 15. und 20. November 2003, vgl. S/Res/1516 (2003) vom 20. November 2003, Ziff. 1, der Anschläge auf Nahverkehrszüge in Madrid am 11. März 2004, vgl. S/Res/1530 (2004) vom 11. März 2004, Ziff. 1, der Anschläge vom 26. Juni 2015 in Sousse, vom 10. Oktober 2015 in Ankara, vom 31. Oktober 2015 auf dem Sinai, vom 12. November 2015 in Beirut und vom 13. November 2015 in Paris, vgl. S/Res/2249 (2015) vom 20. November 2015, Ziff. 1. In diesen Fällen bekundete der Sicherheitsrat außerdem den Opfern, Angehörigen und betroffenen Staaten sein Beileid, hielt alle Staaten zur Umsetzung der Verpflichtungen aus Resolution 1373 an und bekräftigte seinen Willen, jede Form von Terrorismus zu bekämpfen.

819 Zuletzt S/Res/2253 (2015) vom 17. Dezember 2015 und S/Res/2322 (2016) vom 12. Dezember 2016.

820 Vgl. ausführlich *J. Föh*, Die Bekämpfung des internationalen Terrorismus nach dem 11. September 2001, S. 268 ff., der meint, dass der Sicherheitsrat mit dieser legislativen Rolle seine Kompetenzen überschreite. Dagegen ist *K. Dicke*, in: Vereinte Nationen 5/2001, 163, der Ansicht, dass diese Vorgehensweise des Sicherheitsrats von seiner Kompetenz gedeckt sei.

821 Dies galt für die Einstufung des Anschlags auf ein Moskauer Theater am 23. Oktober 2002 durch tschetschenische Terroristen, die damit die Loslösung Tschetscheniens von Russland vorantreiben wollten, als Akt des internationalen Terrorismus, vgl. S/Res/1440 (2002) vom 24. Oktober 2002, Ziff. 1. Außerdem machte der Sicherheitsrat in S/Res/1530 (2004) vom 11. März 2004 irrtümlicherweise die ETA als Urheber der Anschläge in Madrid verantwortlich und beurteilte unter diesem Blickwinkel eine innerstaatliche Angelegenheit, nämlich die Frage der Unabhängigkeitsbestrebungen des Baskenlandes, als Bedrohung des internationalen Friedens.

Terrorismus in jeglicher Form eine der stärksten Friedensbedrohungen darstelle.[822]

Einen weiteren bemerkenswerten Schritt ging der Sicherheitsrat in den Resolution 2170 und 2178, in denen er sich anlässlich der militärischen Erfolge des IS in Syrien und Irak zum ersten Mal generell mit der Behandlung von Terroristen in bewaffneten Konflikten auseinandersetzte, für die er den Begriff foreign terrorist fighters prägte.[823] Zugleich zeigte er sich besorgt über die Gefahr, die diese Kämpfer darstellten, einschließlich in Bezug auf bewaffnete Konflikte.[824] Außerdem drückte er seine Sorge aus, dass foreign terrorist fighters die Länge, Intensität und Ausweglosigkeit von Konflikten verstärkten.[825] Im operativen Teil forderte er alle foreign terrorist fighters dazu auf, die Waffen niederzulegen, keine Terrorakte mehr zu begehen und sich nicht mehr an bewaffneten Konflikten zu beteiligen.[826] So deutlich wie hier hat der Sicherheitsrat bislang keine Forderung an Terroristen gestellt. Es bleibt allerdings unklar, wen der Sicherheitsrat mit dem Begriff foreign terrorist fighters meinte, weil er auf eine Definition verzichtete. Zwar äußerte er sich besorgt darüber, dass foreign terrorist fighters vom IS, der ANF oder anderen Ablegern von al-Qaida rekrutiert würden. Damit machte er jedoch zugleich deutlich, dass diese Gruppen nicht die einzigen seien, denen sich foreign terrorist fighters anschlössen.

Im Übrigen beschloss der Sicherheitsrat im operativen Teil Maßnahmen, die vor allem darauf abzielten, den Zustrom von foreign terrorist fighters in Kampfgebiete zu unterbinden.[827] Obwohl die Resolution ersichtlich darauf abzielte, den Zustrom ausländischer Kämpfer nach Syrien und in den Irak zu unterbinden, enthielt sie keinen Bezug zu diesen spezifischen bewaffneten Konflikten, sondern bezog sich ausdrücklich auf jeden bewaffneten Konflikt.

In Resolution 2249 rief der Sicherheitsrat alle Mitgliedstaaten auf („calls upon"), alle erforderlichen Maßnahmen („all necessary measures") zu ergreifen, um ihre Bemühungen, weitere terroristischen Akte durch den IS, Al-Qaida und weitere Terrorgruppen zu verhindern, zu erhöhen und zu

---

822 S/Res/2161 (2014) vom 17. Juni 2014, zweiter Absatz der Präambel; S/Res/2178 (2014) vom 24. September 2014, erster Absatz der Präambel.

823 S/Res/2170 vom 15. August 2014, zwölfter Absatz der Präambel; S/Res/2178 (2014) vom 24. September 2014, achter Absatz der Präambel.

824 S/Res/2178 (2014) vom 24. September 2014, achter Absatz der Präambel.

825 S/Res/2178 (2014) vom 24. September 2014, zehnter Absatz der Präambel.

826 S/Res/2178 (2014) vom 24. September 2014, Ziff. 1.

827 S/Res/2178 (2014) vom 24. September 2014, insbesondere Ziff. 5, 6 und 8.

koordinieren und den „sicheren Hafen" auszurotten, den der IS in Syrien etabliert habe.[828] Diesen Aufruf stützte er nicht auf Kapitel VII der UN-Charta. Deshalb ist nicht davon auszugehen, dass der Sicherheitsrat mit dieser Resolution militärische Maßnahmen der Mitgliedstaaten gegen den IS ermächtigt hat,[829] obwohl die Wortwahl „all necessary measures" dies vermuten lassen könnte. Gegen die Autorisierung militärischer Maßnahmen spricht auch die Einleitung „calls upon" im Gegensatz zu den möglichen Alternativen „authorizes" oder „decides".[830]

c) Piraten

Piraterie fand ebenso wie der internationale Terrorismus mehrfach Beachtung in Sicherheitsresolutionen. Im Gegensatz zu terroristischen Akten wurde aber bisher weder ein konkreter Akt von Piraterie noch die Piraterie als solche als Friedensbedrohung beurteilt. Stattdessen bejahte der Sicherheitsrat in mehreren Resolutionen zur Situation in Somalia indirekt das friedensbedrohende Potenzial von Piraterie, indem er feststellte, dass die Piraterie die Situation in Somalia verschärfe, die wiederum eine Friedensbedrohung darstelle.[831] Trotz dieses Verzichts, Piraterie isoliert als Frie-

---

828 S/Res/2249 (2015) vom 20. November 2015, Ziff. 5. Diese Formulierung wiederholte der Sicherheitsrat in S/Res/2254 (2015) vom 18. Dezember 2015, Ziff. 8. Ausführlich zur Resolution S/Res/2249 (2015) *P. Wittke*, The Bush Doctrine Revisited, S. 324 ff.

829 So auch *J. Brunnée/S. J. Toope*, in: Int'l & Comp. L. Q. 67 (2018), 263 (271); *D. Akande/M. Milanovic* auf EJIL: Talk!, erhältlich im Internet: <http://www.ejiltalk .org/the-constructive-ambiguity-of-the-security-councils-isis-resolution/> (zuletzt besucht am 31. Juli 2017); *M. Weller* auf EJIL:Talk!, erhältlich im Internet: <http://www.ejiltalk.org/permanent-imminence-of-armed-attacks-resolution-224 9-2015-and-the-right-to-self-defence-against-designated-terrorist-groups/> (zuletzt besucht am 31. Juli 2017).

830 *D. Akande/M. Milanovic*, auf EJIL: Talk!, erhältlich im Internet: <http://www.ejil talk.org/the-constructive-ambiguity-of-the-security-councils-isis-resolution/> (zuletzt besucht am 31. Juli 2017).

831 Vgl. S/Res/1816 (2008) vom 2. Juni 2008, zwölfter Absatz der Präambel (*„Determining* that the incidents of piracy and armed robbery against vessels in the territorial waters of Somalia and the high seas off the coast of Somalia exacerbate the situation in Somalia which continues to constitute a threat to international peace and security in the region, [...]"). So auch S/Res/2125 (2013) vom 18. November 2013, vierunddreißigster Absatz der Präambel. Diesen Passus ebenfalls als indirekten Weg zur Ergreifung von Maßnahmen gegen Piraten nach Kapitel VII wertend, *A. v. Arnauld*, in: AVR 47 (2009), 454 (460).

densbedrohung zu werten,[832] schuf sich der Sicherheitsrat so eine Kompetenzgrundlage, um nach Kapitel VII Zwangsmaßnahmen zur Piratenbekämpfung beschließen zu können. Im Gegensatz zu den Resolutionen zum internationalen Terrorismus verzichtete der Sicherheitsrat jedoch darauf, in Bezug auf die Piraterie das Selbstverteidigungsrecht zu erwähnen. Auf dieser Kompetenzgrundlage drängte der Sicherheitsrat die Mitgliedstaaten zunächst zur Wachsamkeit gegenüber piraterischen Aktivitäten auf der Hohen See vor der Küste Somalias,[833] zu verstärkter Kooperation untereinander sowie mit der Übergangsregierung Somalias („Transitional Federal Government of Somalia", TFG) und mit der International Maritime Organization (IMO) bei der Verhinderung piraterischer Akte[834] und zur Sicherstellung angemessener Anti-Piraterie-Maßnahmen auf Schiffen, die unter ihrer Flagge fahren.[835] Neben diesen drängenden, aber unverbindlichen Forderungen entschied er, dass die bestehenden völkerrechtlichen Instrumente zur Abwehr piraterischer Aktivitäten auf Hoher See für die Dauer von sechs Monaten auch in den Territorialgewässern Somalias zulässig seien.[836] Allerdings ermächtigte er nur solche Staaten zur Piratenverfolgung in somalischen Gewässern, die mit dem TFG kooperierten und die zuvor durch das TFG beim Generalsekretär der Vereinten Nationen notifiziert wurden.[837] Nach Ablauf der zeitlich befristeten Ermächtigung aus Resolution 1816 verlängerte der Sicherheitsrat diese Frist mehrfach.[838]

Zugleich bekräftigte der Sicherheitsrat immer wieder, dass die mit dieser Ermächtigung verbundenen Rechtsfolgen einzig auf die Situation in Somalia zu beziehen seien und keinesfalls die Rechte anderer Staaten be-

---

832 *T. Treves*, in: EJIL 20 (2009), 399 (401) vermutet, dass der Sicherheitsrat die Piraterie nur indirekt mit dem Begriff der Friedensbedrohung in Verbindung brachte, um Kritik an einer zu weiten Auslegung dieses unbestimmten Rechtsbegriffes zu vermeiden.

833 S/Res/1816 (2008) vom 2. Juni 2008, Ziff. 1.

834 S/Res/1816 (2008) vom 2. Juni 2008, Ziff. 2 und 3.

835 S/Res/1816 (2008) vom 2. Juni 2008, Ziff. 4.

836 S/Res/1816 (2008) vom 2. Juni 2008, Ziff. 7 a), b).

837 S/Res/1816 (2008) vom 2. Juni 2008, Ziff. 7.

838 S/Res/1846 (2008) vom 2. Dezember 2008, Ziff. 10; S/Res/1897 (2009) vom 30. November 2009, Ziff. 7; S/Res/1950 (2010) vom 23. November 2010, Ziff. 7; S/Res/2020 (2011) vom 22. November 2011, Ziff. 9; S/Res/2077 (2012) vom 21. November 2012, Ziff. 12; S/Res/2125 (2013) vom 18. November 2013, Ziff. 12; S/Res/2246 (2015) vom 10. November 2015, Ziff. 14; S/Res/2316 (2016) vom 09. November 2016, Ziff. 14.

einträchtigen dürften.[839] Außerdem unterstrich er, dass diese Entscheidung nicht als Ausgangspunkt für neu entstehendes Völkergewohnheitsrecht anzusehen sei und zudem nicht ohne das zuvor erklärte Einverständnis durch den Repräsentanten Somalias bei den Vereinten Nationen getroffen worden wäre.[840]

Mit Resolution 1816 beschritt der Sicherheitsrat somit scheinbar Neuland, da er erstmals Maßnahmen gegen piraterische Aktivitäten auf der Basis von Kapitel VII beschloss. Dennoch verliert die Resolution ihren innovativen Charakter, wenn man berücksichtigt, dass die somalische Übergangsregierung ausdrücklich das Einverständnis zur Nutzung seiner Territorialgewässer bei der Piratenbekämpfung erklärt hatte. In Anbetracht dieses Einverständnisses wäre eine Kapitel VII-Resolution des Sicherheitsrates sogar unnötig gewesen, da jeder Staat frei über die Nutzung seines Territoriums verfügen kann.[841]

Weiterhin rief der Sicherheitsrat in den Resolutionen zur Piraterie-Bekämpfung vor Somalias Küsten die Mitgliedstaaten wiederholt dazu auf, sich u. a. mit dem Einsatz von Kriegsschiffen an der Pirateriebekämpfung vor der Küste Somalias zu beteiligen und sich gegenseitig bei der Wahl der Jurisdiktion, sowie der Untersuchung und Verfolgung piraterischer Akte zu unterstützen.[842] Als relevantes Regelwerk zur Pirateriebekämpfung bezeichnete er immer wieder ausdrücklich das SRÜ.[843] Damit machte er deutlich, dass er Piraterie als kriminelles Phänomen ansieht, das allein mit Mitteln der Verbrechensbekämpfung, nicht hingegen mit kriegerischen

---

839 S/Res/1816 (2008) vom 2. Juni 2008, Ziff. 9; zuletzt S/Res/2316 (2016) vom 09. November 2016, Ziff. 15.

840 S/Res/1816 (2008) vom 2. Juni 2008, Ziff. 9; zuletzt S/Res/2316 (2016) vom 09. November 2016, Ziff. 15.

841 Diesen Punkt ebenfalls betonend *T. Treves*, in: EJIL 20 (2009), 399 (406 f.), der als Beispiel für die Erlaubnis eines Staates zur Nutzung der Territorialgewässer eines anderen Staates eine Vereinbarung aus dem Jahre 1997 zitiert, derzufolge Albanien der italienischen Marine die Verfolgung albanischer Flüchtlingsschiffe in albanischen Hoheitsgewässern gestattete.

842 S/Res/1816 (2008) vom 2. Juni 2008, Ziff. 11; S/Res/2125 (2013) vom 18. November 2013, Ziff. 10 und 16; zuletzt S/Res/2316 (2016) vom 09. November 2016, Ziff. 12 und 18.

843 S/Res/2020 (2011) vom 22. November 2011, siebter Absatz der Präambel; S/Res/2077 (2012) vom 21. November 2012, siebter Absatz der Präambel; S/Res/2246 (2015) vom 10. November 2015, sechster Absatz der Präambel; S/Res/2316 (2016) vom 09. November 2016, fünfter Absatz der Präambel.

Mitteln zu bekämpfen sei. Als Ziel der Piratenbekämpfung nannte er die vollständige Auslöschung („full eradication").[844]

Weiterhin verurteilte der Sicherheitsrat Akte von Piraterie vor der Küste Guineas.[845] Indem er bezüglich des anwendbaren rechtlichen Rahmens auf die Vorschriften des SRÜ verwies, die den Mitgliedstaaten ermöglichten, Piraterie als kriminellen Akt zu behandeln und strafrechtlich zu verfolgen,[846] bewertete er erneut das Strafrecht als das maßgebliche Rechtsregime zur Pirateriebekämpfung.

d) Zwischenfazit

Wie sich gezeigt hat, verfolgte der Sicherheitsrat lange überwiegend einen indifferenten Ansatz, wenn er in Bürgerkriegssituationen die Aktivitäten nichtstaatlicher Gewaltgruppen für die Friedensbedrohung verantwortlich machte, da er darauf verzichtete, diese Gruppen einer bestimmten Form nichtstaatlicher Gewalt zuzuordnen.

Doch auch wenn es nicht um die Verantwortlichkeit eines nichtstaatlichen Akteurs für eine Friedensbedrohung ging, vermied der Sicherheitsrat eine Kategorisierung. Nur selten hat er eine namentlich genannte Gruppe einer besonderen Form nichtstaatlicher Gewalt zugeordnet, etwa als er die RUF in Sierra Leone als Rebellengruppe bezeichnete oder die Janjaweed im Sudan als Miliz. Darüber hinaus hat er es selbst dann vermieden, die einzelnen Gewaltakteure zu kategorisieren, wenn er sie nicht namentlich, sondern lediglich kollektiv adressierte. Nur vereinzelt bezeichnete er nichtstaatliche Gewaltakteure etwa als Rebellengruppen oder – im Falle des Libanon – als Milizen. Hervorzuheben ist indes die differenzierende Resolution 1521, in der offenbar die Verbreitung von Söldnern in Liberia das wesentliche Motiv war, um dort eine Friedensbedrohung festzustellen.

Zwangsmaßnahmen erließ der Sicherheitsrat bislang ausschließlich gegenüber Bürgerkriegsparteien wie der UNITA in Angola, den bosnischen Serben und den Houthi im Jemen, die bereits über einen längeren Zeitraum maßgeblich den jeweiligen Konflikt geprägt hatten und einen Teil des Gebiets kontrollierten. Nur ihnen gegenüber erhob der Sicherheitsrat zudem konkrete Forderungen, wie etwa das humanitäre Völkerrecht zu

---

844 S/Res/1846 (2008) vom 2. Dezember 2008, zehnter Absatz der Präambel.
845 S/Res/2018 (2011) vom 31. Oktober 2011, Ziff. 1.
846 S/Res/2018 (2011) vom 31. Oktober 2011, sechster und siebter Absatz der Präambel.

achten, Geiseln freizulassen oder Friedensabkommen einzuhalten. Selbst wenn diese Maßnahmen ganz unterschiedlicher Natur waren, selbst wenn die ihnen zu Grunde liegenden Sachverhalte allesamt verschieden waren, so lässt sich an dieser Praxis erkennen, dass der Sicherheitsrat diese Bürgerkriegsparteien als eigenständige Parteien in bewaffneten Konflikten oder in Staatsbildungsprozessen ansah. Zugleich wählte der Sicherheitsrat in Bürgerkriegssituationen lange einen indifferenten Ansatz, sofern er nichtstaatlichen Gruppen gegenüber Zwangsmaßnahmen erließ, da er die betroffenen Gruppen zwar namentlich nannte, es jedoch vermied, sie einer bestimmten Kategorie nichtstaatlicher Gewalt zuzuordnen. Denselben Ansatz verfolgte der Sicherheitsrat auch im Libanonkrieg von 2006, indem er die Hisbollah nicht einer besonderen Kategorie nichtstaatlicher Gewalt zuordnete, sobald er sie namentlich nannte und zum direkten Adressaten von Forderungen machte.

Eine Abkehr von der bisherigen Praxis, Bürgerkriegsparteien nur im Ausnahmefall einer bestimmten Kategorie nichtstaatlicher Gewalt zuzuordnen, war im Falle von Somalia festzustellen, wo der Sicherheitsrat zwischenzeitlich alle bewaffneten nichtstaatlichen Gruppen als Terroristen ansah. Auch wenn er in der Folge von dieser kollektiven Delegitimierung aller nichtstaatlichen Konfliktparteien wieder abrückte, setzte der Sicherheitsrat in den Resolutionen zum syrischen Bürgerkrieg und zu den militärischen Aktivitäten des IS im Irak seine Linie fort, bestimmte Konfliktparteien differenzierend als Terroristen zu bezeichnen. Zudem stellte er im operativen Teil erstmals Forderungen an Gruppen, die er als terroristisch bewertete. Im Falle Malis und Afghanistans ist zudem erkennbar, dass der Sicherheitsrat nur bestimmte nichtstaatliche Gewaltakteure differenzierend als Terroristen bezeichnete, während er die übrigen bewaffneten nichtstaatlichen Gruppen dazu aufrief, jegliche Bindung zu den terroristischen Gruppen zu lösen.

In Resolution 2178 schließlich erweiterte der Sicherheitsrat seinen Maßnahmenkatalog, um die Beteiligung terroristischer Kämpfer in bewaffneten Konflikten losgelöst von einem bestimmten Konflikt einzudämmen.

Im Gegensatz zu Bürgerkriegssituationen verfolgte der Sicherheitsrat bereits seit längerem differenzierende Ansätze, wenn es nicht um die Bewertung bewaffneter Konflikte, sondern einzelner nichtstaatlicher Gewaltakte ging, die er wiederholt als terroristisch verurteilte. Als Friedensbedrohung bewertete er dabei jedoch zunächst nicht die Anschläge oder die nichtstaatliche Gewalt selbst, sondern die Weigerung von Staaten oder *de facto*-Regimen, ihren Verpflichtungen im Umgang mit Terroristen nachzukommen. Wie etwa die Resolutionen zu Lockerbie oder Resolution 1267, die das Verhalten der Taliban mit Osama bin Laden zum Gegenstand hatte, zeigen, ging es hier lange um die Bewertung konkreter Sachverhalte.

Insofern bedeutete es eine Zäsur, als der Sicherheitsrat in Resolution 1368 das abstrakte und undefinierte Phänomen des Terrorismus als Friedensbedrohung bezeichnete. Auch bei folgenden Resolutionen, in denen der Sicherheitsrat die Urheber terroristischer Anschläge kannte, hielt er sich mit der konkreten Nennung der die Anschläge veranlassenden Gruppen zurück.[847] Diese Vorgehensweise eröffnete dem Sicherheitsrat die bereits dargestellte Möglichkeit, ohne konkreten Anlass legislative Maßnahmen im Rahmen der Terrorismusbekämpfung zu ergreifen.

Einen differenzierenden Ansatz verfolgte der Sicherheitsrat auch in den Resolutionen, die konkrete Maßnahmen vorsahen, um die Piraterie vor der Küste Somalias besser zu bekämpfen. Bislang verzichtete der Sicherheitsrat aber darauf, die Piraterie generell als Friedensbedrohung zu bezeichnen, um sich eine Kompetenzgrundlage zu schaffen, die ihn auch ohne konkreten Anlass zu Zwangsmaßnahmen ermächtigt. Auf diese rechtliche Konstruktion hat er somit bislang nur bei der differenzierenden Bekämpfung des Terrorismus zurückgegriffen. Im Gegensatz zum Umgang mit Terrorismus hat der Sicherheitsrat bei der Piraterie zudem immer deutlich gemacht, dass diese Form nichtstaatlicher Gewalt allein mit strafrechtlichen Mitteln zu bekämpfen sei.

e) Kohärenz

Nicht unter dem Blickwinkel der Kohärenz soll bewertet werden, welche Konflikte mit nichtstaatlicher Gewaltbeteiligung der Sicherheitsrat überhaupt zum Gegenstand von Resolutionen machte, da diese Entscheidung grundsätzlich ganz überwiegend politisch determiniert ist.[848] Blickt man also allein auf die erlassenen Resolutionen, stellt sich die Behandlung nichtstaatlicher Gewalt zunächst weitgehend als kohärent dar. Insbesonde-

---

847 Eine Ausnahme war die Resolution zu den Terroranschlägen in Madrid vom März 2004, für die der Sicherheitsrat (fälschlicherweise) die ETA verantwortlich machte, S/Res/1530 (2004) vom 11. März 2004. Eine Fehleinschätzung, die er danach auch nicht mehr korrigierte, vgl. auch *B. v. Ginkel*, The Practice of the United Nations in Combating Terrorism, S. 234.

848 Zu der Frage etwa, warum der Sicherheitsrat von 1989 bis 2006 zu siebzehn der vierundvierzig Bürgerkriege, die in diesem Zeitraum lagen, keine Resolution erließ, vgl. *J. Cockayne/C. Mikulaschek/C. Perry*, The United Nations Security Council and Civil War: First Insights from a New Dataset, S. 2.

re hat der Sicherheitsrat durch den überwiegend indifferenten Ansatz bei Bürgerkriegsparteien jegliche Wertung hinsichtlich der Legitimität der Gewaltanwendung vermieden. Sowohl in Bezug auf das Ziel des Sicherheitsrates, dass die nichtstaatlichen Akteure seine Forderungen akzeptieren, als auch bezüglich der Voraussetzungen eines Versöhnungsprozesses nach dem Konflikt erscheint diese Neutralität sachgerecht. Ohne sachlichen Grund wich der Sicherheitsrat jedoch in Somalia von diesem Ansatz ab, indem er zunächst alle bewaffneten Oppositionsgruppen, anschließend nur noch al-Shabaab als terroristische Gefahr bewertete. Diese Linie der delegitimierenden Differenzierung, die sich bei der Behandlung der Konflikte in Syrien und Mali fortsetzte, mag aus politischer Sicht nachvollziehbar sein. Aus rechtlicher Sicht hingegen ist sie nicht kohärent, weil sie mit dem Zweck des humanitären Völkerrechts um Entideologisierung bewaffneter Konflikte nicht vereinbar ist.

Mit der indifferenten Konzeption des humanitären Völkerrechts ist zudem nicht vereinbar, dass der Sicherheitsrat dazu übergegangen ist, an bewaffneten Konflikten beteiligte Personen differenziert als foreign terrorist fighters zu behandeln.

Als kohärent stellt sich dagegen die differenzierende Verurteilung einzelner Gewaltakte in Friedenszeiten dar, die in den verschiedenen sektoralen Terrorismusabkommen kriminalisiert werden, sowie von Piraterie und Söldnern, da das Völkerrecht diese Gewaltformen ausdrücklich delegitimiert.[849] Sachlich gerechtfertigt war dabei auch die ausdrückliche Zielsetzung des Sicherheitsrates, Piraterie vollständig auszulöschen, denn er machte zugleich deutlich, dass die Bekämpfung von Piraterie nur mit strafrechtlichen Mitteln zu erfolgen habe. Lediglich das Ziel, Piraterie mit militärischen Mitteln zu besiegen, wäre mit dieser Zielsetzung unvereinbar, weil das humanitäre Völkerrecht keine vollständige Vernichtung des militärischen Gegners erlaubt.[850]

Als inkohärent stellt sich die pauschale Beurteilung des internationalen Terrorismus als Friedensbedrohung dar, um jederzeit Zwangsmaßnahmen nach Kapitel VII erlassen zu können. Der Mangel an Kohärenz ergibt sich dabei nicht unbedingt daraus, dass der Sicherheitsrat bei anderen Akteuren auf diese pauschalierte Betrachtung verzichtete oder aus der zweifelhaften Kompetenz des Sicherheitsrates. Er folgt aber erneut aus der fehlenden

---

849 Ausführlicher hierzu siehe unten E. IV. 2.

850 Hierauf weist überzeugend *R. Geiß*, in: Heintze/Ipsen (Hrsg.), Heutige bewaffnete Konflikte als Herausforderungen an das humanitäre Völkerrecht, 45 (59) hin.

begrifflichen Klarheit. In allen anderen Fällen, in denen nichtstaatliche Gewaltakteure für die Annahme einer Friedensbedrohung verantwortlich waren, lässt sich anhand des Wortlauts der Resolution herausarbeiten, welche Handlungen oder Konstellationen den Sicherheitsrat zur Annahme einer Friedensbedrohung bewogen. Bei der pauschalen Verurteilung des internationalen Terrorismus ist dies nicht möglich.

3. Selbstverteidigungsrecht

Neben der Untersuchung, inwieweit das Friedenssicherungsrecht nichtstaatliche Gewalt erfasst, lohnt die Analyse, ob das Selbstverteidigungsrecht der UN-Charta auf nichtstaatliche Akteure anwendbar ist. Denn diese Anwendbarkeit war nach dem 11. September 2001 einer der maßgeblichen Aspekte im Zuge der völkerrechtlichen Aufarbeitung der Anschläge. Insbesondere die intensive akademische Debatte um diese Frage ist nie vollständig abgeflaut, sondern hat vielmehr im Zuge der wissenschaftlichen Aufarbeitung der militärischen Maßnahmen der USA und anderer Staaten gegen den IS in Syrien und im Irak frischen Wind erhalten.[851]

Unilaterale Gewaltanwendung bedeutet gemäß Art. 51 UN-Charta dann keine Verletzung des völkerrechtlichen Gewaltverbotes, wenn sie als Maßnahme der Selbstverteidigung gerechtfertigt ist:

> "Nothing in the present Charter shall impair the inherent right of individual or collective self-defence if an armed attack occurs against a Member of the United Nations, until the Security Council has taken measures necessary to maintain international peace and security. Measures taken by Members in the exercise of this right of self-defence shall be immediately reported to the Security Council and shall not in any way affect the authority and responsibility of the Security Council under the present Charter to take at any time such action as it deems necessary in order to maintain or restore international peace and security."

Es ist im Völkerrecht allgemein anerkannt, dass neben diesem Recht auf Selbstverteidigung der UN-Charta ein völkergewohnheitsrechtliches

---

851 *P. Starski*, in: ZaöRV 75 (2015), 455 ff.; *O. Corten*, in: LJIL 29 (2016), 777 ff.

Selbstverteidigungsrecht existiert.[852] Umstritten ist allerdings, inwieweit sich die Anwendungsbereiche beider Ausprägungen dieses Rechts überschneiden.[853] Aufgrund des hier vertretenen Verständnisses der UN-Charta als maßgebliches Rechtsregime im Bereich der Gewaltanwendung, geht die Arbeit wie schon beim Gewaltverbot davon aus, dass die völkergewohnheitsrechtliche Ausprägung nicht weiter reicht als die Norm der UN-Charta.[854]

Sowohl das Selbstverteidigungsrecht der Charta als auch jenes des Völkergewohnheitsrechtes erfordern, dass ein bewaffneter Angriff („armed attack") vorliegt, dessen weitere Voraussetzungen der Wortlaut offenlässt. Dementsprechend unklar ist, ob es sich nur um einen staatlichen Angriff handeln darf oder auch nichtstaatliche Angriffe das Selbstverteidigungsrecht auslösen. Diese offene Bestimmung verursacht seit den Anschlägen vom 11. September 2001 eine kontrovers geführte Debatte um die Frage, wie der „armed attack" beschaffen sein muss. Bis zu diesem Zeitpunkt ging die Völkerrechtswissenschaft überwiegend davon aus, dass nur staatliche Angriffe von Art. 51 UN-Charta erfasst seien.[855] Seit diesem Zeitpunkt hat sich die wissenschaftliche Meinung gewandelt. Sie befürwortet mehr und mehr die Einbeziehung generell nichtstaatlicher bzw. nur terroristischer Angriffe in den Anwendungsbereich von Art. 51 UN-Charta.[856] Ob dieser Stimmungswandel tatsächlich mit einem inhaltlichen Wandel der Norm einhergeht und ob dieser Wandel indifferent oder differenzierend ist, untersucht die Arbeit im Folgenden anhand der bereits bekannten Parameter, die bei der Auslegung von Art. 51 UN-Charta maßgeblich sind – Wortlaut, Systematik, Sinn und Zweck sowie die Staatenpraxis.

---

852 IGH, Military and Paramilitary Activities in and against Nicaragua (Nicaragua v. United States of America), Judgment of 27 June 1986 (Merits), ICJ Reports 1986, S. 14 ff., Ziff. 176; *R. v. Steenberghe*, in: LJIL 23 (2010), 183 (185).

853 So betonte der IGH in seinem Nicaragua-Urteil, dass das völkergewohnheitsrechtliche Selbstverteidigungsrecht und dasjenige der UN-Charta keinen identischen Anwendungsbereich hätten, vgl. IGH, Military and Paramilitary Activities in and against Nicaragua (Nicaragua v. United States of America), Judgment of 27 June 1986 (Merits), ICJ Reports 1986, S. 14 ff., Ziff. 176. Vgl. außerdem *T. Stein/C. v. Buttlar*, Völkerrecht, Rn. 829 ff.; *A. v. Arnauld*, Völkerrecht, Rn. 1051.

854 Im Ergebnis ebenso *I. Brownlie*, International Law and the Use of Force by States, S. 280; *M. Krajewski*, in: AVR 40 (2002), 183 (187); *P. Starski*, in: ZaöRV 75 (2015), 455 (460).

855 *T. Stein/C. v. Buttlar*, Völkerrecht, Rn. 842.

856 Nachweise bei *U. Linderfalk*, in: GoJIL 2 (2010), 893 (900, Fn. 12).

209

a) Wortlaut

Dem Wortlaut, der lediglich einen „armed attack" fordert, lässt sich kein Hinweis darauf entnehmen, ob der Urheber eines bewaffneten Angriffs staatlich sein muss oder nicht. Ganz überwiegend gehen Autoren daher davon aus, dass der Wortlaut auch nichtstaatliche Angriffe erfasst.[857]

b) Systematik

Systematische Argumente lassen sich für beide Auslegungsvarianten finden. Befürworter eines nichtstaatlichen Angriffs verweisen etwa auf Art. 39 UN-Charta, der längst anerkenne, dass nichtstaatliche Akteure den Frieden bedrohen können. Daher sei die Annahme, diese Akteure könnten i. S. d. Art. 39 UN-Charta auch den Frieden brechen, nur konsequent. Wenn sie wiederum den Frieden brechen können, sei auch ein nichtstaatlicher bewaffneter Angriff i. S. v. Art. 51 UN-Charta möglich.[858] Dieser Auffassung ließe sich entgegnen, dass Art. 51 UN-Charta eher mit Art. 2 Abs. 4 UN-Charta in Beziehung zu setzen sei, weil die Selbstverteidigung eine Ausnahme zum Gewaltverbot bilde. Da das Gewaltverbot nur für Staaten gilt, könne auch das Recht auf Selbstverteidigung nur gegenüber staatlichen Angriffen Anwendung finden.[859] Gegen diese Lesart wenden Befürworter wiederum ein, dass Art. 51 UN-Charta im Gegensatz zu Art. 2 Abs. 4 UN-Charta gerade keinen Bezug auf einen staatlichen Ursprung der Gewaltanwendung enthalte – *e contrario* sei ein solcher Ursprung beim Selbstverteidigungsrecht nicht erforderlich.[860]

---

857 So die übereinstimmende Meinung, vgl. nur *J. Brunnée*, in: Blokker/Schrijver (Hrsg.), Security Council and the Use of Force, 107 (122); *C. J. Tams*, in: Rev. québécoise de droit int'l 18 (2005), 275 (278); *C. Stahn*, in: ZaöRV 62 (2002), 183 (213); *C. Gray*, International Law and the Use of Force, S. 199. Kritischer *U. Linderfalk*, in: GoJIL 2 (2010), 893 (912 ff.), der insbesondere die Fokussierung vieler Autoren auf den englischen Wortlaut bemängelt, die vernachlässige, dass der authentische französische Wortlaut „aggression armée" eher dafür spreche, nur staatliche Angriffe unter Art. 51 UN-Charta zu subsumieren. *K. Weigelt*, Die Auswirkung der Bekämpfung des internationalen Terrorismus auf die staatliche Souveränität, S. 75, ist dagegen der Ansicht, dass auch die französische Fassung nicht zwingend für eine Beschränkung auf staatliche Angriffe spreche.

858 So die Argumentationslinie von *M. Krajewksi*, in: AVR 40 (2002), 183 (197 f.).

859 *O. Corten*, in: LJIL 29 (2016), 777 (795).

860 *A. Zimmermann*, in: Max Planck UNYB 11 (2007), 99 (116 f.).

c) Sinn und Zweck

Ebenso finden sich für beide Auslegungsvarianten teleologische Argumente. Immer wieder betonen die Befürworter, dass es einem Staat nicht zumutbar sei, nichtstaatliche Angriffe ohne militärische Reaktionsmöglichkeiten erdulden zu müssen, während er sich gegen staatliche Angriffe wehren dürfe.[861] Gegner unterstreichen demgegenüber, dass nichtstaatliche Akte allein kriminelle Akte seien, deren Bekämpfung deshalb ausschließlich mit strafrechtlichen, nicht mit militärischen Mitteln zu erfolgen habe.[862]

Ungeachtet dieser Argumentationsketten betonen nahezu alle Autoren, dass der maßgebliche Faktor, der zu einer veränderten Auslegung geführt habe, eine sich wandelnde Staatenpraxis i. S. v. Art. 31 Abs. 3 b) WVK sei.[863] Daher soll im Folgenden die für die Auslegung von Art. 51 UN-Charta maßgebliche Staatenpraxis und diesbezüglich relevante Rechtsprechung vor und nach dem 11. September 2001 dargestellt werden. Dadurch wird belegt werden, dass das völkergewohnheitsrechtliche Verständnis vom Urheber des bewaffneten Angriffs sich tatsächlich wandelt, ohne jedoch bislang zu einer Rechtsänderung geführt zu haben.

d) Staatenpraxis

aa) Vor dem 11. September 2001

Lange schien das zwischenstaatliche Verständnis des Völkerrechts tatsächlich nur einen staatlichen Angriff als „armed attack" im Sinne von Art. 51 UN-Charta gelten zu lassen. Nichtstaatliche Angriffe waren damit indifferent vom Anwendungsbereich ausgeschlossen. Die Staatengemeinschaft drückte diese Überzeugung in der Generalversammlung mit der Resolution 3314 (XXIX) aus, in der sie „aggression" als „the use of armed force by a State"[864] definierte. Zwar bezog sich diese Definition mit der „aggression" auf ein Tatbestandsmerkmal von Art. 39 UN-Charta,[865] das nicht de-

---

861 *T. Ruys/S. Verhoeven*, in: J. Conflict & Sec. L. 10 (2005), 289 (310); *C. Stahn*, in: ZaöRV 62 (2002), 183 (213); *C. Tomuschat*, in: EuGRZ 28 (2001), 535 (540).

862 *B. Fassbender*, in: EuGRZ 31 (2004), 241 ff.

863 Vgl. nur *A. Zimmermann*, in: Max Planck UNYB 11 (2007), 99 (118).

864 Vgl. A/Res/3314 (XXIX) vom 14. Dezember 1974, Annex, Art. 1.

865 Vgl. A/Res/3314 (XXIX) vom 14. Dezember 1974, zweiter Absatz der Präambel.

ckungsgleich mit dem des „armed attack" aus Art. 51 UN-Charta ist.[866] Da jedoch die „aggression" zumeist weiter verstanden wird als der „armed attack",[867] können zumindest *a maiore ad minus* die Interpretationsansätze der „aggression" auf den „armed attack" übertragen werden: Wenn schon die Aggression staatlichen Ursprungs sein muss, dann erst recht der engere Begriff des „armed attack".

Dementsprechend kommt in Resolution 3314 (XXIX) die Überzeugung der Staaten zum Ausdruck, dass nicht nur die „aggression", sondern auch der „armed attack" staatlicher Natur sein müsse.[868] Die rechtlich unverbindlichen Resolutionen der Generalversammlung geben jedoch nur dann verlässlich Aufschluss über Rechtsansichten der Staaten, wenn sie durch entsprechende Staatenpraxis gestützt werden.

(1) Abweichende Staatenpraxis

Doch bereits vor dem 11. September 2001 haben Staaten Gewaltanwendung gegen nichtstaatliche Akteure auf das Selbstverteidigungsrecht gestützt.[869] Zahlreich war der Rekurs auf Art. 51 UN-Charta insbesondere im Falle Israels, das sich wiederkehrend mit Angriffen der nichtstaatlichen Gruppen PLO und Hisbollah auseinandersetzte.[870] Auch Südafrika berief sich immer wieder auf das Selbstverteidigungsrecht, um das militärische Vorgehen gegen den ANC und die SWAPO auf den Staatsgebieten Ango-

---

866 In der Literatur wird dennoch oftmals die Definition der „aggression" ohne Einschränkungen auf den „armed attack" übertragen, vgl. *C. Tomuschat*, EuGRZ 28 (2001), 535 (540).

867 *Y. Dinstein*, War, Aggression and Self-Defence, S. 196 f.; *H. Diener*, Terrorismusdefinition im Völkerrecht, S. 281. Der französische Wortlaut unterstützt diese Sichtweise: Während in Art. 39 UN-Charta lediglich von „aggression" die Rede ist, setzt die Selbstverteidigung gemäß Art. 51 UN-Charta eine „aggression armée" voraus. *A. A. S. A. Alexandrov*, Self-Defense Against the Use of Force in International Law, S. 114. Zur Entstehungsgeschichte von Art. 3 (g) Aggressionsdefinition und den divergierenden Ansichten der Staaten bezüglich seines Verhältnisses zum „armed attack" vgl. *T. Bruha*, Die Definition der Aggression, S. 228 ff.

868 So auch *M. Krajewski*, in: AVR 40 (2002), 183 (188).

869 Vgl. hierzu die ausführliche Darstellung bei *G. Wettberg*, The International Legality of Self-Defense Against Non-State Actors, S. 72 ff.

870 Nachweise bei *G. Wettberg*, The International Legality of Self-Defense Against Non-State Actors, S. 73 ff.

las, Botswanas, Mosambiks, Sambias und Zimbabwes zu rechtfertigen.[871] In der übrigen Staatengemeinschaft und im Sicherheitsrat stieß die Berufung auf das Selbstverteidigungsrecht indes durchweg auf Ablehnung.[872] Aus dieser ablehnenden Haltung verlässliche Aussagen zur Haltung der Staaten hinsichtlich des Erfordernisses eines staatlichen Angriffs heraus zu filtern, fällt aber nicht immer leicht. Dies liegt daran, dass die Staaten ihre negative Reaktion oft rechtlich nicht begründeten oder aber Erwägungen den Ausschlag gaben, die sich auf Fragen der Verhältnismäßigkeit, der Notwendigkeit oder der illegalen staatlichen Besetzung eines Gebietes etc. bezogen, nicht aber auf die grundsätzliche Zulässigkeit staatlicher Verteidigung gegen nichtstaatliche Angriffe.[873]

Noch auf breiten Widerstand gestoßen war 1986 auch die US-amerikanische Bombardierung von Zielen in Libyen, mit der die USA unter dem

---

871 *M. Schmidl*, The Changing Nature of Self-Defence in International Law, S. 104 f.

872 Lediglich im Falle Israels zeigten die USA mitunter Verständnis, ohne jedoch das Vorgehen Israels für gerechtfertigt zu halten, vgl. für Nachweise im Einzelnen *U. Linderfalk*, in: GoJIL 2 (2010), 893 (906); *G. Wettberg*, The International Legality of Self-Defense Against Non-State Actors, S. 85, 87.

873 Nachweise bei *C. Gray*, International Law and the Use of Force, S. 138 f.; *G. Wettberg*, The International Legality of Self-Defense Against Non-State Actors, S. 80 ff. (zur Reaktion auf Israels Berufung auf Art. 51 UN-Charta), S. 126 ff. (zur Reaktion auf Südafrikas Berufung auf Art. 51 UN-Charta). Zu den Gründen, die hinter der Ablehnung des israelischen Vorgehens durch den Sicherheitsrat standen, vgl. *W. V. O'Brien*, in: Va. J. Int'l L. 30 (1990), 421 (435 ff.). Dennoch misst *G. Wettberg*, The International Legality of Self-Defense Against Non-State Actors, S. 71, diesem staatlichen Schweigen Aussagekraft zu, da sich nachgelagerte Fragen wie etwa die nach der Verhältnismäßigkeit nur dann stellten, wenn das Selbstverteidigungsrecht grundsätzlich für anwendbar gehalten wird. Diese dem ersten Eindruck nach einleuchtende Ansicht verliert ihre Überzeugungskraft aber, wenn man sich den Aufbau rechtlicher Argumentation im Völkerrecht vergegenwärtigt. Oft entgehen Staaten oder auch der Internationale Gerichtshof strittigen dogmatischen Fragen über das grundsätzliche Bestehen eines Rechtes oder Anspruchs, indem sie feststellen, dass – selbst bei hypothetischer Annahme eines Rechts – die Voraussetzungen ohnehin nicht vorlägen, ebenso *C. Gray*, International Law and the Use of Force, S. 166. Als Beispiel sei angeführt das Argumentationsmuster des Internationalen Gerichtshofs in IGH, Case Concerning Armed Activities on the Territory of the Congo (Democratic Republic of the Congo v. Uganda), Judgment of 19 December 2005, ICJ Reports 2005, S. 168 ff., Ziff. 147.

Deckmantel der Selbstverteidigung auf das Lockerbie-Attentat reagierten.[874]

Stärkeren Zuspruch als Israel und Südafrika erhielten die USA 1998 dagegen für ihre Bezugnahme auf das Selbstverteidigungsrecht, um Luftschläge gegen Stellungen von al-Qaida in Afghanistan und gegen eine Fabrik im Sudan zu rechtfertigen, mit denen sie auf Anschläge auf amerikanische Einrichtungen und Staatsbürger in Nigeria und Tansania reagierten.[875] Verbündete der USA äußerten überwiegend Verständnis für die Angriffe.[876] Mehrere Staaten, darunter mit Russland und China zwei ständige Mitglieder des Sicherheitsrates, verurteilten indes die Luftschläge als unzulässige unilaterale Gewaltanwendung.[877] Dementsprechend beurteilen Autoren die Reaktion der übrigen Staaten überwiegend als zurückhaltend bis skeptisch.[878]

Folgerichtig wird überwiegend davon ausgegangen, dass die Staatenpraxis vor dem 11. September 2001 darauf beharrte, dass ein bewaffneter Angriff im Sinne von Art. 51 UN-Charta staatlichen Ursprungs sein müsse.[879]

(2) Rechtsprechung

Von dem Erfordernis eines staatlichen Angriffs ging auch der IGH in seiner einzigen Entscheidung aus, die sich vor dem 11. September 2001 mit dem Selbstverteidigungsrecht im Zusammenhang mit nichtstaatlichen Ge-

---

874 Vgl. hierzu *S. A. Alexandrov*, Self-Defense Against the Use of Force in International Law, S. 184 ff.; *M. Schmidl*, The Changing Nature of Self-Defence in International Law, S. 103; *C. J. Tams*, in: EJIL 20 (2009), 359 (367).

875 Hierzu *S. D. Murphy*, in: AJIL 93 (1999), 161 ff.; *G. M. Travalio*, in: Wis. Int'l L. J. 18 (2000), 145 ff.; *J. Lobel*, in: Yale J. Int'l L. 24 (1999), 537 ff.; *R. Wedgwood*, in: Yale J. Int'l L. 24 (1999), 559 (560 ff.).

876 Vgl. die Nachweise bei *G. Wettberg*, The International Legality of Self-Defense Against Non-State Actors, S. 158.

877 Siehe *J. Lobel*, in: Yale J. Int'l L. 24 (1999), 537 (538) und *S. D. Murphy*, in: AJIL 93 (1999), 161 (164 f.) mit weiteren Nachweisen.

878 *W. K. Lietzau*, in: Max Planck UNYB 8 (2004), 383 (419); *C. Gray*, International Law and the Use of Force, S. 197; *J. Lobel*, in: Yale J. Int'l L. 24 (1999), 537 (538); *M. Schmidl*, The Changing Nature of Self-Defence in International Law, S. 104.

879 *M. Schmidl*, The Changing Nature of Self-Defence in International Law, S. 97 ff.; *U. Linderfalk*, in: GoJIL 2 (2010), 893 (906); *T. Bruha/C. J. Tams*, in: Dicke u. a. (Hrsg.), Weltinnenrecht, 85 (95); *C. J. Tams*, in: EJIL 20 (2009), 359 (367 ff.), der das enge Verständnis von Art. 51 UN-Charta allerdings bereits seit Anfang der 1990er Jahre im Auflösen begriffen sieht. *A. A. G. Wettberg*, The International Legality of Self-Defense Against Non-State Actors, S. 21.

waltakteuren beschäftigte. Im Fall *Nicaragua v. the United States* hatte der IGH zu entscheiden, ob die gewalttätigen Aktivitäten der nichtstaatlichen Gruppe contras in Nicaragua eine rechtmäßige Ausübung des kollektiven Selbstverteidigungsrechts durch die USA gegenüber einem bewaffneten Angriff Nicaraguas auf El Salvador waren. Da der Gerichtshof in diesem Fall keine Zuständigkeit für die Überprüfung der Verletzung von multilateralem Vertragsrecht hatte, beschränkte sich das Gericht auf die Untersuchung der Verletzung von Gewohnheitsrecht, behandelte aber das völkergewohnheitsrechtliche Selbstverteidigungsrecht in entscheidenden Punkten wie dasjenige der UN-Charta.[880] Als bewaffneter Angriff Nicaraguas kam die Unterstützung nichtstaatlicher Gruppen in El Salvador in Betracht. Um zu bestimmen, ob ein Zusammenwirken zwischen Staat und nichtstaatlicher Gruppe einem bewaffneten Angriff gleichkommen kann, zog der IGH Art. 3 (g) Aggressionsdefinition heran, demzufolge sich folgende Handlung als „aggression" qualifiziert:

> „The sending by or on behalf of a state of armed bands, groups, irregulars or mercenaries, which carry out acts of armed force against another state of such gravity as to amount to an actual armed attack conducted by regular forces, or its substantial involvement therein."[881]

Diese Aggressionsdefinition nennt verschiedene Erscheinungsformen nichtstaatlicher Gewalt wie Söldner, verwendet aber ebenso Oberbegriffe wie „armed bands" bzw. „groups" und benennt daher indifferent nichtstaatliche Gewalt.

Indem der IGH zur Interpretation des bewaffneten Angriffs auf die Aggressionsdefinition zurückgriff, setzte er sich über den dargestellten dogmatischen Unterschied zwischen „aggression" und „armed attack" hinweg. Zugleich machte er damit aber deutlich, dass nichtstaatliche Gewaltanwendung nur dann einen bewaffneten Angriff i. S. v. Art. 51 UN-Charta darstellen kann, wenn ein Staat einen maßgeblichen Beitrag liefert.

---

880 *K. Oellers-Frahm*, in: Dicke u. a. (Hrsg.), Weltinnenrecht, 503 (507).
881 IGH, Military and Paramilitary Activities in and against Nicaragua (Nicaragua v. United States of America), Judgment of 27 June 1986 (Merits), ICJ Reports 1986, S. 14 ff., Ziff. 195.

(3) Bewertung von Art. 3 (g) Aggressionsdefinition

Unklar blieb in *Nicaragua*, ob der IGH die in Art. 3 (g) Aggressionsdefiniti-on umschriebene Konstellation als einzige Form des Zusammenwirkens von Staat und nichtstaatlichen Akteuren ansah, die als bewaffneter Angriff qualifiziert werden kann. In diesem Fall wäre es entscheidend, was unter „sending [...] or its substantial involvement therein" zu verstehen ist. So-weit Autoren suggerieren, der IGH habe zur Konkretisierung dieses Merk-mals auf allgemeine Zurechnungskriterien abgestellt, denen zufolge der Staat effektive Kontrolle über die nichtstaatlichen Akteure ausüben müs-se,[882] vermischen sie zwei getrennte Gedankengänge des Gerichts. Die Aus-führungen zur Zurechnung machte der IGH, um die Verantwortlichkeit der USA für das Verhalten der contras bewerten zu können,[883] der Verweis auf Art. 3 (g) Aggressionsdefinition erfolgte dagegen im Rahmen der Beur-teilung, ob Nicaragua einen bewaffneten Angriff gegen El Salvador durch-geführt hatte.[884] Zurechnungsfragen erörterte der Gerichtshof hier nicht. Denkbar ist daher, dass der IGH Art. 3 (g) Aggressionsdefinition nicht un-ter Rückgriff auf die allgemeinen Zurechnungskriterien auslegen woll-te.[885] In *armed activities* stellte der IGH dann jedenfalls klar, dass Art. 3 (g) Aggressionsdefinition tatsächlich eine Zurechnung von nichtstaatlichem Verhalten zu einem Staat voraussetzt.[886] Ob für diese Zurechnung dann die allgemeinen Kriterien des Rechts der Staatenverantwortlichkeit maß-

---

882 So etwa *A. Zimmermann*, in: Max Planck UNYB 11 (2007), 99 (112); *C. J. Tams*, in: EJIL 20 (2009), 359 (368); *M. N. Schmitt*, in: Mich. J. Int'l L. 29 (2008), 127 (142 f.).

883 IGH, Military and Paramilitary Activities in and against Nicaragua (Nicaragua v. United States of America), Judgment of 27 June 1986 (Merits), ICJ Reports 1986, S. 14 ff., Ziff. 115.

884 IGH, Military and Paramilitary Activities in and against Nicaragua (Nicaragua v. United States of America), Judgment of 27 June 1986 (Merits), ICJ Reports 1986, S. 14 ff., Ziff. 195.

885 Davon geht *L. Moir*, Reappraising the Resort to Force, S. 147 aus.

886 IGH, Case Concerning Armed Activities on the Territory of the Congo (Demo-cratic Republic of the Congo v. Uganda), Judgment of 19 December 2005, ICJ Reports 2005, S. 168 ff., Ziff. 146: „The attacks did not emanate from armed bands or irregulars sent by the DRC or on behalf of the DRC, within the sense of Article 3 (g) of General Assembly resolution 3314 (XXIX) on the definition of aggression, adopted on 14 December 1974. The Court is of the view that, on the evidence before it, even if this series of deplorable attacks could be regarded as cumulative in character, they still remained non-attributable to the DRC."

geblich sind, ließ der IGH dagegen offen.[887] Dies hindert indes viele Autoren nicht, bei der Zurechnung im Rahmen von Art. 51 UN-Charta auf die Kriterien des Rechts der Staatenverantwortlichkeit zurückzugreifen.[888] An der methodischen Zulässigkeit dieses Rückgriffs bestehen zwar Zweifel.[889] Da aber als Zwischenfazit festzuhalten ist, dass Art. 3 (g) Aggressionsdefinition aufgrund des Zurechnungserfordernisses einer zwischenstaatlichen Vorstellung verhaftet bleibt, sollen diese Zweifel erst im Kapitel zum Recht der Staatenverantwortlichkeit erörtert werden.[890] Für die Frage, ob nichtstaatliche Gewaltakte ungeachtet einer Zurechnung einen bewaffneten Angriff darstellen können, sind sie irrelevant.

bb) Nach dem 11. September 2001

Nach Ansicht vieler Autoren ist nach dem 11. September 2001 die Skepsis der Staatengemeinschaft hinsichtlich Selbstverteidigungshandlungen gegenüber nichtstaatlichen Akteuren bzw. – differenzierend – Terroristen in überwiegende Zustimmung umgeschlagen.[891]

Zur Begründung wird einerseits auf die breite Unterstützung der von den USA angeführten Angriffe auf Afghanistan, andererseits auf die Akzeptanz der Sicherheitsresolutionen 1368 und 1373 verwiesen.

(1) Unterstützung der Angriffe auf Afghanistan

Zutreffend ist zunächst die Feststellung, dass grundsätzlich das militärische Engagement in Afghanistan ab dem 7. Oktober 2001 von den übrigen

---

887 *T. Ruys*, in: Stan. J. Int'l L. 43 (2007), 265 (276) geht hingegen davon aus, dass der IGH mit dieser Entscheidung die Zurechnung im Rahmen von Art. 3 (g) Aggressionsdefinition mit den Zurechnungskriterien des Rechts der Staatenverantwortlichkeit harmonisieren wollte.

888 *M. Krajewski*, in: AVR 40 (2002), 183 (188); *T. Ruys*, in: Melb. J. Int'l L. 9 (2008), 334 (352).

889 *P. Starski*, in: ZaöRV 75 (2015), 455 (466 ff.); *N. Tsagourias*, in: LJIL 29 (2016), 801 (807).

890 Siehe unten E. III. 3.

891 *M. Krajewski*, in: AVR 40 (2002), 183 (198); *L. Mammen*, Völkerrechtliche Stellung von internationalen Terrororganisationen, S. 129; *A. Zimmermann*, in: Max Planck UNYB 11 (2007), 99 (118).

217

Staaten ganz überwiegend befürwortet bzw. akzeptiert wurde.[892] Von vornherein kategorisch ablehnend zeigten sich lediglich Irak, Nordkorea und der Sudan,[893] während Kuba, Malaysia und der Iran ihren Widerspruch nuancierter äußerten.[894]

Zutreffend ist außerdem, dass sich die USA und Großbritannien explizit auf das Selbstverteidigungsrecht beriefen, um die Angriffe zu rechtfertigen.[895]

Ob aber diese überwältigende Zustimmung der Staatengemeinschaft zur Operation Enduring Freedom überhaupt als rechtlich relevante *opinio iuris* zu bewerten ist, stellen einige Autoren zur Diskussion.[896] Sie verweisen auf den Schockzustand, unter dem die Zustimmung der Staatengemeinschaft zur militärischen Reaktion der Vereinigten Staaten auf den 11. September 2001 zustande kam.[897] Doch selbst wenn einige Staatenerklärungen stark emotional geprägt sein sollten, ist ihnen nicht vorschnell jeglicher Erklärungswert abzusprechen, da Willenserklärungen nicht wegen emotionaler Determination ihre Wirksamkeit einbüßen. Zwingender hinsichtlich einer möglichen Irrelevanz der Staatenerklärungen ist dagegen schon die freilich spekulative Annahme, dass einige Staaten trotz Zweifeln an der Rechtmäßigkeit der militärischen Reaktion der Vereinigten Staaten dennoch zustimmten, um wegen der klaren Ansage von George W. Bush „either you are with us, or you are with the terrorists"[898] keine Konfrontation mit den USA zu riskieren.[899] Selbst wenn jedoch tatsächlich Staaten mit der Androhung von Gewalt von der US-Regierung zu einem erwünschten Verhalten gedrängt wurden,[900] scheinen die meisten Staaten ihre Zustimmung aus

---

892 Vgl. die Nachweise bei *C. Wandscher*, Internationaler Terrorismus und Selbstverteidigungsrecht, S. 187 ff.

893 Vgl. *S. R. Ratner*, in: AJIL 96 (2002), 905 (910) mit weiteren Nachweisen.

894 *S. R. Ratner*, in: AJIL 96 (2002), 905 (910).

895 Vgl. für den US-amerikanischen Vertreter S/2001/946 vom 7. Oktober 2001 und für den Vertreter Großbritanniens S/2001/947 vom 7. Oktober 2001.

896 *M. Krajewski*, in: AVR 40 (2002), 183 (207); diesen Punkt ebenfalls betonend, wenn auch nicht in den Vordergrund stellend *T. Becker*, Terrorism and the State, S. 221; *P. Starski*, in: ZaöRV 75 (2015), 455 (487).

897 *T. Becker*, Terrorism and the State, S. 221.

898 Vgl. die Rede von George W. Bush am 20. September 2001 vor dem US-amerikanischen Kongress, erhältlich im Internet: <http://edition.cnn.com/2001/US/09/20/gen.bush.transcript/> (zuletzt besucht am 31. Juli 2017).

899 Diese Vermutung äußern *M. Williamson*, Terrorism, War and International Law, S. 184 und *U. Linderfalk*, in: GoJIL 2 (2010), 893 (932 f.).

900 *M. Williamson*, Terrorism, War and International Law, S. 184, Fn. 175 (m. w. N.) nennt den Fall Pakistans.

freiem Willen heraus gegeben zu haben, sei es wegen aufrichtiger Sympathie bzw. Solidarität, sei es wegen der Verfolgung eigener politischer, wirtschaftlicher oder strategischer Interessen.

Nimmt man also einen relevanten Erklärungswert der Zustimmung an, folgt daraus nach Ansicht weniger Autoren indes nicht zwangsläufig, dass dieser Wert rechtlicher Natur ist. Vielmehr bewerten sie die zustimmenden Staatenerklärungen als rein politische Stellungnahmen.[901] Akzeptiert man hingegen, dass die universelle Zustimmung nach dem 11. September Ausdruck einer freien rechtlichen Überzeugung ist, verbleiben zwei Kategorien: Entweder ist spontan Völkergewohnheitsrecht entstanden[902] („instant customary law")[903] oder die Staatenpraxis nach dem 11. September 2001 bildet, falls man die Konstruktion des „instant customary law" ablehnt, den Ausgangspunkt einer sich abzeichnenden neuen Auslegung von Art. 51 UN-Charta bzw. einer neuen Regel des Völkergewohnheitsrechts. Um Rechtskraft zu erlangen, müsste diese freilich durch weitere Staatenpraxis/-überzeugung bestätigt worden sein.[904]

Gegen die Annahme spontanen Völkergewohnheitsrechts sprechen grundsätzliche Einwände gegen diese Rechtsfigur.[905] Bereits der Begriff offenbart ein Paradoxon, da eine Gewohnheit niemals spontan (und ein „custom" niemals „instant") sein kann.[906]

Die überwältigende Zustimmung kann somit allenfalls als erster Anhaltspunkt für eine sich wandelnde Interpretation von Art. 51 UN-Charta gewertet werden. Eine relevante Staatenüberzeugung bezüglich der Qualifizierung eines nichtstaatlichen Angriffs als bewaffneter Angriff i. S. v. Art. 51 UN-Charta bedeutete diese Zustimmung indes nur, wenn die agierenden Staaten selbst die Anschläge als losgelöst von jeglichem staatlichen Kontext beurteilt hätten. Ihre Aussagen hierzu weisen jedoch in eine andere Richtung. Aussagekräftig sind insofern die offiziellen Briefe, mit denen

---

901 Diese Ansicht deutet etwa *U. Linderfalk*, in: GoJIL 2 (2010), 893 (930) an.

902 So die Ansicht von *M. Schmidl*, The Changing Nature of Self-Defence in International Law, S. 204; *Y. Arai-Takahashi*, in: Int'l Law. 36 (2002), 1081 (1093 f.).

903 Die rechtliche Konstruktion des instant customary law wird *B. Cheng*, in: Macdonald/Johnston (Hrsg.), The Structure and Process of International Law, 513 (532) zugeschrieben, vgl. *A. T. Guzman*, in: Mich. J. Int'l. L. 27 (2005), 115 (157); *B. Langille*, in: B. C. Int'l & Comp. L. Rev. 26 (2003), 145 (150).

904 Dieser Ansicht ist ebenfalls *R. v. Steenberghe*, in: LJIL 23 (2010), 183 (183 f.).

905 Vgl. auch *W. H. v. Heinegg*, in: Ipsen (Hrsg.), Völkerrecht, § 16, Rn. 7; *I. M. Löw*, Gewaltverbot und Selbstverteidigungsrecht nach dem 11. September 2001, S. 139 f.

906 Ebenso *M. Kühn*, Unilaterale präventive Gewaltanwendung, S. 351; *I. M. Löw*, Gewaltverbot und Selbstverteidigung nach dem 11. September 2001, S. 139.

die USA und Großbritannien die Ausübung ihres Rechts auf Selbstverteidigung beim Sicherheitsrat notifizierten, wie Art. 51 UN-Charta es vorschreibt. Zwar führt der britische Gesandte aus:

> „Usama Bin Laden and his Al-Qaeda terrorist organization have the capability to execute major terrorist attacks, claimed credit for past attacks on United States targets, and have been engaged in a concerted campaign against the United States and its allies. One of their stated aims is the murder of United States citizens and attacks on the allies of the United States."[907]

Mit diesen Worten identifiziert er mithin eindeutig das Terrornetzwerk al-Qaida als Ausführende des bewaffneten Angriffs, ohne die Taliban zu nennen. Im Anschluss lässt er aber wissen, dass sich das militärische Engagement nicht nur gegen die Terrororganisation richtet, sondern auch gegen die Taliban:

> „This military action has been carefully planned, and is directed against Usama Bin Laden's Al-Qaeda terrorist organization and the Taliban regime that is supporting it."

Noch konkreter bringt der US-amerikanische Gesandte die Taliban in Verbindung mit den Anschlägen, indem er darlegt:

> „the Al-Qaeda organization, which is supported by the Taliban regime in Afghanistan, had a central role in the attacks".[908]

Deutlicher als der britische Vertreter formuliert er damit die Ursächlichkeit der Aktivitäten der Taliban für die Anschläge. Es folgen Angaben zur Art der Unterstützung durch die Taliban für al-Qaida, deren Anschläge

> „have been made possible by the decision of the Taliban regime to allow the parts of Afghanistan that it controls to be used by this organization as a base of operation."[909]

Diese Nachweise einer wie auch immer gearteten Zusammenarbeit zwischen al-Qaida und Taliban lassen rechtlich zwei Interpretationen zu.[910]

---

907 Letter dated 7 October 2001 from the Chargé d'affaires a.i. of the Permanent Mission of the United Kingdom of Great Britain and Northern Ireland to the United Nations addressed to the President of the Security Council, S/2001/947 vom 7. Oktober 2001.

908 S/2001/946 vom 7. Oktober 2001.

909 S/2001/946 vom 7. Oktober 2001.

910 Ebenso *H. Duffy*, The 'War on Terror', S. 190.

Einerseits könnten sich die USA und Großbritannien mit diesen Nachweisen darum bemüht haben, die von al-Qaida ausgeführten Anschläge den Taliban zuzurechnen.[911] Damit bewegten sich die offiziellen Stellungnahmen im klassischen völkerrechtlichen Rahmen der UN-Charta, die nur auf zwischenstaatliche militärische Handlungen zugeschnitten ist. Da aber nach dieser Auffassung maßgeblich ist, ob der Anschlag den Taliban nach den etablierten Kriterien zuzurechnen war oder völkergewohnheitsrechtlich ein neuer Zurechnungsmaßstab entstanden ist, behandelt die Arbeit diese Auffassung vertiefend im Rahmen des Rechts der Staatenverantwortlichkeit.[912]

Andererseits könnten die Notifikationen ausdrücken, dass die USA und Großbritannien allein al-Qaida als Verantwortliche und Urheberin der Anschläge ansahen und somit von einem nichtstaatlichen bewaffneten Angriff ausgingen.[913] Die Nachweise zur Verstrickung der Taliban dienten in diesem Fall als Rechtfertigung der Verletzung der territorialen Souveränität des *de facto*-Regimes der Taliban, die zwangsläufig mit der Bekämpfung von al-Qaida auf afghanischem Boden einherging. Diese Rechtfertigung ließe sich wiederum auf zwei Wegen erreichen: Entweder versucht man erneut, den nichtstaatlichen bewaffneten Angriff den Taliban zuzurechnen. Dann freilich verlagerte sich die Zurechnung lediglich von der Tatbestandsebene („bewaffneter Angriff") auf die Rechtsfolgenseite, auf der nach dem zulässigen Gegner von Selbstverteidigungshandlungen gefragt wird.[914] Oder man verzichtet vollständig auf eine Zurechnung und konstruiert hinsichtlich der Selbstverteidigungsmaßnahmen lediglich eine Duldungspflicht der Taliban.[915] Diejenigen, die ganz auf die Zurechnung verzichten, gehen konsequenterweise davon aus, dass sich die Selbstvertei-

---

911 Diese Sichtweise vertreten *J. Delbrück*, in: GYIL 44 (2001), 9 (15); *C. Wandscher*, Internationaler Terrorismus und Selbstverteidigungsrecht, S. 183 ff., 233; *S. R. Ratner*, in: AJIL 96 (2002), 905 (906 ff.); *D. Jinks*, in: Chi. J. Int'l L. 4 (2003), 83 (84); *K. Mohan*, in: JIJIS 8 (2008), 211 (216); *M. Ruffert*, in: ZRP 35 (2002), 247 (248); *M. Byers*, in: Int'l Comp. L. Q. 51 (2002), 401 (408).

912 Siehe unten E. III. 3. a).

913 So sehen es *J. J. Paust*, in: Cornell Int'l L. J. 35 (2002), 533 (534 f.); *M. Kotzur*, in: AVR 40 (2002), 454 (472); *M. Krajewski*, in: AVR 40 (2002), 183 (198); *C. Stahn*, in: ZaöRV 62 (2002), 183 (214); *K. Oellers-Frahms*, in: Dicke u. a. (Hrsg.), Weltinnenrecht, 503 (505).

914 So auch die Einschätzung von *O. Dörr*, in: Dörr (Hrsg.), Symposium Randelzhofer, 33 (41, Fn. 27); *L. Mammen*, Völkerrechtliche Stellung von internationalen Terrororganisationen, S. 136.

915 Siehe hierzu unten ausführlich im Abschnitt zum Recht der Staatenverantwortlichkeit, E. III. 3.

digungsmaßnahmen nur gegen Stellungen und Einrichtungen des Terrornetzwerkes richten durften, nicht aber gegen den Staat Afghanistan,[916] wobei freilich immer noch eine rechtfertigungsbedürftige Verletzung der territorialen Souveränität Afghanistans vorläge.

Nur wenn die letztgenannte Interpretation zutrifft, könnte die Zustimmung zur Operation Enduring Freedom als Ausgangspunkt einer gewandelten Auslegung, die auch nichtstaatliche Gewalt als tatbestandsmäßig i. S. v. Art. 51 UN-Charta ansieht, herangezogen werden. Da sich jedoch weder der US-amerikanischen noch der britischen Notifikation Hinweise entnehmen lassen, die eindeutig für die eine oder andere Interpretation sprechen, birgt auch die positive Aufnahme dieser Notifikationen in der übrigen Staatengemeinschaft keinen klaren rechtlichen Aussagewert in Bezug auf eine sich wandelnde *opinio iuris*. Im Übrigen geben die Notifikationen keinen Aufschluss darüber, ob eine erweiternde Auslegung von Art. 51 UN-Charta sich auf terroristische Gruppen beschränkt oder indifferent für alle nichtstaatliche Akteure gilt, da die USA sich in ihrer Notifikation im Gegensatz zu Großbritannien mit der Bezeichnung der Urheber der Angriffe als Terroristen zurückhielten.

Zur Klärung dieser offenen Punkte könnten hingegen die Resolutionen beitragen, die der Sicherheitsrat unmittelbar nach dem 11. September 2001 erlassen hat.

(2) Sicherheitsresolutionen 1368 und 1373

Nach verbreiteter Ansicht enthalten die Sicherheitsresolutionen 1368 und 1373 eine implizite,[917] wenn nicht sogar explizite,[918] Anerkennung

---

916 *M. Krajewski*, in: AVR 40 (2002), 183 (203) und *M. N. Schmitt*, in: Mich. J. Int'l L. 29 (2008), 127 (161 ff.).

917 *P. M. Eisemann*, in: Bannelier/Christakis/Corten/Delcourt (Hrsg.), Droit International Face au Terrorisme, 239 (239 f.); *C. Gray*, International Law and the Use of Force, S. 193; *K. Oellers-Frahm*, in: Dicke u. a. (Hrsg.), Weltinnenrecht, 503 (505); *T. Bruha*, in: Koch (Hrsg.), Terrorismus – Rechtsfragen der äußeren und inneren Sicherheit, 51 (64); *N. Lubell*, Extraterritorial Use of Force Against Non-State Actors, S. 34; *M. N. Schmitt*, in: Schmitt/Pejić (Hrsg.), International Law and Armed Conflict, 157 (165).

918 *M. Kotzur*, in: AVR 40 (2002), 454 (472, Fn. 92); *J. J. Paust*, in: Cornell Int'l L. J. 35 (2002), 533 (534 f.); *F. Green*, in: Melb. J. Int'l L. 9 (2008), 47 (67); *S. Weber*, in: AVR 44 (2006), 460 (462); *C. Stahn*, in: Walter u. a. (Hrsg.), Terrorism as a Challenge for National and International Law, 827 (834); *C. Greenwood*, in: In-

des Selbstverteidigungsrechts gegen nichtstaatliche Akteure bzw. Terroristen. Die entscheidende Formulierung –

„Recognizing the inherent right of individual or collective self-defence in accordance with the charter [...]“

– findet sich in der Präambel der Resolution 1368 und wird in Resolution 1373 fast wortgleich aufgegriffen.[919] Im Gegensatz zur Bewertung der Anschläge als Friedensbedrohung erfolgt damit die Bezugnahme auf das Selbstverteidigungsrecht weder im operativen Teil der Resolution noch in direkter Verbindung mit den Anschlägen, sondern als allgemeine Aussage. Obwohl es in der Tat ungewöhnlich wäre, wenn der Sicherheitsrat in einer Resolution, die unmittelbar auf ein konkretes Ereignis reagiert, das Selbstverteidigungsrecht erwähnte, ohne eine inhaltliche Aussage treffen zu wollen,[920] bleibt ungewiss, um welche Aussage es sich handelt.

Möglich ist, dass der Sicherheitsrat die Ausübung des Selbstverteidigungsrechts im konkreten Fall als rechtmäßig ansah, ohne Wert auf einen staatlichen Ursprung der Anschläge zu legen.[921] Möglich ist jedoch ebenso, dass der Sicherheitsrat das Selbstverteidigungsrecht nur im Grundsatz bestätigt hat, weil er seine endgültige Bestätigung vom Vorliegen weiterer Faktoren abhängig machen wollte.[922] Hiergegen spricht zwar, dass auch in Resolution 1373 die Bezugnahme auf das Selbstverteidigungsrecht nur vage blieb, obwohl bereits viel für eine Verwicklung der Taliban sprach. Für eine abwartende Haltung lässt sich indes anführen, dass sich der Sicherheitsrat mit der allgemeinen Andeutung des Selbstverteidigungsrechts im Gegensatz zur expliziten Bestätigung der Friedensbedrohung im operativen Teil nicht auf eine endgültige rechtliche Wertung festlegen wollte. Mangels eindeutiger Aussagen zu Fragen der Selbstverteidigung während

---

ternational Affairs 78 (2002), 301 (308); *T. Schweisfurth*, Völkerrecht, 9. Kapitel, Rn. 321.

919 Im Unterschied zu Res. 1368 spricht Res. 1373 nicht von „recognizing“, sondern von „reaffirming“.

920 Diesen Aspekt betonend *C. Gray*, International Law and the Use of Force, S. 199; ähnlich *L. Moir*, Reappraising the Resort to Force, S. 54.

921 So interpretieren es etwa *J. A. Frowein*, in: ZaöRV 62 (2002), 879 (885 ff.); *T. Bruha*, in: Koch (Hrsg.), Terrorismus – Rechtsfragen der äußeren und inneren Sicherheit, 51 (64).

922 Dieser Ansicht ist *M. Kühn*, Unilaterale präventive Gewaltanwendung, S. 340; auch *J. Föh*, Die Bekämpfung des internationalen Terrorismus nach dem 11. September 2001, S. 153 f. schließt diese Möglichkeit nicht aus.

der Aushandlung der Resolution kann jede weitere Deutung nur spekulativen Charakter haben.[923]

Verlässliche Aussagen zur Haltung des Sicherheitsrates hinsichtlich der Frage, ob nichtstaatliche Akteure Urheber bewaffneter Angriffe sein können, lassen sich den Resolutionen 1368 und 1373 daher nicht entnehmen.[924] Sollte der Sicherheitsrat jedoch mit diesen Resolutionen bezweckt haben, das Selbstverteidigungsrecht der USA zu bestätigen, spricht die enge Verknüpfung mit der Verurteilung des internationalen Terrorismus dafür, dass er einen differenzierenden Ansatz verfolgte. Klar für einen differenzierenden Ansatz sprechen darüber hinaus die Äußerungen der Sicherheitsratsmitglieder, die der Verabschiedung von Resolution 1373 vorausgingen, da sie die besondere Natur der terroristischen Bedrohung betonten.[925]

---

923 Protokolliert sind lediglich Beileids- und Sympathiebekundungen aller Sicherheitsratsmitglieder an die USA, die allgemeine Verurteilung der Anschläge und die Entschlossenheit, Terrorismus gemeinsam zu bekämpfen, vgl. S/PV.4370, S. 2 ff. Insoweit ist fraglich, ob überhaupt von einem Aushandeln der Resolution gesprochen werden kann, da eine sachliche Auseinandersetzung über den Inhalt der Resolution gar nicht stattfand. Auffällig ist dennoch, dass zwar viele Staatenvertreter die Anschläge als „attack" bzw. „terrorist attack" bezeichneten, aber nur Russland ausdrücklich Worte wählte („act of aggression"), die darauf schließen lassen, dass sie einen „armed attack" i. S. v. Art. 51 UN-Charta darstellten, vgl. S/PV.4370, S. 5.

924 Skeptisch auch *J. Delbrück*, in: GYIL 44 (2001), 9 (14, Fn. 16); *A. Cassese*, International Law, S. 475 f.; *T. Ruys*, in: Stan. J. Int'l L. 43 (2007), 265 (281); *M. Milanović*, in: EJIL 17 (2006), 553 (584, Fn. 168); *M. G. Kohen*, in: Byers/Nolte (Hrsg.), United States Hegemony and the Foundations of International Law, 197 (209 f.); *B. Fassbender*, in: Bianchi (Hrsg.), Enforcing International Law Norms Against Terrorism, 83 (86); *O. Corten*, Le droit contre la guerre, S. 694, Fn. 422; *G. Seidel*, in: AVR 41 (2003), 449 (467); *G. Abi-Saab*, in: Chinese J. Int'l L. 1 (2002), 305 (309); *O. Corten/F. Dubuisson*, in: R.G.D.I.P. 106 (2002), 51 (53); *J. Föh*, Die Bekämpfung des internationalen Terrorismus nach dem 11. September 2001, S. 151 ff; *P. Wittke*, The Bush Doctrine Revisited, S. 210.

925 Vgl. die Äußerungen der Vertreter Großbritanniens („mass terrorism is the new evil in our world today", S/PV.4370, S. 2), Russlands („terror, this plague of the twenty-first century", S/PV.4370, S. 5), Ukraines („The magnitude of yesterday's acts goes beyond terrorism as we have known it so far.", S/PV.4370, S. 3), Norwegens („The shameless terror was an effort to undermine the values that constitute the very foundations of the civilized world.", S/PV.4370, S. 6).

(3) Weitere Staatenpraxis

Der 11. September 2001 ist nicht der einzige Fall geblieben, in dem sich ein Staat auf das Selbstverteidigungsrecht berief, um eine nichtstaatliche Gruppe auf fremdem Territorium zu bekämpfen. Mit der nachfolgenden Staatenpraxis haben sich bereits viele Autoren beschäftigt. Sie sind überwiegend zu dem Ergebnis gelangt, dass das Selbstverteidigungsrecht gegen nichtstaatliche Akteure nach dem 11. September 2001 bestätigt worden ist.[926] Bei diesen Untersuchungen fällt auf, dass sie eine bekräftigende Staatenpraxis nicht nur dann annehmen, wenn der Rekurs eines Staates auf das Selbstverteidigungsrecht ausdrücklich akzeptiert wurde, sondern auch, wenn die meisten übrigen Staaten sich hierzu nicht äußerten.[927] Sie folgen damit der verbreiteten Annahme, schweigende Staaten zeigten durch ihre fehlende Reaktion, dass sie die gewohnheitsrechtlich relevante Staatenpraxis hinnähmen (*acquiescence*) und daher gegen sich gelten lassen müssten.[928] Ungeachtet der weiterführenden Frage, ob diese Auffassung in jedem Fall zutrifft,[929] ist hier primär von Interesse, ob eine mögliche völkergewohnheitsrechtliche Entwicklung einen differenzierenden oder indifferenten Charakter hat.

(i) Türkisches Engagement gegen Kurden im Nordirak

Verfechter einer sich ändernden Staatenpraxis hinsichtlich des Urhebers bewaffneter Angriffe verweisen oft auf das türkische Engagement gegen kurdische Gruppen im Nordirak.[930] Hintergrund dieser latenten gewalttä-

---

926 *T. Reinold*, in: AJIL 105 (2011), 244 (251 ff.); *C. Schaller*, in: Die Friedens-Warte 86 (2011), 111 (120); *C. J. Tams*, in: EJIL 20 (2009), 359 (378 ff.); *R. v. Steenberghe*, in: LJIL 23 (2010), 183 (207); *G. Wettberg*, The International Legality of Self-Defense Against Non-State Actors, S. 209; *M. Schmidl*, The Changing Nature of Self-Defence in International Law, S. 236 ff.

927 Vgl. *C. Schaller*, in: Die Friedens-Warte 86 (2011), 111 (120); *T. Reinold*, in: AJIL 105 (2011), 244 (257); *R. v. Steenberghe*, in: LJIL 23 (2010), 183 (193 f.).

928 *T. Stein/C. v. Buttlar*, Völkerrecht, Rn. 137; *W. G. Vitzthum*, in: Vitzthum/Proelß (Hrsg.), Völkerrecht, 1. Abschnitt, Rn. 133.

929 Zweifelnd *P. Starski*, in: ZaöRV 75 (2015), 455 (489), die insbesondere auf die Schwierigkeiten hinweist, die mit der Änderung einer *ius cogens*-Norm wie Art. 51 UN-Charta durch Schweigen verbunden sind.

930 *R. v. Steenberghe*, in: LJIL 23 (2010), 183 (187 ff., 194); *G. Wettberg*, The International Legality of Self-Defense Against Non-State Actors, S. 139 ff.; *C. J. Tams*, in: EJIL 20 (2009), 359 (379); *T. Reinold*, in: AJIL 105 (2011), 244 (272).

tigen Spannungen ist die fehlende Existenz eines kurdischen Staates, die die Kurden zu Minderheiten in den Ländern Türkei, Irak, Iran und Syrien macht.[931] Um die ihrer Ansicht nach brutale Unterdrückung kurdischer Rechte durch den türkischen Staat zu bekämpfen, gründeten Kurden unter der Führung Abdullah Öcalans Ende der 1970er Jahre die kurdische Arbeiterpartei PKK,[932] die heutzutage sowohl von der Türkei als auch von den USA und der EU als terroristische Organisation angesehen wird.[933] In ihrem Kampf gegen die Türkei operierte der militärische Arm der PKK oftmals vom Norden des Irak aus, dessen Regierung nicht effektiv gegen kurdische Angriffe von irakischem Territorium aus auf die Türkei vorging.[934] Die Türkei verlegte ihr militärisches Vorgehen gegen die Kurden daraufhin wiederholt auf nordirakisches Territorium. Bis zum irakischen Einmarsch in Kuwait 1991 konnte sie sich dabei auf das Einverständnis bzw. die Duldung des Irak berufen, so dass es sich nicht um eine Verletzung des Gewaltverbots handelte.[935] Nach der Niederlage im Zweiten Golfkrieg gegen die USA und ihre Verbündeten rügte der Irak jedoch das türkische Vorgehen auf seinem Staatsgebiet und entzog der Türkei damit die bisherige völkerrechtliche Grundlage ihrer Aktionen.[936] Doch selbst bei großflächigen Operationen im Nordirak wie 1995 und 1997 verspürte die Türkei im Gegensatz zu ähnlichen Aktionen anderer Staaten keinen Druck, die Verletzung irakischer Gebietshoheit mit Bezug auf Art. 51 UN-Charta zu rechtfertigen. Es unterblieb eine Notifikation beim Sicherheitsrat, ebenso wie eine klare Berufung auf das Selbstverteidigungsrecht der UN-Charta in

---

931 Zum historischen und faktischen Hintergrund der Auseinandersetzungen siehe *C. Gray/S. Olleson*, in: FYIL 12 (2001), 355 (357 ff.); *P. Hilpold*, in: Giegerich/Proelß (Hrsg.), Krisenherde im Fokus des Völkerrechts, 73 ff.

932 Siehe *G. Wettberg*, The International Legality of Self-Defense Against Non-State Actors, S. 140.

933 Nachweise bei *T. Ruys*, in: Melb. J. Int'. L. 9 (2008), 334 (337).

934 Dies bedeutet nicht, dass der Irak gegenüber der kurdischen Minderheit stets einen friedlichen Kurs verfolgte. Seinen Tiefpunkt erreichte die Unterdrückung der Kurden unter dem Regime Saddam Husseins, als 1988 während der Operation „Anfal" bis zu 200.000 Kurden getötet wurden, vgl. *C. S. Knowles*, in: Naval L. Rev. 45 (1998), 152 (156 ff.).

935 *C. Gray/S. Olleson*, in: FYIL 12 (2001), 355 (378); *G. Wettberg*, The International Legality of Self-Defense Against Non-State Actors, S. 144 f.

936 Ausführlich zur Reaktion des Irak auf die türkischen Grenzübertritte ab 1991 siehe *C. Gray/S. Olleson*, in: FYIL 12 (2001), 355 (378 ff.).

relevanten Staatenerklärungen.[937] Nur gelegentlich – etwa 1995[938] und 2008[939] – berief sich die Türkei allgemein auf ihr Selbstverteidigungsrecht, bezog sich dabei jedoch nicht auf die UN-Charta. Sie ließ somit lange auch offen, inwieweit der Irak für die Angriffe verantwortlich war und ob nur die kurdischen Gruppen oder daneben der Irak selbst Gegner der Selbstverteidigungsmaßnahmen waren.[940] Dies änderte sich 2008 mit der bislang umfangreichsten militärischen Kampagne der Türkei gegen Stellungen der PKK im Nordirak.[941] Um diese zu rechtfertigen, erklärte die Türkei gegenüber dem Menschenrechtsrat der Vereinten Nationen:

"The counter-terrorism operation [...] targeted solely the PKK [...] terrorist presence [...]."[942]

Obwohl in dieser Erklärung der Bezug auf das Selbstverteidigungsrecht unterblieb, identifizierte die Türkei hier allein die PKK als militärischen Gegner. Außerdem offenbart die Erklärung, dass die Türkei ihren Kampf gegen die PKK in den Rahmen allgemeiner Anstrengungen zur Bekämpfung des Terrorismus einordnet.

Die Reaktion der übrigen Staaten auf die türkischen Operationen war ganz überwiegend verhalten oder ablehnend.[943] Lediglich die USA vertraten konstant und offen die Position, die Türkei handle rechtmäßig,[944] begründeten diese Haltung aber selten ausdrücklich unter Berufung auf das Selbstverteidigungsrecht.[945] Eine zustimmende Haltung zeigte 1998 Groß-

---

937 Mit ausführlichen Nachweisen der türkischen Praxis bis 2001 *C. Gray/S. Olleson*, in: FYIL 12 (2001), 355 (380 ff.); über das Jahr 2001 hinaus *G. Wettberg*, The International Legality of Self-Defense Against Non-State Actors, S. 146 f.

938 Nachweise bei *G. Wettberg*, The International Legality of Self-Defense Against Non-State Actors, S. 146.

939 Nachweise bei *R. v. Steenberghe*, in: LJIL 23 (2010), 183 (187 ff.); *T. Ruys*, in: Melb. J. Int'l L. 9 (2008), 334 (335 ff.).

940 Ebenso *C. Gray*, International Law and the Use of Force, S. 141.

941 Umfassend hierzu *T. Ruys*, in: Melb. J. Int'l L. 9 (2008), 334 ff.

942 Note verbale dated 26 March 2008 from the Permanent Mission of Turkey to the United Nations Office at Geneva addressed to the secretariat of the Human Rights Council, A/HRC/7/G/15 v. 28. März 2008.

943 Nachweise bei *G. Wettberg*, The International Legality of Self-Defense Against Non-State Actors, S. 148 ff.; a. A. *T. Reinold*, in: AJIL 105 (2011), 244 (270 f.); *C. Schaller*, in: Die Friedens-Warte 86 (2011), 111 (120).

944 Vgl. *C. Gray/S. Olleson*, in: FYIL 12 (2001), 355 (391 ff.).

945 Einen klaren Bezug zum Selbstverteidigungsrecht stellten die USA 1995 und 1996 her, vgl. für diesbezügliche Staatenerklärungen *C. Gray/S. Olleson*, in: FYIL 12 (2001), 355 (392 f.) und *G. Wettberg*, The International Legality of Self-Defense Against Non-State Actors, S. 147 f.

britannien,[946] sowie nach der Operation von 2008 auch Belgien und die Niederlande.[947] Inwieweit diese spärliche Reaktion einen Beitrag zur völkergewohnheitsrechtlichen Entwicklung des Selbstverteidigungsrechts leisten kann, ist skeptisch zu bewerten.[948] Sollte darin ein Beitrag zu sehen sein, spricht er jedenfalls dafür, dass ungeachtet der Zurechnung ein nichtstaatlicher Akt ein bewaffneter Angriff sein kann, da die Türkei nicht versuchte, die Handlungen der PKK dem Irak zuzurechnen. Zudem spricht diese Episode für eine differenzierende Erweiterung des Selbstverteidigungsrechts, da insbesondere die USA und die EU das Bedürfnis der Türkei bekräftigten, Terrorismus zu bekämpfen.[949] Somit hingen sowohl die Rechtfertigung der Türkei als auch die zustimmenden Erklärungen stets mit dem besonderen terroristischen Charakter der PKK zusammen.

(ii) Iranisches Engagement gegen Kurden im Nordirak

Wie die Türkei ging auch der Iran auf irakischem Gebiet gegen kurdische Gruppen vor. Im Gegensatz zur Türkei notifizierte die iranische Regierung diese Operationen jedoch regelmäßig beim Sicherheitsrat als Ausübung seines Selbstverteidigungsrechts nach Art. 51 UN-Charta.[950] Dementsprechend fällt die rechtliche Einordnung der iranischen Rechtfertigung leichter als die der türkischen. Als Urheber machte Teheran stets die nichtstaatlichen kurdischen Gruppen aus, schwankte aber in der Frage der irakischen Verantwortlichkeit zwischen unterschiedlich stark formulierten Vorwürfen gegenüber der irakischen Regierung. Moderat war etwa 1996 die Feststellung, die fehlende effektive Kontrolle des Nordirak durch die Re-

---

946 Erklärung der britischen Regierung, wiedergegeben in: BYIL 69 (1998), 586.

947 Vgl. die Nachweise bei *T. Ruys*, in: Melb. J. Int'l L. 9 (2008), 334 (355 f.).

948 Zurückhaltend auch *C. Gray*, International Law and the Use of Force, S. 143; *T. Ruys*, in: Melb. J. Int'l L. 9 (2008), 334 (359).

949 Nachweise bei *T. Ruys*, in: Melb. J. Int'l L. 9 (2008), 334 (339 ff.).

950 Letter dated 29 July 1996 from the Permanent Representative of the Islamic Republic of Iran to the United Nations addressed to the Secretary-General, S/1996/602 vom 29. Juli 1996; Letter dated 12 July 1999 from the Permanent Representative of the Islamic Republic of Iran to the United Nations addressed to the Secretary-General, S/1999/781 vom 12. Juli 1999; Letter dated 18 April 2001 from the Permanent Representative of the Islamic Republic of Iran to the United Nations addressed to the President of the Security Council, S/2001/381 vom 19. April 2001; weitere Nachweise bei *C. Gray/S. Olleson*, in: FYIL 12 (2001), 334 (395 ff.).

gierung in Bagdad habe die kurdischen Angriffe ermöglicht, der Iran respektiere aber die territoriale Souveränität des Irak:

„[…] the Government of Iraq is not in a position to exercise effective control over its territory in the northern part of that country. Consequently, in recent weeks transborder armed attacks […] by terrorist groups against Iranian border towns, originating from Iraqi territory, have been intensified and escalated. […] While reserving inherent right to self-defence in accordance with Article 51 of the Charter, the Islamic Republic of Iran reiterates, once again, its respect for the territorial integrity of Iraq."[951]

Unmissverständlich hingegen artikulierte der Iran eine Verantwortlichkeit des Irak 1999, indem er ausführte:

"[…] *Iran holds the Iraqi regime fully responsible* [Hervorh. d. Verf.] for the consequences of any terrorist acts and operations which are planned and nurtured in Iraq and directed against Iranian citizens and territory."[952]

Wesentlich konzilianter zeigte sich der Iran wiederum nach einem Angriff im April 2001, als er im Brief an den Sicherheitsrat beteuerte:

„The Government of the Islamic Republic of Iran emphasizes that this limited and proportionate operation was carried out to stop cross-border attacks against the Islamic Republic of Iran from Iraqi territory by the MKO terrorist organization harboured in Iraq, and should not be construed as infringing the territorial integrity of Iraq. The Islamic Republic of Iran respects Iraq's territorial integrity and looks forward to promoting friendly relations with its neighbour."[953]

Trotz dieser Schwankungen hinsichtlich der irakischen Verantwortlichkeit, lassen die iranischen Notifikationen vergleichsweise klare rechtliche Überzeugungen erkennen, die sich in zwei Rechtfertigungsmuster eintei-

---

951 Letter dated 29 July 1996 from the Permanent Representative of the Islamic Republic of Iran to the United Nations addressed to the Secretary-General, S/1996/602 vom 29. Juli 1996.

952 Letter dated 12 July 1999 from the Permanent Representative of the Islamic Republic of Iran to the United Nations addressed to the Secretary-General, S/1999/781 vom 12. Juli 1999.

953 Letter dated 18 April 2001 from the Permanent Representative of the Islamic Republic of Iran to the United Nations addressed to the President of the Security Council, S/2001/381 vom 19. April 2001.

len lassen. Sofern der Iran den Irak – wie etwa 1999 – unmittelbar verantwortlich macht, bewegt er sich offensichtlich in zwischenstaatlichen Kategorien.[954] Wenn er demgegenüber seinen Respekt vor der irakischen territorialen Souveränität betont, deutet dies stark darauf hin, dass er sich nur gegen die kurdischen Urheber, nicht aber gegen den irakischen Staat verteidigen will. Die Rechtfertigungen von 1996 und 2001 offenbaren mithin die iranische Überzeugung, dass ein bewaffneter Angriff nichtstaatlicher Akteure zur Ausübung des Selbstverteidigungsrechts berechtigt – losgelöst von der Frage der Zurechnung. Die Hinweise auf die fehlende Kontrolle des Irak sind dann als Rechtfertigung für die unvermeidliche Verletzung der iranischen Gebietshoheit zu verstehen, nicht als Zurechnungsversuch.

Alle Rechtfertigungen sind zudem von einem differenzierenden Ansatz geprägt, da sie sich allein auf die Selbstverteidigung gegen Gewaltakte einer terroristischen Organisation beziehen.

Obwohl die Argumentationsstruktur der iranischen Rechtfertigung an den US-amerikanischen Diskurs nach dem 11. September 2001 erinnert und sogar den Gedanken der *harbouring doctrine* vorwegnimmt („terrorist organization *harboured* in Iraq"), lehnten die USA die Berufung des Iran auf Art. 51 UN-Charta kategorisch ab.[955] Beispielhaft sei die Reaktion des US-Außenministeriums auf die iranischen Einfälle in den Irak aus dem Jahr 1996 wiedergegeben:

> „Turkey is a NATO ally. We understand their security concerns. They face a different security threat than do any of Iraq's other neighbours. We do not have the type of relationship with Iran – far from it – that we do with Turkey. We don't believe that Iran would play any positive role in northern Iraq should they inject themselves into the situation. "[956]

---

954   A. A. G. *Wettberg*, The International Legality of Self-Defense Against Non-State Actors, S. 152, der die Notifikation von 2001 so deutet, als ob der Iran den Irak lediglich für die Nichtverhinderung der kurdischen Angriffe verantwortlich macht; dagegen spricht aber, dass der Irak nach iranischer Aussage für die Konsequenzen verantwortlich sei („fully responsible for the consequences of any terrorist acts").

955   Nachweise bei C. *Gray/C. Olleson*, in: FYIL 12 (2001), 355 (399).

956   So die Aussage des Sprechers des US-Außenministeriums Nicholas Burns, siehe U. S. Department of State, Daily Press Briefing v. 18. September 1996, erhältlich im Internet unter: <http://dosfan.lib.uic.edu/ERC/briefing/daily_briefings/1996/9609/960918db.html> (zuletzt besucht am 31. Juli 2017).

Reaktionen anderer Staaten sind nicht bekannt,[957] so dass die iranischen Notifikationen lediglich für die Überzeugung des Iran selbst aufschlussreich sind.

(iii) Georgien

Unzutreffend ist die mitunter geäußerte Ansicht,[958] dass es auch bei der Beurteilung eines möglichen Selbstverteidigungsrechts Georgiens zu Beginn des Georgien-Krieges im August 2008 darauf ankommt, ob die militärischen Aktivitäten Süd-Ossetiens gegen Georgien der russischen Republik zuzurechnen waren. Vielmehr handelte es sich bei Süd-Ossetien um ein stabilisiertes *de facto*-Regime, das dem Gewaltverbot unterfiel und dessen Akte dementsprechend selbst das Selbstverteidigungsrecht auslösen konnten.[959]

Beachtlich für eine gewandelte Staatenpraxis könnten hingegen die Spannungen sein, die bereits im Sommer 2002 fast zu militärischen Auseinandersetzungen zwischen Georgien und Russland geführt hätten. Auslöser war der bereits seit 1999 erhobene russische Vorwurf, Georgien toleriere, dass militante tschetschenische Rebellen und Terroristen die georgische Pankisi-Schlucht als Rückzugsgebiet nutzten, um von dort russische Stellungen im unmittelbar angrenzenden Tschetschenien anzugreifen. Am 11. September 2002 drohte der russische Präsident Putin in einem Brief an den damaligen Generalsektretär der Vereinten Nationen sowie an die anderen ständigen Mitglieder des Sicherheitsrates, dass Russland in der Ausübung seines Selbstverteidigungsrechts nach Art. 51 UN-Charta militärische Maßnahmen zur Bekämpfung der terroristischen Strukturen in der Pankisi-Schlucht ergreifen werde, falls Georgien nicht seine völkerrechtlichen Verpflichtungen zum Kampf gegen den Terrorismus erfülle:

„If the Georgian leadership is unable to establish a security zone in the area of the Georgian-Russian border, continues to ignore United Nations Security Council resolution 1373 (2001) of 28 September 2001, and does not put an end to the bandit sorties and attacks on adjoining

---

957 Ebenso G. *Wettberg*, The International Legality of Self-Defense Against Non-State Actors, S. 152.

958 *M. Bothe*, in: Vitzthum/Proelß (Hrsg.), Völkerrecht, 8. Abschnitt, Rn. 11.

959 *O. Luchterhandt*, in: AVR 46 (2008), 435 (457 ff.).

areas in the Russian Federation, we reserve the right to act in accordance with Article 51 of the Charter of the United Nations."[960]

Obwohl sich Putin in seinem Wortlaut stark am rechtlichen Diskurs der USA orientierte,[961] stieß der russische Brief nicht auf Zustimmung. Die USA unterstrichen vielmehr die territoriale Souveränität Georgiens.[962] Allerdings sah sich die amerikanische Regierung veranlasst, militärische Berater und Ausbilder nach Georgien zu entsenden, um den georgischen Sicherheitskräften bei ihrem Vorgehen in der Pankisi-Schlucht zu helfen.[963] In Bezug auf relevante Staatenpraxis lässt sich diesem Vorgang also in erster Linie entnehmen, dass sich auch Russland auf das Selbstverteidigungsrecht beruft, um Angriffe auf Terroristen in anderen Staaten zu rechtfertigen, sofern die betroffenen Staaten nicht in der Lage sind, selbst gegen diese Akteure vorzugehen. Abermals handelte es sich mithin um einen differenzierenden Ansatz.

Nicht mit Sicherheit zu erkennen ist dagegen, ob Russland mit der Aufforderung an Georgien, effektiv seine Hoheitsgewalt in der Pankisi-Schlucht auszuüben, versuchte, der Regierung in Tiflis das Verhalten der vermeintlichen Terroristen zuzurechnen oder ob es sich erneut um das Bemühen handelte, dem „beherbergenden" Staat eine Duldungspflicht für militärische Gegenmaßnahmen aufzuerlegen. Für die letzte Interpretation streitet die Tatsache, dass Präsident Putin in seinem Brief lediglich mitteilte, sein Generalstab prüfe die Möglichkeiten eines Angriffs gegen terroris-

---

960 Letter dated 11 September 2002 from the Permanent Representative of the Russian Federation to the United Nations addressed to the Secretary General, S/2002/1012 vom 12. September 2002, S. 3. Unzutreffend daher *C. J. Tams*, in: EJIL 20 (2009), 359 (391), der meint, Russland habe sich hier nicht auf das Selbstverteidigungsrecht bezogen. Vermeintlich hatten russische Luftstreitkräfte bereits im Juli 2002 georgische Dörfer angegriffen, vgl. auch *L. Myers*, Echoing Bush, Putin Asks U.N. to Back Georgia Attack, New York Times v. 13. September 2002, erhältlich im Internet: <http://www.nytimes.com/2002/09/13/world/echoing-bush-putin-asks-un-to-back-georgia-attack.html> (zuletzt besucht am 31. Juli 2017).

961 So auch *L. Myers*, Echoing Bush, Putin Asks U.N. to Back Georgia Attack, New York Times v. 13. September 2002, erhältlich im Internet: <http://www.nytimes.com/2002/09/13/world/echoing-bush-putin-asks-un-to-back-georgia-attack.html> (zuletzt besucht am 31. Juli 2017).

962 *T. Reinold*, in: AJIL 105 (2011), 244 (257).

963 *T. Reinold*, in: AJIL 105 (2011), 244 (257).

tische Basen,[964] nicht aber von Operationen etwa gegen georgische Infrastruktur sprach.

Schließlich deutet die Reaktion aus Washington darauf hin, dass die USA selbst nicht von einem allgemein gültigen Rechtssatz ausgehen, demzufolge ein Angriff terroristischer Akteure das Selbstverteidigungsrecht auslösen kann.[965]

(iv) Libanon

Die größte Relevanz hinsichtlich etwaiger völkergewohnheitsrechtlicher Entwicklungen nach dem 11. September 2001 hat der Konflikt Israels mit der Hisbollah im Sommer 2006, da umfangreiches Material an Staatenerklärungen verfügbar ist, das sich mit dem Selbstverteidigungsrecht gegen nichtstaatliche Akteure auseinandersetzt. Dem Konflikt vorausgegangen waren immer wiederkehrende Grenzauseinandersetzungen zwischen der Hisbollah und Israel, ebenso wie ein steter Beschuss israelischer Gemeinden im Grenzgebiet durch Raketen der Hisbollah. Unmittelbarer Auslöser der etwas über einen Monat andauernden Kämpfe war dann am 12. Juli 2006 ein Überfall von Kämpfern der Hisbollah auf eine israelische Grenzpatrouille, der zum Tode dreier israelischer Soldaten und zur Geiselnahme von zwei weiteren führte.[966] Israel reagierte umgehend mit der Operation Change Direction, in deren Zuge es Ziele im Libanon bombardierte und später in den südlichen Libanon einrückte. Um diese Verletzung der territorialen Integrität des Libanon zu rechtfertigen, berief es sich auf Art. 51 UN-Charta. Nicht verwickelt in die Kämpfe waren hingegen staatliche libanesische Truppen, da der Libanon seit dem Abzug der israelischen Armee im Jahre 2000 die Kontrolle des südlichen Teils des Landes der His-

---

964 Letter dated 11 September 2002 from the Permanent Representative of the Russian Federation to the United Nations addressed to the Secretary General, S/2002/1012 vom 12. September 2002, S. 3: „I ask the General Staff to announce proposals on the possibility and expediency of carrying out strikes against reliably identified terrorist bases during pursuit operations."

965 Ähnlich auch *C. Gray*, in: Chinese J. Int'l L. 1 (2002), 437 (446).

966 Ausführlich zur Vorgeschichte und zum Ablauf des Konflikts *M. Schmidl*, The Changing Nature of Self-Defence in International Law, S. 142 ff.; *M. N. Schmitt*, in: Mich. J. Int'l L. 29 (2008), 127 (130 ff.); *F. Dubuisson*, in: Rev. belge de droit int'l 39 (2006), 529 (532 ff.). Zu den unmittelbaren Folgen der Kämpfe siehe Report of the Secretary-General on the implementation of Security Council resolution 1701 (2006), S/2006/730 vom 12. September 2006.

bollah und ihren Milizen überlassen hatte. Der israelischen Armee stand somit nur eine nichtstaatliche Gruppe gegenüber, worin sich der Konflikt klar von der Operation Enduring Freedom unterscheidet, in deren Verlauf die USA und ihre Verbündeten neben al-Qaida die quasi-staatlichen Streitkräfte des *de facto*-Regimes der Taliban bekämpften.

Nach Angaben Israels und renommierter Nachrichtenquellen fand der den Konflikt auslösende Überfall auf israelischem Territorium statt, wohingegen der Libanon und die Hisbollah behaupteten, die israelischen Soldaten hätten sich auf libanesischem Boden befunden.[967] Trotz der hohen Relevanz dieser Frage für die Berechtigung der israelischen Berufung auf Art. 51 UN-Charta soll hier allein die Problematik des Urhebers des Überfalls und des Adressaten der israelischen Reaktion im Blickpunkt stehen. Zudem kann offenbleiben, ob der Überfall auf die israelische Grenzpatrouille überhaupt schwer genug wog, um als bewaffneter Angriff zu gelten,[968] weil kein Staat diesen Punkt in Frage stellte.

Bei der rechtlichen Bewertung der israelischen Rechtfertigung fallen Parallelen zur Reaktion der Vereinigten Staaten auf den 11. September 2001 auf.[969] Indem Israel wie die Vereinigten Staaten die Ausübung des Selbstverteidigungsrechts in einem Brief an den Generalsekretär und Präsidenten des Sicherheitsrates notifizierte,[970] stützte es seinen Angriff auf den Libanon umissverständlich auf Art. 51 UN-Charta. Zugleich machte es als Urheber der Angriffe die nichtstaatliche Gruppe der Hisbollah aus,[971] nicht hingegen einen Staat. Deutlicher als die USA und Großbritannien formulierte Israel damit seine Überzeugung, dass bewaffnete Angriffe auch von nichtstaatlichen Gruppen ausgeführt werden können. Ebenfalls deutli-

---

967 Nachweise bei *T. Ruys*, in: Stan. J. Int'l L. 43 (2007), 265 (273).

968 Zustimmend *T. Ruys*, in: Stan. J. Int'l L. 43 (2007), 265 (273); ablehnend *M. Schmidl*, The Changing Nature of Self-Defence in International Law, S. 203; *G. Wettberg*, The International Legality of Self-Defense Against Non-State Actors, S. 123, der allerdings die vorhergegangenen Angriffe berücksichtigt und damit unter Rückgriff auf die „accumulation of events doctrine" letztlich doch einen bewaffneten Angriff bejaht.

969 Zu Parallelen und Unterschieden zwischen den Kampagnen „Operation Enduring Freedom" und „Change Direction" vgl. ausführlich *M. Schmidl*, The Changing Nature of Self-Defence in International Law, S. 200 ff.

970 Vgl. Identical letters dated 12 July 2006 from the Permanent Representative of Israel to the United Nations addressed to the Secretary-General and the President of the Security Council, S/2006/515 vom 12. Juli 2006, fünfter Absatz.

971 Vgl. Identical letters dated 12 July 2006 from the Permanent Representative of Israel to the United Nations addressed to the Secretary-General and the President of the Security Council, S/2006/515 vom 12. Juli 2006, erster Absatz.

cher ordnete es zunächst den Konflikt in zwischenstaatliche Kategorien ein, indem es in der offiziellen Notifikation der Ausübung des Selbstverteidigungsrechts den Libanon und sogar Iran und Syrien für die Angriffe verantwortlich machte:

„Responsibility for this belligerent act of war lies with the Government of Lebanon, from whose territory these acts have been launched into Israel. Responsibility also lies with the Government of the Islamic Republic of Iran and the Syrian Arab Republic, which support and embrace those who carried out this attack."[972]

Auch die folgende Aussage des damaligen israelischen Premierministers Olmert vom 12. Juli 2006 –

"This morning's events were not a terrorist attack, but the action of a sovereign state that attacked Israel for no reason and without provocation. The Lebanese government, of which Hizbullah is a member, is trying to undermine regional stability. Lebanon is responsible and Lebanon will bear the consequences of its actions."[973] –

ebenso wie jene der Außenministerin Livni desselben Tages –

"Hizbullah is a terrorist organization, which is part of the Lebanese government. The international community, including the Security Council, has demanded repeatedly, time and again, that the government of Lebanon dismantle Hizbullah. Lebanon has failed to act and today's aggression is the result. Israel views the government of Lebanon as responsible for today's unprovoked aggression."[974] –

---

972 Vgl. Identical letters dated 12 July 2006 from the Permanent Representative of Israel to the United Nations addressed to the Secretary-General and the President of the Security Council, S/2006/515 vom 12. Juli 2006, zweiter und dritter Absatz.

973 Einsehbar auf den Seiten des israelischen Außenministeriums, erhältlich im Internet: <http://www.mfa.gov.il/MFA/Terrorism-+Obstacle+to+Peace/Terrorism+from+Lebanon-+Hizbullah/Hizbullah+attack+in+northern+Israel+and+Israels+response+12-Jul-2006.htm> (zuletzt besucht am 20. März 2017).

974 Einsehbar auf den Seiten des israelischen Außenministeriums, erhältlich im Internet: <http://www.mfa.gov.il/MFA/Terrorism-+Obstacle+to+Peace/Terrorism+from+Lebanon-+Hizbullah/Hizbullah+attack+in+northern+Israel+and+Israels+response+12-Jul-2006.htm>, (zuletzt besucht am 20. März 2017).

lassen keine Zweifel an der israelischen Einschätzung, der Libanon trage völkerrechtlich die Verantwortung für die Handlungen der Hisbollah.[975] Zugleich sind die Worte von Premierminister Olmert nicht so zu verstehen, dass Israel die Taten der Hisbollah nicht als terroristisch bewertete, da er mit seiner Aussage lediglich die Verantwortlichkeit des Libanon begründen wollte. Wie Außenministerin Livni verdeutlichte, betrachtet Israel die Hisbollah grundsätzlich als terroristische Organisation und ihre Taten dementsprechend als terroristisch.[976]

Im späteren Verlauf seiner militärischen Kampagne schlug Israel indes deutlich moderatere Töne gegenüber der libanesischen Regierung an und betonte, dass sein Gegner die Hisbollah sei, nicht dagegen der Libanon oder das libanesische Volk.[977] Damit deutete Israel an, dass für eine militärische Reaktion gegen nichtstaatliche Angriffe nicht die Verantwortlichkeit des von den Maßnahmen betroffenen Staates zu beweisen ist. Trotz dieser Distanzierung von der anfänglichen Sprachregelung muss sich Israel jedoch an seiner ursprünglichen Rechtfertigung messen lassen, da sie die tragende Begründung in der offiziellen Notifikation des Angriffs war. Außerdem entbindet auch die alleinige Gegnerschaft der Hisbollah nicht von der Notwendigkeit, eine Rechtfertigung für die Bombardierung von Zielen im Libanon und für den Einmarsch in libanesisches Territorium zu finden. Ob sich eine Verantwortlichkeit des Libanon nach den anerkannten Zurechnungskriterien begründen lässt oder sich diesbezüglich völkergewohnheitsrechtliche Änderungen ergeben haben, diskutiert die Arbeit an späterer Stelle.[978] Hier soll zunächst nur interessieren, ob sich hinsichtlich des staatlichen oder nichtstaatlichen Charakters des bewaffneten Angriffs eine sich nach dem 11. September 2001 abzeichnende Rechtsänderung bestätigt hat. Dies muss ein Blick auf die Reaktion der übrigen Staaten zeigen.

Vielen Beobachtern des Konflikts ist eine stärkere Skepsis und Ablehnung der militärischen Reaktion Israels in Erinnerung geblieben als es beim US-amerikanisch geführten Angriff auf Afghanistan der Fall war. Dies liegt in erster Linie an der rasch nach den ersten israelischen Bombar-

---

975 Diese Position bestätigte Israel auch bei der ersten Sicherheitsratssitzung nach Ausbruch der Kämpfe vom 14. Juli 2006, vgl. S/PV.5489, S. 6.

976 Deutlich wurde dies auch in den Äußerungen des israelischen Vertreters bei den Sitzungen des Sicherheitsrates zu dem Konflikt, vgl. S/PV.5489, S. 6.

977 Vgl. dazu die Nachweise bei *M. N. Schmitt*, in: Mich. J. Int'l L. 29 (2008), 127 (138 ff.) und *M. Schmidl*, The Changing Nature of Self-Defence in International Law, S. 207.

978 Vgl. unten E. III. 3. b) aa).

dierungen einsetzenden Kritik, die Israels Reaktion als unverhältnismäßig verurteilte, sich also auf das *ius in bello* bezog.[979] Die kritischen Stimmen erstarkten proportional zum weiteren israelischen Vorgehen und kulminierten in einstimmiger Ablehnung, als die israelische Armee am 25. Juli 2006 bei der Bombardierung eines Postens der UN-Friedenstruppen vier Mitarbeiter der Vereinten Nationen tötete[980] und am 30. Juli 2006 bei einem israelischen Angriff auf das libanesische Dorf Kana mindestens 28 Zivilisten ums Leben kamen.[981] Diese kritischen Stimmen können indes nicht übertönen, dass viele Staaten die ursprüngliche israelische Berufung auf das Selbstverteidigungsrecht akzeptierten und bestätigten.[982] Ablehnend zeigten sich allerdings neben den klassischen arabischen Gegnern Is-

---

979 Vgl. etwa die Stellungnahmen der meisten Mitglieder des Sicherheitsrates auf seiner ersten Sitzung nach Ausbruch der Feindseligkeiten vom 14. Juli 2006: Russland, S/PV.5489, S. 7; Ghana, S/PV.5489, S. 8; Argentinien, S/PV.5489, S. 9; China, S/PV.5489, S. 11; Japan, S/PV.5489, S. 12; Kongo, S/PV.5489, S. 13; Tansania, S/PV.5489, S. 13; Griechenland, S/PV.5489, S. 17; Frankreich, S/PV.5489, S. 17. Für weitere umfangreiche Nachweise der Reaktion vieler Staaten vgl. *R. v. Steenberghe*, in: LJIL 23 (2010), 183 (193, Fn. 33). Zur wissenschaftlichen Kommentierung der Verhältnismäßigkeit der israelischen Reaktion vgl. *C. Gray*, International Law and the Use of Force, S. 241 ff.

980 Vgl. zur Kritik der übrigen Staatengemeinschaft nur Statement by the President of the Security Council, S/PRST/2006/34 vom 27. Juli 2007.

981 Vgl. zur Kritik der übrigen Staatengemeinschaft nur Statement by the President of the Security Council, S/PRST/2006/35 vom 30. Juli 2007.

982 Vgl. etwa die Stellungnahme der Staats- und Regierungschefs der „G-8"-Staaten vom 20. Juli 2006, Annex to the letter dated 20 July 2006 from the Permanent Representative of the Russian Federation to the United Nations addressed to the Secretary General, S/2006/556 vom 21. Juli 2006, fünfter Absatz. Zudem akzeptierte die Mehrheit der damaligen Sicherheitsratsmitglieder trotz der dokumentierten Zweifel an der Verhältnismäßigkeit grundsätzlich die israelische Berufung auf das Selbstverteidigungsrecht, vgl. Argentinien, S/PV.5489, S. 9; Großbritannien, S/PV.5489, S. 12; Peru, S/PV.5489, S. 14; Dänemark, S/PV.5489, S. 15; Griechenland, S/PV.5489, S. 17; Frankreich, S/PV.5489, S. 17; obwohl Japan während dieser Sicherheitsratssitzung das Selbstverteidigungsrecht nur implizit anerkannte, S/PV.5489, S. 12 und die USA und Russland es gar nicht erwähnten, sind ihre Positionen wegen ihrer Mitgliedschaft bei den „G-8"-Staaten als zustimmend zu bewerten, so auch *M. Schmidl*, The Changing Nature of Self-Defence in International Law, S. 176 f. Unterstützung von weiteren Staaten erhielt die Berufung Israels auf das Selbstverteidigungsrecht auf der Sicherheitsratssitzung vom 21. Juli 2006: Finnland in einer Stellungnahme im Namen der EU (der sich Bulgarien, Rumänien, die Türkei, Kroatien, Mazedonien, Albanien, Bosnien-Herzegowina, Serbien, Island, die Ukraine und die Republik Moldau anschlossen), S/PV.5493 (Resumption 1), S. 16; Brasilien, S/PV.5493 (Resumption 1), S. 19; Norwegen, S/PV.5493 (Resumption 1), S. 23; Australien, S/

raels[983] auch China[984], Venezuela,[985] die Demokratische Republik Kongo[986] und nichtarabische Staaten mit muslimischer Bevölkerungsmehrheit.[987] Weder eindeutig für noch gegen die Plausibilität der israelischen Rechtfertigung sprachen sich einige afrikanische Staaten[988] und die „blockfreien" Staaten aus, sofern sie sich nicht individuell geäußert hatten.[989] Damit war der Protest gegen Israels Bezugnahme auf Art. 51 UN-Charta erheblich größer als er nach dem 11. September auf jene der USA gewesen war. Auch wenn zahlreiche dieser Proteststimmen in einer fragwürdigen generellen Ablehnung israelischer Positionen und Handlungen begründet gewesen sein dürften, verlieren sie nicht ihre völkerrechtliche Bedeutung. Dementsprechend sind Beobachtungen, nach denen eine Mehrheit der Staaten Israels Rückgriff auf Art. 51 UN-Charta gebilligt hätte,[990] zumin-

---

PV.5493 (Resumption 1), S. 27; Kanada, S/PV.5493 (Resumption 1), S. 39; Guatemala, S/PV.5493 (Resumption 1), S. 41. Weitere umfangreiche Nachweise bei *R. v. Steenberghe*, in: LJIL 23 (2010), 183 (193, Fn. 34); *F. Dubuisson*, in: Rev. belge de droit int'l 39 (2006), 529 (549 ff.); *C. J. Tams*, in: EJIL 20 (2009), 359 (379); *C. Gray*, International Law and the Use of Force, S. 238; *E. Cannizzaro*, in: IRRC 88 (2006), 779 (780, Fn. 1).

983 Siehe die Aussagen während der Sicherheitsratssitzung vom 21. Juli 2006: Syrien, S/PV.5493 (Resumption 1), S. 13; Saudi-Arabien, S/PV.5493 (Resumption 1), S. 20; Algerien, S/PV.5493 (Resumption 1), S. 21; Jordanien, S/PV.5493 (Resumption 1), S. 24; Marokko, S/PV.5493 (Resumption 1), S. 29; Dschibuti, S/PV.5493 (Resumption 1), S. 32; Vereinigte Arabische Emirate, S/PV.5493 (Resumption 1), S. 42; Sudan, S/PV.5493 (Resumption 1), S. 38.

984 Siehe die Aussage während der Sicherheitsratssitzung vom 14. Juli 2006: China, S/PV.5489, S. 11, in der Chinas Vertreter die israelische Militäraktion als „armed aggression" bezeichnet und damit ausdrückt, dass er sie nicht als Akt der Selbstverteidigung für gerechtfertigt hält.

985 Siehe die Aussage während der Sicherheitsratssitzung vom 21. Juli 2006: Venezuela, S/PV.5493 (Resumption 1), S. 36.

986 Siehe die Aussage während der Sicherheitsratssitzung vom 14. Juli 2006: Kongo, S/PV.5489, S. 13 („disproportionate reprisals").

987 Siehe die Aussagen während der Sicherheitsratssitzung vom 21. Juli 2006: Iran, S/PV.5493 (Resumption 1), S. 30; Pakistan, S/PV.5493 (Resumption 1), S. 44.

988 Siehe die Aussagen während der Sicherheitsratssitzung vom 14. Juli 2006: Tansania, S/PV.5489, S. 13 f.

989 Vgl. den Verweis des Vertreters Malaysias während der Sicherheitsratssitzung vom 21. Juli 2006 auf den Annex to the letter dated 19 July 2006 from the Permanent Representative of Malaysia to the United Nations addressed to the President of the Security Council, S/2006/548 vom 19. Juli 2006.

990 So *T. Ruys*, in: Stan. J. Int'l L. 43 (2007), 265 (270); in diese Richtung auch *T. Reinold*, in: AJIL 105 (2011), 244 (265).

dest irreführend. Eine ganz überwiegende Zustimmung der Staatenge-meinschaft lag nicht vor.[991]

Konzentriert man sich auf die zustimmenden Staatenerklärungen, so ist die Reaktion auf den am 12. Juli 2006 entbrannten Konflikt in einem Punkt jedoch deutlich aufschlussreicher als jene auf Operation Enduring Freedom: Als Urheber der Anschläge identifizierten die unterstützenden Staaten nur die Hisbollah;[992] eine Verwicklung des Libanon als dem „be-herbergenden" Staat thematisierte dagegen kein Staat.[993] Erwähnung fand allein die Tatsache, dass der Libanon im Süden des Landes keine Kontrolle ausübte. Folgerichtig riefen ihn diverse Staaten zur (Wieder-)Herstellung seiner Hoheitsgewalt auf.[994] Selbst wenn in diesen Appellen ein Vorwurf mitschwingt, blieben sie deutlich hinter den Aussagen nach dem 11. September 2001 zurück, in denen als Verantwortliche für den bewaffneten Angriff al-Qaida als Ausführende des Anschlags und die Taliban als unter-stützendes Regime verschmolzen.[995] Rechtlich relevant könnte dieser Vor-wurf allenfalls für die später zu erörternde Frage sein, ob der Libanon die Maßnahmen gegen die Hisbollah auf seinem Hoheitsgebiet zu dulden hat-te. Wie ausführlicher zu zeigen sein wird, bewirkt das hier kritisierte Un-terlassen der Ausübung von Hoheitsgewalt aber keinesfalls, dass das Ver-halten der Hisbollah dem Libanon zuzurechnen ist.[996]

Nahezu ausgeschlossen ist zudem, dass jene Staaten, die Israels Berufung auf Art. 51 UN-Charta akzeptierten, den Libanon trotz fehlender Zurech-nung völkerrechtlich für verantwortlich hielten. Dieser Auslegung steht bereits entgegen, dass sie der libanesischen Regierung Unterstützung und

---

991 So auch *M. Schmidl*, The Changing Nature of Self-Defence in International Law, S. 204. A. A. *G. Wettberg*, The International Legality of Self-Defense Against Non-State Actors, S. 122.

992 Vgl. die Nachweise bei *R. v. Steenberghe*, in: LJIL 23 (2010), 183 (194, Fn. 41); so auch die Wertung von *M. Schmidl*, The Changing Nature of Self-Defence in In-ternational Law, S. 207. Allein die Äußerung Perus während der Sicherheitsrats-sitzung vom 14. Juli 2006 lässt eine andere Interpretation zu: Peru, S/PV.5489, S. 14: „Such aggressive action by any *State* [Hervorh. d. Verf.] is unacceptable, and in this case it provoked a military response by Israel in the State of Leba-non."

993 Ebenso *F. Dubuisson*, in: Rev. belge de droit int'l 39 (2006), 529 (551).

994 Vgl. erneut die Staatenerklärungen während der Sicherheitsratssitzung vom 14. Juli 2006: Argentinien, S/PV.5489, S. 9; Japan, S/PV.5489, S. 12; Großbritan-nien, S/PV.5489, S. 12 f.; Peru, S/PV.5489, S. 14; Griechenland, S/PV.5489, S. 17.

995 Vgl. die Ausführungen oben E. II. 3. d) bb) (1).

996 Siehe unten unter E. III. 3. b) aa).

Sympathie bekundeten.[997] Dagegen spricht außerdem entscheidend, dass keiner der Staaten – ausgenommen Peru[998] – die Behauptung Israels aufgriff, der Libanon trage die Verantwortung.

Ein weiterer gravierender Unterschied zum Herbst 2001 besteht darin, dass die USA und Großbritannien im Zuge der Operation Enduring Freedom neben al-Qaida ausdrücklich das Regime der Taliban als Gegner der Selbstverteidigungsmaßnahmen darstellten;[999] eine Darstellung, die seitens der unterstützenden Staaten unwidersprochen blieb. Im Gegensatz hierzu sah der ganz überwiegende Teil der zustimmenden Staaten als legitimen Gegner der israelischen Kampagne Change Direction einzig die Hisbollah an, nicht den Libanon. Dies zeigt sich darin, dass sie die Bombardierung libanesischer Infrastruktur verurteilten[1000] und die durch Israel verhängte See- und Luftblockade des Libanon kritisierten.[1001] Obwohl Israel diese gegen den Libanon gerichteten umstrittenen Maßnahmen nicht beendete, übernahm es selbst bereits kurz nach Beginn des Konflikts die Position, es kämpfe nur gegen die Hisbollah, nicht gegen den Libanon.[1002]

Auffallend ist zudem, dass nur Israel, die USA, Großbritannien und Peru die Hisbollah ausdrücklich als terroristische Organisation bezeichneten. Diesem differenzierenden Ansatz stehen die vielen indifferenten Staatener-

---

997 Japan, S/PV.5489, S. 12; Dänemark, S/PV.5489, S. 15; Slowakei, S/PV.5489, S. 16; Griechenland, S/PV.5489, S. 17.

998 Vgl. Peru, S/PV.5489, S. 14: „Such aggressive action by any *State* [Hervorh. d. Verf.] is unacceptable, and in this case it provoked a military response by Israel in the State of Lebanon."

999 S/2001/946 vom 7. Oktober 2001; S/2001/947 vom 7. Oktober 2001.

1000 Argentinien, S/PV.5489, S. 9; Japan, S/PV.5489, S. 12; Dänemark, S/PV.5489, S. 15; Griechenland, S/PV.5489, S. 17; Frankreich, S/PV.5489, S. 17.

1001 Argentinien, S/PV.5489, S. 9; Dänemark, S/PV.5489, S. 15; Griechenland, S/PV.5489, S. 17; Frankreich, S/PV.5489, S. 17.

1002 Vgl. die Äußerung des Premierministers Olmert während der Sitzung des israelischen Kabinetts vom 16. Juli 2006, erhältlich im Internet: <http://www.mfa.gov.il/MFA/Government/Communiques/2006/Cabinet+Communique+16-Jul-2006.htm> (zuletzt besucht am 20. März 2017) und die Äußerung des israelischen Vertreters bei der Sicherheitsratssitzung vom 31. Juli 2006, S/PV.5503: „Israel has no quarrel with Lebanon. Israel has no battle with Lebanon. Israel has no war with Lebanon." Während der Sicherheitsratssitzung vom 14. Juli 2006 hatte Israel die Hisbollah hingegen noch nicht als alleinigen Gegner angesehen, vgl. S/PV.5489, S. 6: „Israel's actions were in direct response to an act of war from Lebanon. Although Israel holds the Government of Lebanon responsible, it is concentrating its response carefully, *mainly* [Hervorh. d. Verf.] on Hizbullah strongholds [...]."

klärungen gegenüber, die das Selbstverteidigungsrecht Israels bejahten, ohne die Hisbollah einer Kategorie nichtstaatlicher Gewalt zuzuordnen.

Dementsprechend konkretisiert der zustimmende Teil der Staaten die sich nach dem 11. September abzeichnende Auffassung, dass nichtstaatliche Akteure Urheber bewaffneter Angriffe sein können.[1003]

Freilich ergeben sich ansonsten hinsichtlich der rechtlichen Einordnung der zustimmenden Staatenüberzeugung ähnliche Probleme wie bei der Bewertung der Reaktion auf den 11. September, sobald es zur Rechtfertigung der territorialen Souveränitätsverletzung des Libanon kommt. Als einzige aussagekräftige Staatenerklärung kommt die bereits erwähnte wiederkehrende Aufforderung an den Libanon in Betracht, endlich seine Staatsgewalt im ganzen Land effektiv auszuüben. Ihre Relevanz erörtert die Arbeit später im Rahmen des Rechts der Staatenverantwortlichkeit.

(v) Ecuador

Lediglich regionale Beachtung fand der Einmarsch kolumbianischer Truppen in das Nachbarland Ecuador im März 2008.[1004] Hintergrund dieser militärischen Operation war, dass die kolumbianische Rebellengruppe FARC das ecuadorianische Grenzgebiet zunehmend als Rückzugsort nutzte.[1005] Dementsprechend rechtfertigte Kolumbien seinen Einmarsch als zulässige Ausübung seines Rechts auf Selbstverteidigung.[1006] Es bezeichnete die

---

1003 Noch deutlicher *R. v. Steenberghe*, in: LJIL 23 (2010), 183 (197), der die Äußerungen von Staaten, die Israel das Selbstverteidigungsrecht absprachen, gar nicht erst erwähnt und somit eine universelle Zustimmung der Staatengemeinschaft zum israelischen Vorgehen suggeriert. Dagegen *C. Gray*, International Law and the Use of Force, S. 239 und *F. Dubuisson*, in: Rev. belge de droit int'l 39 (2006), 529 (551 f.), die den zitierten Aussagen während der Sicherheitsratsdebatten keinen Hinweis darauf entnehmen, ob die Staaten ein Selbstverteidigungsrecht Israels akzeptierten, ohne dass eine staatliche Komplizenschaft vorlag.

1004 Ausführlich hierzu *C. Dau*, Die völkerrechtliche Zulässigkeit von Selbstverteidigung gegen nichtstaatliche Akteure, S. 216 ff.

1005 Die FARC ist eines der prominentesten Beispiele für den vielzitierten Satz: „One man's terrorist is another man's freedom fighter", da die EU, die USA und Kolumbien selbst die Gruppe als terroristische Organisation bewerteten, während andere südamerikanische Regierungen sie als Freiheitskämpfer würdigten, *T. Reinold*, in: AJIL 105 (2011), 244 (273).

1006 Kommuniqué des kolumbianischen Außenministeriums (Comunicado del Ministerio de Relaciones Exteriores) vom 02. März 2008, erhältlich im Internet: <http://www.noticias24.com/actualidad/noticia/12461/colombia-alega-legitima-

FARC dabei differenzierend als terroristische Vereinigung.[1007] Allein die USA teilten diese rechtliche Begründung.[1008] Die übrigen in der OAS vertretenen südamerikanischen Regierungen erteilten diesem Rechtfertigungsdiskurs jedoch eine Absage, indem sie den Einmarsch als ungerechtfertigte Verletzung der territorialen Integrität Ecuadors bewerteten.[1009] Ihre Reaktion spricht somit dagegen, dass der kolumbianische Einmarsch ein weiteres Indiz einer sich wandelnden Staatenpraxis ist, die Selbstverteidigung gegen nichtstaatliche Akteure ohne Rücksicht auf die Zurechnungsproblematik billigt.[1010]

(vi) Pakistan

Seit der Eroberung Afghanistans durch Streitkräfte der USA und ihrer Verbündeten zogen sich Kämpfer der Taliban und Mitglieder von al-Qaida zunehmend in das Nachbarland Pakistan zurück, von wo aus sie Anschläge sowohl in Afghanistan als auch in Pakistan selbst vorbereiteten und durchführten. Die USA reagierten auf diese Entwicklung bereits früh mit dem Einsatz von unbemannten Drohnen im afghanisch-pakistanischen Grenz-

---

defensa-y-anuncia-una-respuesta-para-hoy/> (zuletzt besucht am 20. März 2017).

1007 Kommuniqué des kolumbianischen Außenministeriums (Comunicado del Ministerio de Relaciones Exteriores) vom 02. März 2008, erhältlich im Internet: <http://www.noticias24.com/actualidad/noticia/12461/colombia-alega-legitima-defensa-y-anuncia-una-respuesta-para-hoy/> (zuletzt besucht am 20. März 2017).

1008 *T. Reinold*, in: AJIL 105 (2011), 244 (274); *C. Dau*, Die völkerrechtliche Zulässigkeit von Selbstverteidigung gegen nichtstaatliche Akteure, S. 217.

1009 Vgl. die Resolution der OAS vom 5. März 2008, CP/Res. 930 (1632/08), erhältlich im Internet: <http://www.oas.org/consejo/resolutions/res930.asp> (zuletzt besucht am 31. Juli 2017). Weitere Nachweise bei *T. Reinold*, in: AJIL 105 (2011), 244 (274).

1010 A. A. *T. Reinold*, in: AJIL 105 (2011), 244 (274 f.), die das Schweigen der übrigen Staaten für eine stillschweigende Zustimmung zur Rechtfertigung Kolumbiens hält. Da *Reinold* ihre Auffassung nicht begründet, geht sie offenbar davon aus, dass jedes staatliche Schweigen eine Zustimmung bedeutet. Im Übrigen misst sie der ablehnenden Reaktion der OAS keinen beachtlichen Erklärungswert zu, da deren Resolution ihrer früheren Zustimmung zur rechtlichen Begründung der USA nach den 11. September 2001 widerspreche. In Anbetracht dieser willkürlichen Wertung staatlicher Reaktionen, vermag die Ansicht *Reinolds* nicht zu überzeugen.

gebiet, um Taliban oder Anhänger von al-Qaida zu töten.[1011] Größere Aufmerksamkeit erfuhr diese militärische Praxis erst unter der Regierung von Barack Obama, der den Einsatz von Drohnen stark ausweitete.[1012] Inwiefern die USA mit dieser Strategie Erfolg haben und in welchem Maße dabei die Zivilbevölkerung in Mitleidenschaft gerät, soll an dieser Stelle nicht hinterfragt werden. Zu untersuchen ist hier allein, ob es sich bei diesen Angriffen um eine Verletzung der territorialen Integrität Pakistans handelte, zu deren Rechtfertigung sich die USA auf das Selbstverteidigungsrecht berufen konnten. Bereits die vorgelagerte Frage nach der Verletzung pakistanischer Gebietshoheit ist kaum verlässlich zu beantworten, da umstritten ist, ob staatliche pakistanische Stellen die US-amerikanischen Angriffe billigten und somit schon keine rechtfertigungsbedürftige Verletzung des Gewaltverbots vorlag. Gegen eine staatliche Billigung sprechen offizielle Stellungnahmen der pakistanischen Regierung, die regelmäßig die Drohnenangriffe verurteilte.[1013] Dennoch vermuten Experten, dass die USA ihre Angriffe zumindest mit Teilen des pakistanischen Staatsapparates abstimmten.[1014] Selbst wenn jedoch von einer rechtfertigungsbedürftigen Verletzung der territorialen Integrität Pakistans auszugehen ist, fällt es schwer, der Problematik Hinweise zu entnehmen, die für eine völkergewohnheitsrechtliche Entwicklung relevant sein könnten. Dies liegt daran, dass die USA selbst keine eindeutige rechtliche Begründung für ihre Angriffe lieferten. Es dauerte bis zum März 2010, ehe sich die Regierung überhaupt zu den rechtlichen Grundlagen der Angriffe äußerte.[1015] Als we-

---

1011 Ausführlich hierzu *T. Reinold*, in: AJIL 105 (2011), 244 (276 ff.).

1012 Vgl. die von der NGO New America zusammengestellten Daten, erhältlich im Internet: <http://securitydata.newamerica.net/drones/pakistan/analysis> (zuletzt besucht am 31. Juli 2017). Vgl. stellvertretend für zahlreiche Medienberichte *E. Robinson*, President Obama's immoral drone war, in: The Washington Post vom 2. Dezember 2013, erhältlich im Internet: <http://www.washingtonpost.com/opinions/eugene-robinson-president-obamas-immoral-drone-war/2013/12/02/f25cc0aa-5b82-11e3-a49b-90a0e156254b_story.html> (zuletzt besucht am 31. Juli 2017); *M. Sledge/S. Siddiqui*, One Year After Obama's Big Drone Speech, Many Promises Left Unkept, in: The Huffington Post vom 27. Mai 2014, erhältlich im Internet: <http://www.huffingtonpost.com/2014/05/27/obama-drone-speech_n_5397904.html> (zuletzt besucht am 31. Juli 2017).

1013 *C. Schaller*, in: HuV-I 24 (2011), 91 (94).

1014 *F. Boor*, in: HuV-I 24 (2011), 97 (102); *C. Schaller*, in: Die Friedens-Warte 86 (2011), 111 (124).

1015 The Obama Administration and International Law, Speech by Harold Hongju Koh to the American Society of International Law, Washington D. C., 25. März 2010, erhältlich im Internet: <https://www.state.gov/documents/organization/179305.pdf> (zuletzt besucht am 31. Juli 2017).

sentliche Argumentationslinie diente ihr dabei die Ansicht, dass die USA sich nach wie vor in einem bewaffneten Konflikt mit al-Qaida befänden, deren Angriffe die USA zur Tötung von feindlichen Kämpfern berechtige.[1016] Neben dieser humanitärvölkerrechtlichen Perspektive verwiesen die USA jedoch zusätzlich auf das Recht zur Selbstverteidigung nach Art. 51 UN-Charta, das nach wie vor die Tötung von Terroristen erlaube.[1017] Bei dieser Begründung vermengten sie jedoch das humanitäre Völkerrecht mit dem Friedenssicherungsrecht. Nach dem Selbstverteidigungsrecht kann nur generell eine militärische Reaktion gerechtfertigt sein. Die Frage, ob die Tötung einzelner im Zuge dieser militärischen Reaktion erlaubt ist, richtet sich wiederum ausschließlich nach dem humanitären Völkerrecht, weil spätestens die militärische Reaktion einen bewaffneten Konflikt auslöst. Die Auffassung der USA könnte allenfalls so gedeutet werden, dass jede terroristische Aktivität einen gesonderten bewaffneten Angriff auslöse, dessen Vergeltung jeweils nach Art. 51 UN-Charta gerechtfertigt sei und dessen Ausmaß nicht nach humanitärem Völkerrecht zu beurteilen sei. Diese Sichtweise, die offensichtlich darauf ausgerichtet ist, das Ausmaß militärischer Vergeltung von den Beschränkungen des humanitären Völkerrechts zu lösen, ist bislang nicht von weiterer Staatenpraxis bestätigt worden.

(vii) Syrien

Deutlich aufschlussreicher wiederum ist die rechtliche Begründung für die Luftangriffe der USA sowie arabischer und europäischer Verbündeter auf Stellungen des IS in Syrien ab September 2014. In der Notifikation an den Generalsekretär der Vereinten Nationen begründeten die USA ihre Berufung auf die kollektive Selbstverteidigung nach Art. 51 UN-Charta wie folgt:

1016 The Obama Administration and International Law, Speech by Harold Hongju Koh to the American Society of International Law, Washington D. C., 25. März 2010, erhältlich im Internet: <https://www.state.gov/documents/organiza tion/179305.pdf> (zuletzt besucht am 31. Juli 2017). Ausführlich hierzu *C. Schaller*, in: HuV-I 24 (2011), 91 (92 ff.).

1017 The Obama Administration and International Law, Speech by Harold Hongju Koh to the American Society of International Law, Washington D. C., 25. März 2010, erhältlich im Internet: <https://www.state.gov/documents/organiza tion/179305.pdf> (zuletzt besucht am 31. Juli 2017).

„Iraq [...] is facing a serious threat of continuing attacks from ISIL coming out of safe havens in Syria. [...] States must be able to defend themselves, in accordance with the inherent right of individual and collective self-defense, as reflected in Article 51 of the UN Charter, when, as is the case here, the government of the State where the threat is located is unwilling or unable to prevent the use of its territory for such attacks."[1018]

Diese Notifikation bestätigt zunächst die Auffassung der USA, dass die mit dem militärischen Einsatz gegen nichtstaatliche Akteure verbundene Verletzung der Souveränität des betroffenen Staates gerechtfertigt sei, wenn dieser Staat nicht willens oder in der Lage ist, die nichtstaatlichen Angriffe von seinem Staatsgebiet zu verhindern. Zudem fällt auf, dass diese Notifikation nicht den terroristischen Charakter der angreifenden nichtstaatlichen Gruppe hervorhebt, also keine differenzierende Tendenz erkennen lässt. Allerdings lieferten die USA einen ergänzenden – wenn auch weniger klar formulierten – Begründungsansatz, indem sie andeuteten, sich selbst gegen eine terroristische Gefahr zu verteidigen:

„In addition, the United States has initiated military actions against al-Qaida elements in Syria known as the Khorasan Group to address terrorist threats that they pose to the United States and our partners and allies."[1019]

Diese Formulierung erinnert wiederum stark an die Rechtfertigungen nach dem 11. September 2001. Sie gibt die Auffassung der USA wieder, sich gegen abstrakte terroristische Gefahren verteidigen zu dürfen.

Die erste britische Notifikation eigener Angriffe gegen Stellungen des IS im November 2014 betonte lediglich, die Luftangriffe auf den IS erfolgten auf Bitte der irakischen Regierung als Maßnahmen der kollektiven Selbstverteidigung.[1020] Diese Rechtfertigung erweiterte Großbritannien im September 2015, als es durchgeführte Angriffe gegen den IS nicht nur als

---

1018 Letter dated 23 September 2014 from the Permanent Representative of the United States of America to the United Nations addressed to the Secretary-General,
S/2014/695 vom 23. September 2014.

1019 Letter dated 23 September 2014 from the Permanent Representative of the United States of America to the United Nations addressed to the Secretary-General,
S/2014/695 vom 23. September 2014.

1020 Identical letters dated 26 November 2014 from the Permanent Representative of the United Kingdom of Great Britain and Northern Ireland to the United

Maßnahmen kollektiver, sondern auch individueller Selbstverteidigung begründete.[1021] Es sei ein Ziel getroffen worden, von dem bekannt sei, dass es einen unmittelbar bevorstehenden Angriff auf Großbritannien plane und leite. Insofern sei der Luftangriff eine notwendige und verhältnismäßige Selbstverteidigungsmaßnahme gewesen. Im Dezember 2015 ergänzte Großbritannien seine Rechtfertigung dann noch um einen dritten Begründungsstrang, indem es ausführte, die ausgeführten Angriffe erfolgten auch in Übereinstimmung mit Sicherheitsresolution 2249 (2015), in der die Sicherheitsratsmitglieder den IS als Friedensbedrohung bezeichnet und seine terroristischen Anschläge u. a. in Sousse, Ankara, Paris, Beirut und im Sinai verurteilt hätten.[1022] Mit dieser Begründung rückt wieder der terroristische Charakter der angegriffenen Gruppe in den Fokus. Dies ist zunächst eine Folge aus dem Bezug auf Sicherheitsresolution 2249 (2015), weil hier ebenfalls der terroristische Charakter des IS betont wird. Die Delegitimierung des zu bekämpfenden nichtstaatlichen Akteurs zeigt sich jedoch auch an der geänderten Wortwahl. Bezeichnete Großbritannien in den beiden vorangegangenen Notifikationen den betroffenen nichtstaatlichen Akteur noch als ISIL, war nunmehr von ISIL „also known as Daesh" die Rede. Damit verwendete Großbritannien einen arabischen Begriff, der mit einer negativen Bedeutung verbunden ist.[1023]

Diese Bezeichnung nahm die Türkei in einer Notifikation auf, in der sie zur Rechtfertigung militärischer Aktivitäten auf syrischem Staatsgebiet schrieb, die Türkei sehe sich einer unmittelbaren Bedrohung durch die

---

Nations addressed to the Secretary-General and the President of the Security Council,
S/2014/851 vom 26. November 2014.

1021 Letter dated 7 September 2015 from the Permanent Representative of the United Kingdom of Great Britain and Northern Ireland to the United Nations addressed to the President of the Security Council, S/2015/688 vom 8. September 2015.

1022 Letter dated 3 December 2015 from the Permanent Representative of the United Kingdom of Great Britain and Northern Ireland to the United Nations addressed to the President of the Security Council, S/2015/928 vom 3. Dezember 2015.

1023 *M. C. Schulte von Drach*, in: Süddeutsche Zeitung v. 23. November 2015, erhältlich im Internet: <http://www.sueddeutsche.de/politik/terrororganisation-warum-der-name-daesch-den-islamischen-staat-aergert-1.2745175> (zuletzt besucht am 31. Juli 2017).

„terrorist organization Deash [...]"[1024] ausgesetzt, respektiere jedoch die territoriale Souveränität Syriens. Im Laufe des Jahres erfolgten weitere Angriffe, die seitens der Türkei im Juli 2015 ausdrücklich als Maßnahmen individueller und kollektiver Selbstverteidigung gegen „Daesh" bezeichnet wurden.[1025] Damit identifizierte die Türkei als militärisches Ziel einzig den IS. Um die unvermeidliche Verletzung der territorialen Souveränität Syriens zu rechtfertigen, bezeichnete die Türkei das Nachbarland als „safe haven". Syrien sei weder willens noch in der Lage, weitere Angriffe von syrischem Staatsgebiet auf die Türkei zu unterbinden.[1026] Diese Rechtfertigungslinie verfolgte zuvor auch Kanada in einer Notifikation im Juli 2015, rückte aber von der delegitimierenden Bezeichnung des IS als „Daesh" ab.[1027] Außerdem enthielt sich Kanada der differenzierenden Einordnung des IS als terroristisch ebenso wie die französische Regierung in einer Notifikation im September 2015, die sich zur Rechtfertigung von Luftangriffen gegen den IS lediglich auf die kollektive Selbstverteidigung des Irak bezog.[1028] Auch Australien bezog sich allein auf den Aspekt kollektiver Selbstverteidigung, wiederholte aber bezüglich der Verletzung syrischer Gebietshoheit die Begründung der Türkei und Kanadas, dass Syrien nicht willens und in der Lage sei, Angriffe des IS von seinem Staatsgebiet zu verhindern.[1029] Eine differenzierende Einordnung des IS erfolgte nicht. Demgegenüber bezeichnete Deutschland den IS in einer Notifikation im Dezember 2015 als

---

1024 Identical letters dated 22 February 2015 from the Permanent Representative of Turkey to the United Nations addressed to the Secretary-General and the President of the Security Council, S/2015/127 vom 23. Februar 2015. Die abweichende Schreibweise des Wortes Daesh bzw. Deash in der britischen bzw. türkischen Notifikation besteht auch bei den Originaldokumenten und dürfte bei der türkischen Notifikation ein Schreibfehler sein.

1025 Letter dated 24 July 2015 from the Chargé d'affaires a.i. of the Permanent Mission of Turkey to the United Nations addressed to the President of the Security Council, S/2015/563 vom 24. Juli 2015.

1026 Letter dated 24 July 2015 from the Chargé d'affaires a.i. of the Permanent Mission of Turkey to the United Nations addressed to the President of the Security Council, S/2015/563 vom 24. Juli 2015.

1027 Letter dated 31 March 2015 from the Chargé d'affaires a.i. of the Permanent Mission of Canada to the United Nations addressed to the President of the Security Council, S/2015/221 vom 31. März 2015.

1028 Identical letters dated 8 September 2015 from the Permanent Representative of France to the United Nations addressed to the Secretary-General and the President of the Security Council, S/2015/745 vom 9. September 2015.

1029 Letter dated 9 September 2015 from the Permanent Representative of Australia to the United Nations addressed to the President of the Security Council, S/2015/693 vom 9. September 2015.

terroristische Organisation, gegen dessen Gebiet Angriffe als Maßnahmen kollektiver Selbstverteidigung gerechtfertigt seien.[1030] Wie Deutschland beriefen sich Dänemark, Norwegen und Belgien auf kollektive Selbstverteidigung sowie auf Resolution 2249 (2015), in der die Mitgliedstaaten aufgefordert worden seien, den IS – „also known as Da'esh" – zu vernichten.[1031] Norwegen und Belgien wiederholten zudem Deutschlands differenzierende Einordnung des IS als terroristische Organisation.[1032] Indem alle Staaten alleine den IS als Gegner der zu notifizierenden Selbstverteidigung bezeichneten, sprechen diese Notifikationen für eine zunehmende Akzeptanz der nichtstaatlichen Urheberschaft bewaffneter Angriffe i. S. d. Art. 51 UN-Charta.

cc) Zwischenfazit

Die Untersuchung der Staatenpraxis seit dem 11. September 2001 zeigt, dass die Reaktion auf die US-amerikanische Rechtfertigung der Angriffe auf Afghanistan noch keine relevante *opinio iuris* enthielt, weil die rechtliche Aussage der meisten Staatenerklärungen unklar blieb. Die weitere Staatenpraxis, insbesondere die Reaktion vieler Staaten auf den Krieg im Libanon in 2006 und auf die Angriffe auf den IS in Syrien ab 2014 streitet dagegen für ein sich wandelndes Verständnis bezüglich der Identität der Urheber bewaffneter Angriffe. Doch selbst wenn man bereits von einem vollzogenen Rechtswandel ausgehen sollte, bleibt der Erkenntnisgewinn gering. Denn mit der Selbstverteidigung gegen nichtstaatliche Akteure korrespondiert zwangsläufig die Verletzung der territorialen Souveränität

---

1030 Letter dated 10 December 2015 from the Chargé d'affaires a.i. of the Permanent Mission of Germany to the United Nations addressed to the President of the Security Council, S/2015/946 vom 10. Dezember 2015.

1031 Letter dated 11 January 2016 from the Permanent Representative of Denmark to the United Nations addressed to the President of the Security Council, S/2016/34 vom 13. Januar 2016; Letter dated 3 June 2016 from the Permanent Representative of Norway to the United Nations addressed to the President of the Security Council, S/2016/513 vom 3. Juni 2016; Letter dated 7 June 2016 from the Permanent Representative of Belgium to the United Nations addressed to the President of the Security Council, S/2016/523 vom 9. Juni 2016.

1032 Letter dated 3 June 2016 from the Permanent Representative of Norway to the United Nations addressed to the President of the Security Council, S/2016/513 vom 3. Juni 2016; Letter dated 7 June 2016 from the Permanent Representative of Belgium to the United Nations addressed to the President of the Security Council, S/2016/523 vom 9. Juni 2016.

des Staates, in dessen Gebiet der nichtstaatliche Akteur angegriffen wird. Erst wenn auch für diese Verletzung eine anerkannte Rechtfertigung gefunden ist, die im Rahmen des Kapitels zum Recht der Staatenverantwortlichkeit untersucht wird, liegt eine umfassende Rechtsänderung vor.

Ob im Übrigen die sich abzeichnende völkergewohnheitsrechtliche Erweiterung differenzierender Natur ist, lässt sich nicht abschließend bewerten. Für eine sich auf Terroristen beschränkende Entwicklung spricht, dass viele Staaten einen differenzierenden Ansatz wählten, wenn sie sich bei der Bekämpfung einer nichtstaatlichen Gruppe auf Art. 51 UN-Charta beriefen – etwa Russland, Iran und die Türkei. Zu beachten ist jedoch, dass die aufgrund der vielen Staatenerklärungen aufschlussreiche Reaktion auf den Libanon-Krieg 2006 ebenso wenig eine differenzierende Tendenz aufweist wie die Rechtfertigung der meisten Staaten für die Zurückdrängung des IS in Syrien und im Irak. Im letzten Fall dürften die Staaten es freilich als selbstverständlich erachtet haben, dass es sich bei dem IS um eine Terrororganisation handelte, so dass sie eine Differenzierung für nicht erforderlich gehalten haben dürften.

Diese Frage nach dem Urheber des bewaffneten Angriffs – die stets die Kernfrage ist, wenn es um die Anwendbarkeit von Art. 51 UN-Charta auf nichtstaatliche Akteure geht – sollte indes nicht den Blick darauf verstellen, dass bei der Ausübung des Selbstverteidigungsrechts noch weitere Voraussetzungen zu beachten sind. Auch sie müssen daher auf ihre Vereinbarkeit mit nichtstaatlicher Gewaltanwendung überprüft werden.

(1) Zeitlicher Aspekt

Bezüglich der Anwendung von Art. 51 UN-Charta auf nichtstaatliche Gewaltakte ist jedenfalls bei terroristischen Anschlägen die zeitliche Komponente problematisch, da Selbstverteidigung dem Wortlaut nach nur gegen gegenwärtige bewaffnete Angriffe (Art. 51 UN-Charta: „if an armed attack *occurs*" [Hervorh. d. Verf])[1033] zulässig ist. Abgeschlossene Angriffe hingegen ermächtigen den betroffenen Staat nicht mehr, sich zu verteidigen. Greift er dennoch zu militärischen Mitteln, gelten diese als unzulässige be-

---

1033 Umfassend zur grammatikalischen Auslegung von Art. 51 UN-Charta im Hinblick auf die zeitliche Komponente M. *Kühn*, Unilaterale präventive Gewaltanwendung, S. 305 ff.

waffnete Repressalie.[1034] Genau in diese Kategorie fällt nach klassischer Lesart jeder terroristische Anschlag. Da er ein kurzer singulärer Akt ist und sein Anfang und Ende klar bestimmbar sind, können militärische Gegenmaßnahmen gewöhnlich erst ergriffen werden, wenn der Anschlag längst beendet ist.[1035] Auch der Anschlag auf das World Trade Center war mit dem Einsturz der beiden Türme abgeschlossen und konnte isoliert betrachtet eine vier Wochen verzögerte militärische Reaktion nicht mehr rechtfertigen.[1036]

Eine andere Möglichkeit, um die militärische Vergeltung terroristischer Anschläge mit dem Gegenwärtigkeitserfordernis von Art. 51 UN-Charta in Einklang zu bringen, ist der Verweis auf drohende bevorstehende Angriffe. Die Völkerrechtsdoktrin gesteht nämlich Staaten zu, sich auch im Falle umittelbar bevorstehender Angriffe verteidigen zu dürfen.[1037] Als Referenz dieser wahlweise als „präemptiv"[1038], „antizipatorisch"[1039], oder „präventiv"[1040] bezeichneten Selbstverteidigung dient die Formulierung des amerikanischen Außenministers Webster im Caroline-Fall von 1841, derzufolge

---

1034 Die Unzulässigkeit bewaffneter Repressalien ergibt sich aus dem sechsten Absatz des ersten Prinzips der Friendly Relations Declaration: „States have the duty to refrain from acts of reprisal involving the use of force.", A/Res/2625 (XXV) vom 24. Oktober 1970, Annex. Vgl. auch *M. Schmidl*, The Changing Nature of Self-Defence in International Law, S. 69.

1035 So auch *S. A. Alexandrov*, Self-Defense Against the Use of Force in International Law, S. 184; *C. Gray*, International Law and the Use of Force, S. 203; *C. Schaller*, in: Die Friedens-Warte 86 (2011), 111 (126).

1036 Ebenso *M. G. Kohen*, in: Byers/Nolte (Hrsg.), United States Hegemony and the Foundations of International Law, 197 (209); *L. Moir*, Reappraising the Resort to Force, S. 55; *C. Gray*, International Law and the Use of Force, S. 203; anderer Auffassung *T. M. Franck*, in: AJIL 95 (2001), 839 (840).

1037 *M. Bothe*, in: EJIL 14 (2003), 227 (231); *H. Duffy*, The 'War on Terror', S. 157; *J. Brunnée*, in: Blokker/Schrijver (Hrsg.), Security Council and the Use of Force, 107 (118); *N. J. Schrijver*, in: Max Planck UNYB 10 (2006), 1 (22). Diese Meinung vertrat 2005 auch der Generalsekretär der Vereinten Nationen Kofi Annan, In larger freedom: towards development, security and human rights for all, Report of the Secretary General v. 21. März 2005, A/59/2005, Ziff. 124. Für eine detaillierte Analyse der Staatenüberzeugungen in diesem Punkt vgl. *O. Corten*, Le droit contre la guerre, S. 644 ff.

1038 *M. Schmidl*, The Changing Nature of Self-Defence in International Law, S. 63; *M. Bothe*, in: EJIL 14 (2003), 227 ff.

1039 *H. Duffy*, The 'War on Terror', S. 157; *T. M. Franck*, Recourse to Force, S. 97 f.; *J. Brunnée*, in: Blokker/Schrijver (Hrsg.), Security Council and the Use of Force, 107 (118).

1040 *G. Seidel*, in: AVR 41 (2003), 449 (450).

für vorbeugende Selbstverteidigung folgende Voraussetzung vorliegen muss:

„[…] a necessity of self-defence, instant, overwhelming, leaving no choice of means, and no moment for deliberation".[1041]

Obwohl die tatsächliche Bedeutung dieses Satzes für das Recht auf Selbstverteidigung von mehreren Autoren kritisch hinterfragt wird,[1042] gilt der hieraus abgeleitete Grundsatz der Unmittelbarkeit als integraler Bestandteil rechtmäßiger Selbstverteidigung.[1043]

Die USA deuteten sowohl bei der Begründung ihrer militärischen Reaktion auf den 11. September 2001 als auch bei der Begründung der Luftschläge gegen den IS in Syrien an, sich auf präventive Selbstverteidigung zu berufen.

Auf die Operation Enduring Freedom angewendet, zeigte sich nachträglich, dass kein Angriff unmittelbar bevorstand. Aber auch die maßgebliche Beurteilung *ex ante* ließ nicht unbedingt darauf schließen, dass die USA unmittelbar mit weiteren Anschlägen zu rechnen hatten. Zwar sahen sich die USA und ihre Verbündeten mit Drohbotschaften konfrontiert, in denen al-Qaida nach dem 11. September weitere Anschläge ankündigte.[1044] Es fehlten hier jedoch Angaben zu Zeit und Ort, so dass nicht klar war, ob Anschläge tatsächlich unmittelbar bevorstehen. Dasselbe galt für die Situation in Syrien im September 2014.[1045] Bei Drohbotschaften ist überdies zu berücksichtigen, dass sie maßgeblicher Bestandteil der kommunikativen Strategie von Terroristen sind, die auf Einschüchterung und Verunsicherung der Bevölkerung gerichtet ist und daher nicht unbedingt der wahren – und damit maßgeblichen – Bedrohungslage entsprechen.

Es waren aber nicht diese Drohungen allein, die der US-amerikanischen und britischen Regierung wie auch der NATO als Nachweis weiterer zu erwartender Anschläge dienten. Sie stützten sich bei der Beurteilung der Be-

---

1041 Zitiert nach *C. Gray*, International Law and the Use of Force, S. 149.

1042 Vgl. etwa *Y. Dinstein*, War, Aggression and Self-Defence, S. 197 f.; *C. Gray*, International Law and the Use of Force, S. 149 schreibt ihm eine „mythical authority" zu.

1043 Vgl. *T. D. Gill*, in: Gill/Fleck (Hrsg.), The Handbook of the International Law of Military Operations, Rn. 8.04, Ziff. 3; *M. Bothe*, in: EJIL 14 (2003), 227 (231).

1044 *M. Krajewski*, in: AVR 40 (2002), 183 (202).

1045 Vgl. die kritische Bewertung der Journalisten *G. Greenwald/M. Hussain*, The Fake Terror Threat Used to Justify Bombing Syria, in: The Intercept vom 28.09.2014, erhältlich im Internet: <https://firstlook.org/theintercept/2014/09/2 8/u-s-officials-invented-terror-group-justify-bombing-syria/> (zuletzt besucht am 31. Juli 2017).

drohungslage vielmehr auch auf Informationen ihrer Geheimdienste.[1046] In der Tat lässt sich das terroristische Bedrohungspotenzial und dementsprechend die Ernsthaftigkeit von Anschlagsankündigungen nur anhand der einschlägigen Geheimdienstinformationen angemessen einschätzen. Diese Informationen liegen indes in aller Regel nur jenen Staaten vor, die sich auf sie berufen. Gerade die geheime Vorgehensweise terroristischer Gruppen, von der freilich der IS in Syrien und im Irak abgerückt ist, korrespondiert mit einem ebenso klandestinen Operationsmodus staatlicher Geheimdienste, die um des Erfolgs ihrer Tätigkeit willen die erworbenen Informationen regelmäßig nicht mit der Weltöffentlichkeit teilen wollen. Dürfen Staaten sich bei der Ausübung ihres Selbstverteidigungsrechts gegen Terroristen aber auf geheime Informationen berufen,[1047] drohen erhebliche Konsequenzen für die Zulässigkeit unilateraler Gewaltanwendung. Um militärische Gewalt zu rechtfertigen, bräuchten Staaten dann nur noch auf Geheimdienstinformationen zu verweisen, die sie aus strategischen Gründen nicht öffentlich machen müssten. Ob derartige Informationen überhaupt existieren, wäre nicht zu überprüfen und die Ausübung des Selbstverteidigungsrechts wäre von – aus staatlicher Sicht – lästigen rechtlichen Hemmnissen befreit. Damit soll keineswegs die mitunter effektive Arbeit der Geheimdienste grundsätzlich in Frage gestellt werden, da deren intensivierte Aktivität nach dem 11. September 2001 tatsächlich viele weitere Anschläge verhindert hat.[1048] Um aber die militärische Bekämpfung terroristischer Gefahren in den vorgesehenen rechtlichen Bahnen zu halten, ist eine internationale Überprüfbarkeit der staatlichen Rechtfertigung unerlässlich, zu deren Zweck ein Staat notfalls wichtige Geheimdienstinformationen veröffentlichen muss.[1049] Da die Geheimdienste das tatsächliche Ausmaß der Bedrohung der Öffentlichkeit nicht mitteilten, ist sowohl bei den US-amerikanischen Angriffen auf Afghanis-

---

1046 So etwa im Vorfeld der Bombardierung des IS in Syrien, vgl. *G. Greenwald*/*M. Hussain*, The Fake Terror Threat Used to Justify Bombing Syria, in: The Intercept vom 28.09.2014, erhältlich im Internet: <https://firstlook.org/theintercept/2014/09/28/u-s-officials-invented-terror-group-justify-bombing-syria/> (zuletzt besucht am 31. Juli 2017).

1047 So die Auffassung von *R. Wedgwood*, in: Yale J. Int'l L. 24 (1999), 559 (567 f.).

1048 Vgl. für vereitelte Anschlagsversuche in Deutschland eine Auflistung der Süddeutschen Zeitung, erhältlich im Internet: <http://www.sueddeutsche.de/politik/uebersicht-vereitelte-terroranschlaege-in-deutschland-1.242168> (zuletzt besucht am 31. Juli 2017).

1049 Ebenso *J. Lobel*, in: Yale J. Int'l L. 24 (1999), 537 (554).

tan im Oktober 2001 als auch auf Syrien im September 2014 zu unterstellen, dass kein Angriff auf die USA unmittelbar bevorstand.[1050]

Der Gedanke der präventiven Selbstverteidigung konnte mithin die Angriffe auf Afghanistan und Syrien nicht befriedigend rechtfertigen. Konsequenterweise verknüpften die USA und Großbritannien im Falle von Afghanistan in ihren Notifikationen den Gedanken der Selbstverteidigung gegen vergangene Angriffe mit jenem der präventiven Selbstverteidigung, indem sie die Anschläge nicht als isolierte Akte darstellten, sondern lediglich als Auftakt einer Anschlagsserie, die es zu verhindern gelte:

„In response to these attacks, and in accordance with the inherent right of individual and collective self-defence, United States armed forces have initiated actions designed to prevent and deter further attacks on the United States."[1051]

"These forces have now been employed in exercise of the inherent right of individual and collective self-defence, recognized in Article 51, following the terrorist outrage of 11 September, to avert the continuing threat of attacks from the same source."[1052]

Die Einschätzung, die Operation Enduring Freedom sei sowohl reaktiver als auch präventiver Natur gewesen, teilte die Literatur.[1053] Diese Argumentation steht in Einklang mit der Auffassung, dass ein Angriff auch gegenwärtig i. S. v. Art. 51 UN-Charta ist, wenn einzelne abgeschlossene Angriffe sich als Teil einer andauernden militärischen Kampagne darstellen. Diese erweiternde Auslegung liegt darin begründet, dass nicht immer zweifelsfrei beantwortet werden kann, wann ein Angriff als abgeschlossen oder noch andauernd zu beurteilen ist. Eindeutig als andauernder Angriff

---

1050 Bezüglich der Angriffe gegen Syrien im September 2014 ebenso *G. Greenwald/M. Hussain*, The Fake Terror Threat Used to Justify Bombing Syria, in: The Intercept vom 28.09.2014, erhältlich im Internet: <https://firstlook.org/the intercept/2014/09/28/u-s-officials-invented-terror-group-justify-bombing-syria/> (zuletzt besucht am 31. Juli 2017).

1051 Letter dated 7 October 2001 from the Permanent Representative of the United States of America to the United Nations addressed to the President of the Security Council, S/2001/946 vom 7. Oktober 2001.

1052 Letter dated 7 October 2001 from the Chargé d'affaires a.i. of the Permanent Mission of the United Kingdom of Great Britain and Northern Ireland to the United Nations addressed to the President of the Security Council, S/2001/947 vom 7. Oktober 2001.

1053 *T. D. Gill*, in: Schmitt/Pejić (Hrsg.), International Law and Armed Conflict, 113 (148, Fn. 77); *L. Moir*, Reappraising the Resort to Force, S. 57.

ist etwa ein Einmarsch in fremdes Staatsgebiet zu qualifizieren. In Anbetracht der Tatsache aber, dass viele zeitgenössische Konflikte aus einer Abfolge mehrerer in sich abgeschlossener militärischer Handlungen bestehen können, spricht viel dafür, eine Verkettung punktueller Attacken als gegenwärtigen Angriff zu bezeichnen.[1054] Beispielhaft lässt sich hier etwa eine Luftkampagne nennen, deren einzelne Luftschläge für sich gesehen direkt nach dem Bombenabwurf abgeschlossen sind. Dieser Auffassung lassen sich auch jene Stimmen zuordnen, die den 11. September lediglich als bisherigen Höhepunkt einer Anschlagsserie betrachten, die sich von den Anschlägen 1998 auf amerikanische Einrichtungen in Kenia und Tansania über die Attacke auf den Flugzeugträger USS Cole 2000 bis zum 11. September zieht.[1055] Diese Einschätzung offenbart jedoch den Schwachpunkt einer erweiternden Auslegung von Gegenwärtigkeit, da der Zeitraum schwierig zu bestimmen ist, der zwischen den einzelnen Attacken liegen darf, um noch von einer einheitlichen militärischen Operation sprechen zu können. Ersichtlich zu weit geht etwa die Auffassung eines andauernden Angriffs seit 1998, da die USA sich dann in einer permanenten Verteidigungslage befänden, die sie jederzeit zu militärischen Reaktionen berechtigte.[1056]

Um einer solchen Ausuferung des Angriffsbegriffs entgegen zu wirken, ist daher ein enger zeitlicher Zusammenhang zwischen den einzelnen punktuellen Angriffen zu fordern. Obwohl sich pauschal kaum ein genauer Zeitrahmen festlegen lässt, der allen Fallkonstellationen gerecht wird, sollten nicht mehrere Monate zwischen den einzelnen Angriffen liegen. Zudem sollte gewiss sein, dass weitere Anschläge in diesem engen zeitlichen Zusammenhang folgen werden. Ergeben sich hierfür keine allgemein erkennbaren Anhaltspunkte, gilt das oben Gesagte: Wenn ein Staat sich auf Geheimdienstinformationen beruft, die einen bevorstehenden Angriff oder einen Anschlag nahelegen, muss er diese dem Sicherheitsrat oder den übrigen Staaten offenlegen.

1054 *M. N. Schmitt*, Counter-Terrorism and the Use of Force in International Law, S. 31; *C. Wandscher*, Internationaler Terrorismus und Selbstverteidigungsrecht, S. 283; *J. J. Paust*, in: Cornell Int'l L. J. 35 (2002), 533 (536, Fn. 9).

1055 *C. Greenwood*, in: International Affairs 78 (2002), 301 (312); *M. N. Schmitt*, in: Schmitt/Pejić (Hrsg.), International Law and Armed Conflict, 157 (175). *K. D. Magliveras*, in: Quénivet/Shah-Davis (Hrsg.), International Law and Armed Conflict, 338 (340 f.) scheint sogar davon auszugehen, dass die USA sich seit 1985 im Krieg mit dem internationalen Terrorismus befinden.

1056 Kritisch auch *C. Schaller*, in: Die Friedens-Warte 86 (2011), 111 (131).

Dieses Verständnis der zeitlichen Komponente des Selbstverteidigungs-rechts setzt der militärischen Abwehr terroristischer Gefahren freilich Grenzen, die kaum einzuhalten sind. In der hier geforderten zeitlichen Nä-he haben al-Qaida oder ihr nahestehende Gruppen beispielsweise bislang keine Anschläge in den USA oder Europa durchgeführt. Ob weitere An-schläge unmittelbar bevorstanden, die letztlich aber vereitelt wurden, lässt sich zudem nicht mit Gewissheit feststellen. Die Ungewissheit über Zeit und Ort eines terroristischen Anschlags ist Teil der terroristischen Strate-gie.[1057] Selbst mit geheimdienstlichen Mitteln lässt sie sich nicht überwin-den.

Nicht jede nichtstaatliche Gewaltanwendung ist freilich mit dem Erfor-dernis der Gegenwärtigkeit so schwer vereinbar wie die terroristischen An-schläge von al-Qaida oder des IS in den USA oder Europa. Dies zeigt er-neut der Konflikt zwischen Israel und der Hisbollah, die vom Abzug der israelischen Armee im Jahr 2000 bis zum Zweiten Libanonkrieg 2006 in der Lage war, regelmäßig Raketen auf israelisches Gebiet abzufeuern. Un-abhängig von der Frage, ob es sich bei der Hisbollah um eine terroristische Organisation handelt und wie stark ihre Raketenangriffe terroristische Zü-ge trugen, ist der hier interessierende entscheidende Unterschied zwischen den Anschlägen von al-Qaida auf der einen Seite und der Hisbollah auf der anderen nicht so sehr der terroristische Charakter der Organisation oder ihrer Anschläge, sondern ihr geographisches Operationsgebiet. Da die His-bollah direkt an der Grenze zu ihrem erklärten Gegner Israel operierte, konnte sie ihre Angriffe direkt von dort ausführen, wo sie ihr Rückzugsge-biet hatte. Dadurch war ihr eine ungehinderte und offene Vorbereitung der Angriffe möglich. Bis zum Abschuss der Raketen musste sie nicht mit Unwägbarkeiten rechnen, die eine erfolgreiche Durchführung der Angrif-fe gefährdet hätten. Dementsprechend war stets vorhersehbar, dass im nördlichen Teil Israels regelmäßig Raketen einschlagen werden. Diese An-griffe entsprachen also dem engen zeitlichen Zusammenhang, der nach vorliegendem Verständnis vorhanden sein sollte, damit eine Abfolge ein-zelner Attacken als bewaffneter Angriff gelten kann.

Ebenfalls mit dem hier vertretenen Verständnis der zeitlichen Kompo-nente des bewaffneten Angriffs vereinbar sind die bereits behandelten Fäl-le kurdischer Einfälle in die Türkei und in den Iran sowie die Aktivitäten afrikanischer Rebellengruppen, die grenzüberschreitend operieren. Dassel-be gilt für den Einmarsch des IS von Syrien in den Nordirak im Sommer

---

1057 *M.-M. O. Mohamedou*, in: Mulaj (Hrsg.), Violent Non-State Actor in World Po-litics, 207 (208).

2014. Hier handelt es sich um klassische militärische Operationen, die herkömmlichen staatlichen Kriegshandlungen ebenbürtig sind.

(2) Schwere des Angriffs

Der IGH urteilte in *Nicaragua* und in *oil platforms*, dass nicht jede bewaffnete Aktion einen bewaffneten Angriff i. S. v. Art. 51 UN-Charta darstellt. Nur wenn eine militärische Handlung eine gewisse Intensität und Schwere erreiche, sei von einem bewaffneten Angriff zu sprechen.[1058] Der Gerichtshof wollte damit gewährleisten, dass nicht jede Gewaltanwendung zum Anlass unilateraler Gegenmaßnahmen militärischer Art genommen werden kann. Einige kritische Stimmen halten es dagegen für eine bessere und klarere Lösung, auch niederschwellige militärische Gewaltanwendung als bewaffneten Angriff zu bewerten.[1059] Um die militärische Reaktion in angemessenen Grenzen zu halten, schlagen sie stattdessen eine strenge Prüfung der Verhältnismäßigkeit der Selbstverteidigungsmaßnahmen vor.[1060]

Kritiker beanstanden zudem die Konsequenz des IGH-Ansatzes, dass Staaten sich gegen manche Handlungen nicht verteidigen dürfen, obwohl diese gegen das Gewaltverbot verstoßen. Die betroffenen Staaten in diesen Fällen auf gewaltfreie Gegenmittel zu verweisen, sei unzumutbar. Außerdem riskiere der IGH, dass der gegenteilige Effekt seiner Absicht eintritt, Gewaltanwendung so weit wie möglich zu verhindern, da seine Rechtsprechung dazu einlade, sanktionslos Gewalt unterhalb der vom IGH gelegten Schwelle auszuüben.[1061]

Dieser Kritik ist entgegenzuhalten, dass bereits der Wortlaut von Art. 2 Abs. 4 („threat or use of force") einerseits und Art. 51 UN-Charta („armed attack") andererseits eine Diskrepanz der jeweils erfassten Gewaltakte festschreibt. Außerdem sind die Systematik der UN-Charta und der Sinn und Zweck des Friedenssicherungsrechts klar darauf ausgelegt, dass unilaterale

---

1058 IGH, Military and Paramilitary Activities in and against Nicaragua (Nicaragua v. United States of America), Judgment of 27 June 1986 (Merits), ICJ Reports 1986, S. 14 ff., Ziff. 191; IGH, Oil Platforms (Islamic Republic of Iran v. United States of America), Judgment of 6 November 2003, ICJ Reports 2003, S. 161 ff., Ziff. 51.

1059 *Y. Dinstein*, War, Aggression and Self-Defence, S. 206 f.

1060 Vgl. *W. H. Taft*, in: Yale J. Int'l L. 29 (2004), 295 (300); *R. v. Steenberghe*, in: LJIL 23 (2010), 183 (204); *I. Brownlie*, International Law and the Use of Force by States, S. 366.

1061 *W. H. Taft*, in: Yale J. Int'l L. 29 (2004), 295 (300 f.).

Gewaltanwendung ohne Mandat des Sicherheitsrates nur im Rahmen von Art. 51 UN-Charta erlaubt ist.[1062] Kaum überzeugen kann im Übrigen die Prämisse, dass jeder Gewaltakt mit Gegengewalt beantwortet werden dürfe. Jedem Staat steht eine weite Palette nichtmilitärischer Reaktions- und Sanktionsmöglichkeiten zur Verfügung, wenn er Opfer von Gewaltakten unterhalb der Schwelle eines bewaffneten Angriffs wird. Dürfte er immer gewaltsam reagieren, erhöhte sich überdies das Risiko einer Gewalteskalation.[1063] Aus diesem Grunde ist zudem die Ansicht abzulehnen, auf niederschwellige Gewaltanwendung dürfe mit verhältnismäßigen gewaltsamen Gegenmaßnahmen reagiert werden, deren Zulässigkeit und Umfang nicht von Art. 51 UN-Charta determiniert seien.[1064] Es dient mithin der Gewaltprävention, dass ein Gewaltakt eine gewisse Schwere aufweisen muss, bevor ihm unter Berufung auf das Selbstverteidigungsrecht militärisch geantwortet werden darf.[1065] Wann diese Schwelle erreicht ist, kann hingegen nur im Einzelfall entschieden werden.

Bezogen auf terroristische Anschläge zeigt sich, dass sie mit diesem Erfordernis der Schwere des Angriffs vereinbar sind. Denn wenn es eine rechtliche Wertung geben sollte, die im Rahmen der Beurteilung der Anschläge vom 11. September 2001 keinen Zweifeln ausgesetzt ist, dann ist es die Feststellung, dass Intensität und Schwere der Anschläge einem herkömmlichen bewaffneten Angriff gleichkamen.[1066] Zu fragen ist jedoch,

---

1062 *Y. Dinstein*, War, Aggression and Self-Defence, S. 196 f.

1063 *C. Gray*, International Law and the Use of Force, S. 148; *M. Schmidl*, The Changing Nature of Self-Defence in International Law, S. 93 f.

1064 So allerdings die Ansicht von IGH-Richter Simma in seiner ablehnenden Stellungnahme zum *oil platforms*-Urteil: IGH, Oil Platforms (Islamic Republic of Iran v. United States of America), Separate Opinion of Judge Simma, ICJ Reports 2003, S. 324 ff., Ziff. 12. In der Literatur für militärische Reaktionsmöglichkeiten gegen niederschwellige Gewaltanwendung plädierend *L. B. Sohn*, in: Dinstein (Hrsg.), International Law at a Time of Perplexity, 869 (877 f.); *M. Schmidl*, The Changing Nature of Self-Defence in International Law, S. 232 f., der diese Gegenmaßnahmen damit rechtfertigen will, dass der attackierende Staat seine Rechte aus der UN-Charta, also auch den Schutz durch das Gewaltverbot, verwirkt habe.

1065 Ebenso *E. Cannizzaro*, in: IRRC 88 (2006), 779 (782, Fn. 7).

1066 Dafür spricht neben der hohen Opferzahl von über 3000 Menschen auch die Pervertierung von Passagierflugzeugen als Angriffswaffen, die zur Zerstörung zweier Wolkenkratzer in der Lage waren. Übereinstimmend in diesem Punkt *H. Duffy*, The 'War on Terror', S. 189, Fn. 203; *M. Krajewski*, in: AVR 40 (2002), 183 (201); *S. D. Murphy*, in: Harv. Int'l L. J. 43 (2002), 41 (47); *C. Wandscher*, Internationaler Terrorismus und Selbstverteidigungsrecht, S. 264; *R. Värk*, in: S + F 22 (2004), 146 (148).

ob dies für jegliche andere Form nichtstaatlicher Gewalt genauso gilt. Bei nichtstaatlichen Akteuren – auch bei vielen terroristischen Organisationen – ist anders als bei Staaten die Konstellation verbreitet, dass sie aufgrund ihrer Ausstattung und geographischen Lage nur dazu fähig sind, einen Staat mit regelmäßigen kleineren Angriffen zu traktieren, nicht jedoch einen großflächigen Angriff auszuführen. Paradigmatisch für dieses Phänomen ist der wiederkehrende Beschuss israelischer Siedlungen und Stellungen durch die Hisbollah vom Abzug der israelischen Truppen aus dem Libanon im Jahr 2000 bis zur Lancierung der israelischen Operation Change Direction im Juli 2006. Jeder einzelne dieser Angriffe, die nur selten den Tod oder die Verletzung von Zivilisten zur Folge hatten, war nicht ausreichend schwer, um ihn als bewaffneten Angriff bezeichnen zu können. In der Gesamtschau hingegen präsentierte sich die Situation als sich perpetuierend realisierende Bedrohungslage mit einer nicht unerheblichen Zahl menschlicher Opfer. Als hinreichend schwer ist eine derartige Nadelstichtaktik nur zu bewerten, wenn man die accumulation of events doctrine anerkennt. Dieser Auslegung von Art. 51 UN-Charta zufolge kann sich ein bewaffneter Angriff auch aus vielen einzelnen Handlungen zusammensetzen, die für sich gesehen nicht die Schwere erreichen, um eine Bezeichnung als bewaffneter Angriff zu rechtfertigen.[1067] In Anbetracht der dargestellten Taktik der Hisbollah, die ebenso von der Hamas im Gaza-Streifen angewandt wurde, hatte Israel sich bereits lange vor dem Libanonkrieg 2006 mehrfach auf diese Rechtfertigung gestützt, stieß hiermit jedoch auf große Vorbehalte bei anderen Staaten und in der Literatur.[1068] Mit dem allgemeinen Zuspruch zur amerikanischen Reaktion auf den 11. September 2001 soll sich diese Ablehnung nach Einschätzung einiger Autoren gelegt haben.[1069] Bezüglich der Akzeptanz der accumulation of events doctrine ist indes – abgesehen von der Reaktion auf den 11. September 2001 – keine Interpretation der Staatenpraxis möglich, da sich kein Staat diesbezüglich geäußert hat. Zudem ist eine Anwendung der accumulation of events doctrine auf den 11. September wegen der dargestellten Schwere der Anschläge schlicht unnötig.[1070]

1067 *M. E. O'Connell*, The Power and Purpose of International Law, S. 182.

1068 *C. J. Tams*, in: EJIL 20 (2009), 359 (370); *C. Wandscher*, Internationaler Terrorismus und Selbstverteidigungsrecht, S. 170 ff.

1069 Vgl. *C. Wandscher*, Internationaler Terrorismus und Selbstverteidigungsrecht, S. 270; *T. Reinold*, in: AJIL 105 (2011), 244 ff.

1070 Ebenso *C. Tietje/K. Nowrot*, in: NZWehrr 44 (2002), 1 (7).

Umso bemerkenswerter ist es daher, dass Israel im Juli 2006 nur den Überfall auf seine Grenzpatrouille als bewaffneten Angriff geltend machte, als es dem Sicherheitsrat die Ausübung seines Selbstverteidigungsrechts notifizierte, nicht aber die vorangegangenen Raketenangriffe.[1071] Somit kann auch der dem Libanon-Krieg zustimmende Teil der Staatengemeinschaft nur schwer als relevante *opinio iuris* hinsichtlich einer völkergewohnheitsrechtlichen Akzeptanz der accumulation of events doctrine herangezogen werden.

Auch der IGH zeigte sich in *oil platforms* und *armed activities* dem Konzept der accumulation of events doctrine nicht völlig abgeneigt,[1072] vermied es aber wegen anderer Zweifel am Vorliegen einer Selbstverteidigungssituation eindeutig Stellung zu beziehen.[1073] Dennoch kann der geltenden Rechtslage keine Bestätigung der accumulation of events doctrine entnommen werden, wenn auch die Staatenpraxis und die Andeutungen des IGH dafür sprechen, dass sich die Rechtsauffassung hier wandelt.

(3) Notwendigkeit und Verhältnismäßigkeit

Obwohl der Wortlaut von Art. 51 UN-Charta keinen Hinweis hierauf gibt, ist völkergewohnheitsrechtlich anerkannt, dass Selbstverteidigungshandlungen notwendig und verhältnismäßig sein müssen.[1074] Dies ist dann der Fall, wenn sie geeignet und erforderlich sind, den bewaffneten Angriff ab-

---

1071 Vgl. Identical letters dated 12 July 2006 from the Permanent Representative of Israel to the United Nations addressed to the Secretary-General and the President of the Security Council, S/2006/515 vom 12. Juli 2006.

1072 Ebenso C. *Gray*, International Law and the Use of Force, S. 155 f.; *C. J. Tams*, in: EJIL 20 (2009), 359 (388); *T. Reinold*, in: AJIL 105 (2011), 244 (259).

1073 IGH, Oil Platforms (Islamic Republic of Iran v. United States of America), Judgment of 6 November 2003, ICJ Reports 2003, S. 161 ff., Ziff. 64: "Even taken cumulatively, and reserving, as already noted, the Iranian responsibility, these incidents do not seem to the Court to constitute an armed attack on the United States [...].", IGH, Case Concerning Armed Activities on the Territory of the Congo (Democratic Republic of the Congo v. Uganda), Judgment of 19 December 2005, ICJ Reports 2005, S. 168 ff., Ziff. 146: "The Court is of the view that, on the evidence before it, even if this series of deplorable attacks could be regarded as cumulative in character, they still remained non-attributable [...]." *R v. Steenberghe*, in: LJIL 23 (2010), 183 (203) interpretiert diese Rechtsprechung als implizite Anerkennung der accumulation of events doctrine, ablehnend *T. Schweisfurth*, Völkerrecht, 9. Kapitel, Rn. 286.

1074 Vgl. die insoweit unmissverständliche Rechtsprechung des IGH, Military and Paramilitary Activities in and against Nicaragua (Nicaragua v. United States of

259

zuwehren. Erneut fällt es schwer, singuläre terroristische Anschläge in diese anerkannten Kategorien staatlicher Selbstverteidigung einzuordnen. Greift man etwa die Auffassung noch einmal auf, dass ein abstraktes terroristisches Bedrohungsszenario wie die Präsenz von al-Qaida in Afghanistan, die sich unvorhersebar in konkreten Anschlägen niederschlägt, als bewaffneter Angriff zu beurteilen ist, ergeben sich für die Notwendigkeit und Verhältnismäßigkeit erhebliche Konsequenzen.[1075] Dann wäre nämlich jede Maßnahme geeignet und erforderlich, die zur Schwächung der abstrakten Gefahr beiträgt. Da zur abstrakten Gefährdungslage nicht nur das militärische Potenzial einer terroristischen Vereinigung gehört – wie etwa Raketenstellungen –, sondern die gesamte Infrastruktur wie Ausbildungslager, Finanzierungsströme, Rückzugsbasen etc., wäre jede militärische Maßnahme verhältnismäßig, die sich gegen diese terroristische Infrastruktur richtet.[1076] Einige Anhänger dieser Ansicht entkoppeln also bei der Bewertung der Verhältnismäßigkeit die Selbstverteidigungsmaßnahme von einem konkreten Angriff oder der militärischen Potenz des Gegners. Sie lehnen es demzufolge etwa auch ab, Opferzahlen oder materielle Schäden der Operation Enduring Freedom mit den Opfern und Schäden des

---

America), Judgment of 27 June 1986 (Merits), ICJ Reports 1986, S. 14 ff., Ziff. 194; IGH, Oil Platforms (Islamic Republic of Iran v. United States of America), Judgment of 6 November 2003, ICJ Reports 2003, S. 161 ff., Ziff. 43; IGH, Case Concerning Armed Activities on the Territory of the Congo (Democratic Republic of the Congo v. Uganda), Judgment of 19 December 2005, ICJ Reports, S. 168 ff., Ziff. 147; überstimmend in diesem Punkt auch *C. Wicker*, The Concepts of Proportionality and State Crimes in International Law, S. 19; *O. Corten*, Le droit contre la guerre, S. 705 f.; *M. Krugmann*, Der Grundsatz der Verhältnismäßigkeit im Völkerrecht, S. 19 f.; *C. Gray*, International Law and the Use of Force, S. 150; *M. Schmidl*, The Changing Nature of Self-Defence in International Law, S. 60; *C. Greenwood*, in: International Affairs 78 (2002), 301 (311); *M. N. Schmitt*, in: Schmitt/Pejić (Hrsg.), International Law and Armed Conflict, 157 (171).

1075 Auf diese Gefahr weist auch *L. Moir*, Reappraising the Resort to Force, S. 56 hin.

1076 So auch *G. Wettberg*, The International Legality of Self-Defense Against Non-State Actors, S. 219: „No strictly limited response would ever prevent further attacks of a similar kind. [...] It is therefore submitted that once the state is forced to respond continuously, and not merely to isolated small-scale attacks, it can be proportionate to neutralize the origin of the threat from wherever it may emanate."

Anschlags vom 11. September in Beziehung zu setzen.[1077] Entscheidender Bezugspunkt bei der Bewertung der Verhältnismäßigkeit der Verteidigungsmaßnahme sei in erster Linie die Minderung der abstrakten Gefahr. Folgerichtig halten sie teilweise die massive Bombardierung Afghanistans und den Einsatz von Bodentruppen für verhältnismäßig.[1078] Ist die Mission der Verhinderung jeglicher terroristischer Aktivität erfüllt, erfordere die Verhältnismäßigkeit freilich einen sofortigen Abzug.[1079] Mit dieser Betonung von Gesichtspunkten der Verhältnismäßigkeit verschleiern sie jedoch die Aussichtslosigkeit, terroristische Bedrohungslagen militärisch zu beseitigen.[1080]

Andere leiten aus der Bewertung einer abstrakten terroristischen Gefährdungslage als Angriff zwar nicht das Recht zu massiven militärischen Operationen ab. Sie sind aber der Ansicht, dass auf diese Weise eine rechtliche Basis für die extraterritoriale Bekämpfung einzelner Terroristen bestehe: Immer dann, wenn sicher sei, dass eine Person in Zukunft terroristische Anschläge ausführen werde, sei es geboten, jede Möglichkeit zur militärischen Ausschaltung – also Tötung – dieser Person zu nutzen. Dies gelte auch, wenn über den genauen Ort und Zeitpunkt des geplanten Anschlags keine Gewissheit bestehe. Daher sei es als gegenwärtiger bewaffneter Angriff zu bezeichnen, wenn sich eine Gruppe mit dem Ziel gegründet habe, Angriffe auszuführen und bereits über Mittel verfüge, die diese Ausführung ermöglichen.[1081] Diese Argumentation ist konsequent, wenn man die Legalität der extraterritorialen Bekämpfung von Terroristen mit militärischen Mitteln aus dem Selbstverteidigungsrecht ableiten will. Sie enthebt nämlich von der Notwendigkeit, einer Gruppe die Planung konkreter Anschläge nachzuweisen. Es reicht die Identifizierung einer gewaltbereiten nichtstaatlichen Gruppe, die Gewalt zur Durchsetzung politischer Ziele

---

1077 *C. Greenwood*, in: International Affairs 78 (2002), 301 (314). Verallgemeinernd *G. Wettberg*, The International Legality of Self-Defense Against Non-State Actors, S. 219: „[...] the state cannot [...] be confined to respond by counter-force of an equally limited degree as the impact of the terrorist attacks exceeds the plain figures of dead and wounded victims." Anders dagegen *M. Krajewski*, in: AVR 40 (2002), 183 (208 f.).

1078 *C. Greenwood*, in: International Affairs 78 (2002), 301 (314).

1079 *M. N. Schmitt*, in: Israel Yearbook on Human Rights 33 (2003), 59 (88 f.).

1080 Diese Aussichtslosigkeit wird von Friedensforschern immer wieder betont, vgl. etwa *U. Schneckener*, Transnationaler Terrorismus, S. 203 f.

1081 *M. N. Schmitt*, in: Schmitt/Pejić (Hrsg.), International Law and Armed Conflict, 157 (174).

anwenden will. Über erforderliche Mittel zur Gewaltausübung verfügt eine derartige Gruppe zweifellos.

Letztlich läuft diese Argumentation freilich auf die Legalisierung jeder extraterritorialen militärischen Bekämpfung von Terroristen hinaus. Unabhängig von der Frage, inwieweit dies mit der territorialen Souveränität desjenigen Staates vereinbar ist, auf dessen Gebiet die Tötung stattfindet, birgt die unklare Begriffslage erhebliche Missbrauchsrisiken. Besteht über die Bezeichnung eines Mitglieds von al-Qaida oder dem IS als Terrorist vermutlich noch Einigkeit, zerbricht bei vielen weiteren Gruppen der definitorische Konsens zwischen den Staaten. Erneut zeigt sich also die Dringlichkeit der präzisen definitorischen Erfassung des Terrorismus.

Richtet man den Blick auf die Notwendigkeit von Selbstverteidigungsmaßnahmen, sei zudem daran erinnert, dass die geheimdienstlich aufgedeckten Anschlagsversuche niemals mit militärischen, sondern stets mit polizeilichen Mitteln vereitelt wurden. Kein konkreter Anschlag lässt sich vermeiden, indem militärisch gegen die Infrastruktur einer Terrorzelle oder des „gastgebenden" Staates vorgegangen wird. Wirksam ist die Observierung, Verfolgung und Festnahme der Einzeltäter. Selbst wenn ein Staat die weit gediehenen Anschlagspläne einer terroristischen Gruppe veröffentlicht und damit belegen kann, dass ein Anschlag unmittelbar bevorsteht, fehlt es folglich an der Notwendigkeit, militärisch zu handeln. Nicht überzeugend ist der Hinweis, dass trotz der umfassenden polizeilichen und geheimdienstlichen Anstrengungen nach dem 11. September 2001 weitere Anschläge nicht verhindert werden konnten.[1082] Allein dies beweise, dass militärische Maßnahmen notwendig seien. Die Notwendigkeit eines Vorgehens darf aber nicht nur daran gemessen werden, ob ein anderes Vorgehen durchschlagenden Erfolg hatte. Um die Notwendigkeit der militärischen Bekämpfung zu bewerten, sollte nicht primär auf die Effektivität der nichtmilitärischen Maßnahmen abgestellt werden, sondern auf jene der militärischen Maßnahmen selbst. Dass aber irgendein Anschlag in nahezu vollständig befriedeten Staaten wie den USA oder Deutschland bislang mit militärischen Mitteln vereitelt werden konnte, ist im Gegensatz zur polizeilichen oder geheimdienstlichen Verhinderung nicht bewiesen worden.

Bezüglich der Vereinbarkeit der Selbstverteidigung gegen vereinzelte terroristische Anschläge mit dem Verhältnismäßigkeitsgrundsatz kann im Gegensatz zur Frage des Urhebers des bewaffneten Angriffs auch nicht mit Erfolg darauf verwiesen werden, dass sich eine völkergewohnheitsrechtli-

---

[1082] *M. N. Schmitt*, in: Schmitt/Pejić (Hrsg.), International Law and Armed Conflict, 157 (171).

che Wandlung vollziehe. Denn hinsichtlich der Anwendung von Art. 51 UN-Charta auf isoliert ausgeführte terroristische Anschläge blieb der 11. September 2001 ein Einzelfall. Die nachfolgende Staatenpraxis bezog sich stets auf eine engere Abfolge nichtstaatlicher Gewaltakte gegen Nachbarstaaten.

e) Rechtsprechung

An seiner Nicaragua-Rechtsprechung, derzufolge der Urheber eines bewaffneten Angriffs staatlich sein muss, hielt der IGH auch nach dem 11. September 2001 in seinem Gutachten zur Mauer fest, die Israel auf palästinensischem Gebiet zur Verhinderung terroristischer Anschläge errichtet hatte. Um diese Maßnahme zu rechtfertigen, berief sich Israel auf das Selbstverteidigungsrecht gegen terroristische Anschläge, das auch von den Sicherheitsresolutionen 1368 und 1373 anerkannt worden sei.[1083] Der IGH verwarf diese Argumentation, indem er ohne weitere Erörterung feststellte:

„Article 51 of the Charter [...] recognizes the existence of an inherent right of self-defence in the case of armed attack by one *State against another State* [Hervorh. d. Verf.].“[1084]

Dieses Gutachten zeigt deutlich, dass der IGH als das höchste internationale Gericht im Zusammenhang mit Art. 51 UN-Charta am Erfordernis eines staatlichen bewaffneten Angriffs festhielt.

Ebenfalls keine Änderung dieser Rechtsprechung erfolgte in *Congo v. Uganda*, wo sich der IGH allerdings deutlich weniger apodiktisch äußerte. Stattdessen vermied er eine Festlegung in dieser Frage, indem er die sonstigen Voraussetzungen von Art. 51 UN-Charta als nicht erfüllt ansah und es deswegen für unerheblich hielt, sich zur Möglichkeit staatlicher Selbstverteidigung gegen nichtstaatliche Akteure zu äußern:

"Accordingly, the Court has no need to respond to the contentions of the Parties as to whether and under what conditions contemporary in-

---

1083 Nachweise bei *C. Wandscher*, Internationaler Terrorismus und Selbstverteidigungsrecht, S. 210.

1084 IGH, Legal Consequences of the Construction of a Wall in the Occupied Palestinian Territory, Advisory Opinion of 9 July 2004, ICJ Reports 2004, S. 136 ff., Ziff. 139. Zu Besprechungen dieses Gutachtens vgl. *C. J. Tams*, EJIL 16 (2005), 963 ff.; *K. Oellers-Frahm*, in: Dicke u. a. (Hrsg.), Weltinnenrecht, 503 (510 ff.).

ternational law provides for a right of self-defense against large-scale attacks by irregular forces."[1085]

Zutreffend betonen einige Autoren, dass diese Rechtsprechung zurückhal-
tender ist als das Gutachen in *Israelian Wall*, da sie ein Selbstverteidigungsrecht gegen nichtstaatliche Akteure nicht mehr kategorisch ausschließt.[1086]
Zudem deutete Richter Simma in seiner abweichenden Meinung an, dass
der IGH die Debatte in diesem Punkt für offen hält, da er bewusst eine
Entscheidung vermieden habe.[1087] Über die Frage, ob diese zurückhalten-
dere Rechtsprechung tatsächlich für einen Sinneswandel des Gerichts
spricht, kann letztlich jedoch nur spekuliert werden.[1088]Festzuhalten ist jedoch, dass der IGH sowohl in der Entscheidung *armed activities* als auch im
Gutachten zur israelischen Mauer allgemein von nichtstaatlichen Akteuren sprach. Er enthielt sich damit einer Kategorisierung der in Frage stehenden Akteure und verfolgte einen indifferenten Ansatz.

Auch die Richter, die das Selbstverteidigungsrecht bei Angriffen nichtstaatlicher Akteure für anwendbar hielten, plädierten für eine indifferente
Anwendung.

Zwar wirken die Auffassungen der Richter Buergenthal und Kooijmans
im Gutachten zur israelischen Mauer bei der ersten Durchsicht differenzierend. Richter Buergenthal begründete seine Ansicht, Israels Berufung auf
Art. 51 UN-Charta sei zulässig gewesen, mit der Auffassung, auch terroristische Angriffe seien bewaffnete Angriffe im Sinne der Charta.[1089] Ähnlich
äußerte sich Richter Kooijmans, der mit Blick auf die differenzierenden Sicherheitsresolutionen 1368 und 1373 eine Rechtsfortbildung konstatierte,

---

1085 IGH, Armed Activities on the Territory of the Congo (Democratic Republic of
      the Congo v. Uganda), Judgment of 19 December 2005, ICJ Reports 2005,
      Ziff. 147.
1086 So *N. Lubell*, Extraterritorial Use of Force Against Non-State Actors, S. 33; *C. J.
      Tams*, in: Rev. québécoise de droit int'l 18 (2005), 275 (288, 290).
1087 IGH, Activities on the Territory of the Congo (Democratic Republic of the
      Congo v. Uganda), Separate Opinion of Judge Simma, ICJ Reports 2005,
      S. 334 ff., Ziff. 15, der diese Vermeidungstaktik offen kritisiert: „[...] the Court
      could well have afforded to approach the question of the use of armed force on
      a large scale by non-State actors in a realistic vein, instead of avoiding it alto-
      gether by a sleight of hand [...]."
1088 Ebenso *F. Dubuisson*, in: Rev. belge de droit int'l 39 (2006), 529 (543, Fn. 51).
1089 IGH, Legal Consequences of the Construction of a Wall in the Occupied Pales-
      tinian Territory, Declaration of Judge Buergenthal, ICJ Reports 2004, S. 240 ff.,
      Ziff. 6.

die der IGH nicht gewürdigt habe.[1090] Ob Buergenthal und Kooijmans diese Rechtsfortbildung des Selbstverteidigungsrechts auf terroristische Angriffe beschränkt sahen oder sie für alle nichtstaatlichen Gewaltakteure gültig erachteten, lässt sich ihren Ausführungen nicht entnehmen.

In seiner abweichenden Meinung zu *armed activities* entschied sich jedenfalls Kooijmans dann zu einer indifferenten Anwendbarkeit des Selbstverteidigungsrechts auf nichtstaatliche Akteure. Wie er bereits in seiner abweichenden Meinung zum Gutachten zur israelischen Mauer angedeutet hatte, leitete er aus den differenzierenden Sicherheitsratsresolutionen 1368 und 1373 indifferent ein Selbstverteidigungsrecht gegenüber jeder Art nichtstaatlicher Gewalt ab, deren Akteure er als „irregulars" umschrieb, also mittels eines neutralen Begriffes.[1091] In dieser Vorgehensweise folgte ihm Richter Simma in seiner abweichenden Meinung zu *armed activities*. Im Hinblick auf die sich entwickelnde Staatenpraxis stellte er fest, sie bestätige primär, dass Selbstverteidigungsmaßnahmen gegen Terrorgruppen zulässig seien.[1092] Ohne nähere Begründung entnahm er dieser differenzierenden Staatenpraxis, dass Art. 51 UN-Charta indifferent gegenüber allen nichtstaatlichen Gewaltakteuren anwendbar sei.[1093] Obwohl die Richter Simma und Kooijmans also die Staatenpraxis als differenzierend identifizierten, gingen sie davon aus, dass sie indifferent auf alle nichtstaatlichen Gewaltakteure übertragbar ist.

1090 IGH, Legal Consequences of the Construction of a Wall in the Occupied Palestinian Territory, Separate Opinion of Judge Kooijmans, ICJ Reports 2004, S. 219 ff., Ziff. 35.

1091 IGH, Armed Activities on the Territory of the Congo (Democratic Republic of the Congo v. Uganda), Separate Opinion of Judge Kooijmans, ICJ Reports 2005, S. 306 ff., Ziff. 28 ff.

1092 IGH, Armed Activities on the Territory of the Congo (Democratic Republic of the Congo v. Uganda), Separate Opinion of Judge Simma, ICJ Reports 2005, S. 334 ff., Ziff. 11: „[...] claims that Article 51 also covers defensive measures against terrorist groups have been received far more favourably by the international community than other extensive re-readings of the relevant Charter provisions [...]."

1093 IGH, Armed Activities on the Territory of the Congo (Democratic Republic of the Congo v. Uganda), Separate Opinion of Judge Simma, ICJ Reports 2005, S. 334 ff., Ziff. 11: „[...] Security Council resolutions 1368 (2001) and 1373 (2001) cannot but be read as affirmations of the view that large-scale attacks by non-State actors can qualify as 'armed attack' within the meaning of Article 51."

f) Zwischenfazit

Es offenbart sich, dass die militärische Antwort auf nichtstaatliche Gewaltakte durchaus mit den zeitlichen Voraussetzungen der Selbstverteidigung sowie den Erfordernissen von Notwendigkeit und Verhältnismäßigkeit vereinbar ist.

Dagegen passt der Fall einzelner terroristischer Anschläge in Friedenszeiten nicht in den rechtlichen Rahmen von Art. 51 UN-Charta. Gerade der mittlerweile als paradigmatisch behandelte Fall des 11. Septembers 2001 etwa konnte das Selbstverteidigungsrecht nicht auslösen, da einzelne terroristische Anschläge, die weit entfernt vom Rückzugsort der terroristischen Gruppe ausgeführt werden, nicht mit dem zeitlichen Aspekt des bewaffneten Angriffs und der Notwendigkeit von Selbstverteidigungsmaßnahmen in Einklang zu bringen sind.

g) Kohärenz

Sollte das Selbstverteidigungsrecht nur bei terroristischen Angriffen gelten, hinge seine Anwendbarkeit von der willkürlichen Einschätzung ab, was ein terroristischer Akt ist. Staaten, die von nichtstaatlichen Gruppen angegriffen werden, wären daher gezwungen, diese Gruppen als terroristisch zu bezeichnen, selbst wenn sie ansonsten auf diese delegitimierende Bewertung verzichtet hätten. Freilich ließe sich hier einwenden, dass es zur üblichen staatlichen Propaganda gehört, feindliche nichtstaatliche Gewaltakteure als terroristisch zu brandmarken, um die Legitimität des eigenen Kampfes zu erhöhen. Einige Fälle vor dem 11. September 2001 entkräften jedoch diesen Einwand. In *armed activities* etwa sah Uganda davon ab, die nichtstaatlichen Truppen, die 1998 vom Kongo aus ugandisches Territorium angegriffen hatten, als terroristisch zu bezeichnen.[1094] Es steht zu vermuten, dass sich Uganda nach dem 11. September 2001 darauf verlegt hätte, diese Gruppen als terroristisch zu bewerten, um seine rechtliche Position zu stärken.[1095] Jeder unliebsame Bezug auf das Selbstverteidigungs-

---

1094 Stattdessen bezeichnete Uganda diese Gruppen als „rebels", IGH, Armed Activities on the Territory of the Congo (Democratic Republic of the Congo v. Uganda), Judgment of 19 December 2005, ICJ Reports, S. 168 ff., Ziff. 277, 278; der Gerichtshof selbst verwendet die Begriffe „irregular forces", Ziff. 147, 279, oder „insurgents", Ziff. 35, 304.

1095 So beobachtet *H. J. Giessmann*, in: S + F 31 (2013), 59 (64), dass viele Staaten die Stimmung nach dem 11. September 2001 genutzt hätten, um die Bekämp-

recht könnte im Übrigen von anderen Staaten mit dem Argument abgewehrt werden, dass der angreifende nichtstaatliche Gewaltakteur gar kein Terrorist sei.

Nur eine indifferente Anwendung des Selbstverteidigungsrechts trägt zudem dem Umstand Rechnung, dass eine militärische Reaktion nach Art. 51 UN-Charta regelmäßig zu einem bewaffneten Konflikt führt. Das für den bewaffneten Konflikt anwendbare humanitäre Völkerrecht wiederum kennt bei der Behandlung nichtstaatlicher Konfliktparteien keine Differenzierung. Kohärent wäre daher nur eine indifferente Anwendung von Art. 51 UN-Charta auf nichtstaatliche Akteure. Die sich wandelnde Staatenpraxis spricht für die Zulässigkeit dieser Anwendung. Ohne eine korrespondierende *opinio iuris* hinsichtlich der Frage, wie die Verletzung der Gebietshoheit des von den Selbstverteidigungshandlungen betroffenen Staates zu rechtfertigen ist, bliebe dieses Selbstverteidigungsrecht gegen nichtstaatliche Akteure jedoch nutzlos.

III. Recht der Staatenverantwortlichkeit

Im Recht der Staatenverantwortlichkeit interessiert, ob die Regeln, die eine normative Trennlinie zwischen der Sphäre staatlichen Handelns und derjenigen nichtstaatlichen Handelns herstellen, differenzierende Tendenzen aufweisen. Die wesentlichen Regeln dieser Trennlinien sind in den ASR zusammengefasst.[1096] Angesichts der breiten Akzeptanz der ASR als Wiedergabe des Völkergewohnheitsrechts,[1097] dienen die Artikel auch für die vorliegende Arbeit als Ausgangspunkt der Untersuchung zur staatlichen Verantwortlichkeit für nichtstaatliches Handeln.

1. Struktur der ASR

Die ASR etablieren allgemeingültige Voraussetzungen, die erfüllt sein müssen, um einen Staat wegen einer Völkerrechtsverletzung in die Verantwortung nehmen zu können. Art. 1 ASR besagt:

---

fung nichtstaatlicher Gruppen damit zu rechtfertigen, es handle sich um einen Kampf gegen Terrorismus.
1096 Siehe bereits oben B. I. 3. a).
1097 Siehe bereits oben B. I. 3. a).

"Every internationally wrongful act of a State entails the international responsibility of that State."

Damit skizziert er die grobe Gliederung des Entwurfes, der sich in Bestimmungen zu den Voraussetzungen einer Völkerrechtsverletzung (Erster Teil) einerseits und dem Inhalt der daraus folgenden Verantwortung der Staaten (Zweiter Teil) und deren Durchsetzbarkeit (Dritter Teil) andererseits aufteilt.[1098]

Für die Zwecke der vorliegenden Untersuchung sind Inhalt und Durchsetzbarkeit der staatlichen Verantwortung nicht von Interesse. Erheblich sind hingegen die Bestimmungen, die ein nichtstaatliches Verhalten dem Staat als Völkerrechtsverletzung zuordnen. Art. 2 ASR enthält die Kernelemente jeder Verletzung einer völkerrechtlichen Pflicht:

"There is an internationally wrongful act of a State when conduct consisting of an action or omission:
(a) is attributable to the State under international law; and
(b) constitutes a breach of an international obligation of the State."

Buchstabe (a) trägt dem Umstand Rechnung, dass der Staat als juristische Person niemals selbst, sondern stets durch natürliche Personen wie Regierungschefs, Polizisten, Soldaten u. a. handelt, deren Verhalten dem Staat daher zurechenbar sein muss.[1099] Zudem muss ihr Verhalten die Verletzung einer völkerrechtlichen Pflicht darstellen (b).

Es folgt in Art. 4–11 ASR die Normierung der Kritieren, nach denen ein Verhalten dem Staat zuzurechnen ist. Anknüpfungspunkt der Kriterien ist dabei stets die Verbundenheit der handelnden Personen zum Staat.

Diese Regeln beanspruchen Gültigkeit für die Bestimmung der Verantwortlichkeit *jeder* Norm des Völkerrechts, es sei denn, eine *lex specialis* bestimmt das Vorliegen einer Völkerrechtsverletzung und die daraus folgende Verantwortung.[1100] Auf diese Weise entfällt die Notwendigkeit, bei jeder einzelnen Rechtspflicht nach den Voraussetzungen der Zurechnung und den Konsequenzen ihrer Verletzung zu suchen. Diese dogmatische

---

1098 Der vierte Teil enthält schließlich allgemeine Bestimmungen.

1099 So schon Factory at Chorzów (Germany v. Poland), Urteil v. 13.9.1928, PCIJ Series A, No. 17 (29); *J. Wolf*, Die Haftung der Staaten, S. 62; *A. Epiney*, Die völkerrechtliche Verantwortlichkeit von Staaten, S. 99.

1100 Vgl. Art. 55 ASR: „These articles do not apply where and to the extent that the conditions for the existence of an internationally wrongful act or the content or implementation of the international responsibility of a State are governed by special rules of international law."

Entkopplung des Inhalts einer Rechtspflicht von den Voraussetzungen des Eintritts der Verantwortlichkeit für ihre Verletzung führt zur Bezeichnung der Regeln der ASR als Sekundärnormen und der verletzten Rechtspflichten als Primärnormen des Rechts der Staatenverantwortlichkeit.[1101]

2. Zurechnungskriterien

Die Kriterien der Art. 4–8 ASR etablieren die Zurechnung für Personen, die zu einem unterschiedlichen Grad mit dem Staat verbunden sind. Art. 4 und 6 ASR sind aus Sicht dieser Arbeit irrelevant, soweit sie sich mit dem Verhalten von Staatsorganen *de iure* beschäftigen, also mit den Handlungen von Akteuren, die nach dem hier vertretenen Verständnis staatlich sind. Art. 4 ASR umfasst hingegen nach dem weiter oben erzielten Auslegungsergebnis auch Staatsorgane *de facto*, die durchaus als nichtstaatlich qualifiziert werden können.[1102]

Da die Art. 5, 7 und 8 ASR die Zurechnung davon abhängig machen, wie der Staat sein Verhältnis zu den nichtstaatlichen Akteuren ausgestaltet, kommt eine Zurechnung nach diesen Normen eher für jene nichtstaatlichen Akteure in Betracht, die ohnehin eine gewisse Staatsnähe aufweisen, wie Private Sicherheitsunternehmen oder Milizen, als für jene, die staatsfern sind. Dennoch ist die Anwendbarkeit dieser Kriterien grundsätzlich

---

1101 Vgl. *C. J. Tams*, in: ZaöRV 62 (2002), 759 (764 f.); *J. Crawford*, The International Law Commission's Articles on State Responsibility, S. 14 ff.; *A. Epiney*, Die völkerrechtliche Verantwortlichkeit von Staaten, S. 25. Diese Trennung zwischen Primär- und Sekundärnormen stößt bisweilen auf Kritik. Bemängelt wird, dass sich die dogmatische Trennung von Rechtspflicht und Pflichtverletzung nicht aufrechterhalten ließe, da sich die Voraussetzungen einer Verletzung und der Inhalt der Rechtspflicht gegenseitig beeinflussten, vgl. *D. Bodansky/J. R. Crook*, in: AJIL 96 (2002), 773 (780 f.); *A. O. Kees*, Privatisierung im Völkerrecht, S. 121 ff. Ebenso seien der Umfang und die Folgen einer völkerrechtlichen Verantwortlichkeit abhängig von der jeweilig verletzten Rechtspflicht, vgl. *I. Brownlie*, System of the Law of Nations, S. 163; *R. R. Baxter*, in: Syracuse L. Rev. 16 (1965), 745 (748); *A. Epiney*, Die völkerrechtliche Verantwortlichkeit von Staaten, S. 27, die in Fn. 36 ausführt, es sei widersinnig, die Rechtsfolgen im Falle einer Verletzung des Gewaltverbotes auf die Verletzung eines Handelsabkommens zu übertragen. Gleichwohl befürwortet auch sie die grundsätzliche Differenzierung von Primär- und Sekundärnormen. In Anbetracht der völkergewohnheitsrechtlichen Geltung der ASR hält die vorliegende Arbeit an der Unterscheidung zwischen Primär- und Sekundärnormen fest.
1102 Siehe bereits oben B. I. 3. a).

nicht von der Natur des handelnden Akteurs abhängig, so dass ihr Ansatz indifferent ist. Dies spiegelt insbesondere auch ihr Wortlaut wider:

Art. 5 ASR bestimmt:

> „The conduct of a person or entity which is not an organ of the State under article 4 but which is empowered by the law of that State to exercise elements of the governmental authority shall be considered an act of the State under international law, provided the person or entity is acting in that capacity in the particular instance."

Art. 7 ASR regelt:

> „The conduct [...] of a person or entity empowered to exercise elements of governmental authority shall be considered an act of the State under international law if the [...] person or entity acts in that capacity, even if it exceeds its authority or contravenes instructions."

Art. 8 ASR besagt:

> „The conduct of a person or a group of persons shall be considered an act of a State under international law if the person or group of persons is in fact acting on the instructions of, or under the direction or control of, that State in carrying out the conduct."

Die von diesen Artikeln genutzten Begriffe „person", „group of persons" und „entity" sind auf jeden nichtstaatlichen Gewaltakteur anwendbar und drücken damit den indifferenten Ansatz aus.

Diesen indifferenten Ansatz hat auch der IGH bei der Auslegung der Zurechnungskriterien beibehalten. Im *Nicaragua*-Urteil prüfte er, ob die Handlungen der Rebellengruppe contras den USA zuzurechnen waren.[1103] Dazu untersuchte er zunächst, ob das wechselseitige Kontroll- und Abhängigkeitsverhältnis zwischen der Rebellengruppe und den USA einen solchen Grad erreicht hatte, der eine Gleichsetzung der contras mit einem Staatsorgan rechtfertigte.[1104] Für die Bewertung als Staatsorgan forderte er, dass ein allumfassendes Kontroll- und Abhängigkeitsverhältnis („complete dependence") bestand, das eine Zurechnung *aller* Akte der contras gerecht-

---

1103 IGH, Military and Paramilitary Activities in and against Nicaragua (Nicaragua v. United States of America), Judgment of 27 June 1986 (Merits), ICJ Reports 1986, S. 14 ff., Ziff. 109 ff.

1104 IGH, Military and Paramilitary Activities in and against Nicaragua (Nicaragua v. United States of America), Judgment of 27 June 1986 (Merits), ICJ Reports 1986, S. 14 ff., Ziff. 109.

fertigt hätte.[1105] Damit legte er einen Zurechnungsmaßstab an, der sich heute kodifiziert in Art. 4 ASR wiederfindet. Um ein derartig verdichtetes Kontroll- und Abhängigkeitsverhältnis annehmen zu können, das die Gleichsetzung einer staatlichen Gruppe mit einem Staatsorgan rechtfertigt, ist dem *Nicaragua*-Urteil neben der völligen Abhängigkeit als weitere Voraussetzung zu entnehmen, dass der Staat die Abhängigkeit tatsächlich zur umfassenden Kontrolle der Gruppe nutzt.[1106] Ob die nichtstaatliche Gruppe vollkommen vom Staat abhängt, bemisst der IGH u. a. danach, ob der Staat die Gruppe erdacht, gegründet und organisiert hat[1107] und ob die

---

1105 IGH, Military and Paramilitary Activities in and against Nicaragua (Nicaragua v. United States of America), Judgment of 27 June 1986 (Merits), ICJ Reports 1986, S. 14 ff., Ziff. 114, den Begriff der „complete dependence" benutzt er in Ziff. 110. *S. Talmon*, in: Int'l & Comp. L. Q. 58 (2009), 493 (497 f.) und *M. Milanović*, in: EJIL 17 (2006), 553 (576) betonen daher, dass der IGH in Nicaragua zwei Tests vorgenommen hätte: zum einen den „strict" bzw. „complete control"-Test, zum anderen den „effective control"-Test. Über die Deutung des *Nicaragua*-Urteils bestanden im Rahmen der Tadić-Rechtsprechung Meinungsverschiedenheiten. Die Berufungskammer unterstellte der Anklage und einer Richterin der ersten Instanz eine Fehlinterpretation des IGH-Urteils, vgl. International Tribunal for the Former Yugoslavia, Prosecutor v. Dusko Tadić, Case IT-94-1-A (1999) ILM, vol. 38 No. 6 (November 1999), S. 1518 ff., Ziff. 107. Der IGH habe mit seiner Analyse des Abhängigkeits- und Kontrollverhältnisses keineswegs zwei verschiedene Kontrollbegriffe einführen wollen, sondern allein jenen der „effektiven Kontrolle", vgl. a.a.O. Ziff. 112. Nunmehr hat der IGH die Deutungshoheit über seine eigene Entscheidung wiedererlangt, indem er in *Bosnia and Herzegovina v. Serbia and Montenegro* bekräftigte, in *Nicaragua* in der Tat zwei verschiedene Kontroll- und Abhängigkeitsmaßstäbe angelegt zu haben: Einerseits das bereits erwähnte Kriterium der „complete dependence", bei dessen Vorliegen sich eine nichtstaatliche Gruppe als *de facto*-Organ i.S.v. Art. 4 ASR qualifiziert, IGH, Application of the Convention on the Prevention and Punishment of the Crime of Genocide (Bosnia and Herzegovina v. Serbia and Montenegro), Judgment of 26 February 2007, ICJ Reports 2007, S. 43, Ziff. 385 ff. Andererseits den „effective control"-Maßstab, der im Rahmen der Zurechnung nach Art. 8 ASR zum Tragen kommt, IGH, Application of the Convention on the Prevention and Punishment of the Crime of Genocide (Bosnia and Herzegovina v. Serbia and Montenegro), Judgment of 26 February 2007, ICJ Reports 2007, S. 43, Ziff. 398 ff.

1106 Vgl. *M. Milanović*, in: EJIL 17 (2006), 553 (577); *S. Talmon*, in: Int'l & Comp. L. Q. 58 (2009), 493 (498).

1107 Dieses Kriterium entnehmen *M. Milanović*, in: EJIL 17 (2006), 553 (577) und *S. Talmon*, in: Int'l & Comp. L. Q. 58 (2009), 493 (499) Ziff. 93–94 des *Nicaragua*-Urteils.

Gruppe ohne seine Unterstützung handlungsfähig ist.[1108] Die Natur der contras als Rebellengruppe wirkte sich dagegen auf die Auslegung dieses Zurechnungskriteriums nicht aus.

Anschließend analysierte der IGH, ob die USA „effektive Kontrolle" über einzelne Handlungen der contras ausübten, wodurch eine Zurechnung nach dem heutigen Art. 8 ASR ausgelöst worden wäre. Wie für die Behandlung einer nichtstaatlichen Gruppe als *de facto*-Organ, bewertete der Gerichtshof auch hinsichtlich der „effektiven Kontrolle" den Grad des wechselseitigen Abhängigkeits- und Kontrollverhältnisses zwischen den USA und den contras. Auch hier spielte die Natur des nichtstaatlichen Akteurs keine Rolle.

Die indifferente Haltung des IGH zeigte sich auch im Fall *Bosnia and Herzegovina v. Serbia and Montenegro*, weil er hier über die Zurechnung des Verhaltens paramilitärischer Gruppen bosnischer Serben zur Bundesrepublik Jugoslawien zu entscheiden hatte.[1109] Obwohl es sich also um eine andere Erscheinungsform nichtstaatlicher Gewalt als im Nicaragua-Urteil handelte, übernahm er die Auslegungsmaßstäbe, die er in Nicaragua etabliert hatte. Als *de facto*-Organe eines Staates i. S. v. Art. 4 ASR bewertete der IGH es, wenn

"[…] in fact the persons, groups or entities act in 'complete dependence' on the State, of which they are ultimately merely the instrument [...]."[1110]

Hinsichtlich der Zurechnung nach Art. 8 ASR erhielt der IGH den „effective control"-Test aufrecht.[1111] Die Eigenschaft der Gruppen als paramilitärisch spielte also keine Rolle bei der Bewertung durch den IGH.

1108 Explizit behandelt der IGH diesen Punkt in Ziff. 110–111 des *Nicaragua*-Urteils, IGH, Military and Paramilitary Activities in and against Nicaragua (Nicaragua v. United States of America), Judgment of 27 June 1986 (Merits), ICJ Reports 1986, S. 14 ff.

1109 IGH, Application of the Convention on the Prevention and Punishment of the Crime of Genocide (Bosnia and Herzegovina v. Serbia and Montenegro), Judgment of 26 February 2007, ICJ Reports 2007, S. 43, Ziff. 390.

1110 IGH, Application of the Convention on the Prevention and Punishment of the Crime of Genocide (Bosnia and Herzegovina v. Serbia and Montenegro), Judgment of 26 February 2007, ICJ Reports 2007, S. 43 ff., Ziff. 392.

1111 IGH, Application of the Convention on the Prevention and Punishment of the Crime of Genocide (Bosnia and Herzegovina v. Serbia and Montenegro), Judgment of 26 February 2007, ICJ Reports 2007, S. 43 ff., Ziff. 407: „Thus it is on the basis of its settled jurisprudence that the Court will determine whether the

Art. 9, 10 und 11 ASR wiederum weichen von der Zurechnungskonzeption der Art. 4–8 ASR ab, indem sie nicht nach der Verbindung zwischen handelnder Person und Staat fragen, sondern besonderen Zurechnungskonstellationen Rechnung tragen. Unter diesen Konstellationen interessiert hier jene, die Art. 10 ASR regelt:

"1. The conduct of an insurrectional movement which becomes the Government of a State shall be considered an act of that State under international law.

2. The conduct of a movement, insurrectional or other, which succeeds in establishing a new State in part of the territory of a pre-existing State or in a territory under its administration shall be considered an act of the new State under international law."[1112]

Da Art. 10 ASR nur für Aufständische gilt, die der in dieser Arbeit verwendeten Kategorie der Rebellen entsprechen, verfolgt diese Norm also einen differenzierenden Ansatz.

3. Völkergewohnheitsrechtliche Entwicklung

Diese ganz überwiegend indifferente Ausgestaltung der Zurechnungskriterien könnte durch differenzierende völkergewohnheitsrechtliche Entwicklungen verändert worden sein. Denn auch für das Recht der Staatenverantwortlichkeit wird debattiert, ob die Reaktion der Staatengemeinschaft auf den 11. September 2001 sowie weitere Staatenpraxis eine völkergewohnheitsrechtliche Änderung der Zurechnungskriterien bewirkt haben. Dies gilt konkret für die Zurechnung eines nichtstaatlichen Gewaltaktes im Rahmen von Art. 51 UN-Charta.

Respondent has incurred responsibility under the rule of customary international law set out in Article 8 of the ILC Articles on State Responsibility."

1112 Abs. III von Art. 10 ASR stellt zudem klar, dass eine Zurechnung nach den Absätzen I und II nicht eine mögliche Verantwortlichkeit des Staates für Handlungen der Befreiungsbewegungen nach den Art. 4–9 ASR ausschließt: „This article is without prejudice to the attribution to a State of any conduct, however related to that of the movement concerned, which is to be considered an act of that State by virtue of articles 4 to 9."

a) Reaktion auf den 11. September 2001

Wie die Arbeit bereits im Rahmen der Darstellung eines gewandelten Verständnisses des nichtstaatlichen Angriffs herausgearbeitet hat, rechtfertigten die USA und Großbritannien die Operation Enduring Freedom in Notifikationen an den Sicherheitsrat, in denen sie die Verwicklung der Taliban in die Anschläge hervorhoben. Bereits am Abend des 11. September hatte Präsident Bush die Folgen dieser Verwicklung mit unmissverständlichen Worten ausgedrückt:

> „We will make no distinction between the terrorists who committed these acts and those who harbor them."[1113]

Diese als harbouring doctrine oder safe haven doctrine bekannt gewordene Rechtfertigungsstrategie bezieht sich nur auf Terroristen, ist also klar differenzierend. Sie ist in der Staatengemeinschaft unmittelbar nach den Anschlägen nicht in Zweifel gezogen worden.[1114] Selbst wenn im Sog der Solidarisierungswelle mit den USA nach dem 11. September bei einigen Erklärungen nicht klar zu unterscheiden ist, ob die Zustimmung sich nur generell auf ein militärisches Engagement bezog oder auch die zu Grunde liegende Rechtfertigungslinie guthieß, beziehen sich mehrere zustimmende Stellungnahmen eindeutig auf die ratio der harbouring doctrine. Hervorzuheben sind hier die Erklärungen der im Europäischen Rat versammelten europäischen Staats- und Regierungschefs vom 21. September 2001[1115] und eine Resolution der Außenminister der Organisation der Amerikanischen Staaten.[1116]

Eine rechtliche Würdigung dieser Rechtfertigungsstrategie blieb von Seiten der Staaten hingegen aus. Umso intensiver debattierte die Wissenschaft mögliche Deutungen der harbouring doctrine.[1117] Oft ist sie als Ver-

---

1113 Statement by the President in His Address to the Nation, erhältlich im Internet: <http://avalon.law.yale.edu/sept11/pres_state001.asp> (zuletzt besucht am 31. Juli 2017).

1114 Vgl. mit weiteren Nachweisen auch *T. Becker*, Terrorism and the State, S. 213 ff.; *H. Duffy*, The 'War on Terror', S. 187.

1115 Erklärung des Europäischen Rates vom 21. September 2001, Conclusions and Plan of Action of the Extraordinary European Council Meeting on 21 September 2001, in: ILM 40 (2001), 1264 (1264).

1116 Resolution der Außenminister der Organisation der Amerikanischen Staaten vom 21. September 2001, Strengthening Hemispheric Cooperation to Prevent Combat and Eliminate Terrorism, in: ILM 40 (2001), 1273 (1274).

1117 Eine überzeugende Zusammenfassung und Würdigung der Debatte bietet *T. Becker*, Terrorism and the State, S. 211 ff.

such gewertet worden, das Verhalten von al-Qaida den Taliban zuzurechnen.[1118] Als hier denkbare Konstellationen hat die Arbeit dargelegt, dass es sich um eine Zurechnung auf Tatbestandsseite („bewaffneter Angriff") oder auf Rechtsfolgenseite handeln könnte.[1119] Da beide Varianten dazu führen würden, dass die Taliban zulässiger Gegner von Selbstverteidigungsmaßnahmen gewesen wären – in Variante 1 als Angreifer, in Variante 2 als Verantwortliche für den Angriff – sollen sie im Folgenden nicht weiter unterschieden werden. In methodischer Hinsicht ist jedoch anzumerken, dass die Übertragung der Zurechnungskriterien des Rechts der Staatenverantwortlichkeit auf die Tatbestandsebene von Art. 51 UN-Charta nicht selbstverständlich oder gar rechtlich geboten ist, weil es sich bei Art. 51 UN-Charta bzw. dem der Auslegung des bewaffneten Angriffs zu Grunde liegenden Art. 3 (g) Aggressionsdefinition um Primärnormen handelt. Die Zurechnung innerhalb einer Primärnorm, um deren Tatbestandsverwirklichung zu prüfen, ist jedoch nicht mit der Zurechnung i. S. d. Art. 2 ASR gleichzusetzen.[1120] Dennoch ist weitgehend anerkannt, dass die Zurechnungskriterien des Rechts der Staatenverantwortlichkeit ein probates Mittel sind, um auch die Zurechnung innerhalb von Art. 51 UN-Charta zu bestimmen.[1121]

Jeder Versuch, die harbouring doctrine mit den anerkannten Zurechnungskriterien der ASR in Einklang zu bringen, ist aber gescheitert. Das enge personelle, politische und organisatorische Beziehungsgeflecht zwischen den Taliban und al-Qaida veranlasst einige Beobachter zur Annahme, dass die Taliban das terroristische Netzwerk Osama bin Ladens i. S. v. Art. 8 ASR kontrolliert hätten.[1122] Es ist jedoch weitgehend unbestritten, dass die Anschläge des 11. September allein von al-Qaida ausgeführt und

---

1118 *M. Schmidl*, The Changing Nature of Self-Defence in International Law, S. 121; *C. J. Tams*, in: EJIL 20 (2009), 359 (385); *D. Jinks*, in: Chi. J. Int'l L. 4 (2003), 83 (88 ff.); *C. Stahn*, in: Fletcher F. World Aff. 27 (2003), 35 (37).

1119 E. II. 3. d) bb) (1).

1120 Hierauf weisen *P. Starski*, in: ZaöRV 75 (2015), 445 (469) und *N. Tsagourias*, in: LJIL 29 (2016), 801 (807) hin.

1121 *P. Starski*, in: ZaöRV 75 (2015), 445 (469); *T. Ruys*, in: Stan. J. Int'l L. 43 (2007), 265 (276).

1122 Zumindest eine ‚overall control' i. S. d. Tadić-Rechtsprechung bejahend *C. Stahn*, in: Fletcher F. World Aff. 27 (2003), 35 (47); *ders.*, in: Walter u. a. (Hrsg.), Terrorism as a Challenge for National and International Law, 827 (864).

geplant worden waren.[1123] Der Beitrag der Taliban erschöpfte sich in der Gewährung eines sicheren Unterschlupfs. Wer aber einer nichtstaatlichen Gruppe Unterschlupf gewährt, übt keine effektive Kontrolle oder auch nur allgemeine Kontrolle über sie aus.[1124] Außer Frage steht außerdem, dass die Taliban den Anschlag auf das World Trade Center nicht befohlen hatten. Ein Handeln „on the instructions of, or under the direction or under the control of" i. S. v. Art. 8 ASR lag somit nicht vor.[1125] Ebenso wenig erkannten die Taliban die Anschläge nachträglich als eigene an, sondern versuchten sich – wenn auch fadenscheinig und letztlich vergeblich – vom Verhalten al-Qaidas zu lösen.[1126] Eine Zurechnung über Art. 11 ASR war demnach ebenfalls ausgeschlossen.[1127] Nicht zu überzeugen vermag zudem die Heranziehung von Art. 9 ASR,[1128] da die Taliban als *de facto*-Regime Kontrolle über ihr Territorium ausübten und die Überlassung von Gebieten an al-Qaida ein willentlicher Akt war.[1129]

1123 *Y. Dinstein*, War, Aggression and Self-Defence, S. 228; *C. Wandscher*, Internationaler Terrorismus und Selbstverteidigungsrecht, S. 187; *M. Schmidl*, The Changing Nature of Self-Defence in International Law, S. 127; *C. Meiser/C. v. Buttlar*, Militärische Terrorismusbekämpfung unter dem Regime der UN-Charta, S. 49.

1124 So auch *J. J. Paust*, in: Cornell Int'l L. J. 35 (2002), 533 (542); *N. J. Schrijver*, in: NILR 48 (2001), 271 (286); *R. v. Steenberghe*, in: LJIL 23 (2010), 183 (195, Fn. 42); *N. Nollkaemper*, in: Blokker/Schrijver (Hrsg.), The Security Council and the Use of Force, 133 (170); *C. Tietje/K. Nowrot*, in: NZWehrR 44 (2002), 1 (7 f.); *M. N. Schmitt*, in: Schmitt/Pejić (Hrsg.), International Law and Armed Conflict, 157 (186).

1125 *J.-C. Martin*, Les règles internationales relatives à la lutte contre le terrorisme, S. 539 f.; *M. Krajewski*, in: AVR 40 (2002), 183 (190); *M. Schmidl*, The Changing Nature of Self-Defence in International Law, S. 126 f.; *M. N. Schmitt*, Counter-Terrorism and the Use of Force in International Law, S. 45 f.

1126 *D. Brown*, in: Cardozo J. Int'l & Comp. L. 11 (2003), 1 (11); *M. Krajewski*, in: AVR 40 (2002), 183 (190); *C. Meiser/C. v. Buttlar*, Militärische Terrorismusbekämpfung unter dem Regime der UN-Charta, S. 46; a. A. *M. Byers*, in: Int'l & Comp. L. Q. 51 (2002), 401 (409); *C. Tomuschat*, in: EuGRZ 28 (2001), 535 (542); *M. Schmidl*, The Changing Nature of Self-Defence in International Law, S. 127.

1127 *T. Becker*, Terrorism and the State, S. 226; *M. N. Schmitt*, Counter-Terrorism and the Use of Force in International Law, S. 47; a. A. *S. D. Murphy*, in: Harv. Int'l L. J. 43 (2002), 41 (50 f.); *R. Värk*, in: S + F 22 (2004), 146 (149).

1128 Diese Möglichkeit ziehen *S. D. Murphy*, in: Harv. Int'l L. J. 43 (2002), 41 (50); *C. Stahn*, in: Walter u. a. (Hrsg.), Terrorism as a Challenge for National and International Law, 827 (864, Fn. 138) und *R. Värk*, in: S + F 22 (2004), 146 (149) in Betracht.

1129 So auch *R. Wolfrum/C. E. Philipp*, in: Max Planck UNYB 6 (2002), 559 (595).

Einige Autoren wenden auf die Unterstützung al-Qaidas durch die Taliban Art. 16 ASR entsprechend an. Diese Norm regelt die Verantwortlichkeit von Staaten, die andere Staaten bei der Verletzung internationaler Verpflichtungen unterstützen.[1130] Letztlich sprengte die Anwendung von Art. 16 ASR auf das Zusammenwirken zwischen Staaten und nichtstaatlichen Akteuren aber die gesamte Zurechnungssystematik der ASR, da eine Zurechnung wegen Unterstützungshandlungen die originären Zurechnungskriterien der Art. 4–11 ASR, die teilweise erheblich strengere Anforderungen aufstellen als bloße Unterstützungshandlungen, hinfällig machte.[1131] Im Übrigen ist der sein Territorium überlassende Staat nach Art. 16 ASR nur für sein eigenes Verhalten verantwortlich, nicht hingegen für den Akt des unterstützten Staates.[1132] Somit bliebe es selbst im Falle der analogen Anwendung von Art. 16 ASR bei einer Verantwortlichkeit der Taliban für die mannigfaltige Unterstützung von al-Qaida. Eine Zurechnung des bewaffneten Angriffs ließe sich dagegen nicht begründen.

Die harbouring doctrine entzieht sich mithin vollständig der Einordnung in das Gerüst der anerkannten Zurechnungskriterien.[1133] Zutreffend ist außerdem darauf hingewiesen worden, dass die Vereinigten Staaten selbst gar nicht versuchten, den Taliban das Verhalten von al-Qaida nach den Kriterien der ASR zuzurechnen.[1134]

Sollte die harbouring doctrine dennoch ein Zurechnungsversuch sein, ist sie rechtlich daher nur als neuer Zurechnungtatbestand oder als Modifikation einer der bestehenden Kriterien zu bewerten. Dementsprechend hat der breite Zuspruch für den Angriff auf Afghanistan nach Meinung vieler Autoren eine Senkung der Zurechnungsschwelle im Rahmen von Art. 51 UN-Charta bewirkt.[1135] Unklar ist freilich, wo die Schwelle nun liegen soll.[1136] Einige Autoren übernehmen ohne wesentliche Einschränkungen

---

1130 Diese Analogie ziehen *R. Wolfrum/C. E. Philipp*, in: Max Planck UNYB 6 (2002), 559 (595); *C. Meiser/C. v. Buttlar*, Militärische Terrorismusbekämpfung unter dem Regime der UN-Charta, S. 53 f.

1131 *T. Becker*, Terrorism and the State, S. 224 f.

1132 *M. Kühn*, Unilaterale präventive Gewaltanwendung, S. 329.

1133 So auch *S. Ratner*, in: AJIL 96 (2002), 905 (908).

1134 *H. Duffy*, The 'War on Terror', S. 54.

1135 *C. J. Tams*, in: EJIL 20 (2009), 359 (385); *D. Jinks*, in: Chi. J. Int'l L. 4 (2003), 83 (88 ff.); *C. Tietje/K. Nowrot*, in: NZWehrR 44 (2002), 1 (1 ff.); *A. Zimmermann*, in: Max Planck UNYB 11 (2007), 99 (120); *C. Stahn*, in: Fletcher F. World Aff. 27 (2003), 35 (37) meint daher: „If there is one certainty after September 11, it is that the 'effective control test' articulated in the International Court of Justice's (ICJ) decision in *Nicaragua* has been over-turned."

1136 So auch *T. Becker*, Terrorism and the State, S. 236 f.

die Wertungen der *harbouring doctrine* und rechnen terroristische Handlungen einem Staat bereits dann zu, wenn dieser die Terroristen unterstützt, indem er ihren Aktivitäten auf dem eigenen Staatsgebiet gegenüber untätig bleibt oder ihnen einen „sicheren Hafen" bietet.[1137] Andere erkennen einen speziellen Zurechnungstatbestand i. S. v. Art. 55 ASR an, wenn ein Staat sich eines *qualifizierten* Unterlassens bezüglich seiner völkerrechtlichen Pflichten hinsichtlich des Umgangs mit Terroristen schuldig gemacht habe.[1138] Qualifiziert sei ein Unterlassen dann, wenn der Sicherheitsrat den Staat mit einer Resolution aufgefordert habe, seinen Pflichten in diesem Bereich nachzukommen.[1139]

Gleichgültig jedoch, ob diese Autoren eine einfache oder qualifizierte Pflichtverletzung zum Anknüpfungspunkt einer Zurechnung machen, weichen sie die dogmatische Differenzierung zwischen Zurechnung und der Verletzung einer Primärnorm stark auf, da die Untätigkeit gegenüber Terroristen in erster Linie eine Verletzung anerkannter due diligence- oder unbedingter Verhaltenspflichten hinsichtlich des Umgangs mit Terroristen ist.[1140] Die Egalisierung dieser Unterscheidung zwischen Zurechnung und Verletzung von Primärnormen missachtet freilich die Zurechnungssystematik der ASR, die auf der in Art. 2 ASR niedergelegten Prämisse aufbaut, dass die Zurechnung eines Verhaltens und die Verletzung einer völkerrechtlichen Pflicht getrennt zu behandeln sind. Nicht mehr die Zurechnung wäre Voraussetzung für eine staatliche Pflichtverletzung, sondern die staatliche Pflichtverletzung wäre Voraussetzung für die Zurechnung.[1141]

Zumindest dogmatisch überzeugender ist daher die Ansicht, die Verantwortlichkeit der Taliban wegen der Gewährung eines sicheren Unterschlupfs sei nicht einem neuen Zurechnungskriterium geschuldet, sondern einem Rechtswandel auf der Ebene der Primärnorm des Art. 51 UN-Charta. Danach soll ein Staat selbst einen bewaffneten Angriff verüben,

---

1137 *C. J. Tams*, in: EJIL 20 (2009), 359 (385); *K. Zemanek*, in: Hummer (Hrsg.), Sicherheit und Terrorismus, 111 (117); *H. Diener*, Terrorismusdefinition im Völkerrecht, S. 239; *C. Tietje/K. Nowrot*, in: NZWehr 44 (2002), 1 (9): „[...] genügt jedes staatliche Verhalten, welches objektiv vorhersehbar zu einer Unterstützung terroristischer Aktivitäten führt, um die betreffende private Terrorgruppe als *de facto*-Organ des Staates zu qualifizieren und damit die durch die staatliche Unterstützung kausal verursachten Terroranschläge der nunmehr als *de facto*-Staatsorgan handelnden Terrororganisationen dem Staat als eigenes Verhalten zuzurechnen".

1138 Vgl. *A. Zimmermann*, in: Max Planck UNYB 11 (2007), 99 (119 ff.).

1139 *A. Zimmermann*, in: Max Planck UNYB 11 (2007), 99 (121).

1140 Auf diesen Aspekt weist auch *M. Milanović*, in: EJIL 17 (2006), 553 (584), hin.

1141 *M. Kühn*, Unilaterale präventive Gewaltanwendung, S. 326.

wenn er in einem Maße wie die Taliban einen nichtstaatlichen Angriff unterstützt.[1142] Andere plädieren für eine Rückbesinnung auf das Tatbestandsmerkmal „substantial involvement" von Art. 3 (g) Aggressionsdefinition, dessen Auslegung sich nicht an den Zurechnungsregeln des Rechts der Staatenverantwortlichkeit orientieren sollte.[1143] In eine ähnliche Richtung zielen Überlegungen, Art. 3 (f) der Aggressionsdefinition, demzufolge ein staatlicher Angriff auch dann vorliegt, wenn ein Staat einem anderen Staat sein Territorium zur Verfügung stellt, um dritte Staaten anzugreifen,[1144] analog auf nichtstaatliche Akteure anzuwenden.[1145] Der Unterschied dieser Ansätze zur Konstruktion eines neuen Zurechnungskriteriums ist aber in der Tat nur dogmatischer Natur. Gleichgültig, ob ein Ansatz die eigene Verantwortlichkeit des Staates für einen Angriff wegen einer abgesenkten Zurechnungsschwelle oder einer veränderten Auslegung von Art. 51 UN-Charta begründet: Er setzt die wissentliche Tolerierung oder Unterstützung terroristischer Aktivitäten mit der Durchführung eines eigenen bewaffneten Angriffs gleich, obwohl diese unterschiedlichen Handlungen einen erheblich divergierenden Unrechtsgehalt aufweisen.[1146]

Sollte sich daher eine neue Primärnorm entwickeln, ist die überzeugendste Deutung, diese Norm als Duldungspflicht zu werten. Nur mit dieser Duldungspflicht wäre klar ausgedrückt, dass die Selbstverteidigungshandlungen zwar den jeweiligen Staat treffen, er aber nicht der eigentliche Gegner ist. Die methodische Herleitung und der präzise Gehalt dieser Duldungspflicht sind jedoch nicht klar zu benennen. Nach dem 11. September 2001 schlugen Autoren vor, diese Duldungspflicht aus dem Neutrali-

---

1142 *C. Tomuschat*, in: EuGRZ 28 (2001), 535 (542); *B. A. Feinstein*, in: Transnat'l L. & Pol'y 11 (2002), 201 (271, 279): „Not only may Afghanistan's actions, or inaction, constitute 'an armed attack' within the narrow meaning of Article 51, but it is beyond doubt that the activities of terrorists against the U.S. in and of themselves constitute 'an armed attack' within even the most restrictive reading of the article."

1143 *T. Ruys*, in: Stan. J. Int'l L. 43 (2007), 265 (282, 293 ff.).

1144 „The action of a State in allowing its territory, which it has placed at the disposal of another State, to be used by that other State for perpetrating an act of aggression against a third State", A/Res/3314 (XXIX) vom 14. Dezember 1974, Annex.

1145 *J. Föh*, Die Bekämpfung des internationalen Terrorismus nach dem 11. September 2001, S. 168 f.

1146 *M. G. Kohen*, in: Byers/Nolte (Hrsg.), United States Hegemony and the Foundations of International Law, 197 (207).

tätsrecht abzuleiten.[1147] Danach muss ein neutraler Staat die Verletzung seiner territorialen Souveränität durch einen anderen Staat dulden, wenn dieser damit auf Angriffe reagiert, die vom Gebiet des neutralen Staates ausgehen und die dieser nicht unterbinden kann oder will.[1148] Insbesondere in neuerer Zeit wird in der Wissenschaft vertreten, dass ein Staat Selbstverteidigungsmaßnahmen gegen nichtstaatliche Akteure hinnehmen muss, wenn er nicht willens oder in der Lage ist, nichtstaatliche Angriffe von seinem Gebiet zu unterbinden.[1149] Noch jüngere Überlegungen zielen darauf hin, die Duldungspflicht aus Art. 21 ASR abzuleiten.[1150]

Doch ungeachtet, welche dieser Deutungen zutrifft oder dogmatisch am ehesten überzeugen kann: Sie bauen allesamt auf der Prämisse auf, dass eine neue völkerrechtliche Regel entstanden ist oder die bestehenden Regeln völkergewohnheitsrechtlich modifiziert worden sind. Unabhängig von der Frage, ob die Rechtsfigur des „instant customary law" Bestand haben sollte, entbindet dies nicht von der Notwendigkeit, dass in der neuen *opinio iuris* eine einheitliche Rechtsüberzeugung zu Tage treten muss. Die Zustimmung zu der harbouring doctrine war jedoch von keiner klar identifizierbaren rechtlichen Begründung getragen.[1151] Die mannigfaltigen Interpretationsansätze verdeutlichen dies anschaulich. Als kleinster gemeinsamer Nenner lässt sich der Zustimmung lediglich die rechtliche Aussage entnehmen, dass im konkreten Fall der Angriff auf Afghanistan rechtmäßig war. Insoweit ähnelt die Zustimmung aber in der Tat eher einem Urteil als einer abstrakt-generellen Norm des Völkergewohnheitsrechts.[1152] Alle darüber hinaus gehenden Interpretationen geben möglicherweise

---

1147 N. *Lubell*, Extraterritorial Use of Force Against Non-State Actors, S. 41; *M. Krajewski*, in: AVR 40 (2002), 183 (203); *C. Greenwood*, in: International Affairs 78 (2002), 301 (313); *M. Kotzur*, in: AVR 40 (2002), 454 (475); *C. Meiser/C. v. Buttlar*, Militärische Terrorismusbekämpfung unter dem Regime der UN-Charta, S. 62; *T. Stein/C. v. Buttlar*, Völkerrecht, Rn. 845.

1148 *M. Krajewski*, in: AVR 40 (2002) 183 (203).

1149 *T. Reinold*, in: AJIL 105 (2011), 244 ff.

1150 N. *Tsagourias*, in: LJIL 29 (2016), 801 (819 ff.) und *F. Paddeu*, in: LJIL 30 (2017), 93 (97 ff.).

1151 So auch *H. Duffy*, The 'War on Terror', S. 191; *I. M. Löw*, Gewaltverbot und Selbstverteidigungsrecht nach dem 11. September 2001, S. 140; *S. Lorenzmeier*, in: JIJIS 8 (2008), 20 (27 f.).

1152 In diese Richtung auch *C. Gray*, International Law and the Use of Force, S. 194; vgl. auch losgelöst vom 11. September 2001 *M. Kühn*, Unilaterale präventive Gewaltanwendung, S. 351, der diesen Aspekt als grundsätzliche Kritik an der Konstruktion des spontanen Völkergewohnheitsrecht nennt.

einen Ausblick auf sich entwickelnde Rechtsänderungen, sie finden jedoch keinen Widerhall in den Staatenerklärungen selbst.

Um zu überprüfen, ob die Zustimmung der Staatengemeinschaft zur harbouring doctrine den Ausgangspunkt für die Herausbildung einer neuen völkerrechtlichen Regel konstituiert, muss somit ein Blick auf die nachfolgende Staatenpraxis geworfen werden.

b) Staatenpraxis nach dem 11. September 2001

aa) Libanon

In dem Brief, mit dem Israel dem Sicherheitsrat zu Beginn des Libanonkrieges 2006 die Ausübung des Selbstverteidigungsrechts notifizierte, hatte Israel dem Libanon zwar die Verantwortung zugeschrieben,[1153] zur Begründung aber lediglich angeführt:

> „The ineptitude and inaction of the Government of Lebanon has led to a situation in which it has not exercised jurisdiction over its own territory for many years."[1154]

Obwohl die Staatengemeinschaft der israelischen Behauptung, der Libanon sei für den Angriff verantwortlich, nicht folgte, teilte sie deren Befund zur Lage im Südlibanon. Wie bereits aufgezeigt, erhoben viele Staaten die Forderung, die libanesische Regierung möge endlich ihre Hoheitsgewalt im gesamten Land ausüben, um so Kontrolle über die Aktivitäten der Hisbollah zu gewinnen.[1155]

Bevor diese Forderungen auf ihre Bedeutung für eine völkergewohnheitsrechtliche Fortentwicklung im Recht der Staatenverantwortlichkeit untersucht werden, soll zunächst Stimmen in der völkerrechtlichen Literatur geantwortet werden, die eine Zurechnung der Handlungen der Hisbollah zum libanesischen Staat aufgrund der etablierten Regeln für möglich hielten. Bereits ein kursorischer Blick in den Katalog der anerkannten Zurechnungskriterien der ASR zeigt, dass der Angriff der Hisbollah dem Li-

---

1153 Vgl. bereits oben E. II. 3. d) bb) (3) (iv).

1154 Vgl. Identical letters dated 12 July 2006 from the Permanent Representative of Israel to the United Nations addressed to the Secretary-General and the President of the Security Council, S/2006/515 vom 12. Juli 2006, dritter Absatz.

1155 Siehe oben E. II. 3. d) bb) (3) (iv).

banon nicht nach den herkömmlichen Regeln zurechenbar ist,[1156] obwohl enge und transparente Beziehungen zwischen der libanesischen Regierung und der Hisbollah bestanden, deren sichtbarster Ausdruck die Beteiligung der Hisbollah an der libanesischen Regierung war. Übertragen auf die Systematik des Rechts der Staatenverantwortlichkeit handelten die Minister der Hisbollah somit als Staatsorgan *de iure* i. S. v. Art. 4 ASR. Für eine Zurechnung nach Art. 4 ASR hätten aber die handelnden Kämpfer selbst Staatsorgane sein müssen. Eine *de iure* Organeigenschaft lässt sich aus der bloßen Vertretung zweier ihrer politischen Vertreter an der Regierung jedoch nicht ableiten.[1157] Etwas anderes könnte lediglich dann gelten, wenn die Hisbollah die gesamte Regierung stellte und ihr militärischer Arm als staatlicher Sicherheitsapparat zu berurteilen sein könnte.[1158] Für eine *de facto* Organeigenschaft i. S. v. Art. 4 ASR wiederum ist eine umfassende Abhängigkeit („complete dependence") der nichtstaatlichen Gruppe vom Staat erforderlich.[1159] Als militärische Organisation war und ist die Hisbollah mutmaßlich erheblich stärker von der Unterstützung des Iran und Syriens abhängig als von der libanesischen Regierung.[1160] Wie stark die faktische Autonomie der Hisbollah im Südlibanon war, lässt sich im Übrigen bereits an den zahlreichen Sicherheitsresolutionen ablesen, die den Libanon dazu aufforderten, endlich seine Hoheitsgewalt im von der Hisbollah beherrschten Süden des Landes auszuüben.[1161] Aufschlussreich sind diese Resolutionen auch für eine mögliche Zurechnung nach Art. 8 ASR, da sie belegen, dass der Libanon kaum Kontrolle über die Handlungen der Hisbollah ausübte.[1162] Selbst Israel bewertete die Situation nicht anders, als es im oben zitierten Brief die Unfähigkeit des Libanon zur Ausübung seiner Hoheitsgewalt im Süden des Landes beklagte.[1163]

1156 Ebenso *T. Reinold*, in: AJIL 105 (2011), 244 (266 f.).

1157 So auch *A. Zimmermann*, in: Max Planck UNYB 11 (2007), 99 (110); *T. Ruys*, in: Stan. J. Int'l L. 43 (2007), 265 (276 f.); *M. N. Schmitt*, in: Mich. J. Int'l L. 29 (2008), 127 (141, Fn. 74).

1158 Hierauf weist *T. Ruys*, in: Stan. J. Int'l L. 43 (2007), 265 (277) hin.

1159 Siehe bereits oben E. III. 2.

1160 *M. Schmidl*, The Changing Nature of Self-Defence in International Law, S. 149 f.

1161 Vgl. S/Res/1583 (2005) vom 28. Januar 2005, Ziff. 4; S/Res/1614 (2005) vom 29. Juli 2005, Ziff. 6; S/Res/1655 (2006) vom 31. Januar 2006, Ziff. 8.

1162 *M. N. Schmitt*, in: Mich. J. Int'l L. 29 (2008), 127 (141 f.); *A. Zimmermann*, in: Max Planck UNYB 11 (2007), 99 (115).

1163 Siehe oben E. II. 3. d) bb) (3) (iv).

Ebenso wenig lässt sich eine Verantwortung des Libanon über Art. 11 ASR herstellen, da sich die libanesische Regierung unverzüglich und unmissverständlich vom Verhalten der Hisbollah distanzierte.[1164]

Am ehesten scheint eine Zurechnung nach Art. 9 ASR möglich zu sein,[1165] demzufolge eine staatliche Verantwortlichkeit für private Akte anzunehmen ist, wenn kein Staatsapparat besteht oder er zur Ausübung hoheitlicher Gewalt nicht in der Lage ist.[1166] Wie bereits angedeutet und an anderer Stelle betont,[1167] hatte der Libanon die Verwaltung des Grenzgebietes zu Israel nach dem israelischen Abzug im Jahr 2000 weitgehend der Hisbollah überlassen. Somit ist die Annahme vertretbar, dass zumindest ab der „Blauen Linie" kein funktionsfähiger libanesischer Staatsapparat vorhanden war. Das Merkmal der „circumstances such as to call for the exercise of [...] elements of authority" ist jedoch nicht als erfüllt anzusehen.[1168] Ausweislich der Kommentierung der ASR soll hiermit sichergestellt werden, dass Private nur in absoluten Ausnahmefällen Hoheitsgewalt übernehmen. Insbesondere die Formulierung „to call for" (dt. etwas bedingen/ erforderlich machen) illustriert, dass nur dann privates Verhalten gemäß Art. 9 ASR zurechenbar ist, wenn es in der gegebenen Situation unerlässlich erscheint. Entsprechend den gebildeten Fallgruppen lässt sich ableiten, dass nur Hinderungsgründe staatlicher Herrschaftsausübung maßgeblich sein sollen, die zu einem vorübergehenden Machtvakuum führen. Zwar schließt die Kommentierung ausdrücklich Situationen mit ein, in denen nach einer Fremdherrschaft die Staatsgewalt allmählich wiederhergestellt wird. Zieht sich jedoch eine bestehende Staatsmacht wie der libanesische Staat dauerhaft aus der Verwaltung eines Gebietes zurück, besteht keine Notwendigkeit der privaten Ausübung von Hoheitsrechten, da grundsätzlich ein Staatsapparat existiert, der Hoheitsgewalt übernehmen

---

1164 Vgl. Identical letters dated 13 July 2006 from the Chargé d'affaires a.i. of the Permanent Mission of Lebanon to the United Nations addressed to the Secretary General and the President of the Security Council, A/60/938 – S/2006/518 vom 13. Juli 2006. Ebenso *T. Ruys*, in: Stan. J. Int'l L. 43 (2007), 265 (277); *M. N. Schmitt*, in: Mich. J. Int'l L. 29 (2008), 127 (142, Fn. 75).

1165 So *T. Ruys*, in: Stan. J. Int'l L. 43 (2007), 265 (287 ff.).

1166 Für die Voraussetzungen einer Zurechnung über Art. 9 ASR vgl. oben E. III. 2.

1167 Vgl. Report of the Secretary-General of the United Nations Interim Force in Lebanon (For the period from 21 January to 18 July 2006), S/2006/560 vom 21. Juli 2006, Ziff. 27–28; *M. Schmidl*, The Changing Nature of Self-Defence in International Law, S. 146 f.

1168 A. A. *T. Ruys*, in: Stan. J. Int'l L. 43 (2007), 265 (287 ff.).

könnte. Es handelt sich dann nicht mehr um eine Konstellation, die als „to call for the exercise of [...] elements of authority" zu bezeichnen ist.

Israels Vorgehen war rechtlich also nicht damit zu rechtfertigen, dass das Verhalten der Hisbollah dem Libanon nach den herkömmlichen Kriterien zugerechnet werden konnte.

Diejenigen Staaten, die Israels Recht auf Selbstverteidigung bestätigten, könnten aber als relevante *opinio iuris* die sich nach dem 11. September 2001 abzeichnende Zustimmung zur harbouring doctrine weiter gefestigt haben. Sie unterscheiden sich indessen in einem bereits bekannten Punkt wesentlich von der Zustimmung zur Operation Enduring Freedom, da sie den Libanon ausdrücklich von der Verantwortlichkeit für die Übergriffe der Hisbollah entbanden.[1169] Eine Zurechnung war deswegen ganz offensichtlich nicht beabsichtigt. Kaum vertretbar sind daher Stimmen, die zur Rechtfertigung der Verletzung libanesischer Gebietshoheit rechtliche Konstruktionen wählen, die eine direkte Verantwortlichkeit Beiruts zur Folge hätten.[1170] Plausibel erscheint allein die Deutung, dass diese Äußerungen die Pflicht des libanesischen Staates etablieren wollten, die Selbstverteidigungsmaßnahmen Israels zu dulden, weil er die Angriffe der Hisbollah nicht verhinderte.[1171] Nur hinsichtlich dieser Duldungspflicht steht die Reaktion des zustimmenden Teils der Staatengemeinschaft somit Pate, um eine mögliche neue Rechtsauffassung zu konkretisieren. Eine gesenkte Zurechnungsschwelle bestätigt sie dagegen nicht.

1169 Siehe bereits oben E. II. 3. d) bb) (3) (iv).

1170 Vgl. etwa die Ansicht, der Libanon sei in analoger Anwendung von Art. 3 (g) Aggressionsdefinition verantwortlich, *S. Weber*, in: AVR 44 (2006), 460 (467). Nicht vertretbar daher auch die Meinung von *C. Tomuschat*, in: Die Friedens-Warte 81 (2006), 179 (181), der die Verantwortlichkeit des Libanon mit dem in Ziff. 1, Absatz 9 der Friendly Relations Declaration enthaltenen Grundsatz begründet, wonach jeder Staat folgende Pflicht habe: „[...] to refrain from organizing, instigating, assisting or participating in acts of civil strife or terrorist acts in another State or acquiescing in organized activities within its territory directed towards the commission of such acts [...]."

1171 Um diese Duldungspflicht zu etablieren, findet sich erneut die Figur des qualifizierten Unterlassens, derzufolge der Libanon die Selbstverteidigungsmaßnahmen Israels dulden musste, da er wiederholt Resolutionen des Sicherheitsrates nicht befolgt hatte, die ihn dazu aufforderten Angriffe von seinem Territorium auf Israel zu unterbinden, vgl. *A. Zimmermann*, in: Max Planck UNYB 11 (2007), 99 (121 f).

bb) Russland/Türkei/Kolumbien

Bei der russischen Ankündigung vom September 2002, eine mögliche militärische Intervention gegen terroristische Gruppen in der georgischen Pankisi-Schlucht auf Art. 51 UN-Charta zu stützen,[1172] stellte Präsident Putin maßgeblich darauf ab, dass Georgien nicht in der Lage sei, gegen die terroristische Gefahr vorzugehen.[1173] Wie die Arbeit bereits dargelegt hat, strebte Russland nur an, gegen terroristische Rückzugsorte vorzugehen, nicht gegen georgische Infrastruktur.[1174] Dieses isolierte Ziel spricht dafür, dass Russland mit dem Vorwurf an Georgien, es kontrolliere sein Hoheitsgebiet nur unzureichend, lediglich eine georgische Duldungspflicht annahm, nicht eine georgische Verantwortlichkeit. Eine Zurechnung fand damit nicht statt.

Ebenso wenig versuchte die Türkei dem Irak die Akte der PKK oder Kolumbien die Akte der FARC Ecuador zuzurechnen.[1175] Auch ihre militärischen Operationen in den jeweiligen Nachbarländern sind mithin nicht Ausdruck einer gewohnheitsrechtlichen Entwicklung, was eine sich senkende Zurechnungsschwelle betrifft. Sie können jedoch als relevante Staatenpraxis für eine Duldungspflicht herangezogen werden, die sich zudem differenzierend auf Terroristen beschränkt.

cc) Iran/Irak

Ausdrücklich eine Verantwortlichkeit des beherbergenden Staates – Irak – nahm 1999 der Iran an.[1176] Er stellte zu diesem Zeitpunkt aber nicht allein darauf ab, dass der Irak nicht willens oder in der Lage gewesen sei, die terroristischen Aktivitäten zu unterbinden. Sein Vorwurf zielte darüber hinaus auf die aktive Unterstützung, die der Irak den kurdischen Gruppen gewährt habe:

1172   Siehe oben E. II. 3. d) bb) (3) (iii).
1173   Letter dated 11 September 2002 from the Permanent Representative of the Russian Federation to the United Nations addressed to the Secretary General, S/2002/1012 vom 12. September 2002, S. 3.: „If the Georgian leadership is unable to establish a security zone in the area of the Georgian-Russian border [...].“
1174   Siehe oben E. II. 3. d) bb) (3) (iii).
1175   Siehe oben E. II. 3. d) bb) (3) (i).
1176   Siehe oben E. II. 3. d) bb) (3) (ii).

"a [...] well-known and internationally recognized terrorist organization maintains its camps in the territory of Iraq, where it receives substantial, material, military, political and logistical support from the Government of Iraq [...]."[1177]

Daher ist diese iranische Intervention zwar relevante Staatenpraxis mit Blick auf eine gesenkte Zurechnungsschwelle. Sie drückt jedoch nicht die Überzeugung aus, dass eine Zurechnung bereits bei einem Unterlassen möglich ist.

Im Zuge der weiteren Interventionen im Irak, zu deren Rechtfertigung der Iran sich auf Art. 51 UN-Charta stützte, hielt er die Regierung in Bagdad nicht für verantwortlich.[1178] Seine Hinweise auf die fehlende territoriale Kontrolle sind somit Bestätigung für die Ansicht, dass den „beherbergenden" Staat eine Duldungspflicht trifft, falls der angegriffene Staat militärisch nicht gegen die nichtstaatlichen Urheber vorgeht.

Keinen Bezug auf Art. 51 UN-Charta mussten im Übrigen die USA oder der Iran nehmen, als sie Mitte bzw. Ende des Jahres 2014 begannen, Stellungen des IS im Nordirak zu bombardieren, weil der Irak mit diesen Luftschlägen einverstanden war.[1179]

dd) Syrien

Dagegen beriefen sich die USA im Zuge der einsetzenden Bombardierung des IS in Syrien im Jahr 2015 auf die kollektive Selbstverteidigung nach Art. 51 UN-Charta, weil der IS kontinuierlich den Irak angreife. Um die Verletzung der territorialen Integrität Syriens zu rechtfertigen, argumentierten die USA, der IS operiere von „safe havens" in Syrien aus. Das syrische Regime habe gezeigt, dass es nicht willens und in der Lage sei, diese Angriffe von seinem Territorium aus zu verhindern.[1180] Da die USA die

---

1177 Letter dated 12 July 1999 from the Permanent Representative of the Islamic Republic of Iran to the United Nations addressed to the Secretary-General, S/1999/781 vom 12. Juli 1999.

1178 Siehe oben E. II. 3. d) bb) (3) (ii).

1179 Zu den USA vgl. Letter dated 20 September 2014 from the Permanent Representative of Iraq to the United Nations addressed to the President of the Security Council, S/2014/691 vom 22. September 2014. Zum Iran vgl. *J. Borger*, Iran air strikes against Isis requested by Iraqi government, says Tehran, erhältlich im Internet: <http://www.theguardian.com/world/2014/dec/05/iran-conducts-a ir-strikes-against-isis-exremists-iraq> (zuletzt besucht am 31. Juli 2017).

1180 Siehe oben E. II. 3. d) bb) (3) (vii).

Absicht bekundeten, nur gegen Stellungen des IS vorzugehen, deutet die Notifikation darauf hin, dass sie lediglich eine Duldungspflicht Syriens annahmen, nicht jedoch die Angriffe des IS Syrien zurechneten.

Wie die Arbeit bereits oben dargestellt hat, machten auch die übrigen Staaten, die ihre Ausübung des Selbstverteidigungsrechts bei den Vereinten Nationen notifizierten, deutlich, dass sie als Urheber eines bewaffneten Angriffs und militärischen Gegner alleine den IS ansahen.[1181] Einige Staaten betonten, dass sich die militärischen Selbstverteidigungsmaßnahmen nicht gegen den syrischen Staat bzw. das syrische Volk richteten.[1182] Eine Zurechnung erfolgte nicht. Die Verletzung der syrischen Souveränität rechtfertigten Dänemark und Norwegen wie die USA damit, dass der IS in Syrien einen „safe haven" etabliert habe.[1183] Türkei, Kanada und Australien argumentierten, dass Syrien nicht in der Lage oder willens („unable/uncapable or unwilling") sei, die Angriffe des IS von syrischem Boden aus zu unterbinden.[1184] Lediglich Deutschland und Belgien äußerten die etwas nuanciertere Auffassung, dass Syrien die Luftangriffe zu dulden habe, weil

---

1181 Siehe oben E. II. 3. d) bb) (3) (vii).

1182 Letter dated 31 March 2015 from the Chargé d'affaires a.i. of the Permanent Mission of Canada to the United Nations addressed to the President of the Security Council, S/2015/221 vom 31. März 2015; Letter dated 9 September 2015 from the Permanent Representative of Australia to the United Nations addressed to the President of the Security Council, S/2015/693 vom 9. September 2015; Letter dated 3 June 2016 from the Permanent Representative of Norway to the United Nations addressed to the President of the Security Council, S/2016/513 vom 3. Juni 2016; Letter dated 7 June 2016 from the Permanent Representative of Belgium to the United Nations addressed to the President of the Security Council, S/2016/523 vom 9. Juni 2016.

1183 Letter dated 23 September 2014 from the Permanent Representative of the United States of America to the United Nations addressed to the Secretary-General, S/2014/695 vom 23. September 2014; Letter dated 11 January 2016 from the Permanent Representative of Denmark to the United Nations addressed to the President of the Security Council, S/2016/34 vom 13. Januar 2016; Letter dated 3 June 2016 from the Permanent Representative of Norway to the United Nations addressed to the President of the Security Council, S/2016/513 vom 3. Juni 2016.

1184 Letter dated 24 July 2015 from the Chargé d'affaires a.i. of the Permanent Mission of Turkey to the United Nations addressed to the President of the Security Council, S/2015/563 vom 24. Juli 2015; Letter dated 31 March 2015 from the Chargé d'affaires a.i. of the Permanent Mission of Canada to the United Nations addressed to the President of the Security Council, S/2015/221 vom 31. März 2015; Letter dated 9 September 2015 from the Permanent Representative of Australia to the United Nations addressed to the President of the Security Council, S/2015/693 vom 9. September 2015.

die syrische Regierung dort keine „effective control" mehr ausübe. Ob Deutschland und Belgien sich damit bewusst von der Formulierung seiner Verbündeten abgrenzen wollten, ist unklar.[1185] Deutlich wird jedenfalls, dass die notifizierenden Staaten es ganz überwiegend für notwendig erachteten, die Verletzung syrischer Gebietshoheit zu rechtfertigen. Diese Rechtfertigung sahen sie in der Untätigkeit der syrischen Regierung gegenüber dem von syrischem Staatsgebiet aus agierenden IS.

c) Fazit

Die vorstehende Analyse zeigt, dass die harbouring doctrine, so wie sie im Zuge der Reaktion auf den 11. September 2001 entwickelt wurde, noch den Schluss zuließ, es habe sich um den Beginn der völkergewohnheitsrechtlichen Entwicklung eines neuen Zurechnungskriteriums gehandelt, das differenzierend auf Terroristen anwendbar ist. Die Bestätigung der harbouring doctrine durch nachfolgende Staatenpraxis hat diesen Schluss aber nicht bestätigt. Sie zeigt, dass der den nichtstaatlichen Akteur beherbergende Staat nicht selbst zum Angreifer gemacht werden soll. Vielmehr offenbart insbesondere die Reaktion auf den Libanonkrieg 2006, dass die Staaten von einer primärrechtlichen Pflicht des beherbergenden Staates ausgingen, die Selbstverteidigungsmaßnahmen gegen die Hisbollah zu dulden. Wie auch bei der Frage der Anwendung des Selbstverteidigungsrechts ist dagegen offen, ob es sich um eine differenzierende oder indifferente Rechtsentwicklung handelt. Während die Reaktion auf den Libanonkrieg einen indifferenten Ansatz aufweist, prägt die Staatenpraxis von Kolumbien, Russland, Iran und der Türkei eine auf Terroristen beschränkte und damit differenzierende Haltung.

Unklar blieben dagegen die Voraussetzungen zur Annahme einer Duldungspflicht. Die von den USA, Kanada, Australien und der Türkei herangezogene Formel, Syrien müsse die Selbstverteidigungsmaßnahmen dulden, weil es nicht willens oder in der Lage gewesen sei, Angriffe des IS zu verhindern („unwilling or unable"), spiegelt bisher kein einheitliches Ver-

---

1185 Vgl. die Diskussion bei EJIL:Talk!, erhältlich im Internet: <http://www.ejiltalk. org/belgiums-article-51-letter-to-the-security-council/#more-14386> (zuletzt besucht am 31. Juli 2017).

ständnis der Staatengemeinschaft wider.[1186] Dies zeigt sich bereits daran, dass die übrigen Staaten, die ihre Ausübung des Selbstverteidigungsrechts gegen den IS notifizierten, davon absahen, sich auf die von den USA geprägte Formel „unwilling or unable" zu beziehen.[1187]

4. Kohärenz

Die Zurechnungskriterien der ASR verhalten sich gegenüber der Frage, um welche Erscheinungsform nichtstaatlicher Gewalt es sich handelt, also nahezu vollkommen indifferent. Einen differenzierenden Aspekt enthält allein die Regelung des Art. 10 ASR, der unter gewissen Voraussetzungen die Akte Aufständischer zurechnet. Diese Differenzierung ist jedoch sachgerecht, weil diesem Zurechnungskriterium die Erwägung zu Grunde liegt, dass eine nichtstaatliche Gruppe sich zu einem staatlichen Organ wandelt, sobald sie die Regierungsgewalt übernimmt und dementsprechend auch ihr Verhalten rückblickend als staatliches Verhalten erscheint.[1188] Letztlich entspricht Art. 10 ASR somit dem Grundsatz des Rechts der Staatenverantwortlichkeit, dass dem Staat nur eigenes Verhalten zuzurechnen ist. Denn auch wenn das Verhalten erfolgreicher Aufständischer zum Tatzeitpunkt nichtstaatlich war, so handelt es sich doch um eigenes Verhalten zukünftiger Staatsorgane, denen die Zurechnung daher zuzumuten ist.

Im Übrigen entspricht die Indifferenz der Zurechnungskriterien der grundlegenden Konzeption des Rechts der Staatenverantwortlichkeit, allgemeingültige Kriterien für die Zurechnung nichtstaatlichen Verhaltens festzulegen. Unvereinbar mit diesem Ansatz wäre die differenzierende Ausbildung eines Zurechnungskriteriums für die Zurechnung terroristischer Angriffe zu demjenigen Staat, von dessen Territorium die nichtstaatlichen Angriffe ausgehen.

1186 So auch ausführlich *P. Starski*, in: ZaöRV 75 (2015), 455 ff.; *O. Corten*, in: LJIL 29 (2016), 777 ff.; *M. Lehto*, in: NJIL 87 (2018), 1 (8 ff.); *J. Brunnée/S. J. Toope*, in: Int'l & Comp. L. Q. 67 (2018), 263 (270 ff.).

1187 Frankreich und Großbritannien verzichteten vollständig auf die Begründung einer Duldungspflicht, Dänemark und Norwegen bezogen sich darauf, dass Syrien für den IS ein „safe haven" sei, Deutschland und Belgien begründeten die Duldungspflicht Syriens damit, dass Syrien keine effektive Kontrolle über das vom IS beherrschte Gebiet mehr ausübe, siehe oben E. II. 3. d) bb) (3) (vii).

1188 *I. Brownlie*, System of the Law of Nations, S. 177 f.

IV. Internationales Strafrecht

Um die Kohärenz differenzierender und indifferenter Ansätze bei der völkerrechtlichen Behandlung nichtstaatlicher Gewaltakteure zu ermitteln, untersucht die Arbeit im Folgenden schließlich die transnationale Kriminalisierung verschiedener Erscheinungsformen nichtstaatlicher Gewalt. Sie zeigt, bezüglich welcher Akteure ein strafrechtliches Regelungsregime im Völkerrecht besteht und welche Lücken bestehen.

1. Terrorismus

Mehrfach Erwähnung gefunden haben bereits die diversen sektoralen Abkommen, die bestimmte Erscheinungsformen terroristischer Gewalt kriminalisieren. Streng genommen werden in diesen Abkommen nichtstaatliche Taten nicht unmittelbar kriminalisiert, sondern es werden Tatbestände formuliert, zu deren innerstaatlicher Umsetzung sich die Vertragsstaaten verpflichten. Da die Abkommen auf diese Weise eine internationale Kriminalisierung bewirken, ist es jedoch vertretbar, von einer Kriminalisierung durch die Abkommen zu sprechen.[1189]

Entsprechend ihrem Regelungsgegenstand lassen sie sich kategorisieren in Abkommen im Zusammenhang mit der Sicherheit des Luftverkehrs, Abkommen gegen maritimen Terrorismus, Abkommen zum Schutz bestimmter Personengruppen, Abkommen bezüglich der Verhinderung von Sprengstoffanschlägen, Abkommen betreffend den Gebrauch von Massenvernichtungswaffen und Abkommen betreffend die Finanzierung des Terrorismus.[1190]

a) Abkommen für die Sicherheit der Luftfahrt

Seit Anfang der 1960er Jahre sind fünf Abkommen geschlossen worden, die verschiedene die Luftsicherheit gefährdende Verhaltensweisen zum Regelungsgegenstand haben. Den Anfang machte die 1963 in Tokio unterzeichnete Convention on Offences and Certain Other Acts Committed on

---

1189 So auch *R. Lavalle*, in: ZaöRV 67 (2007), 89 (93, Fn. 15).
1190 Diese Kategorisierung ist *K. Wolny*, Die völkerrechtliche Kriminalisierung von modernen Akten des internationalen Terrorismus, S. 69 ff., entlehnt.

Board Aircraft[1191] (Tokyo Convention), deren Bestimmungen jedoch von Beginn an als unzureichend kritisiert wurden.[1192] Dem Ziel, Straftaten an Bord von Zivilflugzeugen effektiver verhindern und verfolgen zu können, kann die Konvention bereits deswegen kaum dienen, da sie die anvisierten strafwürdigen Verhaltensweisen nicht klar definiert.[1193] Zu bemängeln ist des Weiteren das Fehlen einer sachgerechten Regelung der Auslieferungspflicht.[1194] Diese Lücke schloss 1970 die in Den Haag abgeschlossene *Convention for the Suppression of Unlawful Seizure of Aircraft*[1195] (Hague Convention), deren Ausgestaltung der Auslieferungspflicht als „Haager Modell"[1196] Pate für viele weitere Abkommen stand. Kennzeichnend für das „Haager Modell" ist die in Art. 7 niedergelegte alternativ zu erfüllende Pflicht der Auslieferung oder Strafverfolgung (*aut dedere aut iudicare*[1197]), sofern sich der Täter im Hoheitsgebiet eines Staates aufhält:

> "The Contracting State in the territory of which the alleged offender is found shall, if it does not extradite him, be obliged, without exception whatsoever and whether or not the offence was committed in its territory, to submit the case to its competent authorities for the purpose of prosecution. [...]"

Damit die Vertragsstaaten dem Gebot des *aut dedere aut iudicare* wirksam nachkommen können, verlangt Art. 4 Abs. 2 von ihnen, für eine Strafbarkeit der fraglichen Akte in ihren Rechtsordnungen zu sorgen, sofern sich der Täter in ihrem Hoheitsgebiet aufhält. Zudem verpflichtet Art. 4 Abs. 1

1191 UNTS 1969, Vol. 704, Nr. 10106, S. 219 ff. Ausführlich zu diesem Abkommen *P. Richard*, La Convention de Tokyo, passim.

1192 Vgl. *P. Richard*, La Convention de Tokyo, S. 212 f.

1193 Diesen Punkt ebenfalls kritisierend *K. Wolny*, Die völkerrechtliche Kriminalisierung von modernen Akten des internationalen Terrorismus, S. 75 f.

1194 Ebenso *P. Richard*, La Convention de Tokyo, S. 213; *C. Maierhöfer*, „Aut dedere – aut iudicare", S. 135.

1195 UNTS 1973, Vol. 860, Nr. 12325, S. 105 ff.

1196 *C. Maierhöfer*, „Aut dedere – aut iudicare", S. 137, der die Konstruktion des *aut dedere aut iudicare* im Haager Abkommen daher als „regelrechten ‚Exportschlager'" bezeichnet.

1197 Im Völkerrecht gilt Hugo Grotius als Urheber dieses Grundsatzes, der ihn als *aut dedere aut punire* begründete, vgl. *C. Pappas*, Stellvertretende Strafrechtspflege, S. 103 ff.; *G. D. Solis*, The Law of Armed Conflict, S. 92. Kritisch *C. Maierhöfer*, „Aut dedere – aut iudicare", S. 72 ff., der in seinem Buch ausführlich die historischen Wurzeln des Grundsatzes untersucht und zu dem Schluss kommt, dass Baldus de Ubaldis (1319/1320–1400) „die ‚wahre' Vaterschaft für das Auslieferungs- oder Strafverfolgungsgebot zuzusprechen" sei, vgl. *C. Maierhöfer*, „Aut dedere – aut iudicare", S. 62.

jeden Staat, seine Jurisdiktion für den Fall zu begründen, dass das Flugzeug in seinem Staat registriert ist, es dort landet oder der Mieter des Flugzeugs seinen Unternehmens- oder ständigen Wohnsitz dort hat. Befindet sich der Täter also nicht auf seinem Gebiet, kann ein Staat nur dann eine Strafverfolgung einleiten und die Auslieferung verlangen, wenn einer der genannten Anknüpfungspunkte vorliegt.

Sollte die Rechtsordnung eines Staates die Auslieferung von einem Vertrag abhängig machen, erklärt Art. 8 Abs. 2 die Hague Convention selbst zum anwendbaren Auslieferungsabkommen. Bestehen hingegen bereits bilaterale Auslieferungsabkommen oder soll eines zwischen Vertragsstaaten geschlossen werden, verlangt Art. 8 Abs. 1, dass die im Abkommen geregelten Akte als auslieferungsfähige Taten im Sinne jener bilateralen Verträge zu erachten sind.

Präziser als die Tokyo Convention beschreibt die Hague Convention in Art. 1 die Akte, auf die das Abkommen anzuwenden ist:

„Any person who on board an aircraft in flight:
1. Unlawfully, by force or threat thereof, or by any other form of intimidation, seizes, or exercises control of, that aircraft, or attempts to perform any such act, or
2. Is an accomplice of a person who performs or attempts to perform any such act commits an offence [...]."

Um sicherzustellen, dass jeder Staat rechtlich in der Lage ist, diese Akte zu verfolgen, verpflichtet Art. 4 Abs. 2 alle Vertragsstaaten, ihre Gerichtsbarkeit auf diese Akte zu erstrecken.

Nur ein Jahr nach Abschluss der Hague Convention erweiterte die in Montreal unterzeichnete Convention for the Suppression of Unlawful Acts Against the Safety of Civil Aviation[1198] (Montreal Convention) die Liste der die Flugsicherheit gefährdenden Handlungen[1199] und legte den Staaten Kooperationspflichten hinsichtlich der Strafverfolgung der aufgeführ-

---

1198 UNTS 1975, Vol. 974, Nr. 14118, S. 177 ff.
1199 Article 1:
„1. Any person commits an offence if he unlawfully and intentionally:
performs an act of violence against a person on board an aircraft in flight if that act is likely to endanger the safety of that aircraft; or
destroys an aircraft in service or causes damage to such an aircraft which renders it incapable of flight or which is likely to endanger its safety in flight; or
places or causes to be placed on an aircraft in service, by any means whatsoever, a device or substance which is likely to destroy that aircraft, or to

ten Akte auf. Bezüglich der *aut dedere aut iudicare*-Verpflichtung übernahm sie mit Art. 7 und 8 das Herzstück des Haager Modells.

Das Protocol for the Suppression of Unlawful Acts of Violence at Airports Serving Civil Aviation[1200] von 1988 ergänzte die Montreal Convention um Gewalthandlungen gegen Personen auf Flughäfen und um Akte gegen Einrichtungen von Flughäfen, sofern sie geeignet sind, die internationale Luftfahrt zu beeinträchtigen. Sowohl die Montreal Convention als auch das ergänzende Protokoll von 1988 sollen mittelfristig ersetzt werden durch die Convention on the Suppression of Unlawful Acts Relating to International Civil Aviation[1201], unterzeichnet am 10. September 2010 in Peking.

Mit diesen vier Abkommen bestehen damit hinsichtlich nahezu aller Verhaltensweisen, die im Zusammenhang mit Luftfahrt ein Sicherheitsrisiko darstellen, internationale strafrechtliche Übereinkommen. Dennoch werden die Abkommen mitunter als unzulänglich empfunden, da sie den Staaten hinsichtlich der alternativen Entscheidung, eine Person auszuliefern oder strafrechtlich zu verfolgen, keine Vorgaben machen.[1202] Gerade diesen Aspekt betreffend gebe es jedoch große Schwierigkeiten bei der internationalen strafrechtlichen Kooperation. Beispielhaft hierfür stehe die Weigerung Libyens, trotz Aufforderung durch den Sicherheitsrat,[1203] die Drahtzieher des Lockerbie-Attentates auszuliefern.[1204]

---

cause damage to it which renders it incapable of flight, or to cause damage to it which is likely to endanger its safety in flight; or

destroys or damages air navigation facilities or interferes with their operation, if any such act is likely to endanger the safety of aircraft in flight; or

communicates information which he knows to be false, thereby endangering the safety of an aircraft in flight.

2. Any person also commits an offence if he:
   (a) attempts to commit any of the offences mentioned in paragraph 1 of this Article, or
   (b) is an accomplice of a person who commits or attempts to commit any such offence."

1200 UNTS 1990, Vol. 1589, Nr. 14118, S. 474 ff.

1201 Text erhältlich im Internet: <http://www.icao.int/Secretariat/Legal/List%20of%20Parties/Beijing_Conv_EN.pdf> (zuletzt besucht am 31. Juli 2017).

1202 Diesen Punkt kritisierend *M. C. Bassiouni*, Multilateral Conventions, S. 120; *K. Wolny*, Die völkerrechtliche Kriminalisierung von modernen Akten des internationalen Terrorismus, S. 79.

1203 S/Res/731 (1992) vom 21. Januar 1992, Ziff. 3; S/Res/748 (1992) vom 31. März 1992, Ziff. 1.

1204 *K. Wolny*, Die völkerrechtliche Kriminalisierung von modernen Akten des internationalen Terrorismus, S. 79. Ausführlicher zur Bedeutung des *aut dedere*

Diesen Bedenken ist zu entgegnen, dass die *aut dedere aut iudicare*-Klauseln bewusst als alternativ zu erfüllende Pflicht in die Verträge aufgenommen wurden. Zwar wäre das maßgebliche Ziel dieser Verträge, den Tätern eine sichere Zufluchtsstätte zu verbauen, auch durch einen Vorrang der Auslieferung zu erreichen gewesen. Politisch durchsetzbar war und ist in der Regel wegen der großen Zurückhaltung vieler Staaten hinsichtlich der Auslieferung bestimmter Personengruppen die Alternative des *aut dedere aut iudicare*.[1205] Vor allem die Nichtauslieferung von politisch Verfolgten und eigenen Staatsangehörigen ist eine weit verbreitete und akzeptierte Praxis der Staaten.[1206] Dementsprechend war die Nichtsauslieferung der mutmaßlichen Täter durch Libyen gerechtfertigt, bis der Sicherheitsrat Libyen schließlich in Resolutionen zur Auslieferung aufforderte.[1207]

b) Abkommen gegen maritimen Terrorismus

Bereits erörtert wurde die Möglichkeit, Akte des maritimen Terrorismus als Piraterie zu verfolgen.[1208] Trotz überzeugender Argumente, die für die Subsumtion politisch motivierter Taten auf Hoher See unter das Erfordernis der „private ends" i. S. v. Art. 101 SRÜ streiten, ist die Analyse zum Schluss gekommen, dass sich nach vorherrschender Interpretation seitens

---

       aut iudicare-Grundsatzes im Lockerbie-Fall siehe *M. Plachta*, in: EJIL 12 (2001), 125 ff.; *C. Maierhöfer*, „Aut dedere – aut iudicare", S. 324 ff., 367 ff.

1205 So überzeugend dargelegt von *C. Maierhöfer*, „Aut dedere – aut iudicare", S. 49 f.

1206 Vgl. nur die weit verbreiteten Ausnahmeklauseln in Auslieferungsverträgen betreffend die Auslieferung politisch Verfolgter (sog. „political offence exemption"), siehe hierzu ausführlich *G. Gilbert*, Responding to International Crime, S. 193 ff. Zur Nichtauslieferung eigener Staatsangehöriger vgl. nur den Verweis in vielen der sektoralen Anti-Terrorismus-Abkommen, dass die Auslieferung den im Recht des ersuchten Staates vorgesehenen Bedingungen unterliegt, also auch den staatlichen Auslieferungsbeschränkungen eigener Staatsangehöriger, z. B. Art. 8 Abs. 2 Convention for the suppression of unlawful seizure of aircrafts. Exemplarisch für die Zurückhaltung vieler Staaten bezüglich der Auslieferung eigener Staatsangehöriger vgl. die deutsche Regelung des Art. 16 Abs. 2 GG; zum Verhältnis von Art. 16 Abs. 2 GG zum Völkerrecht siehe *A. Randelzhofer*, in: Herzog/Scholz (Hrsg.), Grundgesetz, Rn. 17; für weitere Beispiele des verfassungsrechtlichen Verbots der Auslieferung eigener Staatsangehöriger vgl. *T. Stein*, Die Auslieferungsausnahme bei politischen Delikten, S. 14, Fn. 56.

1207 Ebenso *T. Stein*, in: AVR 31 (1993), 206 (212).

1208 Siehe oben D. II. 2.

der Völkerrechtswissenschaft und der Staaten politische Akte und private Zielsetzung ausschließen. Diese Ansicht offenbarte sich klar in dem Überfall auf die Achille Lauro im Jahre 1985.[1209] Als Reaktion initiierten Ägypten, Italien und Österreich die Convention for the Suppression of Unlawful Acts Against the Safety of Maritime Navigation[1210] (SUA). Anwendung findet das Übereinkommen auf private Schiffe (Art. 2), deren Kurs gemäß Art. 4 wie folgt ist:

> „[…] into, through or from waters beyond the outer limit of the territorial sea of a single State, or the lateral limits of its territorial sea with adjacent States […]"

Damit sind nur solche Schiffe nicht erfasst, die sich planmäßig ausschließlich innerhalb der Territorialgewässer eines Staates bewegen sollen. Die Liste der Handlungen, auf die sich das Abkommen erstreckt, enthält u. a. die Gewaltausübung gegen die Besatzung, Beschädigung und Übernahme der Kontrolle des Schiffes und sonstige Sabotageakte.[1211] Umfasst sind demnach nahezu alle denkbaren gewaltsamen Akte, die auf See ausgeführt werden können. Zumindest unter Art. 3 b) können in der Regel auch Akte von Piraten subsumiert werden. Anwendung findet das Abkommen darüber hinaus auf Personen, die die genannten Akte versuchen oder ihre Begehung begünstigen (Art. 3 Abs. 4). Eine Einschränkung erfährt die Reich-

---

1209 Siehe oben D. II. 2.

1210 UNTS 1992, Vol. 1678, Nr. 29004, S. 201 ff.

1211 Art. 3: „Any person commits an offence if that person unlawfully and intentionally:

seizes or exercises control over a ship by force or threat thereof or any other form of intimidation; or

performs an act of violence against a person on board a ship if that act is likely to endanger the safe navigation of that ship; or

destroys a ship or causes damage to a ship or to its cargo which is likely to endanger the safe navigation of that ship; or

places or causes to be placed on a ship, by any means whatsoever a device or substance which is likely to destroy that ship, or cause damage to that ship or its cargo which endangers or is likely to endanger the safe navigation of that ship; or

destroys or seriously damages maritime navigational facilities or seriously interferes with their operation, if any such act is likely to endanger the safe navigation of a ship; or

communicates information which he knows to be false, thereby endangering the safe navigation of a ship; or

injures or kills any person, in connection with the commission or the attempted commission of any of the offences set fourth in subparagraphs (a) to (f)."

weite dieser Auflistung aber dadurch, dass die aufgeführten Akte geeignet sein müssen, die sichere Schiffsführung zu gefährden. Zu Recht weisen Experten jedoch darauf hin, dass dieses Merkmal nicht zu restriktiv auszulegen sei und zumindest auf vielbefahrenen Seestraßen bereits jede Anwendung oder Androhung von Gewalt gegen Schiff oder Besatzung als eine Gefährdung der sicheren Schifffahrt anzusehen sei.[1212]

Hinsichtlich der justiziellen Verfolgung dieser Akte schreibt das Abkommen diverse Maßnahmen vor. Staaten sollen u. a. die vom Abkommen erfassten Akte in ihren Rechtsordnungen kriminalisieren (Art. 5), sie sollen ihre Rechtsprechung über diese Akte ausüben, sofern einer der Anknüpfungspunkte gemäß Art. 6 vorliegt und sie sollen sich gegenseitig die größtmögliche Unterstützung hinsichtlich der strafrechtlichen Verfolgung der genannten Akte zukommen lassen (Art. 12). Indem das Abkommen fordert, bei Vorliegen eines Anknüpfungspunktes i. S. v. Art. 6 einen Täter ohne Verzug den Strafverfolgungsbehörden zu übergeben „if it does not extradite him" (Art. 10 Abs. 1), folgt es dem Grundsatz *aut dedere aut iudicare*. Da es zudem der Auslieferung keinen Vorrang einräumt oder die eigene Strafverfolgung nur erlaubt, wenn kein Auslieferungsersuchen anderer Staaten vorliegt, unterstellt es die erfassten Taten dem Weltrechtsgrundsatz. Als Rechtsgrundlage für ein Auslieferungsverlangen soll das Abkommen selbst dienen (Art. 11 Abs. 2), so dass es auf ein separates Auslieferungsabkommen zwischen den beteiligten Staaten nicht mehr ankommt.[1213] Dementsprechend folgt auch die SUA hinsichtlich des *aut dedere aut iudicare* dem Haager Modell.

Außerdem legt die SUA due diligence-Pflichten zur Verhinderung krimineller Gewalt auf See fest (Art. 13).

Obwohl der SUA vielfach das Potenzial zuerkannt wurde, ein wirkungsvolles Instrument zur Bekämpfung bewaffneter Kriminalität auf See zu sein,[1214] fiel die Bilanz bis 2001 bescheiden aus.[1215] Hierzu trug entscheidend die große Zurückhaltung einiger Staaten bei, die SUA zu ratifizieren, insbesondere unter den Anrainerstaaten der Straße von Malacca und der

---

1212 Vgl. *R. C. Beckman*, in: ODIL 33 (2002), 317 (322).

1213 Diesen Punkt ebenfalls hervorhebend *R. C. Beckman*, in: ODIL 33 (2002), 317 (329).

1214 *M. Halberstam*, in: AJIL 82 (1988), 269 (308 f.); *M. Mejia/P. K. Mukherjee*, in: JIML 12 (2006), 170 (174); *R. C. Beckman*, in: ODIL 33 (2002), 317 (334).

1215 Vgl. die Nachweise bei *R. C. Beckman*, in: ODIL 33 (2002), 317 (322 ff.), der Überfälle in Südostasien von 1998–2000 untersucht und zu dem Ergebnis kommt, dass von 317 Angriffen nur 32 dem Regelungsgehalt der SUA unterfielen.

Südchinesischen See, jenen Gewässern also, die zu bis zum rasanten An-
stieg der bewaffneten Überfälle am Horn von Afrika am stärksten von Gewalt auf See betroffen waren.[1216] Erst die Anschläge vom 11. September
2001 und ein darauf folgender Appell der Versammlung der IMO, der
SUA beizutreten,[1217] beschleunigten den Ratifizierungsprozess.[1218] Ebenfalls auf Drängen der Versammlung der IMO[1219] erfolgte eine Revision, in
deren Zuge die SUA um ein Protokoll ergänzt wurde.[1220] Bedeutend erweitert wurde der Kreis der Handlungen, die das Abkommen erfasst. In
Art. *3bis* ist nunmehr festgelegt, dass auch derjenige einen rechtswidrigen
Akt i. S. d. Abkommens verübt, der radioaktive, biologische oder chemische Kampfstoffe so einsetzt oder einzusetzen droht, dass daraus schwere
Verletzungen oder der Tod resultieren oder zu erwarten sind. Dies gilt
aber nur, wenn der Akt darauf gerichtet ist, die Bevölkerung einzuschüch-
tern oder eine Regierung oder Internationale Organisation zu einem Tun
oder Unterlassen zu bewegen (Art. *3bis* Abs 1 a)). Unabhängig von dieser
Zielsetzung ist die SUA anwendbar, wenn eine Person an Bord eines Schiffes explosives, radioaktives, biologisches oder chemisches Material trans-
portiert, von dem sie weiß, dass es zu bestimmten Verbrechen benutzt werden soll (Art. *3bis* Abs. 1 b)). Art. *3ter* verbietet das Transportieren einer
Person, von der bekannt ist, dass sie eine der in Art. 3, *3bis* oder *3quarter*
oder in anderen Abkommen aufgeführten Akte verübt hat. Art. *3quarter*
schließlich enthält ergänzende Regelungen, etwa zum Versuch oder zur
Beteiligung.[1221]

Bemerkenswert an dieser signifikanten Erweiterung des Geltungsbereichs der SUA ist die Einbeziehung des subjektiven Elementes, durch das
die SUA noch deutlicher zu einem Anti-Terrorismus-Instrument wird.
Dass das Protokoll in die allgemeinen Anstrengungen zur Zurückdrän-

---

1216 Vgl. *M. Mejia/P. K. Mukherjee*, in: JIML 12 (2006), 170 (175).
1217 Resolution A.924(22), Review of measures and procedures to prevent acts of
    terrorism which threaten the security of passengers and crews and the safety of
    ships, angenommen am 20. November 2001, Ziff. 3.
1218 *M. Mejia/P. K. Mukherjee*, in: JIML 12 (2006), 170 (175).
1219 Resolution A.924(22), Review of measures and procedures to prevent acts of
    terrorism which threaten the security of passengers and crews and the safety of
    ships, angenommen am 20. November 2001, Ziff. 1.
1220 Protocol of 2005 to the Convention for the Suppression of Unlawful Acts
    Against the Safety of Maritime Navigation v. 14. Oktober 2005, Text erhältlich
    im Internet: <https://www.unodc.org/tldb/pdf/Protocol_2005_Convention_Ma
    ritime_navigation.pdf> (zuletzt besucht am 20. März 2017).
1221 Zu weiteren Änderungen und Erweiterungen des SUA durch das Protokoll
    vgl. *M. Mejia/P. K. Mukherjee*, in: JIML 12 (2006), 170 (175 ff.).

gung des Terrorismus eingebettet ist, machen ebenso Erwägungen der Präambel deutlich, die auf die Sicherheitsresolutionen 1368 und 1373 und andere Anti-Terrorismus-Maßnahmen verweisen. Zugleich stehen bei den Bestimmungen hinsichtlich des Transports von nuklearem Material nicht mehr nur nichtstaatliche Gewaltakteure im Fokus, sondern ebenso Staaten, die im Verdacht stehen, unerlaubte Nuklearprogramme zu betreiben. Zeitgleich mit der SUA wurde ein Protokoll verabschiedet, das die entscheidenden Bestimmungen der SUA auch für Akte auf oder gegen verankerte Plattformen erstreckt.[1222]

c) Abkommen zum Schutz bestimmter Personengruppen

Um auf die ansteigende Zahl terroristischer Attentate auf Diplomaten zu reagieren, wurde unter dem Dach der Vereinten Nationen die Convention on the prevention and punishment of crimes against internationally protected persons, including diplomatic agents[1223] (UN-Diplomatenschutzkonvention) verabschiedet. Sie erfasst die Tötung, Entführung und andere Angriffe auf das Leben oder die Freiheit international geschützter Personen (Art. 2 a)), dazu gewaltsame Angriffe auf die öffentlichen Einrichtungen, privaten Aufenthaltsorte und Transportmittel solcher Personen (Art. 2 b)), sowie die Drohung, der Versuch und die Beteiligung an den in Art. 2 a), b) aufgeführten Akten (Art. 2 c), d)). Geschützte Personen i. S. d. Abkommens sind Staats- und Regierungschefs und Außenminister samt ihrer Familien (Art. 1 a)), sowie die nach internationalem Recht geschützten Vertreter von Staaten oder internationalen Organisationen (Art. 1 b)).

Hinsichtlich der Entscheidung auszuliefern oder strafrechtlich zu verfolgen, folgt das Abkommen inhaltlich dem „Haager Modell", ohne es buchstäblich zu kopieren.[1224] Daneben enthält es die üblichen Bestimmungen zur Gewährleistung einer optimalen justiziellen Zusammenarbeit.

1222 Protocol for the Suppression of Unlawful Acts Against the Safety of Fixed Platforms Located on the Continental Shelf v. 10. März 1988, UNTS 1992, Vol. 1678, Nr. 29004, S. 201 ff.

1223 UNTS 1977, Vol. 1035, Nr. 15410, S. 167 ff.

1224 Den Nachweis, dass die UN-Diplomatenschutzkonvention sich trotz der textlichen Abweichung am „Haager Modell" orientiert, führt detailliert C. *Maierhöfer*, „Aut dedere – aut iudicare", S. 141 ff.

Eine Ergänzung fand das UN-Diplomatenschutzabkommen mit der Convention on the safety of United Nations and associated personnel[1225] vom 9. Dezember 1994. Dieses kriminalisiert in Art. 9 die bereits von Art. 2 UN-Diplomatenschutzabkommen erfassten Akte für den Fall, dass sie gegen Personal der Vereinten Nationen oder mit den Vereinten Nationen assoziierte Personen (Definition dieses Personenkreises in Art. 1 a), b) des Abkommens) im Rahmen friedenserhaltender oder anderer mit besonderen Risiken verbundener Operationen verübt werden.[1226] Dagegen soll die Konvention nicht in bewaffneten Konflikten anwendbar sein, um nicht mit den Regelungen des humanitären Völkerrechts in Konflikt zu geraten.[1227] Die *aut dedere aut iudicare*-Pflicht folgt erneut dem „Haager Modell".

d) Abkommen gegen Geiselnahme

Nicht dem Schutz einer bestimmten Personengruppe, sondern dem Schutz jeder Person vor Geiselnahme dient die International Convention against the taking of hostages[1228] vom 17. Dezember 1979. Ihren Abschluss trieb die Bundesrepublik Deutschland unter dem Eindruck der Geiselnahme der israelischen Delegation bei den Olympischen Spielen 1972 in München durch palästinensische Aktivisten wesentlich voran.[1229] Als Geiselnahme definiert das Abkommen jedes Ergreifen oder Festhalten einer Person, die der Täter droht zu töten, zu verletzen oder weiter festzuhalten, um einen Dritten zu einem Tun oder Unterlassen zu nötigen (Art. 1 Abs. 1), auch den Versuch und die Beteiligung an einer Geiselnahme unterstellt das Abkommen seinem Anwendungsbereich (Art. 1 Abs. 2). Neben Bestimmungen zur internationalen Kooperation und zur Linderung des Leides der Geisel, sind die zentralen Vorschriften des Abkommens jene zu Auslieferung und strafrechtlicher Verfolgung der erfassten Akte, die wieder dem „Haager Modell" entlehnt sind. In Anbetracht der Schnittstellen zwischen UN-Diplomatenschutzabkommen, der Haager Konvention und dem Abkommen gegen Geiselnahme hat die übereinstimmende Konstruk-

---

1225 Text erhältlich im Internet: <https://treaties.un.org/doc/source/RecentTexts/XVIII-8a_english.pdf> (zuletzt besucht am 31. Juli 2017).
1226 Für eine detailliertere Übersicht vgl. *E. T. Bloom*, in: AJIL 89 (1995), 621 ff.
1227 Vgl. hierzu ausführlich *E. T. Bloom*, in: AJIL 89 (1995), 621 (624 ff.).
1228 UNTS 1983, Vol. 1316, Nr. 21931, S. 205 ff.
1229 Vgl. ausführlich zur Entstehungsgeschichte *K. W. Platz*, in: ZaöRV 40 (1980), 276 ff.

tion der *aut dedere aut iudicare*-Verpflichtung den Vorteil, mögliche Konkurrenzprobleme zwischen den Abkommen zu entschärfen, sollten zwei oder mehrere parallel anwendbar sein.[1230]

In bewaffneten Konflikten ist das Abkommen gemäß Art. 12 grundsätzlich nicht anwendbar. Allerdings ist der Anwendungsausschluss davon abhängig, dass nach dem humanitären Völkerrecht eine Auslieferungspflicht besteht.[1231] Eine Auslieferungspflicht für Akte nichtstaatlicher Akteure besteht aber nur im internationalen bewaffneten Konflikt, weil hier die Geiselnahme einer geschützten Person gemäß Art. 34 GA IV untersagt sowie nach Art. 147 GA IV eine schwere Verletzung ist, die wiederum die Auslieferungspflicht gemäß Art. 146 Abs. 2 GA IV auslöst.[1232] Da somit nur im internationalen bewaffneten Konflikt eine Pflicht zum *aut dedere aut iudicare* besteht, bleibt das Abkommen auch auf Geiselnahmen durch nichtstaatliche Akteure in nichtinternationalen bewaffneten Konflikten anwendbar.

e) Abkommen bezüglich der Verhinderung von Sprengstoffanschlägen

Eine erneute Ausweitung der internationalen Kriminalisierung terroristischer Akte erfolgte mit der International Convention for the Suppression of Terrorist Bombings[1233] vom 15. Dezember 1997. Auslöser für das Abkommen war die Einsicht, dass nicht allein Anschläge an besonderen Orten wie Flugzeugen oder Schiffen oder gegen besondere Personen wie Diplomaten eine effektive internationale Strafverfolgung erfordern, sondern ebenso Bombenanschläge an öffentlichen Orten.[1234]

Entsprechend dieser Zielsetzung hat das Abkommen einen weiten örtlichen Anwendungsbereich: Erfasst wird das Anbringen, Auslösen und Explodieren von Sprengsätzen oder anderen tödlichen Vorrichtungen an öffentlichen Orten, in staatlichen Einrichtungen, öffentlichen Verkehrsmitteln oder Einrichtungen der Infrastruktur (Art. 2 Abs. 1; Art. 1 definiert die einzelnen Tatbestandsmerkmale des örtlichen Anwendungsbereichs ge-

---

1230 Hierauf weist zu Recht C. *Maierhöfer*, „Aut dedere – aut iudicare", S. 146 hin.
1231 Art. 12: „[...] and in so far as States Parties to this Convention are bound under these conventions to prosecute or hand over the hostage-taker [...]."
1232 Ausführlich hierzu G. *Schneider*, Die ‚terroristische' Handlung im Völkervertragsrecht, S. 279 ff.
1233 A/RES/52/164 vom 9. Januar 1998, Annex; UNTS 2003, Vol. 2149, Nr. 37517, S. 256.
1234 S. M. *Witten*, in: AJIL 92 (1998), 774 (774 f.).

nauer). Unter tödlichen Vorrichtungen versteht das Abkommen gemäß Art. 1 Abs. 3 b) auch Waffen oder Vorrichtungen, die biologische, chemische oder radioaktive Stoffe freisetzen. Zudem muss der Täter die Absicht verfolgen, den Tod oder schwere Körperverletzungen (Art. 2 Abs. 1 a)) oder eine weitgehende Zerstörung der genannten Orte (Art. 2 Abs. 1 b)) zu verursachen, sofern diese Zerstörung zu einem erheblichen wirtschaftlichen Schaden führt oder führen kann. Auch der Versuch und die Beteiligung an den Taten sind erfasst (Art. 2 Abs. 2 und 3). Art. 3 verlangt, wie die verwandten Konventionen auch, ein internationales Element, um das Abkommen anwenden zu können. Die Bestimmungen zu *aut dedere aut iudicare* sind in bewährter Haager Manier ausgestaltet, die in Art. 8 Abs. 2 um einen neuen Aspekt bereichert wird, demzufolge es Staaten gestattet ist, die Auslieferung eigener Staatsangehöriger unter dem Vorbehalt zuzulassen, dass sie die Strafe in ihrem Heimatland abbüßen.[1235]

Das Abkommen gilt gemäß Art. 19 Abs. 2 ausdrücklich nicht für Handlungen von Streitkräften („armed forces") in bewaffneten Konflikten.[1236] Da das Abkommen diesen Begriff in Abgrenzung zu staatlichen Streitkräften verwendet („military forces of a State"), wird deutlich, dass auch nichtstaatliche Gruppen Streitkräfte sein können. Im Übrigen verweist das Abkommen zur Interpretation der „armed forces" auf das Verständnis des humanitären Völkerrechts. Diesbezüglich hat die Arbeit bereits gezeigt, dass auch nichtstaatliche Gruppen „armed forces" i.S.v. Art. 3 GA sein können.[1237] Damit unterfallen im bewaffneten Konflikt nur Anschläge nichtstaatlicher Akteure, die nicht einer organized armed group zugehörig sind, dem Sprengstoffabkommen.[1238]

f) Abkommen betreffend den Gebrauch von Massenvernichtungswaffen

Verhältnismäßig früh erkannten Staaten die Missbrauchsgefahren im Zusammenhang mit radioaktivem Material und verabschiedeten daher am 26. Oktober 1970 die Convention on the Physical Protection of Nuclear

---

1235 Dazu auch *S. M. Witten*, in: AJIL 92 (1998), 774 (779).
1236 Ausführlich hierzu *G. Schneider*, Die ‚terroristische' Handlung im Völkervertragsrecht, S. 297 ff.
1237 Siehe oben E. I. 2. b).
1238 A. A. *G. Schneider*, Die ‚terroristische' Handlung im Völkervertragsrecht, S. 315.

Material[1239]. Sie erlegt den Staaten diverse Pflichten auf, um den sicheren Transport und Schutz nuklearen Materials zu gewährleisten (Art. 3–6). Darüber hinaus verpflichtet sie die Staaten, den unbefugten Gebrauch, Besitz und die Weitergabe nuklearen Materials unter Strafe zu stellen, sofern damit eine Gefährdung von Menschen oder Eigentum eintritt oder einzutreten droht (Art. 7 Abs. 1 a)). Ebenso soll das rechtswidrige – also u. a. durch Betrug, Diebstahl, Nötigung – Erlangen nuklearen Materials (Art. 7 Abs. 1 b)-d)) und die Drohung der Benutzung nuklearen Materials, um Menschen zu gefährden (Art. 7 Abs. 1 e) i)) oder die Drohung, nukleares Material zu stehlen, um eine juristische Person, internationale Organisation oder einen Staat zu einem Tun oder Unterlassen zu nötigen (Art. 7 Abs. 1 e) ii)), kriminalisiert werden. Die Bestimmungen zu *aut dedere aut iudicare* folgen einmal mehr dem „Haager Modell".

Als großes Manko des Abkommens sehen Beobachter, dass sich der sachliche Anwendungsbereich gemäß Art. 2 Abs. 1 auf für friedliche Zwecke genutztes nukleares Material beschränkt.[1240] Angesichts der vielen Atomsprengköpfe, die trotz aller Abrüstungsbemühungen weltweit nach wie vor verfügbar sind, klammert das Abkommen damit in der Tat eines der größten Schreckensszenarien im Zusammenhang mit nuklearem Terrorismus aus. Abhilfe soll hier die International Convention for the Suppression of Acts of Nuclear Terrorism[1241] vom 15. April 2005 schaffen. Ihr zufolge begeht jeder eine Straftat, der radioaktives Material herstellt oder besitzt, um den Tod, schwere Körperverletzungen oder schwere Eigentums- oder Umweltschäden zu verursachen (Art. 2 Abs. 1 a)). Zu bestrafen ist ebenso, wer mit derselben Zielsetzung oder mit dem Ziel, einen Staat, eine juristische Person oder internationale Organisation zu einem Tun oder Unterlassen zu nötigen, radioaktives Material verwendet oder Radioaktivität aus einer Nuklearanlage freisetzt (Art. 2 Abs. 1 b)) oder freizusetzen droht (Art. 2 Abs. 2 a)). Daneben kriminalisiert das Abkommen mehrere Beteiligungsformen an den beschriebenen Delikten. Wie bei der International Convention for the Suppression of Terrorist Bombings stellt Art. 3

1239 UNTS 1983, Vol. 1456, Nr. 24631, S. 101 ff.; *C. Maierhöfer*, „Aut dedere – aut iudicare", S. 146 betont, dass die Convention on the Physical Protection of Nuclear Material das einzige in der Reihe der sektoralen Anti-Terrorismus-Abkommen sei, dass nicht als Reaktion auf einen Terroranschlag erging, sondern vorbeugend erlassen wurde.

1240 Diese Kritik bringen *K. Wolny*, Die völkerrechtliche Kriminalisierung von modernen Akten des internationalen Terrorismus, S. 90 f. und *C. Maierhöfer*, „Aut dedere aut iudicare", S. 147 vor.

1241 UNTS 2007, Vol. 2445, Nr. 44004, S. 89 ff.

klar, dass das Abkommen nur bei grenzüberschreitenden Sachverhalten anwendbar ist; Art. 4 Abs. 2 nimmt Handlungen staatlicher Streitkräfte aus dem Anwendungsbereich heraus. Die Ausgestaltung der *aut dedere aut iudicare*-Verpflichtung beruht inhaltlich auf dem „Haager Modell", sprachlich folgt es teilweise bis ins Detail der International Convention for the Suppression of Terrorist Bombings.

Ein Pendant zur International Convention for the Suppression of Acts of Nuclear Terrorism auf dem Gebiet chemischer oder biologischer Kampfstoffe gibt es noch nicht. Freilich zielen die Convention on the Prohibition of the Development, Production, Stockpiling and Use of Chemical Weapons and on their Destruction[1242] (Chemiewaffenkonvention) vom 13. Januar 1993 und die Convention on the Prohibition of the Development, Production, Stockpiling of Bacteriological (Biological) and Toxic Weapons and on their Destruction[1243] (Biowaffenkonvention) vom 10. April 1972 auf die weitgehende Zurückdrängung chemischer und biologischer Kampfstoffe ab, so dass deren Verfügbarkeit auch für terroristische Zwecke eingeschränkt sein sollte.[1244] Im Übrigen ordnet Art. 2 i. V. m. Art. 4 und Art. 1 Abs. 3 b) Sprengstoffübereinkommen die internationale Kriminalisierung der Nutzung von Vorrichtungen oder Waffen, die chemische oder biologische Stoffe freisetzen, an. Dadurch sollte bereits ein wesentlicher Teil des Gefährdungspotenzials des chemischen und biologischen Terrorismus erfasst sein.

g) Abkommen gegen die Finanzierung von Terrorismus

Völlig neue Wege auf dem Gebiet der Terrorismusbekämpfung ging die Staatengemeinschaft schließlich mit der bereits in anderem Zusammenhang diskutierten International Convention for the Suppression of the Financing of Terrorism.[1245] Statt eine bestimmte Erscheinungsform terroristischer Taten zu kriminalisieren, setzt sie an einem entscheidenden Vorbe-

---

1242 UNTS 1997, Vol. 1974, Nr. 33757, S. 45 ff.

1243 Text erhältlich im Internet: <http://www.unog.ch/80256EDD006B8954/(httpA ssets)/C4048678A93B6934C1257188004848D0/$file/BWC-text-English.pdf> (zuletzt besucht am 31. Juli 2017).

1244 Ausführlich zur Wirksamkeit der Chemie- und Biowaffenkonvention im Rahmen der Terrorismusbekämpfung siehe *K. Wolny*, Die völkerrechtliche Kriminalisierung von modernen Akten des internationalen Terrorismus, S. 93 ff.

1245 Siehe oben D. I. 3.; ausführlich zum Abkommen *R. Lavalle*, in: ZaöRV 60 (2000), 491 ff.

reitungsstadium vieler terroristischer Taten an – der Finanzierung. Das Abkommen will zunächst die Finanzierung all jener Akte unterbinden, die von den soeben besprochenen sektoralen Anti-Terrorismusabkommen erfasst sind. Wer daher vorsätzlich finanzielle Mittel mit der Absicht bereitstellt oder sammelt, dass sie zur Ausführung eben jener Akte genutzt werden, macht sich gemäß Art. 2 Abs. 1 a) strafbar. Ebenso untersagt ist gemäß Art. 2 Abs. 1 b) die Bereitstellung oder Sammlung finanzieller Mittel zur Ausführung irgendeines anderen Aktes

> "[…] intended to cause death or serious bodily injury to a civilian, or to any other person not taking an active part in the hostilities in a situation of armed conflict, when the purpose of such act, by its nature or context, is to intimidate a population, or to compel a government or an international organization to do or to abstain from doing any act."[1246]

Neben diesen Strafbestimmungen legt das Abkommen den Staaten umfassende Kooperationspflichten auf, um die Finanzströme zwischen terroristischen Gruppierungen auszutrocknen.[1247]

Hinsichtlich der *aut dedere aut iudicare* Verpflichtung, dem Erfordernis eines grenzüberschreitenden Sachverhalts, der Ausgestaltung der Auslieferungsmodalitäten und diversen anderen Vorschriften orientiert sich das Finanzierungsabkommen eng am Sprengstoffabkommen.[1248]

h) Bewertung der Abkommen

Die vorangegangene Übersicht gibt darüber Aufschluss, wie gut und wie engmaschig das Netz internationaler Abkommen geknüpft ist, das Akteure kriminalisiert, die in Friedenszeiten zu bestimmten Methoden typisch terroristischer Gewaltanwendung greifen. Verbunden mit dem Mechanismus *aut dedere aut iudicare* besteht hier auf der internationalen strafrechtlichen Ebene ein Normengefüge, das die Staaten als wirksames Verfolgungsre-

---

1246 Zumindest missverständlich in diesem Zusammenhang *K. Wolny*, Die völkerrechtliche Kriminalisierung von modernen Akten des internationalen Terrorismus, S. 110, die offenbar davon ausgeht, dass das Abkommen nicht die Finanzierung der in Art. 2 Abs. 1 b) definierten Handlung unter Strafe stellt, sondern die Handlung an sich.

1247 Zu diesen Pflichten ausführlich *J.-m. Koh*, Suppressing Terrorist Financing and Money Laundering, S. 60 ff.

1248 Dazu detailliert *R. Lavalle*, in: ZaöRV 60 (2000), 491 (494, Fn. 13).

gime nutzen könnten. Es sind nur wenige internationale terroristische Akte der vergangenen Jahre denkbar, die nicht unter eines dieser Abkommen fielen.[1249] Dies liegt vor allem daran, dass jeder Anschlag, der mittels Sprengsätzen verübt wird, durch die International Convention for the Suppression of Terrorist Bombings erfasst ist.[1250] Deshalb ist die Kritik, die Abkommen seien lückenhaft, zwar nicht vollends von der Hand zu weisen.[1251] Sie sollte aber nicht bemänteln, dass diese Lücke klein ist. Dies gilt umso mehr, als die meisten relevanten Abkommen von fast allen Staaten ratifiziert worden sind.[1252]

1249 Ähnlich positiv die Einschätzung bei *R. Lavalle*, in: ZaöRV 67 (2007), 89 (117): „[...] the overall coverage of the UN counter-terrorism treaties [...] ist wide enough to 'catch' the majority of international terrorism [...].“

1250 Dies gilt etwa für die Anschläge von Djerba am 11. April 2002, Bali am 12. Oktober 2002, Instanbul am 15. und 20. November 2003 sowie 7. Juni 2016, Madrid am 11. März 2004, London am 7. Juli 2005 und Beirut am 12. November 2015, die allesamt mittels Sprengsätzen verübt wurden, die unter Art. 1 Abs. 3 a) des Abkommens fallen. Unter Strafe steht zudem nach Art. 2 Abs. 3 dieses Abkommens die Beteiligung, Organisation und u. U. sonstige Beiträge zu der Tat, so dass in der Regel auch Helfer im Vorfeld sowie Hintermänner erfasst sind. Der Anschlag auf das World Trade Center vom 11. September 2001 fällt unter Art. 1 der Hague Convention for the Suppression of Unlawful Seizure of Aircraft sowie Art. 1 b) der Convention for the Suppression of Unlawful Acts Against the Safety of Civil Aviation, Hintermänner und sonstige Beteiligte dürften unter Art. 2 b) dieses Abkommens fallen. Dagegen werden die Anschläge von Paris am 13. November 2015 nur bezüglich der Sprengstoffdetonationen am Stade de France und einer weiteren gezündeten Bombe im Café Comptoir Voltaire von der International Convention for the Suppression of Terrorist Bombings erfasst. Der Überfall auf das Musiktheater Bataclan dürfte wiederum unter das Geiselnahmeabkommen fallen, weil die Attentäter im Laufe des Abends Geiseln nahmen, vgl. Pressebericht etwa der englischen Zeitung Guardian, erhältlich im Internet: <https://www.theguardian.com/world/2015/nov/20/bataclan-witnesses-recount-horror-paris-attacks> (zuletzt besucht am 31. Juli 2017). Unter keines der Abkommen fallen dagegen die mittels Handfeuerwaffen durchgeführten Angriffe auf mehrere Cafés in Paris am 13. November 2015 und die jeweils mit einem LKW verübten Anschläge von Nizza am 14. Juli 2016 und Berlin am 19. Dezember 2016.

1251 *S. Oeter*, in: Hamilton (Hrsg.), Terrorism and International Relations, 115 (117), der diese Ansicht allerdings nicht begründet.

1252 Convention on Offences and Certain Other Acts Committed on Board Aircraft: 186 Vertragsstaaten, vgl. Informationen der International Civil Aviation Organization, erhältlich im Internet: <http://www.icao.int/secretariat/legal/List%20of%20Parties/Tokyo_EN.pdf> (zuletzt besucht am 31. Juli 2017); Convention for the Suppression of Unlawful Seizure of Aircraft: 185 Vertragsstaaten, vgl. Informationen der International Civil Aviation Organization, erhältlich im Internet: <http://www.icao.int/secretariat/legal/List%20of%20Parties/Hague

Kritisiert wird an diesen spezifischen Abkommen des Weiteren, dass sie nicht dazu beitrügen, ein einheitliches Verständnis von Terrorismus zu schärfen.[1253] Allein unter der Prämisse der Begriffsfindung mag diese Kritik berechtigt sein. Es sollte aber nicht vernachlässigt werden, dass gerade aus rechtsstaatlicher Perspektive der spezifische Ansatz der vorgestellten Abkommen zu begrüßen ist, da er nicht riskiert, einen uferlosen Tatbestand zu schaffen, unter den jede beliebige organisierte Gewalthandlung mit internationalem Bezug zu subsumieren wäre. Gerade dieses Risiko ist aber typisch für nahezu jede Terrorismusdefinition.[1254]

Größere Berechtigung haben dagegen die wiederkehrenden Klagen, es fehle nach wie vor an einer völkerrechtlichen Kriminalisierung des internationalen Terrorismus, da er nicht als völkerrechtliches Verbrechen anerkannt sei.[1255] Dies wird aber nur dann zu Recht bemängelt, wenn man von einem engen Verständnis völkerrechtlicher Verbrechen ausgeht, das nur jene Delikte als Gegenstand des materiellen Völkerstrafrechts anerkennt, deren Strafbarkeit das Völkerrecht unmittelbar begründet und über die internationale Strafgerichte entscheiden.[1256] Die genannten Abkommen – sofern sie von allen Staaten umgesetzt werden – führen lediglich zu einer weltweit gleich geltenden Kriminalisierung aller terroristischen Akte sowie

---

_EN.pdf> (zuletzt besucht am 31. Juli 2017); Convention for the Suppression of Unlawful Acts Against the Safety of Civil Aviation: 188 Vertragsstaaten, vgl. Informationen der International Civil Aviation Organization, erhältlich im Internet: <http://www.icao.int/secretariat/legal/List%20of%20Parties/Mtl71_EN. pdf> (zuletzt besucht am 31. Juli 2017); International Convention against the taking of hostages: 176 Vertragsstaaten, vgl. Informationen der Vereinten Nationen, erhältlich im Internet: <https://treaties.un.org/Pages/ViewDetails.aspx?s rc=TREATY&mtdsg_no=XVIII-5&chapter=18&clang=_en> (zuletzt besucht am 31. Juli 2017); International Convention for the Suppression of Terrorist Bombings: 169 Vertragsstaaten, vgl. Informationen der Vereinten Nationen, erhältlich im Internet: <https://treaties.un.org/Pages/ViewDetails.aspx?src=IND &mtdsg_no=XVIII-9&chapter=18&clang=_en> (zuletzt besucht am 31. Juli 2017); International Convention for the Suppression of the Financing of Terrorism: 187 Vertragsstaaten, vgl. Informationen der Vereinten Nationen, erhältlich im Internet: <https://treaties.un.org/Pages/ViewDetails.aspx?src=IND& mtdsg_no=XVIII-11&chapter=18&clang=_en> (zuletzt besucht am 31. Juli 2017).

1253   B. Golder/G. Williams, in: UNSW Law Journal 27 (2004), 270 (273 f.).

1254   H. Duffy, The 'War on Terror', S. 40 f.; entlarvend in dieser Hinsicht G. P. Fletcher, in: JICJ 4 (2006), 894 ff.

1255   K. Wolny, Die völkerrechtliche Kriminalisierung von modernen Akten des internationalen Terrorismus, S. 136.

1256   So das Verständnis völkerrechtlicher Verbrechen von S. Hobe, Einführung in das Völkerrecht, S. 581 ff.

zur Absicherung ihrer Verurteilung. Sie begründen keine Jurisdiktions-
kompetenz eines internationalen Strafgerichts. Ob diese Unterwerfung unter die internationale Strafgerichtsbarkeit tatsächlich das maßgebliche
Merkmal sein sollte, um von der völkerrechtlichen Kriminalisierung eines
Delikts auszugehen, ist jedoch durchaus nicht unstrittig. Einige Völker-
rechtler gehen bereits dann von einem völkerrechtlichen Delikt aus, wenn
die zu bestrafende Tat gegen internationale Interessen verstößt, die strafrechtliche Verfolgung aber nur aufgrund nationaler Gesetzgebung erfolgt,
die auf völkerrechtliche Verpflichtungen zurückgeht.[1257] So verstanden
handelte es sich bei den oben beschriebenen Delikten um völkerrechtliche
Verbrechen, da die Abkommen in ihren Präambeln jeweils die internationale Relevanz der Delikte deutlich machen[1258] sowie in ihren operativen
Teilen die Vertragsstaaten zur innerstaatlichen Umsetzung der normierten
Straftatbestände verpflichten. Ob einer der beiden Ansichten der Vorzug
zu geben ist, braucht die Arbeit nicht zu entscheiden. Denn für sie ist nur
wesentlich, ob der Umstand, dass die strafrechtliche Verfolgung der beschriebenen terroristischen Erscheinungsformen auf nationalstaatlicher
und nicht auf völkerrechtlicher Ebene erfolgt, tatsächlich beklagenswert
ist. Ein Vergleich mit den einzigen allgemein anerkannten völkerrechtlichen Delikten („Kernverbrechen"[1259]) – Kriegsverbrechen, Verbrechen gegen die Menschlichkeit, Völkermord und Aggression – offenbart, dass die
beschriebenen terroristischen Delikte in ihrem Unwertgehalt deutlich hinter diesen Kernverbrechen zurückbleiben können. Eine Flugzeugentfüh-
rung ist ebenso wenig wie eine Geiselnahme hinsichtlich ihres Handlungs-
und Erfolgsunrechtes mit einem Verbrechen gegen die Menschlichkeit
gleichzusetzen, selbst wenn im Zuge der Entführung oder der Geiselnahme Menschen zu Schaden kommen. Eine Gleichsetzung ist erst dann gerechtfertigt, wenn der jeweilige terroristische Akt in Bezug auf das Ausmaß

1257 *M. Schröder*, in: Vitzthum/Proelß (Hrsg.), Völkerrecht, 7. Abschnitt, Rn. 40.
1258 Vgl. etwa die Präambel der International Convention for the Suppression of
      Terrorist Bombings, zweiter Absatz der Präambel: „Deeply concerned about
      the worldwide escalation of acts of terrorism in all its forms and manifesta-
      tions, [...]", die Präambel der Convention for the Suppression of Unlawful
      Acts Against the Safety of Civil Aviation, erster Absatz der Präambel: „Consid-
      ering that unlawful acts against the safety of civil aviation [...] undermine the
      confidence of the peoples of the world in the safety of civil aviation; [...]", die
      Präambel der International Convention Against the Taking of Hostages, viert-
      er Absatz der Präambel: „Considering that the taking of hostages is an offence
      of grave concern to the international community [...]."
1259 Zu diesem Begriff *A. Zimmermann*, in: ZaöRV 58 (1998), 47 (48 ff.).

der Zerstörung oder der Opferzahlen eine ausgeprägt große Dimension erreicht. In solchen Fällen aber erfüllt der terroristische Akt in der Regel bereits den Tatbestand eines dieser Kernverbrechen.[1260] Insbesondere der diese Debatte prägende Anschlag vom 11. September 2001 ist bereits mehrfach überzeugend als Verbrechen gegen die Menschlichkeit i. S. v. Art. 7 IStGHS eingeordnet worden.[1261] Es erübrigt sich damit in diesen Fällen, den internationalen Terrorismus gesondert als Völkerrechtsverbrechen zu etablieren. Bleiben terroristische Akte unter der Schwelle dieser Kernverbrechen, ist es nicht erforderlich, ihre Ahndung einem internationalen Gericht zu übertragen. Es bleibt aber auch dann bei ihrer völkerrechtlichen Kriminalisierung.

2. Piraterie und Söldnertum

Nur kurz sei erneut auf die bereits bekannten Normen des Art. 101 SRÜ und Art. 1 Söldnerkonvention verwiesen, in denen Piraterie und Söldnertum unter Strafe gestellt werden. Beim Söldner erfolgt – wie bei den spezifischen Abkommen zu terroristischer Gewalt – eine indirekte völkerrechtliche Kriminalisierung, indem das Abkommen den Tatbestand formuliert und den Vertragsstaaten aufgibt, diesen Tatbestand im innerstaatlichen Recht zu etablieren. Bei der Piraterie ergibt sich die Strafbarkeit hingegen unmittelbar aus dem Völkerrecht.

3. Fazit

Die völkerrechtliche Kriminalisierung nichtstaatlicher Gewalt verfolgt immer dann einen differenzierenden Ansatz, wenn sie die Strafbarkeit einer Gewalthandlung oder die mit ihr verknüpften Rechtsfolgen davon abhängig macht, welcher Akteur handelt. Dementsprechend besteht ein klares differenzierendes strafrechtliches Regelungsregime für Piraten, für Söldner

---

1260 Vgl. ausführlich zur Subsumtion schwerer terroristischer Akte unter die Tatbestände der Kernverbrechen K. *Wolny*, Die völkerrechtliche Kriminalisierung von modernen Akten des internationalen Terrorismus, S. 159.
1261 Vgl. *R. Arnold*, in: ZaöRV 64 (2004), 979 (992 ff.); *A. Cassese*, in: EJIL 12 (2001), 993 (994 f.).

und in jenen der spezifischen Abkommen, die bereits im Titel[1262] oder in der Präambel[1263] ausdrücken, dass sie die von ihnen erfassten Delikte als terroristisch bewerten. Weniger klar differenzierend ist die Kriminalisierung in den übrigen spezifischen Abkommen. Wegen ihrer Entstehungsgeschichte, ihrer Zielsetzung und der erfassten Tathandlungen wird aber angenommen, dass hier gezielt terroristische Verhaltensweisen erfasst werden sollen.[1264] Kritiker dieser Ansicht verweisen auf den bereits erläuterten Umstand, dass bei der Mehrzahl der Tatbestände keine besondere subjektive Zielsetzung erforderlich sei.[1265] Deswegen erfassten die Abkommen auch gewöhnliche Kriminalität und gingen damit über Instrumente zur gezielten Terrorismusbekämpfung hinaus.[1266] Richtig daran ist, dass der fehlende *dolus specialis* dazu führt, dass sich einige Tatbestände nicht auf terroristische Handlungen beschränken und aufgrunddessen ungeeignet sind, sich einer Terrorismusdefinition zu nähern. Nicht überzeugend ist es jedoch, den Abkommen aufgrund dieses Umstands abzusprechen, dass sie gezielt terroristische Akte kriminalisieren wollen. Plausibel erscheint die Deutung, dass bewusst auf ein besonderes subjektives Element verzichtet wurde, um die bekannten Definitionsprobleme terroristischer Handlungen zu umgehen.[1267] Dass damit zugleich gewöhnliche Kriminalität in den Anwendungsbereich gelangt, ist ein in Kauf genommener Nebeneffekt des angestrebten Ergebnisses, primär terroristische Handlung zu erfassen.[1268] Auch diese spezifischen Abkommen verfolgen daher in erster Linie einen differenzierenden Ansatz.

Indifferent ist die völkerstrafrechtliche Erfassung nichtstaatlicher Gewalt freilich insofern, als jeder nichtstaatliche Akteur potenziell den Tatbestand eines völkerrechtlichen Kernverbrechens erfüllen kann – wie die Arbeit kurz am Beispiel von Terroristen illustriert hat.

1262 International Convention for the Suppression of Terrorist Bombings; International Convention for the Suppression of Acts of Nuclear Terrorism; International Convention for the Suppression of the Financing of Terrorism.

1263 SUA Convention, dritter Absatz der Präambel: „deeply concerned about the world-wide escalation of acts of terrorism [...]"; International Convention Against the Taking of Hostages, fünfter Absatz der Präambel: „[...] all acts of taking of hostages as manifestations of international terrorism [...]".

1264 K. *Wolny*, Die völkerrechtliche Kriminalisierung von modernen Akten des internationalen Terrorismus, S. 116 f.

1265 B. *Saul*, Defining Terrorism, S. 38.

1266 B. *Saul*, Defining Terrorism, S. 38.

1267 R. *Lavalle*, in: ZaöRV 67 (2007), 89 (110).

1268 R. *Lavalle*, in: ZaöRV 67 (2007), 89 (109) bemüht daher das Bild des „bycatch" aus dem Fischfang.

4. Kohärenz

Die internationale Kriminalisierung von Söldnern, Piraten und Terroristen verdeutlicht, dass die Staatengemeinschaft den betroffenen Akteuren jegliche Legitimität abspricht. Andere nichtstaatliche Gewaltakteure entgehen dieser völkerrechtlichen Kriminalisierung; ihre Gewaltanwendung wird lediglich durch staatliches Strafrecht sanktioniert. Klare Normwidersprüche sind hier nicht erkennbar, so dass die strafrechtliche Erfassung zumindest nicht inkonsistent ist.

Richtet man hingegen den Blick auf die Wertung, die sich in der Kriminalisierung der betroffenen Akteure offenbart, kommen Zweifel am kohärenten positiven Zusammenhang auf. Die Delegitimierung des Söldners beruht auf der Tatsache, dass er allein aus persönlichem Gewinnstreben an bewaffneten Konflikten teilnimmt. Dasselbe Motiv bewegte die Kaperfahrer, bis die Pariser Seerechtsdeklaration die Kaperei verbot. Dasselbe Motiv steuert aber in der Regel auch die gegenwärtigen Aktivitäten von PSU, die sich von einfachen Söldnern allein durch ihre gewerbliche Organisationsform unterscheiden. Trotz dieser nur marginalen Unterschiede zwischen Söldnern und PSU, lässt weder die gegenwärtige völkerrechtliche Praxis noch das Montreux-Dokument darauf schließen, dass Staaten den Einsatz von PSU für illegitim halten. Dabei dürfte die fehlende Kriminalisierung nicht nur darauf zurückzuführen sein, dass dem Völkerstrafrecht wie auch vielen staatlichen Rechtsordnungen nur die individuelle Schuld bekannt ist, nicht aber die kollektive strafrechtliche Verantwortlichkeit von Personengruppen.[1269] Sie liegt primär darin begründet, dass zu viele Staaten den Rückgriff auf gewerbliche Anbieter militärischer Dienstleistungen als probates Mittel schätzen, um flexibel und mit geringen politischen Kosten ihre militärischen Aktivitäten zu gestalten. Die fehlende Kriminalisierung Privater Sicherheitsunternehmen verbunden mit der völkerrechtlichen Strafbarkeit von Söldnern ist daher inkohärent.

Sachlich begründet ist dagegen, dass die meisten der sektoralen Terrorismusabkommen im bewaffneten Konflikt nicht anwendbar sind. So entgehen sie einem Widerspruch zum humanitärem Völkerrecht, dessen Behandlung nichtstaatlicher Gewalt nicht mit einer Kriminalisierung vereinbar wäre. Insofern ist die Anwendbarkeit des Geiselnahmeabkommens auf

---

1269 So blieb im Rahmen der Verhandlungen zur Errichtung des IStGH ein französischer Vorschlag erfolglos, auch Unternehmen strafrechtlich zur Verantwortung zu ziehen, vgl. *K. Weigelt/F. Märker*, in: Jäger/Kümmel (Hrsg.), Private Military and Security Companies, 377 (386).

nichtstaatliche Akte in nichtinternationalen bewaffneten Konflikten inkohärent.

F. Zusammenfassende Bewertung

Die Realität nichtstaatlicher Gewaltanwendung auf internationaler Ebene hat sich längst in völkerrechtlicher Rechtsetzung und Rechtsprechung niedergeschlagen. Im Vergleich zur Regelung staatlicher Gewalt gibt es jedoch einen signifikanten Unterschied. Während sich die völkerrechtliche Behandlung staatlicher Gewalt dadurch auszeichnet, dass jeder staatliche Akteur gleichbehandelt wird, differenziert das Völkerrecht seit jeher bei nichtstaatlichen Gewaltakteuren. Auf der Suche nach diesen differenzierenden völkerrechtlichen Rechtsquellen, den Ursachen der Differenzierung bzw. Indifferenz und einem Leitgedanken, nach dem sich die völkerrechtliche Behandlung nichtstaatlicher Gewaltakteure richten sollte, hat sich folgendes ergeben:

Der Überblick zur historischen Entwicklung von nichtstaatlicher und staatlicher Gewalt hat gezeigt, dass das Völkerrecht ursprünglich nur dann differenzierte, wenn es einen nichtstaatlichen Akteur auf internationaler Ebene kriminalisierte – so wie es bei der Piraterie und Kaperei schon recht früh, beim Söldnertum etwas später der Fall war. Mit dieser Kriminalisierung entzog die Staatengemeinschaft diesen Akteuren jegliche Legitimität. Differenzierung diente also dazu, den jeweiligen Akteur zu delegitimieren. Die Staaten gingen diesen Schritt der Kriminalisierung aber erst dann, wenn sie sich über die Definitionsmerkmale des jeweiligen Akteurs einig waren. Terroristen, deren Gewaltpotenzial ebenfalls als international strafwürdig angesehen wurde, entgingen der völkerrechtlichen Kriminalisierung daher nur, weil die Staaten sich nicht auf eine einheitliche Definition einigen konnten – dieses Definitionsdefizit hat der Abschnitt zur definitorischen Erfassung nichtstaatlicher Gewaltakteure aufgezeigt. Stattdessen verlegten sich die Staaten darauf, in mehreren Abkommen jeweils einzelne terroristische Verhaltensweisen unter Strafe zu stellen. In ihrer Gesamtheit decken diese im Abschnitt zum Internationalen Strafrecht dargestellten Abkommen nahezu jeden größeren terroristischen Akt ab, der in der Vergangenheit verübt wurde.[1270] Zudem enthalten fast alle Abkommen den Grundsatz *aut dedere aut iudicare* als alternativ zu erfüllende Verpflichtung. Da schließlich nahezu alle Staaten die wichtigsten Abkommen ratifiziert

---

1270 Vgl. Fn. 1250.

haben,[1271] sind *de lege lata* die Grundlagen für eine effektive strafrechtliche Verfolgung von Terroristen auf internationaler Ebene gelegt. Dennoch ist *de lege ferenda* die Ausarbeitung einer allgemein verbindlichen Terrorismusdefinition unerlässlich, da sich die Terrorismusbekämpfung nicht auf die strafrechtliche Ebene beschränkt.

Parallel zur zunehmenden internationalen Kriminalisierung nichtstaatlicher Gewalt folgte aus der Vorstellung, dass nur Staaten militärische Gewalt anwenden dürfen, die weitgehende Ignoranz gegenüber nichtstaatlichen Akteuren in allen Rechtsgebieten, die sich mit der Legalität und Legitimität von grenzüberschreitender militärischer Gewaltanwendung befassen. Im gesamten *ius ad bellum* bzw. *ius contra bellum* spielten nichtstaatliche Gewaltakteure daher keine Rolle – weder als Angreifer noch als Angegriffene. Auch das Friedenssicherungsrecht hielt sich mit der Bewertung nichtstaatlicher Gewalt lange zurück. Damit war der Ansatz dieser Rechtsgebiete zwangsläufig indifferent.

Wie der Hauptteil der Arbeit gezeigt hat, berücksichtigte lediglich das humanitäre Völkerrecht von vornherein die Existenz dieser Akteure. Da dieses Rechtsgebiet nicht nach dem Grund des bewaffneten Konfliktes fragt, fiel es hier leichter, das nichtstaatliche Gewaltpotenzial anzuerkennen. Zugleich war und ist das humanitäre Völkerrecht davon abhängig, dass alle Beteiligten die Regeln akzeptieren. Dieser Akzeptanz wäre es abträglich, wenn einzelne Akteure kriminalisiert und dadurch delegitimiert werden würden. Auch der Ansatz des humanitären Völkerrechts ist damit indifferent. Dennoch zeigen sich hier die dargelegten differenzierenden Tendenzen, indem etwa dem Söldner im IBK die Rechte eines Kombattanten abgesprochen werden. Erneut dient die Differenzierung der Entrechtung und damit der Delegitimierung.

Ähnlich stellt sich die Situation im Friedenssicherungsrecht dar, insbesondere bei der dargestellten Behandlung von Bürgerkriegssituationen durch den Sicherheitsrat. Nahezu immer dann, wenn der Sicherheitsrat versucht, Konflikte unter Beteiligung nichtstaatlicher Gewaltakteure zu befrieden, enthält er sich einer differenzierenden Beurteilung. Mit einer Differenzierung riskiert er, den beteiligten nichtstaatlichen Akteur zu delegitimieren. Die Chance sinkt, dass seine Resolutionen geachtet und die Beschlüsse umgesetzt werden.

Anders stellt sich demgegenüber die Situation dar, wenn die Befriedung nicht von der Mitwirkung des nichtstaatlichen Akteurs abhängt oder seine Mitwirkung keinen Erfolg verspricht. Dann ging und geht auch der Si-

---

1271 Vgl. Fn. 1252.

cherheitsrat zur Delegitimierung über. Sie erfolgt hier zwar nicht über den Weg der Kriminalisierung oder Entrechtung, sondern über die Zuweisung. So machte er in Liberia für die Friedensbedrohung Söldner verantwortlich, in Afghanistan und Somalia verurteilte er die Handlungen terroristischer Gruppen. In Somalia vollzog der Sicherheitsrat zugleich eine Abkehr vom Grundsatz, in Bürgerkriegssituationen nicht zu differenzieren, wenn ein Frieden ohne Mitwirkung der nichtstaatlichen Akteure nicht möglich erscheint.

Mit dem Einsatz Privater Sicherheitsunternehmen wiederum ist ein ganz neuer Aspekt differenzierender Behandlung sichtbar geworden. Es ist der einzige Fall, bei dem die Differenzierung nicht mehr der Delegitimierung dient. Sie soll den PSU stattdessen zusätzliche Legitimität verschaffen. Im Vergleich zu anderen nichtstaatlichen Gewaltakteuren sind PSU zwar nicht völkerrechtlich aufgewertet worden. Doch indem viele Staaten bereitwillig und offen auf PSU als Gewaltdienstleister zurückgreifen, findet in tatsächlicher Hinsicht eine Aufwertung statt. Ob sich dies langfristig in völkerrechtlichen Änderungen ihrer Rechte und Pflichten niederschlägt, lässt sich noch nicht abschätzen.

Die Arbeit zeigt also, dass eine differenzierende völkerrechtliche Bewertung bei den meisten nichtstaatlichen Gewaltakteuren dazu dient, diese zu delegitimieren. Indifferente Ansätze enthalten sich demgegenüber weitgehend einer Aussage über die Legitimität des Akteurs. Damit gleichen sie jenen Normen, die staatliche Gewaltanwendung regeln. Denn hier gebietet die souveräne Gleichheit der Staaten, die als völkerrechtliches Grundprinzip in Art. 2 Ziff. 1 der UN-Charta und in der Friendly Relations-Deklaration verankert ist, die unbedingte Gleichbehandlung aller Staaten. Mit diesem Ansatz wäre eine Delegitimierung eines einzelnen Staates nicht vereinbar. Auf dieses Prinzip sind folgerichtig all jene Normen ausgerichtet, die staatliche Gewaltanwendung regeln. Dies gilt daher auch für das Selbstverteidigungsrecht, das ursprünglich nur bei zwischenstaatlicher Gewaltanwendung anwendbar sein sollte. Diese Ausnahme zum Gewaltverbot gibt dem angegriffenen Staat nur das Recht, sich in notwendiger und verhältnismäßiger Weise gegen den Angriff zu wehren. Die Existenzberechtigung des Angreifers darf er dagegen nicht anzweifeln. Eine Delegitimierung des Angreifers findet also gerade nicht statt.

Diese Normkonzeption ist zu bedenken, wenn die Anwendung derartiger Regeln auf nichtstaatliche Gewaltakteure im Raum steht. In Bezug auf latente terroristische Bedrohungslagen hat die Arbeit bereits gezeigt, dass das Selbstverteidigungsrecht zu ihrer Bekämpfung nicht geeignet ist. Die Konsequenzen für die Elemente der Notwendigkeit und Verhältnismäßigkeit der Selbstverteidigung sind so weitreichend, dass das Selbstverteidigungsrecht Gefahr läuft, als Vehikel für einen entgrenzten Krieg gegen Terroristen missbraucht zu werden. Doch die Gleichsetzung von Differenzierung mit Delegitimierung offenbart eine noch weitergehende Konsequenz. Jede Differenzierung mit dem Ziel, den nichtstaatlichen Angreifer zu delegitimieren, ist mit dem indifferenten Ansatz von Normen unvereinbar, die ursprünglich nur für Staaten galten. Denn aus dem Kampf gegen einen eingrenzbaren Angriff wird ein Kampf, der auf die Vernichtung des Urhebers zielt. Ohne Achtung vor der Existenz des Gegners ist es jedoch nicht möglich, die engen Voraussetzungen der Selbstverteidigung einzuhalten. Nur eine indifferente Anwendung auf nichtstaatliche Akteure entginge diesem Risiko, die Grenzen der Selbstverteidigung durch völlige Delegitimierung des Gegners zu missachten. Damit ist nicht die Forderung verbunden, den nichtstaatlichen Akteur formell oder auch informell anzuerkennen. Ebenso wenig soll dem angegriffenen Staat das Recht genommen werden, den Angriff zu verurteilen und militärisch zu vergelten. Zu fordern ist jedoch, dass es hierbei allein um die militärische Vergeltung geht, nicht um Vernichtung. Entsprechend muss auch die Zurechnung des nichtstaatlichen Angriffs zum Staat, dessen Territorium von den Selbstverteidigungsmaßnahmen betroffen ist, strikt nach indifferenten Kriterien erfolgen. Nur so ist im Übrigen das Friedenssicherungsrecht mit dem beispielgebenden indifferenten Ansatz des humanitären Völkerrechts in Einklang zu bringen, das nichtstaatliche Konfliktparteien im NIBK zwar nicht als rechtmäßige Kombattanten anerkennt, ihre Bekämpfung seitens des Staates aber klaren Regeln unterwirft. Wie wichtig hierfür der indifferente Ansatz ist, zeigen vor allem die Konsequenzen von bereits erfolgten Differenzierungsversuchen. Zu nennen sind hier die Entrechtung von Terroristen im bewaffneten Konflikt ebenso wie der illegale Einsatz von PSU.

Fundamentaler Ausgangspunkt einer kohärenten völkerrechtlichen Behandlung nichtstaatlicher Gewalt muss also sein, dass nur dort nach den verschiedenen Erscheinungsformen nichtstaatlicher Gewalt differenziert werden darf, wo das Völkerrecht auf die völlige Zurückdrängung der Akteure ausgelegt ist. Dies ist vor allem bei der strafrechtlichen Bekämpfung der Fall, aber ebenso bei präventiven Maßnahmen wie der Unterbindung der Finanzierung etc. Überall jedoch, wo es um die militärische Auseinandersetzung mit den nichtstaatlichen Akteuren geht, muss der Ansatz indifferent sein. In diesen Fällen ist somit tatsächlich von einer unbedingten Gleichheit nichtstaatlicher Gewaltakteure im Völkerrecht auszugehen.

Literaturverzeichnis

Abi-Saab, Georges, Non-International Armed Conflicts, in: UNESCO (Hrsg.), International Dimensions of Humanitarian Law, Dordrecht/Boston/London 1988, S. 217–239

Abi-Saab, Georges, The Proper Role of International Law in Combating Terrorism, in: Chinese Journal of International Law 1 (2002), S. 305–313

Abi-Saab, Georges, The Proper Role of International Law in Combating Terrorism, in: Bianchi, Andrea (Hrsg.), Enforcing International Law Norms Against Terrorism, Oxford/Portland (OR) 2004, S. xiii-xxii

Aldrich, George H., The Taliban, Al Qaeda, and the Detention of Illegal Combatants, in: American Journal of International Law 96 (2002), S. 891–898

Alexander, Yohan, Terrorism in the Twenty-First Century: Threats and Responses, in: DePaul Business Law Journal 12 (1999–2000), S. 59–95

Alexandrov, Stanimir A., Self-Defense Against the Use of Force in International Law, Den Haag/London/Boston 1996

Alexy, Robert, in: Behrends, Okko/Dießelhorst, Malte/Dreier, Ralf (Hrsg.), Rechtsdogmatik und praktische Vernunft, Symposium zum 80. Geburtstag von Franz Wieacker, Göttingen 1990, S. 95–107

Allcock, John B./*Milivojević*, Marko/*Horton*, John J. (Hrsg.), Conflicts in the Former Yugoslavia, An Encyclopedia, Denver/Santa Barbara/Oxford 1998

Ambos, Kai, Judicial Creativity at the Special Tribunal for Lebanon: Is There a Crime of Terrorism under International Law?, in: Leiden Journal of International Law 24 (2011), S. 655–675

Amstel, Nelleke van/*Liivoja*, Rain, Private military and security companies, in: Liivoja, Rain/McCormack, Tim (Hrsg.), Routledge Handbook of the Law of Armed Conflict, London/New York 2016, S. 623–639

Anders, Birthe, A 'Pacifist' Approach to Military Contracting: How German History Explains Its Limited Use of Private Security Companies, in: Berndtsson, Joakim/Kinsey, Christopher (Hrsg.), The Routledge Research Companion to Security Outsourcing, London/New York 2016, S. 52–62

Arai-Takahashi, Yukuta, Shifting Boundaries of the Right of Self-Defence – Appraising the Impact of the September 11 Attacks on Jus Ad Bellum, in: The International Lawyer 36 (2002), S. 1081–1102

Arnauld, Andreas von, Die moderne Piraterie und das Völkerrecht, in: Archiv des Völkerrechts 47 (2009), S. 454–480

Arnauld, Andreas von, Völkerrecht, 3. Auflage, Heidelberg 2016

Arnold, Roberta, The Prosecution of Terrorism as a Crime Against Humanity, in: Zeitschrift für ausländisches öffentliches Recht und Völkerrecht 64 (2004), S. 979–1000

Aston, Jurij Daniel, Die Bekämpfung abstrakter Gefahren für den Weltfrieden durch legislative Maßnahmen des Sicherheitsrats – Resolution 1373 (2001) im Kontext, in: Zeitschrift für ausländisches öffentliches Recht und Völkerrecht 62 (2002), S. 257–291

Avant, Deborah D., Privatisation of Security, in: ORBIS, Quarterly Journal of World Affairs 50 (2006), S. 327–342

Avant, Deborah D., The Market of Force, The Consequences of Privatizing Security, 3. Auflage, Cambridge 2007

Baehr, Dirk, Die somalischen Shabaab-Milizen und ihre jihadistischen Netzwerke im Westen, in: KAS Auslandsinformationen 8/2011, S. 22–39

Bahar, Michael, Attaining Optimal Deterrence at Sea: A Legal and Strategic Theory for Naval Anti-Piracy Operations, in: Vanderbilt Journal of Transnational Law 40 (2007), S. 1–85

Bailes, Alyson J. K./*Nord*, Daniel, Non-State Actors in Conflict, A Challenge for Policy and for Law, in: Mulaj, Klejda (Hrsg.), Violent Non-State Actors in World Politics, New York 2010, S. 441–466

Balkin, J. M., Understanding Legal Understanding: The Legal Subject and the Problem of Legal Coherence, in: Yale Law Journal 103 (1993), S. 105–176

Ballard, Kyle M., The Privatisation of Military Affairs: A Historical Look into the Evolution of the Private Military Industry, in: Jäger, Thomas/Kümmel, Gerhard (Hrsg.), Private Military and Security Companies – Chances, Pitfalls and Prospects, Wiesbaden 2007, S. 37–53

Barnidge, Robert P. Jr., Non-State Actors and Terrorism, Applying the Law of State Responsibility and the Due Diligence Principle, Den Haag 2008

Barrios, Erik, Casting a Wider Net: Addressing the Maritime Piracy Problem in Southeast Asia, in: Boston College International and Comparative Law Review 28 (2005), S. 149–163

Bassiouni, M. Cherif, International Terrorism: Multilateral Conventions (1937–2001), Ardsley (NY) 2001

Baumann, Reinhard, Die deutschen Condottieri. Kriegsunternehmertum zwischen eigenständigem Handeln und »staatlicher« Bindung im 16. Jahrhundert, in: Förster, Stig/Jansen, Christian/Kronenbitter, Günther (Hrsg.), Rückkehr der Condottieri? Krieg und Militär zwischen staatlichem Monopol und Privatisierung: Von der Antike bis zur Gegenwart, Paderborn 2010, S. 111–125

Baxter, Richard Reeve, Reflections on Codification in Light of the International Law of State Responsibility for Injuries to Aliens, in: Syracuse Law Review 16 (1965), S. 745–761

Becker, Tal, Terrorism and the State, Rethinking the Rules of State Responsibility, Oxford/Portland (OR) 2006

Beckman, Robert C., Combating Piracy and armed robbery against ships in Southeast Asia: the way forward, Ocean Development & International Law 33 (2002), S. 317-341

Behnsen, Alexander, The Status of Mercenaries and Other Illegal Combatants Under International Humanitarian Law, in: German Yearbook of International Law – Jahrbuch für Internationales Recht 46 (2003), S. 494–536

Bergen, Peter, Heiliger Krieg Inc., Osama bin Ladens Terrornetz, Berlin 2001

Berti, Benedetta, Violent and Criminal Non-State Actors, in: Risse, Thomas/Börzel, Thomas/Draude, Anke (Hrsg.), The Oxford Handbook of Governance and Limited Statehood, Oxford/New York 2018, S. 272–290

Best, Geoffrey, Humanity in Warfare, The Modern History of the International Law of Armed Conflicts, London 1980

Bethlehem, Daniel, The Methodological Framework of the Study, in: Wilmshurst, Elizabeth/Breau, Susan (Hrsg.), Perspectives on the ICRC Study on Customary International Humanitarian Law, S. 3–14

Beurier, Jean-Pierre (Hrsg.), Droits Maritimes, Paris 2006

Birnie, P. W., Piracy Past, Present and Future, in: Ellen, Eric (Hrsg.), Piracy at Sea, Paris 1989, S. 131–158

Blokker, Niels, The Security Council and the Use of Force: on Recent Practice, in: Blokker, Niels M./Schrijver, Nico J. (Hrsg.), The Security Council and the Use of Force, Leiden 2005, S. 1–29

Bloom, Evan T., Protecting Peacekeepers: The Convention on the Safety of United Nations and Associated Personnel, in: American Journal of International Law 89 (1995), S. 621–631

Blum, Yehuda Z., Eroding the United Nations Charter, Dordrecht/Boston/London 1993

Bøås, Morten, Militia Formation and the 'Nationalization' of Local Conflict in Liberia, in: Mulaj, Klejda (Hrsg.), Violent Non-State Actors in World Politics, New York 2010, S. 257–276

Bodansky, Daniel/*Crook*, John R., Symposium: The ILC's State Responsibility Articles, Introduction and Overview, in: American Journal of International Law 96 (2002), S. 773–791

Boldt, Nicki, Outsourcing War – Private Military Companies and International Humanitarian Law, in: German Yearbook of International Law – Jahrbuch für Internationales Recht 47 (2004), S. 502–544

Boor, Felix, Der Drohnenkrieg in Afghanistan und Pakistan, in: Humanitäres Völkerrecht – Informationsschriften/Journal of International Law of Peace and Armed Conflict 24 (2011), S. 97–104

Bothe, Michael, Terrorism and the Legality of Pre-emptive Force, in: European Journal of International Law 14 (2003), S. 227–240

Bothe, Michael, Töten und getötet werden – Kombattanten, Kämpfer und Zivilisten im bewaffneten Konflikt, in: Dicke, Klaus/Hobe, Stephan/Meyn, Karl-Ulrich/Peters, Anne/Riedel, Eibe/Schütz, Hans-Joachim/Tietje, Christian (Hrsg.), Weltinnenrecht, Liber Amicorum Jost Delbrück, Berlin 2005, S. 67–84

Bothe, Michael, Das völkerrechtliche Gewaltverbot und die Eindämmung des Krieges – eine unmögliche Aufgabe?, in: Heintze, Hans-Joachim/Ipsen, Knut (Hrsg.), Heutige bewaffnete Konflikte als Herausforderungen an das humanitäre Völkerrecht, 20 Jahre Institut für Friedenssicherungsrecht und Humanitäres Völkerrecht – 60 Jahre Genfer Abkommen, Berlin/Heidelberg 2011, S. 87–98

Bothe, Michael/*Partsch*, Karl Josef/*Solf*, Waldemar A., New Rules for Victims of Armed Conflicts, Commentary on the Two 1977 Protocols Additional to the Geneva Conventions of 1949, Den Haag/Boston/London 1982

Bouchet-Saulnier, François, The Practical Guide to Humanitarian Law, 2. Auflage, Lanham u. a. 2007

Bracker, Susanne, Kohärenz und juristische Interpretation, Baden-Baden 2000

Brandl, Ulrike, Auslegung von Resolutionen des Sicherheitsrats: Einheitliche völkerrechtliche Regelungen oder „pick and choose" aus möglichen Auslegungsregeln?, in: Archiv des Völkerrechts 53 (2015), S. 279–321

Brown, Davis, Use of Force Against Terrorism After September 11th: State Responsibility, Self-Defense and Other Responses, in: Cardozo Journal of International and Comparative Law 11 (2003), S. 1–54

Brownlie, Ian, International Law and the Use of Force by States, Oxford 1963

Brownlie, Ian, System of the Law of Nations, State Responsibility (Part I), Oxford/New York 1983

Brownlie, Ian, Principles of Public International Law, 7. Auflage, New York 2008

Bruha, Thomas, Die Definition der Aggression, Faktizität und Normativität des UN-Konsensbildungsprozesses der Jahre 1968 bis 1974, zugleich ein Beitrag zur Strukturanalyse des Völkerrechts, Berlin 1980

Bruha, Thomas, Gewaltverbot und humanitäres Völkerrecht nach dem 11. September 2001, AVR 40 (2002), S. 383–421

Bruha, Thomas, Neuer Internationaler Terrorismus: Völkerrecht im Wandel?, in: Koch, Hans-Joachim (Hrsg.), Terrorismus – Rechtsfragen der äußeren und inneren Sicherheit, Symposium für Hans-Peter Bull und Helmut Rittstieg am 31. Mai 2002, Baden-Baden 2002, S. 51–82

Bruha, Thomas, Kampf gegen den Terrorismus als neue Rechtfertigungsfigur für die Anwendung militärischer Gewalt, in: Bruha, Thomas/Heselhaus, Sebastian/Marauhn, Thilo (Hrsg.), Legalität, Legitimität und Moral, Tübingen 2008, S. 157–181

Bruha, Thomas/*Bortfeld*, Matthias, Terrorismus und Selbstverteidigung, Voraussetzungen und Umfang erlaubter Selbstverteidigungsmaßnahmen nach den Anschlägen vom 11. September 2001, in: Vereinte Nationen 5/2001, S. 161–167

Bruha, Thomas/*Tams*, Christian J., Self-Defence Against Terrorist Attacks, Considerations in the Light of the ICJ's "Israeli Wall" Opinion, in: Dicke, Klaus/Hobe, Stephan/Meyn, Karl-Ulrich/Peters, Anne/Riedel, Eibe/Schütz, Hans-Joachim/Tietje, Christian (Hrsg.), Weltinnenrecht, Liber Amicorum Jost Delbrück, Berlin 2005, S. 85–100

Brunnée, Jutta, The Security Council and Self-Defence: Which Way to Global Security?, in: Blokker, Niels M./Schrijver, Nico J. (Hrsg.), The Security Council and the Use of Force, Leiden 2005, S. 107–132

Brunnée, Jutta/*Toope*, Stephen J., Self-Defence Against Non-State Actors: Are Powerful States Willing But Unable to Change International Law, in: International and Comparative Law Quarterly 67 (2018), S. 263–286

Buß, Regina, Der Kombattantenstatus, Die kriegsrechtliche Enstehung eines Rechtsbegriffs und seine Ausgestaltung in Verträgen des 19. und 20. Jahrhunderts, Bochum 1992

Byers, Michael, Terrorism, the Use of Force and International Law After 11 September, in: International and Comparative Law Quarterly 51 (2002), S. 401–414

Byers, Michael, Kriegsrecht, London 2005

Cameron, Lindsey, Private military companies: their status under international humanitarian law and its impact on their regulation, in: International Review of the Red Cross 88 (2006), S. 573–598

Cannizzaro, Enzo, Contextualizing proportionality: *jus ad bellum* and *jus in bello* in the Lebanese war, in: International Review of the Red Cross 88 (2006), S. 779–792

Carney, Heather, Prosecuting the Lawless: Human Rights Abuses and Private Military Firms, in: The George Washington Law Review 74 (2006), S. 317–344

Cassese, Antonio, Terrorism is Also Disrupting Some Crucial Legal Categories of International Law, in: European Journal of International Law 12 (2001), S. 993–1001

Cassese, Antonio, International Law, 2. Auflage, Oxford/New York 2005

Chaliand, Gérard/*Blin*, Arnaud, Zealots and Assassins, in: Chaliand, Gérard/Blin, Arnaud (Hrsg.), The History of Terrorism, From Antiquity to Al Qaeda, Berkeley/Los Angeles/London 2007, S. 55–78

Chaliand, Gérard/*Blin*, Arnaud, The Invention of Modern Terror, in: Chaliand, Gérard/Blin, Arnaud (Hrsg.), The History of Terrorism, From Antiquity to Al Qaeda, Berkeley/Los Angeles/London 2007, S. 95–112

Chaliand, Gérard/*Blin*, The "Golden Age" of Terrorism, in: Chaliand, Gérard/Blin, Arnaud (Hrsg.), The History of Terrorism, From Antiquity to Al Qaeda, Berkeley/Los Angeles/London 2007, S. 175–196

Cheng, Bin, Custom: The Future of General State Practice In a Divided World, in: Macdonald, Ronald. St. John/Johnston, Douglas M. (Hrsg.), The Structure and Process of International Law: Essays in Legal Philosophy Doctrine and Theory, Den Haag/Boston/Lancaster 1983, S. 513–554

Cockayne, James, The global reorganization of legitimate violence: military entrepreneurs and the private face of international humanitarian law, in: International Review of the Red Cross 88 (2006), S. 459–490

Cockayne, James/*Mikulaschek*, Christoph/*Perry*, Chris, The United Nations Security Council and Civil War: First Insights from a New Dataset, New York 2010

Constantinople, George R., Towards a New Definition of Piracy: The Achille Lauro Incident, in: Virginia Journal of International Law 26 (1986), S. 723–753

Corten, Olivier, Le droit contre la guerre, L'interdiction du recours à la force en droit international contemporain, Paris 2008

Corten, Olivier, The 'Unwilling or Unable' Test: Has it Been, Could it be, Accepted? In: Leiden Journal of International Law 29 (2016), S. 777–799

Corten, Olivier/*Dubuisson*, François, Opération "Liberté Immuable": une extension abusive du concept de légitime défense, in: Revue Générale de Droit International Public 106 (2002), S. 51–77

Cot, Jean-Pierre/*Pellet*, Alain (Hrsg.), La Charte des Nations Unies, Commentaire article par article, 3. Auflage, Paris 2005

Crawford, Emily, The Treatment of Combatants and Insurgents Under the Law of Armed Conflict, Oxford/New York 2010

Crawford, Emily, Combatants, in: Liivoja, Rain/McCormack, Tim (Hrsg.), Routledge Handbook of the Law of Armed Conflict, London/New York 2016, S. 123–138

Crawford, James, The International Law Commission's Articles on State Responsibility, Introduction, Text and Commentaries, Cambridge 2002

Creveld, Martin van, The Transformation of War, The Most Radical Reinterpretation of Armed Conflict Since Clausewitz, New York 1991

Creveld, Martin van, The Rise and Decline of the State, Cambridge 1999

Czapliński, Władyslaw, UN Codification of Law of State Responsibility, in: Archiv des Völkerrechts 41 (2003), S. 62–82

Daase, Christopher, Das humanitäre Völkerrecht und der Wandel des Krieges, in: Hasse, Jana/Müller, Erwin/Schneider, Patricia (Hrsg.), Humanitäres Völkerrecht, Politische, rechtliche und strafgerichtliche Dimension, Baden-Baden 2001, S. 132–157

Daase, Christopher, Terrorismus – Begriffe, Theorien und Gegenstrategien. Ergebnisse und Probleme sozialwissenschaftlicher Forschung, in: Die Friedens-Warte 76 (2001), S. 55–79

Daase, Christopher, "Der Krieg ist ein Chamäleon" – Zum Formenwandel politischer Gewalt im 21. Jahrhundert, in: Calließ, Jörg (Hrsg.), Zivile Konfliktbearbeitung im Schatten des Terrors, Rehburg-Loccum 2003, S. 17–35

Dahlvang, Niclas, Thieves, Robbers and Terrorists: Piracy in the 21st century, in: Regent Journal of International Law 4 (2006), S. 17–45

Dalton, Jane Gilliland, What is War? Terrorism as War After 9/11, in: ILSA Journal of International & Comparative Law 12 (2006), S. 523–533

Danner, Allison M., Defining Unlawful Enemy Combatants, in: Texas International Law Journal 43 (2007), S. 1–14

Dau, Corinna, Die völkerrechtliche Zulässigkeit von Selbstverteidigung gegen nichtstaatliche Akteure, Baden-Baden 2018

Davide, Hilario G. Jr., *Hostes Humani Generis*: Piracy, Territory and the Concept of Universal Jurisdiction, in: MacDonald, Ronald St. John/Johnston, Douglas M. (Hrsg.), Towards World Constitutionalism, Issues in the Legal Ordering of the World Community, Leiden/Boston 2005, S. 715–736

Delbrück, Jost, Effektivität des UN-Gewaltverbots, Bedarf es einer Modifikation der Reichweite des Art. 2(4) UN-Charta?, in: Die Friedens-Warte 74 (1999), S. 139–158

Delbrück, Jost, The Fight Against Global Terrorism: Self-Defense or Collective Security as International Police Action? Some Comments on the International Legal Implications of the 'War Against Terrorism', in: GYIL 44 (2001), S. 9–24

Delbrück, Jost, Max Huber's Sociological Approach to International Law Revisited, in: European Journal of International Law 18 (2007), S. 97–113

Detter, Ingrid, The Law of War, 2. Auflage, Cambridge 2000

Dicke, Klaus, Weltgesetzgeber Sicherheitsrat, in: Vereinte Nationen 48 (2001), S. 163

Diener, Holger, Terrorismusdefinition im Völkerrecht, Bestehen und Umfang eines Rechtes auf Selbstverteidigung, Berlin 2008

Dinstein, Yoram, War, Aggression and Self-Defence, 5. Auflage, Cambridge/New York 2011

Dörmann, Knut, The legal situation of „unlawful/unprivileged combatants", in: International Review of the Red Cross 85 (2003), S. 45–74

Dornbusch, Julia, Das Kampfführungsrecht im internationalen Cyberkrieg, Baden-Baden 2018

Dörr, Oliver, Das völkerrechtliche Gewaltverbot am Beginn des 21. Jahrhunderts – Was bleibt von Art. 2 (4) UN-Charta?, in: Dörr, Oliver (Hrsg.), Ein Rechtslehrer in Berlin, Symposium für Albrecht Randelzhofer, S. 33–53

Draper, Gerald Irving A. Dare, The Geneva Conventions of 1949, in: Recueil des Cours 114 (1965), S. 63–162

Dubuisson, François, La guerre du Liban de l'été et le droit de la légitime défense, in: Revue belge de droit international 39 (2006), S. 529–564

Duez, Denis, De la Définition à la Labellisation : Le Terrorisme comme Construction Sociale, in: Bannelier, Karine/Christakis, Théodore/Corten, Olivier/Delcourt, Barbara (Hrsg.), Le Droit International Face au Terrorisme – Après le 11 septembre 2001, Paris 2002, S. 105–118

Duffy, Helen, The 'War on Terror' and the Framework of International Law, Cambridge 2005

Dupuy, Pierre-Marie, State Sponsors of Terrorism: Issues of International Responsibility, in: Bianchi, Andrea (Hrsg.), Enforcing International Law Norms Against Terrorism, Oxford/Portland (OR) 2004, S. 3–16

Dupuy, Pierre-Marie/*Hoss*, Cristina, *Trail Smelter* and Terrorism: International Mechanisms to Combat Transboundary Harm, in: Bratspies, Rebecca M./Miller, Russell A. (Hrsg.), Transboundary Harm in International Law, Lessons from the *Trail Smelter* Arbitration, Cambridge/New York 2006, S. 225–239

Duxbury, Alison, Drawing Lines in the Sand – Characterising Conflicts for the Purposes of Teaching International Humanitarian Law, in: Melbourne Journal of International Law 8 (2007), S. 259–272

Eckert, Eva, Die Rolle nichtstaatlicher Akteure in der Auslegung des Begriffes der Friedensbedrohung nach Kapitel VII der UN-Charta durch den Sicherheitsrat der Vereinten Nationen, Berlin 2006

Economides, Spyros/*Taylor*, Paul, Former Yugoslavia, in: Berdal, Mats/Economides, Spyros (Hrsg.), United Nations Interventionism 1991–2004, New York 2007

Ehle, Bernd, Wege zu einer Kohärenz der Rechtsquellen im Europäischen Kollisionsrecht der Verbraucherverträge, Frankfurt a. M. 2002

Ehrhart, Hans-Georg, Aufstandsbekämpfung revisited? Zum Formenwandel der Gewalt am Beispiel Mali, in: Sicherheit und Frieden 32 (2014), S. 81–86

Eisemann, Pierre Michel, Attaques du 11 Septembre et Exercice d'un Droit Naturel de Légitime Défense, in: Bannelier, Karine/Christakis, Théodore/Corten, Olivier/Delcourt, Barbara (Hrsg.), Le Droit International Face au Terrorisme – Après le 11 septembre 2001, Paris 2002, S. 239–248

Elaraby, Nabil, Some Reflections on the Role of the Security Council and the Prohibition of the Use of Force in International Relations: Article 2(4) Revisited in Light of Recent Developments, in: Frowein, Jochen Abr./Scharioth, Klaus/Winkelmann, Ingo/Wolfrum, Rüdiger (Hrsg.), Verhandeln für den Frieden, Negotiating for Peace, Liber Amicorum Tono Eitel, Berlin 2003, S. 41–67

Epiney, Astrid, Die völkerrechtliche Verantwortlichkeit von Staaten für rechtswidriges Verhalten im Zusammenhang mit Aktionen Privater, Baden-Baden 1992

Epiney, Astrid/*Egbuna-Joss*, Andrea, Zur völkerrechtlichen Verantwortlichkeit im Zusammenhang mit dem Verhalten privater Sicherheitsfirmen, in: Schweizerische Zeitschrift für internationales und europäisches Recht 17 (2007), S. 215–233

Eppler, Erhard, Vom Gewaltmonopol zum Gewaltmarkt, Frankfurt a. M. 2002

Fallah, Katherine, Corporate actors: the legal status of mercenaries in armed conflict, in: International Review of the Red Cross 88 (2006), S. 599–611

Fassbender, Bardo, The United Nations Charter as Constitution of the International Community, in: Columbia Journal of Transnational Law 36 (1998), S. 529–620

Fassbender, Bardo, Die Gegenwartskrise des völkerrechtlichen Gewaltverbotes vor dem Hintergrund der geschichtlichen Entwicklung, in: EuGRZ 31 (2004), S. 241–256

Fassbender, Bardo, The UN Security Council and International Terrorism, in: Bianchi, Andrea (Hrsg.), Enforcing International Law Norms Against Terrorism, Oxford/Portland (OR) 2004, S. 83–102

Fassbender, Bardo, The United Nations Charter as the Constitution of the International Community, Leiden/Boston 2009

Feinstein, Barry A., Operation Enduring Freedom: Legal Dimensions of an Infinitely Just Operation, in: Journal of Transnational Law and Policy 11 (2002), S. 201–295

Fink, Udo, Kollektive Friedenssicherung, Kapitel VII UN-Charta in der Praxis des Sicherheitsrats der Vereinten Nationen, Frankfurt a. M. 1999

Finke, Jasper, Die Parallelität internationaler Streitbeilegungsmechanismen, Berlin 2005

Finke, Jasper/*Wandscher*, Christiane, Terrorismusbekämpfung jenseits militärischer Gewalt, Ansätze der Vereinten Nationen zur Verhütung und Beseitigung des internationalen Terrorismus, in: Vereinte Nationen 5/2001, S. 168–173

Finke, Jonas, Private Sicherheitsunternehmen im bewaffneten Konflikt, Halle (Saale) 2009

Finke, Jonas, Kohärenz in der völkerrechtlichen Behandlung nichtstaatlicher Gewaltakteure, in: Bäumler, Jelena/Daase, Cindy/Schliemann, Christian/Steiger, Dominik (Hrsg.), Akteure in Krieg und Frieden, Tübingen 2010, S. 47–68

Finke, Jonas, Private Sicherheitsunternehmen und soldatisches Selbstverständnis, in: Hofbauer, Martin/Wagner, Raimond W. (Hrsg.), Kriegsbrauch und soldatisches Selbstverständnis des Soldaten, Freiburg i.Br./Berlin/Wien 2012, S. 45–69

Fleck, Dieter (Hrsg.), The Handbook of International Humanitarian Law, 3. Auflage, Oxford/New York 2013

Fletcher, George P., The Indefinable Concept of Terrorism, in: Journal of International Criminal Justice 4 (2006), S. 894–911

Florent, Jean-Luc, Opposabilité de l'Étude du CICR sur le Droit International Coutumier aux États, in: Tavernier, Paul/Henckaerts, Jean-Marie (Hrsg.), Droit international humanitaire coutumier: enjeux et défis contemporains, Brüssel 2008, S. 75–80

Föh, Jörg, Die Bekämpfung des internationalen Terrorismus nach dem 11. September 2001, Auswirkungen auf das Völkerrecht und die Organisation der Vereinten Nationen, Berlin 2011

Forsythe, David P./*Rieffer-Flanagan*, Barbara J., The International Committee of the Red Cross, New York 2007

Fortin, Katharine, The Accountability of Armed Groups under Human Rights Law, Oxford/New York 2017

Franck, Thomas M., Who Killed Article 2(4)? or: Changing Norms Governing the Use of Force by States, in: American Journal of International Law 64 (1970), S. 809–837

Franck, Thomas M., The Power of Legitimacy Among Nations, Oxford/New York 1990

Franck, Thomas M., Terrorism and the Right of Self-Defense, in: American Journal of International Law 95 (2001), S. 839–842

Franck, Thomas M., Recourse to Force, State Action Against Threats and Armed Attacks, Cambridge/New York 2002

Franck, Thomas M./*Lockwood*, Bert B. Jr., Preliminary Thoughts Towards an International Convention on Terrorism, in: American Journal of International Law 68 (1974), S. 69–90

Franklin, Sarah, South African and International Attempts to Regulate Mercenaries and Private Military Companies, in: Transnational and Contemporary Problems 17 (2008), S. 239–264

Fricchione, Kristen, Casualties in Evolving Warfare: Impact of Private Military Firms' Proliferation on the International Community, in: Wisconsin International Law Journal 23 (2005), S. 731–780

Frowein, Jochen Abr., Das de facto-Regime im Völkerrecht, Eine Untersuchung zur Rechtsstellung »nichtanerkannter Staaten« und ähnlicher Gebilde, Köln/Berlin 1968

Frowein, Jochen Abr., Der Terrorismus als Herausforderung für das Völkerrecht, in: Zeitschrift für ausländisches öffentliches Recht und Völkerrecht 62 (2002), S. 879–905

Galtung, Johan, Strukturelle Gewalt, Beiträge zur Friedens- und Konfliktforschung, Reinbek bei Hamburg 1975

Garmon, Tina, International Law of the Sea: Reconciling the Law of Piracy and Terrorism in the Wake of September 11th, in: Tulane Maritime Law Journal 27 (2002), S. 257–275

Gasser, Hans-Peter, Prohibition of terrorist acts in international humanitarian law, in: International Review of the Red Cross 26 (1986), S. 200–212

Gasser, Hans-Peter, Acts of terror, "terrorism" and international humanitarian law, in: International Review of the Red Cross 84 (2002), S. 547–570

Gasser, Hans-Peter, Humanitäres Völkerrecht, Eine Einführung, Zürich/Basel/Genf 2007

Gaston, E. L., Mercenarism 2.0? The Rise of the Modern Private Security Industry and Its Implications for International Humanitarian Law Enforcement, in: Harvard International Law Journal 49 (2008), S. 221–248

Geiß, Robin, „Failed States", Die normative Erfassung gescheiterter Staaten, Berlin 2005

Geiß, Robin, Das humanitäre Völkerrecht im Lichte aktueller Herausforderungen, in: Heintze, Hans-Joachim/Ipsen, Knut (Hrsg.), Heutige bewaffnete Konflikte als Herausforderungen an das humanitäre Völkerrecht, 20 Jahre Institut für Friedenssicherungsrecht und Humanitäres Völkerrecht – 60 Jahre Genfer Abkommen, Berlin/Heidelberg 2011, S. 45–67

Gielink, Dirk/*Buitenhuis*, Maarten/*Moelker*, René, No Contractors on the Battlefield: The Dutch Military's Reluctance to Outsource, in: Jäger, Thomas/Kümmel, Gerhard (Hrsg.), Private Military and Security Companies – Chances, Pitfalls and Prospects, Wiesbaden 2007, S. 149–164

Giesen, Stefan, Private Military Companies im Völkerrecht, Baden-Baden 2013

Giessmann, Hans J., Human Rights in Non-International Armed Conflicts: A Counter-Terrorism Issue?, in: Sicherheit und Frieden 31 (2013), S. 59–64

Gilbert, Geoff, Responding to International Crime, Leiden/Boston 2006

Gill, Terry D., The Temporal Dimension of Self-Defense: Anticipation, Pre-emption, Prevention and Immediacy, in: Schmitt, Michael N./Pejic, Jelena (Hrsg.), International Law and Armed Conflict: Exploring the Faultlines, Essays in Honour of Yoram Dinstein, Leiden/Boston 2007, S. 113–155

Gill, Terry D./*Fleck*, Dieter (Hrsg.), The Handbook of the International Law of Military Operations, Oxford/New York 2010

Gillard, Emanuela-Chiara, Business goes to war: private military/security companies and international humanitarian law, in: International Review of the Red Cross 88 (2006), S. 525–572

Ginkel, Bibi van, The Practice of the United Nations in Combating Terrorism from 1946 to 2008, Questions of Legality and Legitimacy, Antwerpen/Oxford/Portland 2010

Glennon, Michael J., How International Rules Die, in: The Georgetown Law Journal 93 (2005), S. 939–991

Golder, Ben/*Williams*, George, What is 'Terrorism'? Problems of Legal Definition, in: University of New South Wales Law Journal 27 (2004), S. 270–295

Goodwin, Joshua Michael, Universal Jurisdiction and the Pirate: Time for an Old Couple to Part, in: Vanderbilt Journal of Transnational Law 39 (2006), S. 973–1011

Gosse, Philip, Histoire de la piraterie, Paris 1978

Govern, Kevin H./*Wim*, John I., Maritime Pirates, Sea Robbers, and Terrorists, New Approaches to Emerging Threats, in: The Homeland Security Review 2 (2008), S. 131–156

Gowlland-Debbas, Vera, Unity and Diversity in the Formation and Relevance of Customary International Law. Comment, in: Zimmermann, Andreas/Hofmann, Rainer (Hrsg.), Unity and Diversity in International Law, Berlin 2006, S. 285–294

Gray, Christine, The US *National Security Strategy* and the New "Bush-Doctrine" on Preemptive Self-defense, in: Chinese Journal of International Law 1 (2002), S. 437–448

Gray, Christine, International Law and the Use of Force, 3. Auflage, Oxford/New York 2008

Gray, Christine/*Olleson*, Simon, The Limits of the Law on the Use of Force: Turkey, Iraq and the Kurds, in: Finnish Yearbook of International Law 12 (2001), S. 355–408

Green, Fergus, Fragmentation in Two Dimensions: The ICJ's Flawed Approach to Non-State Actors and International Legal Personality, in: Melbourne Journal of International Law 9 (2008), S. 47–77

Greenwood, Christopher, International Law and the 'war against terrorism', in: International Affairs 78 (2002), S. 301–317

Grzyb, Amanda F., Introduction: The International Response to Darfur, in: Grzyb, Amanda F. (Hrsg.), The World and Darfur, International Response to Crimes Against Humanity in Western Sudan, Montreal u. a. 2009, S. 3–25

Guillaume, Gilbert, Préface, in: Bannelier, Karine/Christakis, Théodore/Corten, Olivier/Delcourt, Barbara (Hrsg.), Le Droit International Face au Terrorisme – Après le 11 septembre 2001, Paris 2002, S. I-VI

Guillaume, Gilbert, Terrorism and International Law, in: International and Comparative Law Quarterly 53 (2004), S. 537–548

Gul, Saad, The Secretary Will Deny All Knowledge of Your Actions: The Use of Private Military Contractors and the Implications for State and Political Accountability, in: Lewis and Clark Law Review 10 (2006), S. 287–312

Günther, Christoph/*Kaden*, Tom, Beyond Mere Terrorism: The Islamic State's Authority as a Social Movement and as a Quasi-State, in: Sicherheit und Frieden 34 (2016), S. 134–140

Günther, Klaus, Ein normativer Begriff der Kohärenz für eine Theorie der juristischen Argumentation, in: Rechtstheorie 20 (1989), S. 163–190

Guzman, Andrew T., Saving Customary International Law, in: Michigan Journal of International Law 27 (2005), S. 115–176

Hafner, Gerhard, The Definition of the Crime of Terrorism, in: Nesi, Guiseppe (Hrsg.), International Cooperation in Counter-terrorism, The United Nations and Regional Organizations in the Fight Against Terrorism, Aldershot (Hampshire)/Burlington (VT) 2006, S. 33–43

Halberstam, Malvina, Terrorism on the High Seas: The Achille Lauro, Piracy and the IMO Convention on Maritime Safety, in: American Journal of International Law 82 (1988), 269–310

Hartung, Wilhelm, Geschichte und Rechtsstellung der Compagnie in Europa, Eine Untersuchung am Beispiel der englischen East-India Company, der niederländischen Vereenigten Oostindischen Compagnie und der preußischen Seehandlung, Bonn 2000

Heck, Daniel, Grenzen der Privatisierung militärischer Aufgaben, Eine Untersuchung staatlicher Beauftragung privater Militärunternehmen anhand der Verfassungsordnungen Deutschlands und der Vereinigten Staaten von Amerika sowie des Völkerrechts, Baden-Baden 2010

Henckaerts, Jean-Marie/*Doswald-Beck*, Louise, Customary International Humanitarian Law, Volume I: Rules, Cambridge 2005

Henckaerts, Jean-Marie/*Doswald-Beck*, Louise, Customary International Humanitarian Law, Volume II: Practice, Part 1, Cambridge 2005

Henckaerts, Jean-Marie/*Doswald-Beck*, Louise, Customary International Humanitarian Law, Volume III: Practice, Part 2, Cambridge 2005

Herr, Stefanie, Vom Regelbruch zu politischer Verantwortung, Die Anerkennung völkerrechtlicher Normen durch nichtstaatliche Gewaltakteure in Sudan, Frankfurt am Main 2010

Herzog, Roman/*Scholz*, Rupert (Hrsg.), Grundgesetz, Kommentar, 57. Auflage, München 2010

Higgins, Rosalyn, The General International Law of Terrorism, in: Higgins, Rosalyn/Flory, Maurice (Hrsg.), Terrorism and International Law, London/New York 1997, S. 13–29

Hilpold, Peter, Die Kurden zwischen dem Irak und der Türkei, in: Giegerich, Thomas/Proelß, Alexander (Hrsg.), Krisenherde im Fokus des Völkerrechts – Trouble Spots in the Focus of International Law, Berlin 2010, S. 73–97

Hobe, Stephan, Einführung in das Völkerrecht, 10. Auflage, Tübingen 2014

Hobe, Stephan, Der asymmetrische Krieg als Herausforderung der internationalen Ordnung und des Völkerrechts, in: Heintze, Hans-Joachim/Ipsen, Knut (Hrsg.), Heutige bewaffnete Konflikte als Herausforderungen an das humanitäre Völkerrecht, 20 Jahre Institut für Friedenssicherungsrecht und Humanitäres Völkerrecht – 60 Jahre Genfer Abkommen, Berlin/Heidelberg 2011, S. 69–86

Höbelt, Lothar, Götterdämmerung der Condottieri. Der Dreißigjährige Krieg, in: Förster, Stig/Jansen, Christian/Kronenbitter, Günther (Hrsg.), Rückkehr der Condottieri? Krieg und Militär zwischen staatlichem Monopol und Privatisierung: Von der Antike bis zur Gegenwart, Paderborn 2010, S. 127–139

Hofmann, Rainer, Concluding Remarks, in: Zimmermann, Andreas/Hofmann, Rainer (Hrsg.), Unity and Diversity in International Law, Berlin 2006, S. 491–494

Holmqvist, Caroline, Private Security Companies, The Case for Regulation, SIPRI Policy Paper No. 9, Stockholm 2005

Hoppe, Carsten, Passing the Bucket: State Responsibility for Private Military Companies, in: European Journal of International Law 19 (2008), S. 989–1014

Hutchinson, Mark R., Restoring Hope: U. N. Security Council Resolutios for Somalia and an Expanded Doctrine of Humanitarian Intervention, in: Harvard International Law Journal 34 (1993), S. 624–640

Hutsch, Franz, Exportschlager Tod, Berlin 2009

Ipsen, Knut, Völkerrecht, 6. Auflage, München 2014

Isensee, Josef, Das Grundrecht auf Sicherheit, Zu den Schutzpflichten des freiheitlichen Verfassungsstaates, Berlin/New York 1983

Jenisch, Uwe, Piracy, Navies and the Law of the Sea: The Case of Somalia, in: World Maritime University Journal of Maritime Affairs 8 (2009), S. 123–143

Jenisch, Uwe, Piraterie und Internationales Recht, in: Brake, Moritz (Hrsg.), Maritime Sicherheit – Moderne Piraterie, Hintergründe, Gefahren und mögliche Gegenmaßnahmen, Frankfurt a. M. 2015, S. 159–183

Jinks, Derek, State Responsibility for the Acts of Private Armed Groups, in: Chicago Journal of International Law 4 (2003), S. 83–95

Junod, Sylvie, Additional Protocol II: History and Scope, in: American University Law Review 33 (1983), S. 29–40

Kalshoven, Frits, The history of international humanitarian law treaty-making, in: Liivoja, Rain/McCormack, Tim (Hrsg.), Routledge Handbook of the Law of Armed Conflict, London/New York 2016, S. 33–49

Keber, Tobias O., Der Begriff des Terrorismus im Völkerrecht, Entwicklungslinien im Vertrags- und Gewohnheitsrecht unter besonderer Berücksichtigung der Arbeiten zu einem „Umfassenden Übereinkommen zur Bekämpfung des Terrorismus", Frankfurt a. M. 2009

Kees, Alexander Oliver, Privatisierung im Völkerrecht, Zur Verantwortlichkeit der Staaten bei der Privatisierung von Staatsaufgaben, Berlin 2008

Kellenberger, Jakob, Humanitäres Völkerrecht, Frauenfeld/Stuttgart/Wien 2010

Keyuan, Zou, Issues of Public International Law Relating to the Crackdown of Piracy in the South China Sea and Prospects for Regional Cooperation, in: Singapore Journal of International and Comparative Law 3 (1999), S. 524–528

Khan, Daniel-Erasmus, Mehr Symmetrie ohne Gewaltverbot?, in: Heintze, Hans-Joachim/Ipsen, Knut (Hrsg.), Heutige bewaffnete Konflikte als Herausforderungen an das humanitäre Völkerrecht, 20 Jahre Institut für Friedenssicherungsrecht und Humanitäres Völkerrecht – 60 Jahre Genfer Abkommen, Berlin/Heidelberg 2011, S. 99–112

Kim, Jin-Gi, Staatliche Teilnahme am Terrorismus als Problem des Völkerrechts, Berlin 2009

Knowles, Catherine S., Life and Human Dignity, the Birthright of All Human Beings: An Analysis of the Iraqi Genocide of the Kurds and Effective Enforcement of Human Rights, in: Naval Law Review 45 (1998), S. 152–216

Koh, Jae-myong, Suppressing Terrorist Financing and Money Laundering, Berlin/Heidelberg 2006

Kohen, Marcelo G., The use of force by the United States after the end of the Cold War, and its impact on international law, in: Byers, Michael/Nolte, Georg (Hrsg.), United States Hegemony and the Foundations of International Law, Cambridge 2003, S. 197–231

Köhler, Anna, Private Sicherheits- und Militärunternehmen im bewaffneten Konflikt, Eine völkerrechtliche Bewertung, Frankfurt am Main 2010

Kolb, Robert, Ius in bello, Le droit international des conflits armés, Basel/Genf/München/Brüssel 2003

König, Doris/*Salomon*, Tim René, Private Sicherheitsdienste auf Handelsschiffen – Rechtliche Implikationen, PiraT-Arbeitspapiere zur Maritimen Sicherheit Nr. 2, Hamburg 2011

Kornat, Marek, Barbarity – Vandalism – Terrorism – Genocide. On Raphael Lemkin and the Idea of Defining "the Crime under the Law of Nations", in: Polish Quarterly of International Affairs 2/2008, S. 79–98

Koskenniemi, Martti, Fragmentation of International Law: Difficulties Arising from the Diversification and Expansion of International Law, Report of the Study Group of the International Law Commission, A/CN.4/L.682

Koskenniemi, Martti/*Leino*, Päivi, Fragmentation of International Law? Postmodern Anxieties, in: Leiden Journal of International Law 15 (2002), S. 553–579

Kotzur, Markus, „Krieg gegen den Terrorismus" – politische Rhetorik oder neue Konturen des „Kriegsbegriffs" im Völkerrecht?, in: AVR 40 (2002), S. 454–479

Krajewksi, Markus, Terroranschläge in den USA und Krieg gegen Afghanistan – Welche Antworten gibt das Völkerrecht?, in: Kritische Justiz 34 (2001), S. 363–383

Krajewski, Markus, Selbstverteidigung gegen bewaffnete Angriffe nicht-staatlicher Organisationen – Der 11. September 2001 und seine Folgen, in: AVR 40 (2002), S. 183–214

Kranz, Jerzy, Die völkerrechtliche Verantwortlichkeit für die Anwendung militärischer Gewalt, in: Archiv des Völkerrechts 48 (2010), S. 281–337

Krieger, Heike, International Legal Order, in: Risse, Thomas/Börzel, Thomas/Draude, Anke (Hrsg.), The Oxford Handbook of Governance and Limited Statehood, Oxford/New York 2018, S. 543–563

Krieken, Peter J. van, Terrorism and the International Legal Order, With Special Reference to the UN, the EU and Cross-Border Aspects, Den Haag 2002

Krugmann, Michael, Der Grundsatz der Verhältnismäßigkeit im Völkerrecht, Berlin 2004

Kühn, Michael, Unilaterale präventive Gewaltanwendung, Eine Untersuchung zur ‚präventiven Selbstverteidigung' im Völkerrecht, Frankfurt a. M. 2009

Lacoste, Ilse, Die Europäische Terrorismus-Konvention, Zürich 1982

Lailach, Martin, Die Wahrung des Weltfriedens und der internationalen Sicherheit als Aufgabe des Sicherheitsrates der Vereinten Nationen, Berlin 1998

Lambert, Joseph J., Terrorism and Hostages in International Law, A Commentary on the Hostages Convention 1979, Cambridge 1990

Lang, Heinrich, Condottieri im Italien des 15. und 16. Jahrhunderts, in: Förster, Stig/Jansen, Christian/Kronenbitter, Günther (Hrsg.), Rückkehr der Condottieri? Krieg und Militär zwischen staatlichem Monopol und Privatisierung: Von der Antike bis zur Gegenwart, Paderborn 2010, S. 91–110

Langewiesche, Dieter, Wie neu sind die *Neuen Kriege*? in: Lappenküper, Ulrich/ Marcowitz, Reiner (Hrsg.), Macht und Recht, Völkerrecht in den internationalen Beziehungen, Paderborn/München/Wien/Zürich 2010, S. 317–332

Langille, Benjamin, It's 'Instant Custom': How the Bush Doctrine Became Law After the Terrorist Attacks of September 11, 2001, in: Boston College International & Comparative Law Review 26 (2003), S. 145–156

La Rosa, Anne-Marie/*Wuerzner*, Carolin, Armed groups, sanctions and the implementation of international humanitarian law, in: International Review of the Red Cross 90 (2008), S. 327–341

Lavalle, Roberto, The International Convention for the Suppression of the Financing of Terrorism, in: Zeitschrift für ausländisches öffentliches Recht und Völkerrecht 60 (2000), S. 491–510

Lavalle, Roberto, A Politicized and Poorly Conceived Notion Crying Out for Clarification: The Alleged Need for a Universally Agreed Definition of Terrorism, in: Zeitschrift für ausländisches öffentliches Recht und Völkerrecht 67 (2007), S. 89–117

Law, Randall D., Terrorism, A History, Cambridge/Malden (MA) 2009

Lehnardt, Chia, Private Militärfirmen und völkerrechtliche Verantwortlichkeit, Eine Untersuchung aus humanitär-völkerrechtlicher und menschenrechtlicher Perspektive, Tübingen 2011

Lehto, Marja, The fight against ISIL in Syria. Comments on the Recent Discussion of the Right of Self-defence against Non-state Actors, in: Nordic Journal of International Law 87 (2018), S. 1–25

Lesh, Michelle, Direct participation in hostilities, in: Liivoja, Rain/McCormack, Tim (Hrsg.), Routledge Handbook of the Law of Armed Conflict, London/New York 2016, S. 181–194

Levitt, Geoffrey, Is "Terrorism" Worth Defining?, in: Ohio Northern University Law Review 13 (1986), S. 97–115

Lewis, Ioan/*Mayall*, James, Somalia, in: Berdal, Mats/Economides, Spyros (Hrsg.), United Nations Interventionism 1991–2004, New York 2007

Lietzau, William K., Old Wars, New Wars: Jus ad Bellum in an Age of Terrorism, in: Max Planck Yearbook of United Nations Law 8 (2004), S. 383–455

Liivoja, Rain/*Leins*, Kobi/*McCormack*, Tim, Emerging technologies of warfare, in: Liivoja, Rain/McCormack, Tim (Hrsg.), Routledge Handbook of the Law of Armed Conflict, London/New York 2016, S. 603–622

Lindenberger, Thomas/*Lüdtke*, Alf, Einleitung: Physische Gewalt – eine Kontinuität der Moderne, in: Lindenberger, Thomas/Lüdtke, Alf (Hrsg.), Physische Gewalt, Studien zur Geschichte der Neuzeit, Frankfurt a. M. 1995, S. 7–38

Linderfalk, Ulf, The Post-9/11 Discourse Revisited – The Self-Image of the International Legal Scientific Discipline, in: Goettingen Journal of International Law 2 (2010), S. 893–949

Lobel, Jules, The Use of Force to Respond to Terrorist Attacks: The Bombing of Sudan and Afghanistan, in: Yale Journal of International Law 24 (1999), S. 537–558

Lorenzmeier, Stefan, Asymmetric Threats in the Global Fight Against Terrorism, in: Journal of the Institute of Justice & International Studies 8 (2008), S. 20–30

Löw, Iris Michaela, Gewaltverbot und Selbstverteidigungsrecht nach dem 11. September 2001, Unter besonderer Berücksichtigung nichtstaatlicher Akteure, Frankfurt a. M. 2009

Lubell, Noam, Extraterritorial Use of Force Against Non-State Actors, Oxford/New York 2010

Lubell, Noam, What's in a Name? The Categorisation of Individuals under the Laws of Armed Conflict, in: Die Friedens-Warte 86 (2011), S. 83–110

Luchterhandt, Otto, Völkerrechtliche Aspekte des Georgien-Krieges, in: Archiv des Völkerrechts 46 (2008), S. 435–480

Maaß, Rainald, Der Söldner und seine kriegsvölkerrechtliche Rechtsstellung als Kombattant und Kriegsgefangener, Bochum 1990

MacCormick, Neil, Coherence in Legal Justification, in: Krawietz, Werner/Schelsky, Helmut/Winkler, Günther/Schramm, Alfred (Hrsg.), Theorie der Normen, Festgabe für Ota Weinberger zum 65. Geburtstag, Berlin 1984, S. 37–53

Magliveras, Konstantinos D., Devising New Rules for Regulating International Terrorism Warfare and Engaging Non-State Actors in the Negotiations, in: Quénivet, Noëlle/Shah-Davis, Shilan (Hrsg.), International Law and Armed Conflict, Challenges in the 21st Century, Den Haag 2010, S. 338–355

Maierhöfer, Christian, „Aut dedere – aut iudicare", Herkunft, Rechtsgrundlagen und Inhalt des völkerrechtlichen Gebotes zur Strafverfolgung oder Auslieferung, Berlin 2006

Mair, Stefan, The New World of Privatized Violence, in: Internationale Politik und Gesellschaft 2/2003, S. 11–28

Mair, Stefan, Die Rolle von Private Military Companies in Gewaltkonflikten, in: Kurtenbach, Sabine/Lock, Peter (Hrsg.), Kriege als (Über)Lebenswelten, Schattenglobalisierung, Kriegsökonomien und Inseln der Zivilität, Bonn 2004, S. 260–273

Malanczuk, Peter, Humanitarian Intervention and the Legitimacy of the Use of Force, Amsterdam 1993

Malaquias, Assis, UNITA's Insurgency Lifecycle in Angola, in: Mulaj, Klejda (Hrsg.), Violent Non-State Actors in World Politics, New York 2010, S. 293–317

Mammen, Lars, Völkerrechtliche Stellung von internationalen Terrororganisationen, Baden-Baden 2008

Mandel, Robert, Armies without States, The Privatisation of Security, London/Boulder 2002

Martenczuk, Bernd, Rechtsbindung und Rechtskontrolle des Weltsicherheitsrats, Die Überprüfung nichtmilitärischer Zwangsmaßnahmen durch den Internationalen Gerichtshof, Berlin 1996

Martin, Gus, Understanding Terrorism, Challenges, Perspectives, and Issues, 3. Auflage, Thousand Oaks (CA)/Neu Delhi/London/Singapur 2010

Martin, Jean-Christophe, Les règles internationales relatives à la lutte contre le terrorisme, Brüssel 2006

McCoubrey, Hilaire/*White*, Nigel D., International Law and Armed Conflict, Aldershot u. a. 1992

McFate, Sean, The Evolution of Private Force, in: Berndtsson, Joakim/Kinsey, Christopher (Hrsg.), The Routledge Research Companion to Security Outsourcing, London/New York 2016, S. 65–75

Meiser, Christian/*Buttlar*, Christian von, Militärische Terrorismusbekämpfung unter dem Regime der UN-Charta, Baden-Baden 2005

Mejia, Max/*Mukherjee*, Proshanto K., The SUA Convention 2005: a critical evaluation of its effectiveness in suppressing maritime criminal acts, in: Journal of International Maritime Law 12 (2006), S. 170–191

Melzer, Nils, Targeted Killing in International Law, Oxford/New York 2008

Melzer, Nils, Interpretive Guidance on the Notion of Direct Participation in Hostilities Under International Humanitarian Law, Genf 2009

Menefee, Samuel Pyeatt, The *Achille Lauro* and Similar Incidents as Piracy: Two Arguments, in: Ellen, Eric (Hrsg.), Piracy at Sea, Paris 1989, S. 179–180

Menefee, Samuel Pyeatt, The "Jamaican Discipline": Problems with Piracy, Maritime Terrorism and the 1982 Convention on the Law of the Sea, Connecticut Journal of International Law 6 (1990), S. 127–150

Menkhaus, Ken, Non-State Actors and the Role of Violence in Stateless Somalia, in: Mulaj, Klejda (Hrsg.), Violent Non-State Actors in World Politics, New York 2010, S. 343–380

Milanović, Marko, State Responsibility for Genocide, in: European Journal of International Law 17 (2006), S. 553–604

Mohamedou, Mohammad-Mahmoud Ould, Al Qaeda, From the Near to the Far Enemy and Back, in: Mulaj, Klejda (Hrsg.), Violent Non-State Actors in World Politics, New York 2010, S. 207–237

Mohan, Kiran, Terrorism and Asymmetric Warfare: State Responsibility for the Acts of Non-State Entities: *Nicaragua*, *Tadic*, and Beyond, in: Journal of the Institute of Justice & International Studies 8 (2008), S. 211–220

Moir, Lindsay, The Law of Internal Armed Conflict, Cambridge 2002

Moir, Lindsay, Reappraising the Resort to Force, International Law, *Jus ad Bellum* and the War on Terror, Oxford/Portland (OR) 2010

Molle, Karl, Private Militär- und Sicherheitsunternehmen im bewaffneten Konflikt, Göttingen 2013

Morineau, Michel, Les grandes Compagnies des Indes orientales (XVIᵉ-XIXᵉ siècles), Paris 1994

Morjé Howard, Lise, UN Peacekeeping in Civil Wars, Cambridge/New York 2008

Mosler, Hermann, Völkerrecht als Rechtsordnung, in: Zeitschrift für ausländisches öffentliches Recht und Völkerrecht 36 (1976), S. 6–49

Mulaj, Klejda, Introduction, in: Mulaj, Klejda (Hrsg.), Violent Non-State Actors in World Politics, New York 2010, S. 1–25

Münkler, Herfried, The wars of the 21st century, in: International Review of the Red Cross 85 (2003), S. 7–22

Münkler, Herfried, Die neuen Kriege, Reinbek bei Hamburg 2004

Münkler, Herfried, Der Wandel des Krieges, Von der Symmetrie zur Asymmetrie, 2. Auflage, Weilerswist 2006

Münkler, Herfried/*Münkler,* Marina, Lexikon der Renaissance, München 2000

Murphy, Sean D., Contemporary Practice of the United States Relating to International Law, in: American Journal of International Law 93 (1999), S. 161–194

Murphy, Sean D., Terrorism and the Concept of "Armed Attack" in Article 51 of the U.N. Charter, in: Harvard International Law Journal 43 (2002), S. 41–51

Nagel, Jürgen G., Abenteuer Fernhandel, Die Ostindienkompanien, Darmstadt 2007

Nandan, Satya N./*Rosenne*, Shabtai, United Nations Convention on the Law of the Sea, Volume III, Articles 86 to 132 and Documentary Annexes, Den Haag/London/Boston 1995

Napoleoni, Loretta, Terrorism and the Economy, How the War on Terror is Bankrupting the World, New York 2010

Neuhold, Hanspeter, International Terrorism, Definitions, Challenges and Responses, in: Mahncke, Dieter/Monar, Jörg (Hrsg.), International Terrorism, A European Response to a Global Threat?, Brüssel 2006, S. 23–46

Neusüß, Peter, Legislative Maßnahmen des UN-Sicherheitsrates im Kampf gegen den internationalen Terrorismus, München 2008

Nollkaemper, André, Attribution of Forcible Acts to States: Connections Between the Law on the Use of Force and the Law of State Responsibility, in: Blokker, Niels M./Schrijver, Nico J. (Hrsg.), The Security Council and the Use of Force, Leiden 2005, S. 133–171

Nolte, Georg, Restoring Peace by Regional Action: International Legal Aspects of the Liberian Conflict, in: Zeitschrift für ausländisches öffentliches Recht und Völkerrecht 53 (1993), S. 603–637

Noortmann, Math, Aufständische Gruppen und private Militärunternehmen – Theoretische und praktische Überlegungen zur Position bewaffneter nicht-staatlicher Akteure im humanitären Völkerrecht, in: Heintze, Hans-Joachim/Ipsen, Knut (Hrsg.), Heutige bewaffnete Konflikte als Herausforderungen an das humanitäre Völkerrecht, 20 Jahre Institut für Friedenssicherungsrecht und Humanitäres Völkerrecht – 60 Jahre Genfer Abkommen, Berlin/Heidelberg 2011, S. 187–199

Nowrot, Karsten/*Schabacker*, Emily W., The Use of Force to Restore Democracy: International Legal Implications of the ECOWAS Intervention in Sierra Leone, in: American University International Law Review 14 (1998), S. 321–412

O'Brien, William V., Reprisals, Deterrence and Self-Defense in Counterterror Operations, in: Virginia Journal of International Law 30 (1990), S. 421–478

O'Connell, Daniel P., The International Law of the Sea, Volume II (Hrsg. Shearer, I. A.), Oxford 1984

O'Connell, Mary Ellen, The Power and Purpose of International Law, Insights form the Theory and Practice of Enforcement, Oxford/New York 2008

Oehler, Dietrich, Internationales Strafrecht, Geltungsbereich des Strafrechts, Internationales Rechtshilferecht, Recht der Gemeinschaften, Völkerstrafrecht, 2. Auflage, Köln/Berlin/Bonn/München 1983

Oellers-Frahm, Karin, The International Court of Justice and Article 51 of the UN-Charter, in: Dicke, Klaus/Hobe, Stephan/Meyn, Karl-Ulrich/Peters, Anne/Riedel, Eibe/Schütz, Hans-Joachim/Tietje, Christian (Hrsg.), Weltinnenrecht, Liber Amicorum Jost Delbrück, Berlin 2005, S. 503–517

Oeter, Stefan, Terrorismus – ein völkerrechtliches Verbrechen? Zur Frage der Unterstellung terroristischer Akte unter die internationale Strafgerichtsbarkeit, in: Die Friedens-Warte 76 (2001), S. 11–31

Oeter, Stefan, Comment, in: Zimmermann, Andreas/Hofmann, Rainer (Hrsg.), Unity and Diversity in International Law, Berlin 2006, S. 419–423

Oeter, Stefan, Terrorism as a Challenge for International Law, in: Hamilton, Daniel (Hrsg.), Terrorism and International Relations, Washington D.C. 2006, S. 115–129

Paddeu, Federica I., Use of Force against Non-state Actors and the Circumstances Precluding Wrongfulness of Self-Defence, in: Leiden Journal of International Law 30 (2017), S. 93–115

Pappas, Claudia, Stellvertretende Strafrechtspflege, Zugleich ein Beitrag zur Ausdehnung deutscher Strafgewalt nach § 7 Abs. 2 Nr. 2 StGB, Freiburg (Br.) 1996

Parillo, Nicolas, The De-Privatization of American Warfare: How the U.S. Government Used, Regulated, and Ultimately Abandoned Privateering in the Nineteenth Century, in: Yale Journal of Law & the Humanities 19 (2007), S. 1–95

Patterson, Malcolm Hugh, Contractors and the Law of Armed Conflict, in: Berndtsson, Joakim/Kinsey, Christopher (Hrsg.), The Routledge Research Companion to Security Outsourcing, London/New York 2016, S. 119–129

Paulus, Andreas, Die internationale Gemeinschaft im Völkerrecht, Eine Untersuchung zur Entwicklung des Völkerrechts im Zeitalter der Globalisierung, München 2001

Paust, Jordan J., Use of Armed Force against Terrorists in Afghanistan, Iraq and Beyond, in: Cornell International Law Journal 35 (2002), S. 533–557

Paust, Jordan J., Terrorism as an International Crime, in: Nesi, Giuseppe (Hrsg.), International Cooperation in Counter-terrorism, The United Nations and Regional Organizations in the Fight Against Terrorism, Aldershot (Hampshire)/Burlington (VT) 2006, S. 25–31

Paust, Jordan J., Beyond the Law, The Bush Administration's Unlawful Responses in the 'War' on Terror, Cambridge/New York 2007

Pejic, Jelena, "Unlawful/Enemy Combatants:" Interpretations and Consequences, in: Schmitt, Michael N./Pejic, Jelena (Hrsg.), International Law and Armed Conflict: Exploring the Faultlines, Essays in Honour of Yoram Dinstein, Leiden/Boston 2007, S. 335–355

Pejic, Jelena, Status of Armed Conflict, in: Wilmshurst, Elizabeth/Breau, Susan (Hrsg.), Perspectives on the ICRC Study on Customary International Humanitarian Law, Cambridge 2007, S. 77–100

Pereira, Anthony W., Armed Forces, Coercive Monopolies, and Changing Patterns of State Formation and Violence, in: Davis, Diane E./Pereira, Anthony W. (Hrsg.), Irregular Armed Forces and their Role in Politics and State Formation, Cambridge/New York 2003, S. 387–407

Peters, Anne, Die Zukunft der Völkerrechtswissenschaft: Wider den epistemischen Nationalismus, in: Zeitschrift für ausländisches öffentliches Recht und Völkerrecht 67 (2007), S. 721–776

Pfeiffer, Georg, Privatisierung des Krieges?, Zur Rolle von privaten Sicherheits- und Militärfirmen in bewaffneten Konflikten, Stuttgart 2009

Pictet, Jean S. (Hrsg.), Les Conventions de Genève du 12 Août 1949, III, La Convention de Genève relative au traitement des prisonniers de guerre, Genf 1958

Plachta, Michael, The Lockerbie Case: The Role of the Security Council in Enforcing the Principle Aut Dedere Aut Judicare, in: European Journal of International Law 12 (2001), S. 125–140

Platz, Klaus Wilhelm, Internationale Konvention gegen Geiselnahme, in: Zeitschrift für ausländisches öffentliches Recht und Völkerrecht 40 (1980), S. 276–311

Popitz, Heinrich, Phänomene der Macht. 2. Auflage, Tübingen 1992

Preuß, Ulrich K., Krieg, Verbrechen, Blasphemie: zum Wandel bewaffneter Gewalt, Berlin 2002

Quénivet, Noëlle, The History of the Relationship Between International Humanitarian Law and Human Rights Law, in: Arnold, Roberta/Quénivet, Noëlle (Hrsg.), International Humanitarian Law and Human Rights Law, Leiden/Boston 2008, S. 1–12

Randall, Kenneth C., Universal Jurisdiction Under International Law, in: Texas Law Review 66 (1988), S. 785–841

Ranstorp, Magnus, Al-Qaeda – An Expanded Network of Terror?, in: Hamilton, Daniel (Hrsg.), Terrorism and International Relations, Washington D. C. 2006, S. 17–21

Ratner, Steven R., Jus ad Bellum and Jus in Bello After September 11, in: American Journal of International Law 96 (2002), S. 905–921

Reinhard, Wolfgang, Geschichte der Staatsgewalt, 2. Auflage, München 2000

Reinhard, Wolfgang, Kleine Geschichte des Kolonialismus, 2. Auflage, Stuttgart 2008

Reinold, Theresa, State Weakness, Irregular Warfare, and the Right to Self-Defense Post-9/11, in: American Journal of International Law 105 (2011), S. 244–286

Renzikowski, Joachim, Wertungswidersprüche als (straf-)rechtsmethodisches Problem, in: Goltdammer's Archiv für Strafrecht 1992, S. 159–177

Reydams, Luc, Universal Jurisdiction, International and Municipal Legal Perspectives, New York 2003

Richard, Philippe, La Convention de Tokyo, Etude de la Convention de Tokyo relative aux infractions et à certains autres actes survenant à bord des aéronefs, Lausanne 1971

Ronzitti, Natalino, The Law of the Sea and the Use of Force Against Terrorist Activities, in: Ronzitti, Natalino (Hrsg.), Maritime Terrorism and International Law, Dordrecht/Boston/London 1990, S. 1–14

Rosand, Eric, Security Council Resolution 1373, The Counter-Terrorism Committee, and the Fight against Terrorism, in: American Journal of International Law 97 (2003), S. 333–341

Rosenne, Shabtai (Hrsg.) The International Law Commission's Draft Articles on State Responsibility, Part 1, Articles 1–35, Dordrecht/Boston/London 1991

Rosenow, Patrick, United we fight? Terrorismusbekämpfung im Rahmen der Vereinten Nationen seit dem 11. September 2001, in: Die Friedens-Warte 86 (2011), S. 15–51

Rosiny, Stephan, "Des Kalifen neue Kleider": Der Islamische Staat in Irak und Syrien, in: GIGA Focus Nahost Nr. 6, 2014

Rubin, Alfred P., The Law of Piracy, 2. Auflage, Irvington-on-Hudson/New York 1998

Rudolf, Beate, Unity and Diversity of International Law in the Settlement of International Disputes, in: Zimmermann, Andreas/Hofmann, Rainer (Hrsg.), Unity and Diversity in International Law, Berlin 2006, S. 389–418

Ruffert, Matthias, Terrorismusbekämpfung zwischen Selbstverteidigung und kollektiver Sicherheit, Die Anschläge vom 11.9.2001 und die Intervention in Afghanistan, in: Zeitschrift für Rechtspolitik 35 (2002), S. 247–252

Ruys, Tom, Crossing the Thin Blue Line: An Inquiry into Israel's Recourse to Self-Defense Against Hezbollah, in: Stanford Journal of International Law 43 (2007), S. 265–294

Ruys, Tom, Quo Vadit Jus Ad Bellum?: A Legal Analysis of Turkey's Military Operations Against the PKK in Northern Iraq, in: Melbourne Journal International Law 9 (2008), S. 334–364

Ruys, Tom, 'Armed Attack' and Article 51 of the UN Charter, Evolutions in Customary Law and Practice, Cambridge 2010

Ruys, Tom/*Verhoeven*, Sten, Attacks by Private Actors and the Right of Self-Defence, in: Journal of Conflict & Security Law 10 (2005), S. 289–320

Salomon, Tim René, Die internationale Strafverfolgungsstrategie gegenüber somalischen Piraten, Völker- und verfassungsrechtliche Aspekte, Berlin/Heidelberg 2017

Sampaio, Jorge, Terrorism and International Relations, in: Hamilton, Daniel (Hrsg.), Terrorism and International Relations, Washington D. C. 2006, S. 1–7

Sánchez-Cuenca, Ignacio, The Persistence of Nationalist Terrorism, The Case of ETA, in: Mulaj, Klejda (Hrsg.), Violent Non-State Actors in World Politics, New York 2010, S. 69–92

Sandoz, Yves, Role of the ICRC in the Evolution and Development of International Humanitarian Law, in: Hasse, Jana/Müller, Erwin/Schneider, Patricia (Hrsg.), Humanitäres Völkerrecht, Politische, rechtliche und strafgerichtliche Dimensionen, Baden-Baden 2001, S. 110–131

Sandoz, Yves/*Swinarski*, Christophe/*Zimmermann*, Bruno (Hrsg.), Commentary on the Additional Protocols of 8 June 1977 to the Geneva Conventions of 12 August 1949, Genf 1987

Sarkees, Meredith Reid/*Wayman*, Frank Whelon, Resort to War, A Data Guide to Inter-State, Extra-State, Intra-State, and Non-State Wars, 1816–2007, Washington 2010

Sassòli, Marco, State responsibility for violations of international humanitarian law, in: International Review of the Red Cross 84 (2002), S. 401–434

Sassòli, Marco, Transnational Armed Groups and International Humanitarian Law, Cambridge (MA) 2006

Sassòli, Marco, Taking Armed Groups Seriously: Ways to Improve their Compliance with International Humanitarian Law, in: International Humanitarian Legal Studies 1 (2010), S. 5–51

Saul, Ben, Attempts to Define 'Terrorism' in International Law, in: Netherlands International Law Review (52) 2005, S. 57–83

Saul, Ben, Defining Terrorism in International Law, Oxford/New York 2006

Saul, Ben, Legislating from a Radical Hague: The United Nations Special Tribunal for Lebanon Invents an International Crime of Transnational Terrorism, in: Leiden Journal of International Law 24 (2011), S. 677–700

Schäfer, Andreas, Der Begriff der "Bedrohung des Friedens" in Artikel 39 der Charta der Vereinten Nationen, Die Praxis des Sicherheitsrates, Frankfurt am Main 2006

Schaller, Christian, Private Sicherheits- und Militärfirmen in bewaffneten Konflikten, Völkerrechtliche Einsatzbedingungen und Kontrollmöglichkeiten, SWP-Studie 24, Berlin, September 2005

Schaller, Christian, Operieren private Sicherheits- und Militärfirmen in einer humanitär-völkerrechtlichen Grauzone?, in: Humanitäres Völkerrecht – Informationsschriften/Journal of International Law of Peace and Armed Conflict 19 (2006), S. 51–58

Schaller, Christian, Humanitäres Völkerrecht und nichtstaatliche Gewaltakteure, Neue Regeln für asymmetrische bewaffnete Konflikte?, SWP-Studie 34, Berlin, Dezember 2007

Schaller, Christian, Gezielte Tötungen und der Einsatz von Drohnen – Zum Rechtfertigungsansatz der Obama-Administration, in: Humanitäres Völkerrecht – Informationsschriften/Journal of International Law of Peace and Armed Conflict 24 (2011), S. 91–96

Schaller, Christian, Operation Enduring Freedom und das Recht auf Selbstverteidigung gegen Terroristen, in: Die Friedens-Warte 86 (2011), S. 111–137

Schaller, Christian, Gezielte Tötungen: Eine völkerrechtliche Betrachtung, in: Rudolf, Peter/Schaller, Christian, Targeted Killing, Zur völkerrechtlichen, ethischen und strategischen Problematik gezielten Tötens in der Terrorismus- und Aufstandsbekämpfung, SWP-Studie 1, Berlin, Januar 2012, S. 11–23

Schmidl, Matthias, The Changing Nature of Self-Defence in International Law, Wien 2009

Schmitt, Michael N., Counter-Terrorism and the Use of Force in International Law, Garmisch-Partenkirchen 2002

Schmitt, Michael N., Targeting and Humanitarian Law: Current Issues, in: Israel Yearbook on Human Rights 33 (2003), S. 59-104

Schmitt, Michael N., Humanitarian Law and Direct Participation in Hostilities by Private Contractors or Civilian Employees, in: Chicago Journal of International Law 5 (2005), S. 511–546

Schmitt, Michael N., Responding to Transnational Terrorism under the *Jus ad Bellum*, in: Schmitt, Michael N./Pejic, Jelena (Hrsg.), International Law and Armed Conflict: Exploring the Faultlines, Essays in Honour of Yoram Dinstein, Leiden/Boston 2007, S. 157–195

Schmitt, Michael N., 'Change Direction' 2006: Israeli Operations in Lebanon and the International Law of Self-Defense, in: Michigan Journal of International Law 29 (2008), S. 127–164

Schmitz-Elvenich, Heiko F., Targeted Killing, Die völkerrechtliche Zulässigkeit der gezielten Tötung von Terroristen im Ausland, Frankfurt a. M. 2008

Schneckener, Ulrich, Transnationaler Terrorismus, Frankfurt a. M. 2006

Schneckener, Ulrich, Fragile Statehood, Armed Non-State Actors and Security Governance, in: Bryden, Alan/Caparini, Marina (Hrsg.), Private Actors and Security Governance, Wien/Berlin 2006, S. 23–40

Schneckener, Ulrich, Spoilers or Governance Actors?, Engaging Armed Non-State Groups in Areas of Limited Statehood, SFB-Governance Working Paper Series, Nr. 21, DFG Sonderforschungsbereich 700, Berlin 2009

Schneider, Gabriela, Die 'terroristische' Handlung im Völkervertragsrecht, Möglichkeiten und Grenzen eines einheitlichen Konzeptes, Baden-Baden 2014

Schneiker, Andrea, Private Militärfirmen in Kriegsökonomien. Der Einsatz von Executive Outcomes in Sierra Leone, in: Förster, Stig/Jansen, Christian/Kronenbitter, Günther (Hrsg.), Rückkehr der Condottieri? Krieg und Militär zwischen staatlichem Monopol und Privatisierung: Von der Antike bis zur Gegenwart, Paderborn 2010, S. 283–295

Schofield, Clive/*Ali*, Kamal-Deen, Combating Piracy and Armed Robbery at Sea: from Somalia to the Gulf of Guinea, in: Warner, Robin/Kaye, Stuart (Hrsg.), Routledge Handbook of Maritime Regulation and Enforcement, London/New York 2016, S. 277–292

Schoiswohl, Michael, Status and (Human Rights), Obligations of Non-Recognized *De Facto* Regimes in International Law: The Case of 'Somaliland', The Resurrection of Somaliland Against All International 'Odds': State Collapse, Secession, Non-Recognition and Human Rights, Leiden/Boston 2004

Schorkopf, Frank, Behavioural and Social Science Perspectives on Political Violence, in: Walter, Christian/Vöneky, Silja/Röben, Völker/Schorkopf, Frank (Hrsg.), Terrorism as a Challenge for National and International Law: Security versus Liberty?, Berlin/Heidelberg/New York 2004, S. 3–22

Schrijver, Nico J., Responding to International Terrorism: Moving the Frontier of International Law for 'Enduring Freedom', in: Netherlands International Law Review 48 (2001), S. 271–291

Schrijver, Nico J., Challenges to the Prohibition to Use Force: Does the Straightjacket of Article 2(4) UN Charter Begin to Gall too Much?, in: Blokker, Niels M./Schrijver, Nico J. (Hrsg.), The Security Council and the Use of Force, Leiden 2005, S. 31–45

Schrijver, Nico J., The Future of the Charter of the United Nations, in: Max Planck Yearbook of United Nations Law 10 (2006), S. 1–34

Schröder, Hinrich, Die völkerrechtliche Verantwortlichkeit im Zusammenhang mit failed und failing States, Baden-Baden 2007

Schuppert, Gunnar Folke, Von Ko-Produktion von Staatlichkeit zur Co-Performance of Governance, Eine Skizze zu kooperativen Governance-Strukturen von den Condottieri der Renaissance bis zu Public Private Partnerships, SFB-Governance Working Paper Series, Nr. 12, DFG Sonderforschungsbereich 700, Berlin 2008

Schweisfurth, Theodor, Völkerrecht, Tübingen 2006

Seiberth, Corinna, Private Military and Security Companies in International Law, Cambridge/Antwerpen/Portland 2014

Seidel, Gerd, Quo Vadis Völkerrecht?, in: Archiv des Völkerrechts 41 (2003), S. 449–483

Shaw, Malcolm N., International Law, 6. Auflage, Cambridge/New York 2009

Simma, Bruno, Self-contained regimes, in: Netherlands Yearbook of International Law 16 (1985), S. 111–136.

Simma, Bruno (Hrsg.), The Charter of the United Nations, A Commentary, München 1994

Singer, Peter, Corporate Warriors, The Rise of the Privatized Military Industry, Ithaca/London 2003

Sivakumaran, Sandesh, The Law of Non-International Armed Conflict, Oxford 2012

Skubiszewski, Krzysztof, Remarks on the Interpretation of the United Nations Charter, in: Bernhardt, Rudolf/Geck, Wilhelm Karl/Jaenicke, Günther/Steinberger, Helmut (Hrsg.), Völkerrecht als Rechtsordnung, Internationale Gerichtsbarkeit, Menschenrechte, Festschrift für Hermann Mosler, Berlin/Heidelberg/New York 1983, S. 891–902

Smith, Eugene B., The New Condottieri and US Policy: The Privatization of Conflict and Its Implications, in: Parameters, US Army War College Quarterly 32 (2002), S. 104–119

Sofaer, Abraham, D., Terrorism and the Law, in: Foreign Affairs 64 (1985/86), S. 901–922

Sohn, Louis B., The International Court of Justice and the Scope of the Right of Self-Defense and the Duty of Non-Intervention, in: Dinstein, Yoram (Hrsg.), International Law at a Time of Perplexity, Essays in Honour of Shabtai Rosenne, Dordrecht/Boston/London 1989, S. 869–878

Solis, Gary D., The Law of Armed Conflict, International Humanitarian Law in War, Cambridge u. a. 2010

Sorel, Jean-Marc, Some Questions About the Definition of Terrorism and the Fight Against Its Financing, in: European Journal of International Law 14 (2003), S. 365–378

Stahn, Carsten, International Law at a Crossroads?, The Impact of September 11, in: Zeitschrift für ausländisches öffentliches Recht und Völkerrecht 62 (2002), S. 183–255

Stahn, Carsten, Terrorists Acts as 'Armed Attack': The Right to Self-Defense, Article 51 (½) of the UN-Charter, and International Terrorism, in: The Fletcher Forum of World Affairs 27 (2003), S. 35–54

Stahn, Carsten, "Nicaragua is dead, long live Nicaragua" – the Right to Self-defence Under Art. 51 UN Charter and International Terrorism, in: Walter, Christian/Vöneky, Silja/Röben, Völker/Schorkopf, Frank (Hrsg.), Terrorism as a Challenge for National and International Law: Security versus Liberty?, Berlin/Heidelberg/New York 2004, S. 827–877

Starski, Paulina, Right to Self-Defense, Attribution and the Non-State Actor – Birth of the "Unable or Unwilling" Standard? -, in: Zeitschrift für ausländisches öffentliches Recht und Völkerrecht 75 (2015), S. 455–501

Steenberghe, Raphaël van, Self-Defence in Response to Attacks by Non-state Actors in the Light of Recent State Practice: A Step Forward?, in: Leiden Journal of International Law 23 (2010), S. 183–208

Stein, Andreas, Der Sicherheitsrat der Vereinten Nationen und die Rule of Law, Baden-Baden 1999

Stein, Torsten, Die Auslieferungsausnahme bei politischen Delikten, Normative Grenzen, Anwendung in der Praxis und Versuch einer Neuformulierung, Berlin/Heidelberg/New York/Tokio 1983

Stein, Torsten, Das Attentat von Lockerbie vor dem Sicherheitsrat der Vereinten Nationen und dem Internationalen Gerichtshof, in: Archiv des Völkerrechts 31 (1993), S. 206–229

Stein, Torsten/*Buttlar*, Christian von, Völkerrecht, 13. Auflage, Köln/München 2012

Stein, Torsten/*Meiser*, Christian, Die Europäische Union und der Terrorismus, in: Die Friedens-Warte 76 (2001), S. 33–54

Stelter, Christian, Gewaltanwendung unter und neben der UN-Charta, Berlin 2007

Stinnett, Nathaniel, Regulating the Privatization of War: How to Stop Private Military Firms from Committing Human Rights Abuses, in: Boston College International and Comparative Law Review 28 (2005), S. 211–223

Stoll, Peter-Tobias, Overall Statements, in: Zimmermann, Andreas/Hofmann, Rainer (Hrsg.), Unity and Diversity in International Law, Berlin 2006, S. 485–486

Strayer, Joseph, On the Medieval Origins of the Modern State, Princeton 2005

Taft, William H., Self-Defense and the *Oil Platforms* Decision, in: Yale Journal of International Law 29 (2004), S. 295–306

Talmon, Stefan, The Responsibility of Outside Powers for Acts of Secessionist Entities, in: International and Comparative Law Quarterly 58 (2009), S. 493–517

Tams, Christian J., All's Well That Ends Well, Comments on the ILC's Articles on State Responsibility, in: Zeitschrift für ausländisches öffentliches Recht und Völkerrecht 62 (2002), S. 759–808

Tams, Christian J., Note analytique – Swimming with the Tide or Seeking to Stem it? Recent ICJ Rulings on the Law of Self-Defence, in: Revue québécoise de droit international 18 (2005), S. 275–290

Tams, Christian J., Light Treatment of a Complex Problem: The Law of Self-Defence in the Wall Case, in: European Journal of International Law 16 (2005), S. 963–978

Tams, Christian J., Unity and Diversity in the Law of State Responsibility, in: Zimmermann, Andreas/Hofmann, Rainer (Hrsg.), Unity and Diversity in International Law, Berlin 2006, S. 437–460

Tams, Christian J., The Use of Force against Terrorists, in: European Journal of International Law 20 (2009), S. 359–397

Ternon, Yves, Russian Terrorism, 1878–1908, in: Chaliand, Gérard/Blin, Arnaud (Hrsg.), The History of Terrorism, From Antiquity to Al Qaeda, Berkeley/Los Angeles/London 2007, S. 132–174

Tharoor, Shashi, The Changing Face of Peace-Keeping and Peace-Enforcement, in: Fordham Int'l L. J. 19 (1995), S. 408–426

Thielke, Thilo, Krieg in Darfur, in: Chiari, Bernhard (Hrsg.), Wegweiser zur Geschichte – Sudan, Paderborn 2008, S. 65–73

Thomas, Torsten/*Wiechmann*, Gerhard, Moderne Landsknechte oder Militärspezialisten? Die »Wiedergeburt« des Söldnerwesens im 20. Jahrhundert im Kongo, 1960–1967, in: Förster, Stig/Jansen, Christian/Kronenbitter, Günther (Hrsg.), Rückkehr der Condottieri? Krieg und Militär zwischen staatlichem Monopol und Privatisierung: Von der Antike bis zur Gegenwart, Paderborn 2010, S. 265–282

Thomson, Janice E., Mercenaries, Pirates, and Sovereigns, State-Building and Extraterritorial Violence in Early Modern Europe, Princeton 1994

Tietje, Christian/*Nowrot*, Karsten, Völkerrechtliche Aspekte militärischer Maßnahmen gegen den internationalen Terrorismus, in: Neue Zeitschrift für Wehrrecht 44 (2002), S. 1–18

Tilly, Charles, Coercion, Capital, and European States, AD 990–1990, Cambridge (USA)/Oxford 1990

Tomuschat, Christian, Der 11. September 2001 und seine rechtlichen Konsequenzen, in: EuGRZ 28 (2001), S. 535–545

Tomuschat, Christian, Der Sommerkrieg des Jahres 2006 im Nahen Osten. Eine Skizze, in: Die Friedens-Warte 81 (2006), S. 179–190

Travalio, Gregory M., Terrorism, International Law, and the Use of Military Force, in: Wisconsin International Law Journal 18 (2000), S. 145–191

Trease, Geoffrey, Die Condottieri, Söldnerführer, Glücksritter und Fürsten der Renaissance, München 1974

Treves, Tullio, The Rome Convention for the Suppression of Unlawful Acts Against the Safety of Maritime Navigation, in: Ronzitti, Natalino (Hrsg.), Maritime Terrorism and International Law, Dordrecht/Boston/London 1990, S. 69–90

Treves, Tullio, Piracy, Law of the Sea, and Use of Force: Developments off the Coast of Somalia, in: European Journal of International Law 20 (2009), S. 399–414

Trotha, Trutz von, Zur Soziologie der Gewalt, in: Trotha, Trutz von (Hrsg.), Soziologie der Gewalt, Opladen/Wiesbaden 1997, S. 9–56

Tsagourias, Nicholas, Self-Defence against Non-state Actors: The Interaction between Self-Defence as a Primary Rule und Self-Defence as a Secondary Rule, in: Leiden Journal of International Law 29 (2016), S. 801–825

Tucker, David, What is New about the New Terrorism and How Dangerous is It?, in: Terrorism and Political Violence 13(3) (2001), S. 1–14

Värk, René, Terrorism and the use of force: From defensive reaction to pre-emptive action?, in: Sicherheit und Frieden 22 (2004), S. 146–151

Vitzthum, Wolfgang Graf, Die herausgeforderte Einheit der Völkerrechtsordnung, in: Dicke, Klaus/Hobe, Stephan/Meyn, Karl-Ulrich/Peters, Anne/Riedel, Eibe/Schütz, Hans-Joachim/Tietje, Christian (Hrsg.), Weltinnenrecht, Liber amicorum Jost Delbrück, Berlin 2005, S. 849–864

Vitzthum, Wolfgang Graf /*Proelß*, Alexander (Hrsg.), Völkerrecht, 7. Auflage, Berlin 2016

Volz, Markus, Extraterritoriale Terrorismusbekämpfung, Berlin 2007

Voyaume, Maurice D., The Notion of ‚Direct Participation in Hostilities' and its Implications on the Use of Private Contractors under International Humanitarian Law, in: Jäger, Thomas/Kümmel, Gerhard (Hrsg.), Private Military and Security Companies – Chances, Problems, Pitfalls and Prospects, Wiesbaden 2007, S. 361–376

Waldmann, Peter, Terrorismus, Provokation der Macht, 2. Auflage, Hamburg 2005

Walter, Christian, Defining Terrorism in National and International Law, in: Walter, Christian/Vöneky, Silja/Röben, Völker/Schorkopf, Frank (Hrsg.), Terrorism as a Challenge for National and International Law: Security versus Liberty?, Berlin/Heidelberg/New York 2004, S. 23–43

Wandscher, Christiane, Internationaler Terrorismus und Selbstverteidigungsrecht, Berlin 2006

Watkin, Kenneth, 21st Century Conflict and International Humanitarian Law: Status Quo or Change?, in: Schmitt, Michael N./Pejic, Jelena (Hrsg.), International Law and Armed Conflict: Exploring the Faultlines, Essays in Honour of Yoram Dinstein, Leiden/Boston 2007, S. 265–296

Weber, Sebastian, Die israelischen Militäraktionen im Libanon und in den besetzten palästinensischen Gebieten 2006 und ihre Vereinbarkeit mit dem Völkerrecht, in: Archiv des Völkerrechts 44 (2006), S. 460–480

Wedgwood, Ruth, Responding to Terrorism: The Strikes Against bin Laden, in: Yale Journal of International Law 24 (1999), S. 559–576

Weigelt, Katja, Die Auswirkung der Bekämpfung des internationalen Terrorismus auf die staatliche Souveränität, Berlin 2016

Weigelt, Katja/*Märker*, Frank, Who is Responsible? The Use of PMCs in Armed Conflict and International Law, in: Jäger, Thomas/Kümmel, Gerhard (Hrsg.), Private Military and Security Companies – Chances, Problems, Pitfalls and Prospects, Wiesbaden 2007, S. 377–393

Wettberg, Gregor, The International Legality of Self-Defense Against Non-State Actors, State Practice from the U.N. Charter to the Present, Frankurt a. M. 2007

Wicker, Christian, The Concepts of Proportionality and State Crimes in International Law, An Analysis of the Scope of Proportionality in the Right of Self-Defence and in the Regime of International Countermeasures and an Evaluation of the Concept of State Crimes, Frankfurt a. M. 2006

Wieczorek, Judith, Unrechtmäßige Kombattanten und humanitäres Völkerrecht, Berlin 2005

Williamson, Myra, Terrorism, War and International Law, The Legality of the Use of Force Against Afghanistan in 2001, Farnham (Surrey)/Burlington (VT) 2009

Winkler, Willi, Die Geschichte der RAF, Reinbek bei Hamburg 2008

Witt, Jann M., Die Rolle der Kaperei in der europäischen Seekriegsgeschichte, in: Förster, Stig/Jansen, Christian/Kronenbitter, Günther (Hrsg.), Rückkehr der Condottieri? Krieg und Militär zwischen staatlichem Monopol und Privatisierung: Von der Antike bis zur Gegenwart, Paderborn 2010, S. 77–89

Witten, Samuel M., The International Convention for the Suppression of Terrorist Bombings, in: American Journal of International Law 92 (1998), S. 774–781

Wittke, Peggy, The Bush Doctrine Revisited, Eine Untersuchung der Auswirkungen der Bush-Doktrin auf das geltende Völkerrecht, Baden-Baden 2018

Wolf, Antenor Harry de, Modern Condottieri in Iraq: Privatizing War from the Perspective of International and Human Rights Law, in: Indiana Journal of Global Legal Studies 13 (2006), S. 315–356

Wolf, Joachim, Die Haftung der Staaten für Privatpersonen nach Völkerrecht, Berlin 1997

Wolfrum, Rüdiger, The Attack of September 11, 2001, the Wars Against the Taliban and Iraq: Is There a Need to Reconsider International Law on the Recourse to Force and the Rules in Armed Conflict?, in: Max Planck Yearbook of United Nations Law 7 (2003), S. 1–78

Wolfrum, Rüdiger, Fighting Terrorism at Sea: Options and Limitations under International Law, in: Nordquist, Myron H./Wolfrum, Rüdiger/Moore, John Norton/Long, Ronán (Hrsg.), Legal Challenges in Maritime Security, Leiden u.a. 2008, S. 3–40

Wolfrum, Rüdiger/*Philipp*, Christiane E., The Status of the Taliban: Their Obligations and Rights under International Law, in: Max Planck Yearbook of United Nations Law 6 (2002), S. 559–601

Wolfrum, Rüdiger/*Philipp*, Christiane E., Die Taliban – ein Subjekt des Völkerrechts?, in: Schorlemer, Sabine von (Hrsg.), Praxishandbuch UNO, Berlin/Heidelberg 2003, S. 145–156

Wolny, Kerstin, Die völkerrechtliche Kriminalisierung von modernen Akten des internationalen Terrorismus, Unter besonderer Berücksichtigung des Statuts des Internationalen Strafgerichtshofes, Berlin 2008

Wood, Michael C., Towards New Circumstances in Which the Use of Force May be Authorized? The Cases of Humanitarian Intervention, Counter-Terrorism, and Weapons of Mass Destruction, in: Blokker, Nils M./Schrijver, Nico J. (Hrsg.), The Security Council and the Use of Force, Leiden 2005, S. 75–90

Wulf, Herbert, Internationalisierung und Privatisierung von Krieg und Frieden, Baden-Baden 2005

Yoo, John C./*Trachman*, Will, Less than Bargained For: The Use of Force and the Declining Relevance of the United Nations, in: Chicago Journal of International Law 5 (2005), S. 379–394

Zacklin, Ralph, The Amendment of the Constitutive Instruments of the United Nations and Specialized Agencies, Leiden 2006

Zarate, Juan Carlos, The Emergence of a New Dog of War: Private International Security Companies, International Law, and the New World Disorder, in: Stanford Journal of International Law 75 (1998), S. 75–162

Zechmeister, David, Die Erosion des humanitären Völkerrechts in den bewaffneten Konflikten der Gegenwart, Baden-Baden 2007

Zemanek, Karl, Völkerrechtliche Voraussetzungen, Rahmenbedingungen und Mittel zur Bekämpfung des internationalen Terrorismus, in: Hummer, Waldemar (Hrsg.), Sicherheit und Terrorismus, Rechtsfragen aus universeller und regionaler europäischer Sicht, Frankfurt am Main u. a. 2005, S. 111–125

Zemanek, Karl, Für mehr Offenheit und Realismus in der Völkerrechtslehre, in: Dicke, Klaus/Hobe, Stephan/Meyn, Karl-Ulrich/Peters, Anne/Riedel, Eibe/Schütz, Hans-Joachim/Tietje, Christian (Hrsg.), Weltinnenrecht, Liber amicorum Jost Delbrück, Berlin 2005, S. 895–908

Ziegler, Karl-Heinz, Völkerrechtsgeschichte, München 1994

Ziegler, Katja S., Fluchtverursachung als völkerrechtliches Delikt, Die völkerrechtliche Verantwortlichkeit des Herkunftsstaates für die Verursachung von Fluchtbewegungen, Berlin 2002

Zimmermann, Andreas, Die Schaffung eines ständigen Internationalen Strafgerichtshofs, Perspektiven und Probleme vor der Staatenkonferenz in Rom, in: Zeitschrift für ausländisches öffentliches Recht und Völkerrecht 58 (1998), S. 47–108

Zimmermann, Andreas, The Second Lebanon War: *Jus ad bellum, jus in bello* and the Issue of Proportionality, in: Max Planck Yearbook of United Nations Law 11 (2007), S. 99–141

Ziolkowski, Katharina, Gerechtigkeitspostulate als Rechtfertigung von Kriegen: zum Einfluss moderner Konzepte des Gerechten Krieges auf die völkerrechtliche Zulässigkeit zwischenstaatlicher Gewaltanwendung nach 1945, Baden-Baden 2008

Zlataric, Bogdan, History of International Terrorism and its Legal Control, in: Bassiouni, M. Cherif (Hrsg.), International Terrorism and Political Crimes, Springfield 1975, S. 474–484